HISTOIRE
D'ATTILA

ET

DE SES SUCCESSEURS

I

PARIS. — IMPRIMERIE DE J. CLAYE
RUE SAINT-BENOIT, 7.

HISTOIRE
D'ATTILA

ET

DE SES SUCCESSEURS

JUSQU'A L'ÉTABLISSEMENT DES HONGROIS EN EUROPE

SUIVIE

DES LÉGENDES ET TRADITIONS

PAR

M. AMÉDÉE THIERRY

MEMBRE DE L'INSTITUT

TOME PREMIER

PARIS

DIDIER ET Cᵉ, LIBRAIRES-ÉDITEURS

QUAI DES AUGUSTINS, 35

1856

PREMIERE PARTIE

———

HISTOIRE D'ATTILA

PRÉFACE

Amené, dans le cours de mes travaux sur la Gaule romaine, à m'occuper d'Attila et de son irruption au midi du Rhin en 451, j'ai été arrêté en quelque sorte malgré moi, par une curiosité indicible, devant l'étrange et terrible figure du roi des Huns ; et je me suis mis à l'étudier avec ardeur. Mettant de côté la fantasmagorie de convention, qui a fait d'Attila pour presque tout le monde un personnage beaucoup plus légendaire qu'historique, j'ai voulu pénétrer jusqu'à l'homme et le peindre dans sa réalité, sinon tel que les contemporains l'ont vu, du moins tel qu'ils nous ont permis de l'entrevoir.

Cette entreprise ne m'a semblé ni impossible, ni trop téméraire, grâce aux précieux fragments de Priscus et à plusieurs chroniques du v⁵ siècle, qui répandent sur la physionomie du grand barbare une lumière franche et directe. La question pour moi était de saisir ses traits sur le vif, avant ce mirage que la poussière des siècles produit toujours entre une figure historique et la postérité, et qui fut plus complet pour lui que pour tout autre. Ici, j'avais un guide assuré, Priscus. On sait que ce savant grec, attaché à la mission que Maximin remplit près d'Attila en 449, par l'ordre de Théodose II, visita toute la Hunnie danubienne, séjourna parmi les Huns, et approcha même très-particulièrement d'Attila et de ses femmes ; et que le récit de l'ambassade dont il faisait partie, nous a été conservé à peu près *in extenso* dans la curieuse compilation des ambassades romaines. Mais ce qu'on ne sait pas assez, c'est que Priscus, homme de sens et d'esprit, observateur opiniâtre et fin, nous a laissé une narration aussi amusante qu'instructive, et qui nous prouve que les qualités qui immortalisèrent Hérodote n'étaient pas éteintes chez les voyageurs grecs du ve siècle. Priscus a donc été le point de départ de cette étude.

Après les extraits de Priscus, et les chroniques très-résumées de Prosper d'Aquitaine et d'Idace, vient en premier ordre Jornandès, Visigoth d'origine et évêque de Ravenne, qui écrivit, vers 550, une histoire de ses compatriotes, les Goths, où il fait une large place à la peinture des Huns et de leur roi. C'est déjà un autre point de vue que celui de Priscus, un autre aspect de l'homme et de son temps. Envisagé ainsi rétrospectivement, à un siècle de distance et à travers les traditions des Goths, déjà fortement poétisées, si l'on me pardonne cette expression, Attila apparaît non pas plus grand que dans Priscus, mais plus sauvage ; d'une barbarie plus forcée, plus théâtrale ; il a beaucoup perdu de sa réalité historique. Le tableau de Jornandès a néanmoins un prix tout particulier aux yeux de l'histoire, c'est qu'il nous fait apercevoir le travail latent qui s'opérait dès lors au sein de la tradition germanique, et devait aboutir au cycle des poëmes teutons sur Attila.

Ces poëmes teutons et les légendes latines forment, avec les traditions venues d'Orient, la troisième source d'information sur Attila et sur les Huns. Les légendes des peuples latins, presque toutes ecclésiastiques, nous entraîneraient bien loin de l'histoire si on les prenait pour guides dans l'appréciation du rôle historique d'Attila. Le roi des Huns y paraît comme un personnage providentiel, un messie de douleur et de ruine, envoyé pour châtier les vices des Romains. Ce point de vue mystique domine tellement les faits, que l'homme s'efface pour faire place à un symbole, à un mythe, qui est le *fléau de Dieu*. Pourtant, ces légendes sont précieuses à plus d'un titre : elles nous donnent des détails sur les événements de la défense des Gaules et de l'Italie ; elles témoignent du caractère religieux que prit, dès le principe, la guerre contre les Huns, et mettent en lumière des personnages importants omis par l'histoire ou simplement esquissés par elle, tels que la prophétesse Geneviève qui sauva Paris, Agnan, l'héroïque évêque d'Orléans, saint Loup de Troyes, saint Nicaise de Reims ; et complètent les grandes figures d'Aëtius et de saint Léon.

Les chants traditionnels de la Germanie nous présentent un tout autre tableau. Attila, dépouillé progressivement de sa rudesse, finit par y jouer le même rôle que plus tard Charlemagne dans les poëmes et les romans dont le cycle porte son nom. Le formidable Attila devient un roi pacifique, hospitalier, bon homme même ; un joyeux compagnon de fêtes, qui laisse à ses lieutenants germains le soin de distribuer des coups d'épée en son nom, et de travailler pour sa gloire. Toutefois, ses aventures domestiques et sa mort par la main d'une femme, conservent dans la version scandinave un cachet de férocité sauvage. Les documents de ce genre sont nombreux et d'époques très-diverses. Le chant d'Hildebrand, qu'on croit être du VIIIe siècle, en ouvre la série ; le fameux poëme des Nibelungen est l'un des derniers.

Quant aux traditions hongroises, qui sont, à mon avis, les plus curieuses de toutes par leur poésie originale et leurs conceptions souvent étranges, si elles servent peu à l'histoire d'Attila, elles nous font comprendre admirablement l'esprit des races auxquelles Attila appartenait et en particulier celui du peuple magyar, le dernier rameau des populations hunniques établies en Europe. Le héros de l'Orient s'y montre sous un jour tout nouveau et fort inattendu pour nous, Occidentaux. Attila est l'âme des nations hunniques : incarné au peuple hongrois, il revit dans son fondateur Almus, et dans son premier roi chrétien saint Étienne ; fléau de Dieu quand les Huns sont païens, il se transforme en patriarche et en précurseur du christianisme quand le jour de leur conversion est arrivé. On voit combien est multiple l'Attila populaire, suivant le siècle et le peuple qui l'ont rêvé ; et celui-là n'est guère moins curieux à étudier que l'Attila réel de l'histoire, car l'esprit humain, dans ses plus ardentes fantaisies, ne s'égare jamais sans raison, et l'on a pu dire, malgré l'apparente contradiction des mots, qu'il y a une vérité cachée au fond de chaque erreur. J'ai donc regardé comme le complément nécessaire d'une étude historique sur Attila, une étude correspondante sur les légendes et les traditions relatives à ce conquérant fameux. Dans ce dernier travail, qui terminera mon ouvrage, je passe successivement en revue les traditions des pays latins, celles des pays teutons, celles enfin qui proviennent ou paraissent provenir des nations orientales de race hunnique.

On a trop comparé l'empire d'Attila à ces violentes pluies d'orage qui, après avoir bouleversé la terre, s'écoulent aussitôt par les sillons qu'elles ont creusés, et disparaissent, sans rien laisser d'elles que des ruines. Cette métaphore cache une grave erreur de fait. L'empire d'Attila s'est dissous à sa mort par la discorde de ses fils et par le soulèvement de ses vassaux germains, mais les populations hunniques ne se sont ni dispersées, ni réfugiées en Asie; elles ont continué à occuper l'Europe orientale, et particulièrement la vallée du Bas-Danube, par groupes formidables qui composaient, réunis, un grand royaume. Les plus belliqueux des fils d'Attila gouvernèrent ce royaume et continuèrent la guerre contre les Romains; les autres firent leur soumission à l'empereur d'Orient, et reçurent de lui des cantonnements où ils se fixèrent avec leurs tribus. J'ai recherché dans l'histoire la destinée de chacun de ces descendants du fléau de Dieu, leur succession et les péripéties par lesquelles les Huns d'Europe ont passé de siècle en siècle. Cette nouvelle série de faits ne m'a point paru céder en importance générale à l'histoire du conquérant lui-même, et je l'ai exposée comme une suite naturelle de celle-ci, sous le titre d'*Histoire des fils et des successeurs d'Attila*.

Après le premier empire hunnique et le royaume créé de ses débris, les hordes hunniques se transforment; et l'on voit arriver du fond de l'Asie, sous le nom d'*Avars* ou plutôt de *Ouar-Khouni*, une branche collatérale des Huns, qui fonde au nord du Danube une nouvelle domination, un second empire hunnique, presque égal en étendue au premier, non moins redouté des Romains, et qui posséda, dans la personne de son kha-kan Baïan, un digne émule d'Attila. Détruit par l'effort combiné des Franks, des

Bulgares et des Slaves, ce second empire fait place à un troisième, l'empire hongrois, dont les Huns *Hunugars* ou *Magyars* jettent les fondements à la fin du ixe siècle et qui subsiste encore aujourd'hui.

L'histoire nous montre ainsi depuis le milieu du ive siècle, dans les vallées moyenne et basse du Danube, une succession non interrompue de peuples hunniques perpétuant la tradition d'Attila. Cette permanence des Huns dans les contrées orientales et au cœur même de l'Europe n'est-elle qu'une question purement archéologique et spéculative? La guerre qui vient de s'achever répondra pour moi. Les vallées du Volga et du Don, les versants de l'Oural, les steppes de la mer Caspienne et de la mer Noire, contiennent encore les races qui vinrent au ive siècle avec Balamir, au ve avec Attila, au vi^e avec les Avars, au ixe avec les Hongrois, occuper le centre de l'Europe et menacer surtout la Grèce. Il y a aujourd'hui quinze siècles que le cri, *à la ville des Césars!* s'est fait entendre pour la première fois dans ces contrées sauvages, et depuis lors il n'a pas cessé d'y retentir. Les nations que les Finno-Huns ont déposées en Europe et qui se sont assimilées à nous par la culture des mœurs, resteront-elles toujours étrangères au mouvement qui emporte leurs frères? C'est le secret de l'avenir; mais on peut dire avec assurance qu'elles sont destinées à résoudre tôt ou tard le problème qui préoccupe le monde.

L'histoire des Huns se lie d'ailleurs à l'histoire de

la France par plus d'un côté glorieux pour nous. Ces essaims destructeurs, à qui rien ne résistait, sont venus à deux reprises se briser contre nos armes. La même épée qui dans la main d'Aëtius fit reculer Attila sous les murs de Châlons et fixa le terme de ses victoires, l'épée gallo-franke reprise par Charlemagne, détruisit sur les bords de la Theïsse la seconde domination hunnique, et reporta les bornes de l'empire frank à la Save et au Pont-Euxin. Plus tard, et en des temps postérieurs à ceux où finissent mes récits, une dynastie française, issue de la famille de saint Louis, élève la Hongrie au plus haut point de prospérité et de grandeur qu'elle ait jamais atteint. Quoique ce dernier fait et bien d'autres que je pourrais citer restent en dehors du cadre tracé pour mon livre, ce lien historique entre les deux pays, ce choc ou ce rapprochement des deux races, à des époques si différentes, a doublé pour moi l'intérêt que peut présenter légitimement par elle-même une histoire aussi curieuse que celle des Huns.

Puisque je viens de toucher à des choses modernes en parlant de la Hongrie, qu'on me permette d'ajouter quelques mots sur le temps présent. Ce noble peuple magyar, si abattu qu'il paraisse, est encore plein de vie et de force, heureusement pour le monde européen. C'est lui qui veille aux portes de l'Europe et de l'Asie, qu'il en soit le gardien fidèle ! Il y aurait mauvaise et fatale politique de la part d'une puissance civilisée, allemande et catholique, à vouloir étouffer une nationalité qui est sa sauvegarde du côté où s'agite une inépuisable passion de conquête, appuyée sur la barbarie. Mais, quoi qu'on ose faire, la Hongrie vivra pour des destinées dont la Providence n'a point voulu briser le moule. Nul peuple n'a traversé des vicissitudes plus amères; conquis par les Tartares, envahi par les Turks, opprimé vingt fois par les factions intérieures, et plus d'une fois aussi trahi par ses propres rois, il s'est relevé de toutes ses ruines fort et confiant en lui-même. Cette énergique vitalité qui maintient, depuis quinze siècles et malgré tant d'efforts conjurés, des peuples de sang hunnique aux bords de la Theïsse et du Danube, réside au fond de l'âme du Magyar et éclate jusque dans son orgueil froissé. La nation de saint Étienne, de Louis d'Anjou et des Hunyades, a prouvé qu'elle sait durer pour attendre les jours de gloire.

HISTOIRE D'ATTILA

CHAPITRE PREMIER

Origine des Huns. — Leur portrait. — Ils envahissent l'Europe orientale. — Chute de l'empire gothique d'Ermanaric; fuite des Visigoths vers le Danube. — Divisions politiques et querelles religieuses de ce peuple. — Ambassade d'Ulfila à l'empereur Valens. — L'empereur accorde aux Visigoths une demeure en Mésie, à la condition de se faire ariens. — Les Visigoths passent le Danube. — Conduite odieuse des préposés romains. — Misère des Visigoths; ils prennent les armes. — Bataille d'Andrinople; défaite des Romains et mort de Valens. — Sage politique de Théodose à l'égard des Visigoths. — Rufin les tire de leurs cantonnements de Mésie pour les jeter sur l'Occident.

375 — 412

Le nom d'Attila s'est conquis une place dans la mémoire du genre humain à côté des noms d'Alexandre et de César. Ceux-ci durent leur gloire à l'admiration, celui-là à la peur; mais, admiration ou peur, quel que soit le sentiment qui confère à un homme l'immortalité, ce sentiment, on peut en être sûr, ne s'adresse qu'au génie. Il faut avoir ébranlé bien violemment les cordes du cœur humain pour que les oscillations s'en perpétuent ainsi à travers les âges. Attila doit sa sinistre gloire moins encore au mal qu'il a fait qu'à celui qu'il pouvait faire, et dont le monde est resté épouvanté. Le catalogue malheureusement trop nombreux des ravageurs de la terre nous présente bien des hommes qui ont détruit davantage, et sur qui cependant ne pèse pas, comme sur celui-ci, l'éternelle malédiction des siècles. Alaric porta le coup mortel à l'ancienne civilisation en brisant le prestige d'inviolabilité qui couvrait Rome depuis sept cents ans ; Genséric eut un privilége unique parmi ces priviléges de ruine, celui de saccager Rome et Carthage ; Radagaise, la plus féroce des créatures que l'histoire ait classées parmi les hommes, avait fait vœu d'égorger deux millions de Romains au pied de ses idoles, et le nom de ces dévastateurs ne se trouve que dans les livres. Attila, qui échoua devant Orléans, qui fut battu par nos pères à Châlons, qui épargna Rome à la prière d'un prêtre, et qui périt de la main d'une femme, a laissé après lui un nom populaire, synonyme de destruction. Cette contradiction apparente frappe d'abord l'esprit lorsqu'on étudie ce terrible personnage. On aperçoit que l'Attila de l'histoire n'est point tout à fait celui de la tradition, qu'ils ont besoin de se compléter, ou du moins de s'expliquer l'un par l'autre, et encore faut-il distinguer des sources de tradition différentes : la tradition romaine, qui tient à l'action d'Attila sur les races civilisées, la tradition germanique, qui tient à son action sur les races barbares de l'Europe, et enfin la tradition nationale qui se maintient encore aujourd'hui parmi les peuples de sang hunnique, principalement en Europe.

Ces diverses traditions, sans se mêler à l'histoire qu'elles embarrassent et contrarient souvent, ont néanmoins leur place marquée près d'elle dans une étude sérieuse du caractère d'Attila. Pour apprécier à leur juste valeur le génie et la puissance de cet homme, il ne faut point isoler son histoire des événements qui l'ont suivie. La vie d'Attila, tranchée par un coup fortuit au moment fixé peut-être pour l'accomplissement de ses projets, n'est qu'un drame interrompu dont le héros disparaît, laissant le soin du dénoûment aux personnages secondaires. Ce dénoûment, c'est la clôture de l'empire romain d'Occident et le démembrement d'une moitié de l'Europe par ses fils, ses lieutenants, ses vassaux, ses secrétaires, devenus empereurs ou rois. A l'œuvre des comparses, on peut mesurer la grandeur du héros, et c'est ainsi que firent les contemporains. Mais, avant d'entreprendre ce récit, je dois exposer d'abord ce qu'étaient les Huns et les Goths, ces deux peuples ennemis, dont les luttes, commencées dans le monde barbare sur les bords du Don et du Dniéper, allèrent se continuer dans le monde romain sur ceux de la Marne et de la Loire, et furent la principale cause du morcellement de l'empire des Césars.

Quand on jette les yeux sur une carte topographique de l'Europe, on voit que la moitié septentrionale de ce continent est occupée par une plaine qui se déroule de l'Océan et de la mer Baltique à la mer Noire, et de là aux solitudes polaires. La chaîne des monts Ourals, du côté de l'est ; celles des monts Carpathes et Hercyniens, du côté du midi, terminent cette immense plaine ouverte à toutes les invasions, et que la charrette l'été, le traîneau l'hiver, parcourent sans obstacle : c'est le grand chemin des nations entre l'Asie et l'Europe. Le Rhin et le Danube, voisins à leur source, opposés à leur embouchure, baignent le pied des deux dernières chaînes, et ferment le midi de l'Europe par une ligne de défense naturelle que des ouvrages faits de main d'homme peuvent aisément compléter. Reliés ensemble au moyen d'un rempart et garnis dans tout leur cours de camps retranchés et de châteaux, ces deux fleuves formaient au ive siècle la limite séparative de deux mondes en lutte opiniâtre l'un contre l'autre. En deçà se trouvait la masse des nations romaines, c'est-à-dire civilisées, puisque Rome avait eu l'insigne honneur de confondre son nom avec celui de la civilisation ; au delà, dans ces plaines sans fin, vivait éparpillée la masse des nations non romaines : en d'autres termes, et, suivant la formule du temps, le midi était *Romanie,* le nord *Barbarie.*

Les innombrables tribus composant le monde barbare pouvaient se grouper en trois grandes races ou familles de peuples qui aujourd'hui encore habitent généralement les mêmes contrées. C'étaient d'abord, en partant du midi, la famille des peuples germains ou teutons, ensuite celle des peuples slaves, et enfin à l'extrême nord, surtout au nord-est, où on la voyait pour ainsi dire à cheval entre l'Europe et l'Asie, la famille des peuples appelés par les Germains *Fenn* ou *Finn*, Finnois, mais qui ne se reconnaissent pas eux-mêmes d'autre nom générique que *Suomi*[1] « les hommes du pays. » Dessinés jadis, avec assez de régularité, par zones transversales se dirigeant du sud-est au nord-ouest, les domaines de ces trois familles s'étaient mêlés successivement et se mêlaient chaque jour davantage par l'effet des migrations et des guerres de conquête. Au IVe siècle, le Germain occupait, outre la presqu'île scandinave et la partie du continent voisine de l'Océan et du Rhin, la rive gauche du Danube dans toute sa longueur, puis les plaines de la mer Noire jusqu'au Tanaïs ou Don, enserrant, comme dans les branches d'un étau, le Slave dépossédé d'une moitié de son patrimoine. Les nations finnoises, fort espacées à l'ouest et au nord, mais nombreuses et compactes à l'est autour du Volga et des monts Ourals, exerçaient sur le Germain et le Slave une pression dont le poids se faisait déjà sentir à l'empire romain. Une taille élancée et souple, un teint blanc, des cheveux blonds ou châtains, des traits droits, dénotaient dans le Slave et le Germain une parenté originelle avec les races du midi de l'Europe, et leurs idiomes, quoique formant des langues bien séparées, se reliaient à la souche commune des idiomes indo-européens. Au contraire, le Finnois trapu, au teint basané, au nez plat, aux pommettes saillantes, aux yeux obliques, portait le type des races de l'Asie septentrionale, dont il paraissait être un dernier anneau, et auxquelles il se

---

1. On trouve déjà dans Strabon le nom de *Zoumi* appliqué à un peuple finnois.

rattachait par son langage. Quant à l'état social, le Germain, mêlé depuis quatre siècles aux événements de la Romanie, entrait dans une période de demi-civilisation, et semblait destiné à jouer plus tard le rôle de civilisateur vis-à-vis des deux autres races barbares. Le Slave, sans lien national, et toujours courbé sous des maîtres étrangers, vivait d'une vie abjecte et misérable, et le jour où il devait se montrer à l'Europe était encore loin de se lever, tandis que le Finnois, en contact avec les nomades féroces de l'Asie, engagé dans leurs guerres, soumis à leur action, se retrempait incessamment aux sources d'une barbarie devant laquelle toute barbarie européenne s'effaçait.

Quelques mots de Tacite nous révèlent seuls l'existence des nations finniques dans le nord de l'Europe antérieurement au IVe siècle [1]; elles y vivaient dans un état voisin de la vie sauvage, et nous ne connaissons que par les poésies mythiques du Kalewala et de l'Edda leurs luttes acharnées contre les populations scandinaves. A l'est, leur nom disparaît sous des dénominations de confédérations et de ligues qui, formées autour de l'Oural, agissaient tantôt sur l'Asie, tantôt sur l'Europe, mais plus fréquemment sur l'Asie. La plus célèbre de ces confédérations paraît avoir été celle des *Khounn, Hounn* [2], ou Huns, qui, au temps dont nous parlons, couvrait de ses hordes les deux versants de la chaîne

---

1. Fennis mira feritas, fœda paupertas : non arma, non equi, non penates; victui herba, vestitui pelles, cubile humus; sola in sagittis spes, quas, inopia ferri, ossibus asperant. Tacit., *Germ.*, 46. — *Fenni, Finni,* Φίννοι.

2. Χοῦννοι, Χούννοι, Οὔννοι, *Hunni, Chunni.* La forte aspiration du *ch* se retrouve fréquemment dans les auteurs latins du Ve et du VIe siècle.

ouralienne et la vallée du Volga. Elle y existait dès le second siècle de notre ère, puisqu'un géographe de cette époque, Ptolémée, nous signale l'apparition d'une tribu de Khounn parmi les Slaves du Dniéper, et qu'un autre géographe nous montre des Hounn campés entre la mer Caspienne et le Caucase, d'où leurs brigandages s'étendaient en Perse et jusque dans l'Asie Mineure [1]. On croit même retrouver dans les inscriptions cunéiformes de la Perse, ce nom terrible inscrit au catalogue des peuples vaincus par le grand roi. Qu'il nous suffise de dire qu'au IVe siècle la confédération hunnique s'étendait tout le long de l'Oural et de la mer Caspienne, comme une barrière vivante entre l'Asie et l'Europe, appuyant une de ses extrémités contre les montagnes médiques, tandis que l'autre allait se perdre, à travers la Sibérie, dans les régions désertes du pôle.

Cette domination répandue sur un si vaste espace, et qui versa pendant trois siècles et par bans successifs sur l'Europe tant de ravageurs et de conquérants jusqu'à l'arrivée des peuples mongols, ne comptait-elle que des tribus de race finnique? Les conquêtes de Tchinghiz-Khan et de Timour, en nous donnant le secret des dominations rapides et passagères de l'Asie centrale, répondraient au besoin à cette question; mais l'histoire nous en dit davantage : elle nous apprend que les Huns se divisaient en deux grandes branches [2], et

---

[1]. Μεταξὺ Βαστέρνων καὶ Ῥοξολάνων Χοῦνοι. Ptol. III. 5. — Dionys. Perieg. v. 730.

[2]. Hinc jam Hunni, quasi fortissimarum gentium fœcundissimus cespes, in bifariam populorum rabiem pullularunt. Jorn., R. Get., 24.

que le rameau oriental ou caspien portait le nom de *Huns blancs*[1], par opposition au rameau occidental ou ouralien, dont les tribus nous sont représentées comme basanées ou plutôt *noires*[2]. Ces deux branches de la même confédération n'avaient entre elles, aux IVe et Ve siècles, que des liens très-lâches et presque brisés, ainsi que nous le fera voir le détail des événements. Sans nous aventurer donc à ce sujet dans le dédale des suppositions où s'est perdue plus d'une fois l'érudition moderne, nous dirons que, très-probablement, la domination hunnique renfermait à l'orient des populations de race turke, des Finnois à l'occident, et, suivant une hypothèse non moins vraisemblable, une tribu dominante, de race mongole, offrant le caractère physique asiatique plus prononcé que les Finnois. En effet, c'est avec l'exagération du type calmouk que l'histoire nous peint Attila et une portion de la nation des Huns[3].

---

1. Hunni albi.... corpora cute candida et vultus habent minime deformes. Procop., *Bell.*, *Pers.*, I, 3.
2. Pavenda nigredine. Jornand., *de R. Get.*, 8. — Tetri colore, *ibid.*, 11.
3. Le portrait qu'on nous fait d'Attila est plutôt celui d'un Mongol que d'un Finnois ouralien. Nous savons en outre par les auteurs contemporains qu'une partie des Huns employait des moyens artificiels pour donner aux enfans la physionomie mongole en leur aplatissant le nez avec des bandes de linge fortement serrées, et en leur pétrissant la tête de manière à donner au crâne une forme pointue, tout en déprimant le front et développant les pommettes des joues.
Voici en quels termes un poëte contemporain d'Attila, le Gaulois Sidoine Apollinaire, nous entretient de ces déformations en nous traçant le portrait des Huns.

> Gens animis membrisque minax : ita vultibus ipsis
> Infantûm suus horror inest. Consurgit in arctum,
> Massa rotunda caput; geminis sub fronte cavernis
> Visus adest oculis absentibus : arcta cerebri
> In cameram vix ad refugos lux pervenit orbes,
> Non tamen et clausos : nam fornice non spatioso

Dans cette situation, les Huns vivaient de chasse, de vol et du produit de leurs troupeaux. Le Hun blanc détroussait les marchands dont les caravanes se rendaient dans l'Inde ou en revenaient [1] ; le Hun noir chassait la martre, le renard et l'ours dans les forêts de la Sibérie, et faisait le commerce des pelleteries sous de grandes halles en bois construites près du Jaïk ou du Volga, et fréquentées par les trafiquants de la Perse et de l'empire romain, où les fourrures étaient très-recherchées [2]. Cependant on ne se hasardait qu'avec crainte à travers ces peuplades sauvages, dont la laideur était repoussante. L'Europe, qui n'avait rien de tel parmi ses enfants, les vit arriver avec autant d'horreur que de surprise. Nous laisserons parler un témoin de leur première apparition sur les bords du Danube,

> Magna vident spatia, et majoris luminis usum
> Perspicua in puteis compensant puncta profundis.
> . . . .
> Tum ne per malas excrescat fistula duplex,
> Obtundit teneras circumdata fascia nares,
> Ut galeis cedant. Sic propter prælia natos
> Maternus deformat amor, quia tensa genarum
> Non interjecto, fit latior, area naso.
> (Sidon. Apollin., *Panegyr. Anthem.*, vers, 245 et seq.)

Quelle raison pouvait avoir cet usage bizarre, sinon le désir de se rapprocher autant que possible d'un type humain qui jouissait d'une grande considération parmi les Huns, en un mot de se rapprocher de la race aristocratique? La raison donnée par les écrivains latins, que c'était afin d'asseoir plus solidement le casque sur la tête, n'est pas une raison sérieuse. Il est plus sensé de croire que, les Mongols étant devenus les dominateurs des Huns, leur physionomie eut tout le prix qui s'attache aux distinctions aristocratiques; ce fut à qui s'en rapprocherait; on tint à honneur de se déformer pour sembler de la race des maîtres. Voilà le motif probable de ces mutilations.

1. Quô Asiæ bona avidus mercator importat... Jorn., *R. Get.*, 24.
2. Hunugari autem hinc sunt noti, quia ab ipsis pellium murinarum venit commercium... *Id., R. Get., ibid.*

l'historien Ammien Marcellin, soldat exact et curieux qui écrivait sous la tente et rendait quelquefois avec un rare bonheur les spectacles qui se déroulaient sous ses yeux. Nous ferons remarquer cependant que le portrait qu'il trace des Huns s'applique surtout à la branche occidentale, c'est-à-dire aux tribus finnoises ou finno-mongoles.

« Les Huns, dit-il, dépassent en férocité et en barbarie tout ce qu'on peut imaginer de barbare et de sauvage. Ils sillonnent profondément avec le fer les joues de leurs enfants nouveau-nés, afin que les poils de la barbe soient étouffés sous les cicatrices; aussi ont-ils, jusque dans leur vieillesse, le menton lisse et dégarni comme des eunuques. Leur corps trapu, avec des membres supérieurs énormes et une tête démesurément grosse, leur donne une apparence monstrueuse : vous diriez des bêtes à deux pieds, ou quelqu'une de ces figures en bois mal charpentées dont on orne les parapets des ponts[1]. Au demeurant, ce sont des êtres qui, sous une forme humaine, vivent dans l'état des animaux. Ils ne connaissent pour leurs aliments ni les assaisonnements ni le feu : des racines de plantes sauvages, de la viande mortifiée entre leurs cuisses et le dos de leurs chevaux, voilà ce qui fait leur nourriture[2]. Ja-

---

[1]. Ubi quoniam ab ipsis nascendi primitiis infantum ferro sulcantur altius genæ, ut pilorum vigor tempestivus emergens corrugatis cicatricibus hebetetur, senescunt imberbes absque ulla venustate, spadonibus similes : compactis omnes firmisque membris, et opimis cervicibus; prodigiosæ formæ et pandi, ut bipedes existimes bestias, vel quales in commarginandis pontibus effigiati stipites dolantur incompte. Amm. Marc., xxxi, 2.

[2]. In hominum autem figura licet insuavi ita visi sunt asperi, ut neque igni, neque saporatis indigeant cibis, sed radicibus herbarum agrestium

mais ils ne manient la charrue; ils n'habitent ni maisons ni cabanes, car toute enceinte de muraille leur paraît un sépulcre, et ils ne se croiraient pas en sûreté sous un toit. Toujours errants par les montagnes et les forêts, changeant perpétuellement de demeures, ou plutôt n'en ayant point, ils sont rompus dès l'enfance à tous les maux, au froid, à la faim, à la soif. Leurs troupeaux les suivent dans leurs migrations, traînant des chariots où leur famille est renfermée. C'est là que les femmes filent et cousent les vêtements des hommes, c'est là qu'elles reçoivent les embrassements de leurs maris, qu'elles mettent au jour leurs enfants, qu'elles les élèvent jusqu'à la puberté. Demandez à ces hommes d'où ils viennent, où ils ont été conçus, où ils sont nés, ils ne vous le diront pas : ils l'ignorent. Leur habillement consiste en une tunique de lin et une casaque de peaux de rats sauvages cousues ensemble. La tunique est de couleur sombre et leur pourrit sur le corps; ils ne la changent point qu'elle ne les quitte. Un casque ou un bonnet déjeté en arrière[1] et des peaux de bouc roulées autour de leurs jambes velues complètent leur équipage. Leur chaussure, taillée sans forme ni mesure, les gêne à ce point qu'ils ne peuvent marcher, et ils sont tout à fait impropres à combattre comme fantassins, tandis qu'on les dirait cloués sur leurs petits chevaux, laids, mais infatigables et rapides comme l'éclair. C'est à cheval qu'ils passent leur vie, tantôt à

---

et semicruda cujusvis pecoris carne vescantur, quam inter femora sua et equorum terga subsertam, fotu calefaciunt brevi. Amm. Marc., xxxi, 2.

1. Galeris incurvis capita tegunt. *Id., ibid.* — S. Jérome donne à ces bonnets la qualification de *tiares. Epitaph. Nepotian.*

califourchon, tantôt assis de côté, à la manière des femmes : ils y tiennent leurs assemblées, ils y achètent et vendent, ils y boivent et mangent, ils y dorment même, inclinés sur le cou de leurs montures[1]. Dans les batailles, ils se précipitent sans ordre et sans plan, sous l'impulsion de leurs différents chefs, et fondent sur l'ennemi en poussant des cris affreux. Trouvent-ils de la résistance, ils se dispersent, mais pour revenir avec la même rapidité, enfonçant et renversant tout sur leur passage. Toutefois, ils ne savent ni escalader une place forte ni assaillir un camp retranché. Rien n'égale l'adresse avec laquelle ils lancent, à des distances prodigieuses, leurs flèches armées d'os pointus, aussi durs et aussi meurtriers que le fer. Ils combattent de près, avec une épée qu'ils tiennent d'une main et un filet qu'ils ont dans l'autre, et dont ils enveloppent leur ennemi tandis qu'il est occupé à parer leurs coups. Les Huns sont inconstants, sans foi, mobiles à tous les vents, tout à la furie du moment. Ils savent aussi peu que les animaux ce que c'est qu'honnête et déshonnête. Leur langage est obscur, contourné et rempli de métaphores[2]. Quant à la religion, ils n'en ont point, ou du moins ils ne pratiquent aucun culte ; leur passion dominante est celle de l'or[3]..... »

[1]. Equis prope affixi duris quidem, sed deformibus, et muliebriter iisdem nonnunquam insidentes, funguntur muneribus consuetis. Ex ipsis quivis in hac natione pernox et perdius emit et vendit, cibumque sumit et potum, et inclinatus cervici angustæ jumenti, in altum soporem adusque varietatem effunditur somniorum. Amm. Marc., XXXI, 2.

[2]. Inconsultorum animalium ritu, quid honestum inhonestumve sit penitus ignorantes : flexiloqui et obscuri. Amm. Marc., *ub. sup.*

[3]. Nullius religionis vel superstitionis reverentia aliquando districti : auri cupidine immensa flagrantes. *Id., ibid.*

Cette absence de culte public dont parle Ammien Marcellin n'empêchait pas les Huns d'être livrés aux grossières superstitions de la magie. Ainsi ils connaissaient et pratiquaient certains modes de divination que les voyageurs européens du xiiie siècle ont retrouvés encore en honneur à la cour des souverains tartares, successeurs de Tchinghiz-Khan.

Ses pratiques de sorcellerie, sa laideur, sa férocité avaient fait de ce peuple ou de cette réunion de peuples un épouvantail pour les autres. Les Goths n'apprenaient jamais sans une secrète terreur quelque mouvement des tribus hunniques, et leur appréhension était mêlée de beaucoup d'idées superstitieuses. Le Scandinave et le Finnois avaient toujours été placés en face l'un de l'autre comme des ennemis naturels. A l'extrémité occidentale de l'Europe où les deux races se trouvaient en contact, l'enfant du Fin-mark était pour celui de la Scandie un nain difforme et malfaisant en rapport avec les puissances de l'enfer. Le Goth scandinave, nourri de ces préjugés haineux, les sentit se réveiller en lui, lorsqu'il se rencontra côte à côte sur la frontière d'Asie avec des tribus de la même race, plus hideuses encore que celles qu'il connaissait : il ne leur épargna ni les injures, ni les suppositions diaboliques. Les scaldes, historiens poëtes des Goths, racontèrent que du temps que leur roi Filimer régnait, des femmes qu'on soupçonnait d'être *all-runes*, c'est-à-dire sorcières, furent bannies de l'armée et chassées jusqu'au fond de la Scythie; que là ces femmes maudites rencontrèrent des esprits immondes, errants comme elles dans le désert; qu'ils se mêlèrent ensemble et que de leurs embrassements naquit la race féroce des Huns, « espèce d'hommes éclose dans les marais, petite, grêle, affreuse à voir et ne tenant au genre humain que par la faculté de la parole [1]. » Telles étaient les fables que les Goths se plaisaient à répandre sur ces voisins redoutés. Ceux-ci, à ce qu'il paraît, ne s'en fâchaient point. Semblables aux Tartares du XIII° siècle, leurs proches parents et leurs successeurs, ils laissaient croire volontiers à leur puissance surnaturelle, diabolique ou non, car cette croyance doublait leur force en leur livrant des ennemis déjà vaincus par la frayeur.

Nous venons de dire que les Goths étaient issus de la Scandinavie, et en effet ils n'habitaient l'orient de l'Europe que depuis la fin du II° siècle de notre ère. Émigrés de leur patrie par suite de guerres intestines qui tenaient, selon toute apparence, aux luttes religieuses de l'odinisme, ils quittèrent la côte scandinave de concert avec les Gépides, qui leur servaient d'arrière-garde [2]. Du point de la Baltique où ils débarquèrent, ils se mirent en marche à travers la grande plaine des Slaves, se dirigeant vers le soleil levant, et ils arrivèrent après de longues fatigues et des combats continuels à l'endroit où le Borysthène ou Dniéper se jette dans la

---

1. Filimer rex Gothorum... reperit in populo suo quasdam magas mulieres, quas patrio sermone *Aliorumnas* ipse cognominat; easque habens suspectas, de medio sui proturbat, longeque ab exercitu suo fugatas, in solitudinem coegit terræ. Quas spiritus immundi per eremum vagantes dum vidissent, et earum se complexibus in coitu miscuissent, genus hoc ferocissimum edidere, quod fuit primum inter paludes minutum, tetrum atque exile quasi hominum genus, nec alia voce notum, nisi quæ humani sermonis imaginem assignabat. Jorn., *R. Get.*, 8. — *Aliorumnas, Aliorunnas, All-runn* (qui cuncta novit.).

2. Jorn., *R. Get.*, 6.

mer Noire. Ils se divisèrent alors et campèrent par moitié sur chacune des rives, les Gépides ayant dirigé leur marche plus au midi. La partie de la nation gothique cantonnée à l'orient du fleuve prit par suite de cette circonstance le nom d'Ostrogoths, c'est-à-dire Goths orientaux; l'autre celui de Visigoths, Goths occidentaux : ce furent les noyaux de deux États séparés qui grandirent et se développèrent sous des lois et des chefs différents [1]. Les Ostrogoths élurent leurs rois parmi les membres de la famille des Amales, les Visigoths dans celle des Balthes [2]. Intelligents, actifs, ambitieux, les Goths firent des conquêtes, ceux de l'ouest dans la Dacie qu'ils subjuguèrent jusqu'au Danube, ceux de l'est sur les tribus de la race slave. Mêlés bientôt aux affaires de Rome, comme des ennemis redoutables ou des auxiliaires précieux, les Visigoths y consumèrent toute leur activité, tandis que les Ostrogoths s'aguerrissaient dans des luttes sans fin et sans quartier contre les races les plus barbares. De proche en proche, ils soumirent les plaines de la Sarmatie et de la Scythie jusqu'au Tanaïs du côté du nord, jusqu'à la Baltique du côté de l'ouest. Un de leurs rois, Ermanaric [3], employa son long règne et sa longue vie à se battre et à conquérir; maître de la race slave, il retomba de tout le poids de sa puissance sur les peuples de race germanique et réduisit à l'état de vasselage jusqu'aux Gépides

---

1. Vesegothæ... occidui soli cultores... Jorn., *R. Get.*, 24.
2. Vesegothæ familiæ Balthorum, Ostrogothæ præclaris Amalis serviebant. *Id., R. Get.*, 3.
3. *Ermanaricus*, Jorn., *R. Get.* 7. — *Ermenrichus*, Amm. Marc., XXXI, 3.

et aux Visigoths, ses compatriotes et ses frères [1].

Tel fut ce fameux empire d'Ermanaric qui valut à son fondateur la gloire d'être comparé au grand Alexandre, dont les Goths avaient entendu parler depuis qu'ils étaient voisins de la Grèce [2]; mais l'Alexandre de Gothie ne montra ni l'humanité ni la sage politique du roi de Macédoine, qui ménageait si bien les vaincus. Les pratiques d'Ermanaric et des conquérants ostrogoths furent toutes différentes. Un des peuples sujets de leur domination s'avisait-il de remuer, les traitements les plus cruels le rappelaient bien vite à l'obéissance. Tantôt de grandes croix étaient dressées en nombre égal à celui des membres de la tribu royale qui gouvernait ce peuple, et on les y clouait tous sans miséricorde [3]; tantôt c'étaient des chevaux fougueux que les Goths chargeaient de leur vengeance; et les femmes elles-mêmes n'échappaient pas à ces affreux supplices. Vers le temps où commence notre récit, un chef des Roxolans, nation vassale des Ostrogoths, qui habitait près du Tanaïs, ayant noué des intelligences avec les rois huns, la trame fut découverte; mais le coupable eut le temps de se sauver. La colère

---

1. D'après la liste que Jornandès nous donne des nations subjuguées par Ermanaric, nations dont beaucoup nous sont inconnues, on aperçoit que sa domination devait s'étendre sur presque toute la Russie méridionale, la Lithuanie, la Courlande, la Pologne et une partie de l'Allemagne. Omnibus Scythiæ et Germaniæ nationibus ac si propriis laboribus imperavit. Jorn., *R. Get.*, 23.

2. Quem merito nonnulli Alexandro magno comparavere majores. Jorn., *ibid.*

3. Regem eorum cum filiis suis et septuaginta primatibus in exemplo terroris, cruci adfixit, ut dedititiis metum cadavera pendentium geminarent. Jorn., *R. Get.*, 16.

d'Ermanaric retomba sur la femme de cet homme. Sanielh (c'était son nom) fut liée à quatre chevaux indomptés et mise en pièces. Des frères qu'elle avait jurèrent de la venger; ils attirèrent Ermanaric dans un guet-apens et le frappèrent de leurs couteaux [1]. Le vieux roi (il avait alors cent dix ans [2]) n'était pas blessé mortellement, mais ses plaies furent lentes à guérir, et elles ne faisaient que se cicatriser lorsqu'un nouvel appel des Roxolans décida les Huns à partir. Tels sont les faits de l'histoire; mais plus tard, quand le déluge qu'ils avaient provoqué par leurs cruautés impolitiques vint à fondre sur eux, les Goths trouvèrent dans leurs préjugés superstitieux des raisons plus commodes pour justifier leur défaite. Ils racontèrent que des chasseurs huns poursuivant un jour une biche, celle-ci les avait attirés de proche en proche jusqu'au Palus-Méotide, et leur avait révélé l'existence d'un gué à travers ce marais qu'ils avaient cru aussi profond que la mer. Comme un guide attentif et intelligent, la biche partait, s'arrêtait, revenait sur ses pas pour repartir encore, jusqu'à l'instant où, ayant atteint la rive opposée, elle disparut. On devine bien qu'au dire des Goths il n'y avait là rien de réel, mais une apparition pure, une forme fantastique créée par les démons.

---

1. Dum enim quamdam mulierem Sanielh nomine ex gente memorata, pro mariti fraudulento discessu, rex furore commotus, equis ferocibus illigatam, incitatisque cursibus, per diversa divelli præcepisset, fratres ejus Sarus et Ammius germanæ obitum vindicantes, Ermanarici latus ferro petierunt: quo vulnere saucius, ægram vitam corporis imbecillitate contraxit. Jorn., *R. Get.*, 24.

2. Grandævus et plenus dierum, centesimo decimo anno vitæ suæ... Jorn., *R. Get.*, loc. laud.

« C'est ainsi, ajoute Jornandès, Goth lui-même et collecteur un peu trop crédule des traditions de sa patrie, c'est ainsi que les esprits dont les Huns tirent leur origine les conduisirent et les poussèrent à la destruction des nations gothiques [1]. »

Ce fut en l'année 374 que la masse des Huns occidentaux s'ébranlant passa le Volga sous la conduite d'un chef nommé Balamir [2]. Elle se jeta d'abord sur les Alains, peuple pasteur qui possédait le steppe situé entre ce fleuve et le Don ; ceux-ci résistèrent quelques instants ; puis, se voyant les plus faibles, ils se réunirent à leurs ennemis, suivant l'usage immémorial des nomades de l'Asie. Franchissant alors sous le même drapeau le gué des Palus-Méotides, Huns et Alains se précipitèrent sur le royaume d'Ermanaric. Le roi goth, toujours malade de ses blessures, essaya d'arrêter ce tourbillon de nations, comme dit Jornandès [3] ; mais il fut repoussé. Il revint à la charge, et fut encore battu ; ses plaies se rouvrirent, et, ne pouvant plus supporter ni la souffrance ni la honte, il se perça le cœur de son épée [4]. Le successeur d'Ermanaric, Vithimir, périt bravement dans un combat, laissant deux enfants en bas âge, que des mains fidèles sauvèrent chez les Visigoths. Les Ostrogoths n'eurent plus qu'à

---

1. Quod credo spiritus illi unde progeniem trahunt, ad Scytharum invidiam egere. Jorn., *R. Get.*, 24.

2. Balamir, rex Hunnorum in Ostrogothos movit procinctum. *Id., R. Get., ibid.* Quelques manuscrits portent Balamber. Jornandès est le seul auteur qui nous parle de ce roi.

3. Quasi quidam turbo gentium. Jorn., *R. Get.*, l. c.

4. Magnorum discriminum metum voluntaria morte sedavit. Amm. Marc., xxxi, 3. — Jorn., *R. Get.*, 24.

se soumettre. Les Visigoths, s'attendant à être attaqués à leur tour, s'étaient retranchés derrière le Dniester, sous le commandement du juge ou roi Athanaric [1], le plus grand de leurs chefs; mais les Huns, avec leurs légères montures, se jouaient des distances et des rivières. Un gros de leurs cavaliers, ayant découvert un gué bien au delà des lignes des Goths, passa le fleuve par une nuit claire, et, redescendant la rive opposée, surprit le quartier du roi, qui lui-même eut peine à s'échapper. Ce n'était qu'une alerte; néanmoins ces mouvements impétueux, imprévus, dérangeaient l'infanterie pesante des Goths et la tenaient dans une inquiétude fatigante. Le Pruth, qui se jette dans le Danube, et qui longe à son cours supérieur les derniers escarpements des monts Carpathes, semblait offrir une ligne de défense plus sûre : Athanaric y transporta son armée. Profitant des leçons des Romains, il fit garnir de palissades et d'un revêtement de gazon la rive droite de la rivière depuis son confluent jusqu'aux défilés de la montagne [2]; avec ce bouclier devant lui, comme s'exprime un contemporain [3], et derrière lui la retraite des Carpathes, il espérait se garantir ou du moins résister longtemps, mais la chose tourna tout autrement qu'il ne pensait.

1. Les chefs des Goths étaient appelés indifféremment par les Romains rois ou juges, *judices*.
2. A superciliis Gerasi fluminis ad usque Danubium Taïfalorum terras præstringens, muros altius erigebat. Amm. Marc., XXXI, 3. — Le Pruth, qu'Ammien Marcellin appelle ici Gerasus, porte dans Ptolémée (III, 8) le nom d'Hierasus. Les Grecs, selon Hérodote, l'appelaient Pyretus, et les Scythes Porata : c'est avec une légère variante le nom que cette rivière porte encore aujourd'hui.
3. Hac lorica, diligentia celeri consummata... Amm. Marc. *ub. sup.*

Le danger commun aurait dû réunir les Visigoths, chefs et tribus : le danger commun les divisa. Tout, chez ce peuple, était matière à contestation : la religion comme la guerre, l'attaque comme la défense, et cette division tenait surtout à des changements profonds survenus dans ses mœurs depuis trois quarts de siècle. Une partie avait embrassé le christianisme, l'autre restait païenne fervente, et tandis qu'Athanaric persécutait cruellement les chrétiens au nom du culte national, deux autres princes de race royale, Fridighern et Alavive, s'étaient déclarés leurs protecteurs [1]. Le patronage de ces deux hommes puissants réussit à calmer les rigueurs de la persécution ; mais il en résulta entre eux et Athanaric une inimitié personnelle, ardente, qui se révélait à chaque occasion. Athanaric, calculant toutes les chances de la guerre actuelle, avait proposé aux Visigoths de faire retraite dans les Carpathes jusqu'au plateau abrupt et presque inaccessible appelé Caucaland, si leur position se trouvait forcée [2] : c'était là son plan ; Fridighern et Alavive en eurent aussitôt un autre. Ils conseillèrent aux tribus visigothes de se réfugier de l'autre côté du Danube, sur les terres romaines, où l'empereur, disaient-ils, ne leur refuserait pas un cantonnement. Constantin n'avait-il pas ouvert la Pannonie aux Vandales Silinges lorsqu'ils fuyaient devant leurs armes? Valens ne ferait pas moins pour les Goths, qui trouveraient dans quelque endroit

---

1. Socrat., IV, 33. — Sozom., VI, 37. — Fritigernus, Fridigernus, Φριτιγέρνος. — Alavivus.

2. Ad Caucalandensem locum altitudine silvarum inaccessum et montium. Amm. Marc., XXXI, 4.

de la Mésie ou de la Thrace un sol fertile et de gras pâturages pour leurs troupeaux; rien ne les y troublerait plus, car ils auraient mis une barrière infranchissable, le Danube et les lignes romaines, entre eux et les démons qui les poursuivaient[1]. Quant aux Romains, ils y gagneraient les services des Goths, qui n'étaient certes point à dédaigner. Voilà ce que répétaient les adversaires d'Athanaric : là-dessus la discorde éclata. Athanaric, ennemi de Rome depuis son enfance et fils d'un père qui lui avait fait jurer sous la foi d'un serment terrible qu'il ne toucherait jamais de son pied la terre des Romains, Athanaric, qui avait tenu religieusement son serment[2], combattit la proposition de Fridighern comme un outrage pour sa personne et une lâcheté pour les Goths. Fridighern put lui répondre (car c'était là l'opinion de son parti) que si les persécuteurs des chrétiens, ceux qui naguère les faisaient périr sous le bâton, les étouffaient dans les flammes, les attachaient à des solives en forme de croix pour les précipiter ensuite, la tête en bas, dans le courant des fleuves[3], que si ceux-là pouvaient justement craindre de toucher du pied une terre romaine, il n'en était pas de même des persécutés. L'enfant du Christ était frère de l'enfant de Rome; on l'avait bien vu au temps du

---

1. Thraciæ receptaculum gemina ratione sibi convenientius, quod et cæspitis est feracissimi, et amplitudine fluentorum Histri distinguitur a Barbaris, patentibus jam peregrini fulminibus Martis. Amm. Marc. xxxi, 3.

2. Asserebat Athanaricus sub timenda execratione jurisjurandi se esse obstrictum mandatisque prohibitum patris, ne solum calcaret aliquando Romanorum. Amm. Marc., xxvii, 5.

3. Socrat., iv, 53. — Sozom., v, 37. — Epiph. Hæres., 70. — Acta. S. Sabæ goth. ap. Bolland. 12 April.

martyre, lorsque les bannis d'Athanaric trouvaient au delà du Danube non-seulement un refuge toujours ouvert et du pain, mais des consolations, en un mot une hospitalité fraternelle [1]. Le vieil et vénérable Ulfila [2], apôtre et oracle des Goths, contribuait à répandre ces illusions, qu'il partageait lui-même aveuglément.

Ulfila, dont le nom est resté si célèbre dans l'histoire des Goths, tirait son origine de la Cappadoce. Comme les tempêtes emportent au loin sur leurs ailes le germe des meilleurs fruits, la guerre et le pillage avaient apporté chez les Visigoths les semences du christianisme : des familles romaines traînées en captivité leur avaient donné leurs premiers apôtres [3]. D'une de ces familles sortait Ulfila. Né en Gothie, élevé parmi les Barbares, sous les yeux d'un père chrétien et romain [4], il unit dans son cœur le culte de Rome chrétienne à un amour dévoué pour sa nouvelle patrie. Des liens de reconnaissance personnelle le rattachaient d'ailleurs aux Romains : il n'oublia jamais qu'ayant été chargé, bien jeune encore, d'une mission des rois goths à Constantinople, le grand Constantin l'avait accueilli avec intérêt, et fait ordonner évêque de sa nation mal-

---

[1]. Athanaricus, rex Gothorum, christianos in gente sua crudelissime persecutus, plurimos barbarorum ob fidem interfectos, ad coronam martyrii sublimavit; quorum tamen plurimi in romanum solum non trepidi, velut ad hostes, sed certi quòd ad fratres, pro Christi confessione, fugerunt. Oros., l. vii, c. 32.

[2]. Ulphilas, Wlphilas; Οὐλφίλας Οὐρφίλας;— Ulf, *secours, protection*, en langue gothique.

[3]. Sozom., ii, 6. — Philostorg., *Hist. eccl.*, ii, 5. — Basil., *Epist.*, 16, t. iii, p. 254, 255.

[4]. Philostorg., ii, 5. — Ses ancêtres avaient habité autrefois la bourgade de Sadagoltina, près de la ville de Parnassus en Cappadoce.

gré son âge, et enfin qu'un personnage alors fameux, Eusèbe de Nicomédie, le chapelain et le confident de l'empereur, lui avait imposé les mains [1]. De retour en Gothie, Ulfila s'était voué corps et âme à la conversion de ses compatriotes barbares. Pour faciliter sa prédication et rompre en même temps avec les traditions poétiques, qui ne parlaient aux Goths que de leurs dieux nationaux, il imagina de traduire dans leur langue le *livre* des chrétiens, et, comme les Goths n'avaient pas d'écriture, il leur composa un alphabet avec des caractères grecs et quelques autres, peut-être runiques, qu'il affecta à certaines articulations particulières à leur idiome [2]. Toutefois il s'abstint de traduire dans l'Ancien Testament les livres des Rois, où sont racontées les guerres du peuple hébreu, de peur de stimuler chez sa nation le goût des armes, déjà trop prononcé, et pensant, dit le contemporain qui nous donne ce détail, que les Goths, en fait de batailles, avaient plutôt besoin de frein que d'éperon [3]. Cette idée naïve peint d'un seul trait le bon et saint prêtre que de tels scrupules tourmentaient. Son œuvre eut plus de portée encore qu'il ne l'avait espéré : ce fut toute une révolution dans les mœurs des Visigoths; aussi ses compa-

---

1. Ordinatus fuit episcopus eorum qui in Gothia christiani erant. Philost., II, 5. — Socrat., IV, 33.

2. Philostorg., II, 5. — Quis hoc crederet ut barbara Gothorum lingua hebraïcam quæreret veritatem?... Hieronym., *Epist. ad Sun.*, t. II, p. 626. — Socrat., IV, 33. — Sozom., VI, 37. — Jornand, *R. Get.*, 51.

3. In eorum linguam totam Scripturam transtulit, excepto libro qui dicitur Regum... Eo quod bellorum historiam contineat... gens vero illa belli amans esset, frænoque magis ad pugnas egeret quam incentivo. Philostorg., II, 5.

triotes lui décernèrent-ils le titre de nouveau Moïse [1]. En sa qualité d'évêque, Ulfila avait assisté à plusieurs conciles de la chrétienté romaine, où il s'était fait estimer par la droiture de son âme et la sincérité de sa foi plus que par sa science théologique. Quand la persécution éclata sur les bords du Dniester, Ulfila ne dut la vie qu'à l'hospitalité des Romains de Mésie, qui l'accueillirent avec empressement, lui et tous les confesseurs qui le suivirent dans sa fuite [2]. Cet homme simple et convaincu ne doutait donc point qu'au delà du Danube fût encore la terre promise pour ses frères et pour lui. Telle était l'autorité de sa parole, qu'elle entraîna sans peine la majorité des Goths, non pas seulement les chrétiens, mais la masse des païens qui ne nourrissaient aucun fiel contre la nouvelle religion. Athanaric, presque abandonné, alla se retrancher avec le reste des tribus dans les défilés de Caucaland.

La troupe de Fridighern et d'Alavive se mit en marche vers le Danube avec autant d'ordre que le comportait une pareille multitude traînant avec elle le mobilier de toute une nation. Les hommes armés venaient les premiers, puis les femmes, les enfants, les vieillards, les troupeaux, les chariots de transport. Ulfila, en tête de son clergé *blond* et *fourré* [3], veillait sur l'église ambulante, qui se composait d'une grande tente fixée sur un plancher à roues, et renfermant avec le

---

[1]. Nostri temporis Moses.... ὁ ἐφ' ἡμῶν Μωσῆς. Philostorg., *Histor. eccles.* l. II, 5.

[2]. Quippe qui pro fide Christi innumera subierit pericula dum Barbari adhuc gentilium ritu simulacra colerent. Sozom., VI, 37.

[3]. Getarum rutilus et flavus exercitus ecclesiarum circumfert tentoria. Hieron., *Epist. ad Lætt.*, IV, p. 591. — Pelliti, gentes pellitæ.

tabernacle les ornements et les livres liturgiques. Le trajet n'était pas long, et les Goths atteignirent bientôt la rive du Danube en face des postes de la Mésie. A cette vue, et par un mouvement spontané, ils se précipitèrent à genoux, poussant des cris suppliants et les bras tendus vers l'autre bord [1]. Les chefs qui les précédaient ayant fait signe qu'ils voulaient parler au commandant romain, on leur envoya une barque dans laquelle montèrent Ulfila et plusieurs notables goths. Conduits devant le commandant, ceux-ci exposèrent leur demande : « Chassés de leur patrie par une race hideuse et cruelle à laquelle, disaient-ils, rien ne pouvaient résister, ils arrivaient avec ce qu'ils avaient de plus cher, priant humblement les Romains de leur accorder un territoire, et promettant d'y vivre tranquilles en servant fidèlement l'empereur [2]. » L'affaire était trop grave pour qu'un simple officier de frontière pût la décider : le commandant renvoya donc les députés à l'empereur, qui tenait alors sa cour dans la ville d'Antioche. On mit à leur disposition, suivant l'usage, les chevaux et les chariots de la course publique, et ils partirent, tandis qu'Alavive et Fridighern faisaient camper leurs bandes sur la rive gauche du fleuve, dans le meilleur ordre possible [3].

L'empire d'Orient se trouvait alors aux mains de Valens, frère de Valentinien Ier, qui, après avoir gou-

---

1. Erectis manibus, supplices ab imperatore se recipi petebant. Zosim., IV, 20.
2. Missis oratoribus ad Valentem, suscipi se humili prece poscebant, et quiete victuros se pollicentes, et daturos si res flagitaret auxilia. Amm. Marc., XXXI, 4. — Zosim., IV, 20. — Jorn., R. Get., 25.
3. Amm. Marc., XXXI, 3 et seq.

verné glorieusement l'Occident, venait de mourir, pour le malheur des Romains [1]. Valens était un composé bizarre de bonnes qualités et de mauvaises prétentions. On avait estimé en lui, dans les variations de sa fortune, un grand esprit de désintéressement et d'équité ; terrible aux méchants, protecteur des petits, il se montrait un dur mais impartial justicier comme son frère, pour qui il professait une admiration respectueuse. C'était le seul cas où l'on voyait faiblir sa vanité. Soldat rude, mais brave et sympathique au soldat, général assez expérimenté pour bien commander sous un autre, il s'était laissé éblouir par l'éclat d'une fortune qu'il ne devait qu'au mérite de Valentinien. D'illusions en illusions, il était arrivé à l'aveuglement d'un homme né sur la pourpre : c'était la même croyance en sa propre infaillibilité, la même confiance naïve en ses flatteurs. Complétement illettré et si bien fait pour l'être, qu'à l'âge de cinquante ans, et après douze ans de règne en Orient, il n'avait pas encore réussi à entendre couramment la langue grecque [2]; il n'en prétendait pas moins régenter l'église orientale, alors en proie aux déchirements de l'arianisme. Ces distinctions subtiles, ces piéges de doctrine et surtout de langage que les demi-ariens lançaient comme autant de filets où se prirent souvent les plus habiles, semblaient un jeu pour Valens : il décidait, il tranchait, il innovait, et les évêques de sa cour, gens perdus dans les intri-

1. On peut consulter, au sujet de Valentinien, le troisième volume de mon *Histoire de la Gaule sous l'administration romaine*.
2. Themist., *Or.*, vi, 9, 11, p. 74, 126, 144. — Inconsummatus et rudis. Amm. Marc., xxxi, 4.

gues, après en avoir fait un théologien infaillible, n'eurent pas de peine à en faire un persécuteur forcené [1]. Valens semblait renier, dès qu'il s'agissait de religion, la droiture et l'équité proverbiales de son caractère, pour n'en justifier que la rigueur. Jamais encore le catholicisme n'avait passé de si mauvais jours : ses évêques étaient bannis, ses temples fermés; partout en Orient le schisme et l'apostasie étaient provoqués par la corruption ou imposés par la violence. Cet homme, qui n'avait eu longtemps de plaisir que dans les fatigues du champ de bataille, qui avait vaincu les Goths et les Perses, ne rêvait plus que théologie; dans son abandon des affaires, on eût dit qu'il sacrifiait volontiers son titre de prince du peuple romain à celui de prince de l'église arienne.

Valens se livrait donc dans la ville d'Antioche, en compagnie de quelques évêques, ses favoris, à l'un de ces loisirs théologiques qui lui faisaient tout oublier, lorsque la nouvelle des événements d'outre-Danube lui parvint par de vagues rumeurs. On racontait qu'une race d'hommes inconnus, sortis des marais scythiques, s'était précipitée sur l'Europe avec la violence irrésistible d'un torrent, culbutant les Alains sur les Ostrogoths, et ceux-ci sur les Visigoths, qui fuyaient devant elle comme un troupeau timide [2]. D'abord on en rit comme d'une fable, attendu qu'à chaque instant il arrivait de ces contrées lointaines des bruits que l'instant

---

[1]. Socrat., v, 1. — Sozom., vii, 1. — Theodoret., iv, 21, etc.
[2]. Fama late serpente quòd inusitatum antehac hominum genus modo ruens, ut turbo montibus celsis, ex abdito sinu coortus opposita quæque convellit. Amm. Marc., xxxi, 3.

d'après démentait[1]; mais il fallut bien y croire quand un courrier, venu à toute vitesse, apporta l'annonce officielle des propositions des Visigoths et du départ de leurs députés pour Antioche. La cour fut dans un grand émoi. Que fallait-il répondre aux envoyés? quelle conduite convenait-il de tenir vis-à-vis des Goths? Les hommes légers et les courtisans se récriaient sur le bonheur qui accompagnait l'empereur en toute circonstance : « Voilà, disaient-ils, que les ennemis de César sollicitent l'honneur de devenir ses soldats; la terrible nation des Goths se transforme en une armée romaine devant laquelle la Barbarie tout entière devra trembler. Valens y puisera toutes les recrues dont il aura besoin, laissant le paysan romain à sa charrue; les terres en seront mieux cultivées, et les provinces, qui ne paieront plus leur contingent militaire qu'en argent, verseront l'abondance dans le trésor de César[2]. » Les hommes sérieux et prudents tenaient un tout autre langage. « Gardons-nous, répétaient-ils, d'introduire les loups dans la bergerie : le berger pourrait s'en trouver mal. Un jour viendrait où, cédant à leur naturel féroce, les loups égorgeraient les chiens et

---

1. Quæ res aspernanter a nostris inter initia ipsa accepta est, hanc ob causam quòd illis tractibus non nisi peracta aut sopita audiri procul agentibus consueverant bella. Verum pubescente jam fide gestorum, cui robur adventus gentilium addiderat legatorum, precibus et obtestatione petentium, citra flumen suscipi plebem extorrem.... Amm. Marc., xxxi, 4.

2. Negotium lætitiæ fuit potiusquam timori, eruditis adulatoribus in majus fortunam principis extollentibus : quòd ex ultimis terris tot tirocinia trahens ei nec opinanti offerret, ut collatis in unum suis et alienigenis viribus invictum haberet exercitum, et pro militari supplemento quod provinciatim annuum pendebatur, thesauris accederet auri cumulus magnus. Id., ibid.

se rendraient maîtres du troupeau[1]. » Les arguments pour et contre furent débattus avec vivacité dans le conseil impérial; Valens les écouta, puis il se décida par une raison que lui seul pouvait imaginer. Il déclara qu'il admettrait les Goths, s'ils se faisaient ariens.

Les Goths avaient reçu le christianisme à peu près de toutes mains; ils comptaient même des hérésiarques parmi leurs apôtres. Le Mésopotamien Audæus, qui enseignait que Dieu doit avoir une forme matérielle et un corps, puisqu'il a créé l'homme à son image, Audæus, avec sa grossière hérésie, s'était fait parmi eux de nombreux prosélytes[2] et des martyrs. Pourtant ils se croyaient bons catholiques, et si les subtilités du demi-arianisme pouvaient prendre en défaut ces théologiens des forêts, ils éprouvaient une profonde horreur pour l'arianisme pur, celui qui ravalait le Christ au-dessous de son père jusqu'à en faire une créature. Les évêques, absorbés par les soins d'une prédication laborieuse, ressemblaient en beaucoup de points au troupeau. Théophile, prédécesseur d'Ulfila, avait souscrit, il est vrai, les actes orthodoxes du concile de Nicée[3]; mais celui-ci adhéra au formulaire semi-arien de Rimini, que d'abord il ne jugea pas contraire au catholicisme; puis, voyant beaucoup de signataires se rétracter, il se rétracta comme eux[4]. Or, Valens prétendait qu'Ulfila revînt à son premier avis, et que, par son autorité que l'on savait toute-puissante, il imposât

---

1. Non lupos inter canes collocari... Synes. *De regno*, p. 25.
2. Theodoret., IV, 10. — Epiphan, *Hæres.*, 70. — Hieron., *Chron.* — Cf. Tillemont, *Mém. eccl.*, t. VI.
3. *Act. Græc. Concil. Nic.* —Labbe, T. II, p. 52, 75.—Socrat., II, 41.
4. Socrat., II, 41. — Sozom., VI, 37. — Cf. Theodoret., IV, 33.

à ses frères les dogmes de l'arianisme mitigé : Valens
mettait à ce prix le succès de son ambassade. Une fois
le mot d'ordre donné, des docteurs insinuants, des
évêques en crédit[1] furent échelonnés sur le passage
du barbare à travers l'Asie Mineure[2] ; il en trouvait à
chaque station qui, sous le prétexte de le saluer, se
mettaient à le catéchiser, ou se plaçaient à ses côtés
dans le chariot pour le convertir chemin faisant. Au
palais d'Antioche, ce fut bien pis ; quand il voulait parler des misères de son peuple, on lui répondait par des
dissertations sur l'identité ou la conformité des sub-
stances. On le fatiguait d'arguments et de discussions
pour le mieux enchaîner, et, pendant ces luttes inhu-
maines, le malheureux peut-être croyait entendre dans
le lointain le cri de ses compatriotes aux abois, qui le
suppliaient de les sauver. Au fond, il finit par n'attacher qu'une médiocre importance à des choses si
subtiles et qui lui semblaient si obscures ; il se persuada
que l'ambition des évêques et l'acharnement de l'esprit
de parti en faisaient seuls tout le mérite[3]. Ce sont les
motifs qui le déterminèrent à se plier aux volontés de
l'empereur, si nous en croyons les historiens du temps,
et le vieil évêque visigoth, après avoir courbé sous ces
dures nécessités sa tête blanchie par l'âge et cicatrisée
par le martyre, alla porter aux siens leur salut, qui lui

---

1. Arianæ sectæ antistites... polliciti se legationum ejus adjutores esse,
modo idem cum ipsis sentire vellet... necessitate compulsus. Sozom., VI, 37.

2. Theodoret., IV, 33. — Et quia tum Valens, imperator, Arianorum per-
fidia saucius, nostrarum partium omnes ecclesias obturasset, suæ partis
fautores ad illos dirigit prædicatores, qui venientibus rudibus et ignaris,
illico perfidiæ suæ virus defundunt. Jorn., R. Get., 25.

3. Theodoret, IV, 33, 37. — Sozom., VI, 37. — Philost., ub. sup.

coûtait si cher[1]. Valens triomphait et se croyait un nouveau Constantin. Néanmoins, de peur qu'on lui pût reprocher de sacrifier la politique à la religion, il décida que les femmes et les enfants des Goths, au moins des Goths notables, passeraient les premiers, et seraient envoyés dans les villes de l'intérieur pour y être gardés à titre d'otages, et que les hommes ne seraient admis à franchir le fleuve qu'autant qu'ils auraient déposé leurs armes[2]. Au moyen de ces précautions sur la sagesse desquelles chacun s'extasiait, Valens crut avoir conjuré tout péril. Une flottille romaine fut chargée d'opérer le transport des Goths, et des agents civils, sous les ordres d'un officier spécial, le comte Lupicinus, allèrent choisir les cantons où ce peuple de colons s'établirait, mesurer les lots, délivrer des vivres, du bois et des instruments de culture[3].

Les difficultés misérables dont Ulfila et ses compagnons s'étaient vu assaillir doublèrent le temps de leur voyage, et cependant les Goths, campés dans la plaine du Danube, comptaient les jours avec une sombre inquiétude. Leurs provisions s'épuisaient, bientôt ils allaient sentir la faim. Portant perpétuellement les yeux des lignes romaines aux plaines du nord, tantôt ils croyaient apercevoir la barque qui ramenait leurs députés; tantôt il leur semblait voir la légère cavalerie des

---

1. Cum Arianis cummunicásse dicitur, seque et universam gentem ab ecclesia catholica abripuisse. Sozom., vi, 37.
2. Valens uti reciperentur armis prius depositis permisit. Zosim., iv, 20. — Amm. Marc., xxxi, 4.
3. Mittuntur diversi qui cum vehiculis plebem transferant truculentam... Copiam colendi Thraciæ partes... Alimenta pro tempore... Amm. Marc., xxxi, 4. — Zosim., iv, 20. — Jorn., R. Get., 25.

Huns poindre à l'horizon opposé, et franchir l'espace avec sa rapidité ordinaire. Ils passaient ainsi vingt fois par jour de l'espoir trompé aux plus mortelles terreurs. Enfin le désespoir les prit. Quoique le Danube, grossi par les pluies, roulât alors une masse d'eau effroyable, beaucoup entreprirent de le traverser de force. Les uns se jettent à la nage et sont entraînés par le fil de l'eau, d'autres montent dans des troncs d'arbres creusés ou sur des radeaux qu'ils dirigent avec de longues perches; mais lorsque, par des efforts inouïs, ils sont parvenus à dominer le courant, les balistes romaines dirigent sur eux une grêle de projectiles, et le fleuve emporte pêle-mêle des débris de barques et des cadavres[1]. Le retour des députés mit fin à ces scènes de désolation. La flottille romaine fit aussitôt son office, voyageant sans interruption d'un bord à l'autre[2]. Beaucoup, pour ne pas attendre leur tour, se faisaient remorquer sur des troncs d'arbres ou des planches à peine liées ensemble. Les femmes et les enfants passèrent les premiers, conformément aux ordres de l'empereur; ensuite vinrent les hommes. Des agents chargés de compter les têtes des passagers s'arrêtèrent, dit-on, fatigués ou effrayés de leur nombre[3]. « Hélas! s'écrie Ammien Marcellin avec une emphase pleine d'amertume, vous compteriez plus aisément les sables que vomit la mer

---

1. Antequam trajectus esset ab imperatore concessus, Scytharum audaciores et elatiores transitum sibi vi aperire constituerunt, sed vi repulsi deleti sunt. Eunapius, *Hist.*, 5.

2. Transfretabantur in dies et noctes, navibus ratibusque et cavatis arborum alveis agminatim impositi. Amm. Marc., XXXI, 4.

3. Illud sane neque obscurum est neque incertum infaustos transvehendi barbaram plebem ministros, numerum ejus comprehendere calculo sæpe tentantes, conquievisse frustratos. *Id., ibid.*

quand le vent la soulève sur les rivages de la Libye [1] ! »
On constata pourtant que le nombre des hommes en état de porter les armes était d'environ deux cent mille [2].

Sur l'autre bord commença un triste et honteux spectacle, où l'administration romaine étala comme à plaisir les plaies de sa corruption. Quand les femmes, les jeunes filles, les enfants eurent été mis à part pour être internés, les préposés romains, tribuns, centurions, officiers civils, se jetèrent sur eux comme sur une proie qui leur était dévolue. Chacun, dit un écrivain du temps, se fit sa part suivant son goût : l'un s'adjugea quelque grande et forte femme; l'autre quelque jeune fille blonde aux yeux bleus. Les agents de prostitution furent aussi là, trafiquant pour les lieux infâmes. On enlevait les jeunes garçons pour les réduire en servitude [3]. D'autres, plus avares, et qui avaient des terres à cultiver, prirent des hommes robustes qu'ils envoyèrent dans leurs propriétés comme serfs ou colons [4]. L'ordre exprès de déposer les armes ne fut exécuté nulle part ; les préposés fermaient les yeux

1. Quem qui scire velit (ut eminentissimus memorat vates) Libyci velit æquoris idem discere, quam multæ Zephyro truduntur arenæ. — Ce sont deux vers de l'Énéide de Virgile que l'historien insère dans sa prose. On trouve fréquemment chez lui de ces réminiscences classiques.
2. Non minus quam hominum ducenta millia ad bellum apti et ætate florentes. Eunap., *Hist.*, 6.
3. Eorum autem qui ista mandata exceperunt, exarsit hic studio pueri alicujus candidi et vultu grati; alter misertus est uxoris formosæ unius ex captivis; hic captus est virgine formosa. Eunap., 6. — Zozim., IV, 20. — Amm. Marc., XXXI, 4.
4. Plane unusquisque ipsorum hoc propositi habuit, ut suas domos servis, villas pastoribus, et insanum amoris furorem quavis licentia implerent. Eunap., *Hist.*, 6.

pour de l'argent, et, dans son orgueil sauvage, le Goth eût plutôt livré tout ce qu'il possédait, son or, sa femme, ses pelleteries, le tapis à double frange qui faisait son luxe[1] : beaucoup restèrent donc armés. Quant aux vivres qui devaient être distribués aux émigrants, ils se trouvèrent avariés par la fraude des intendants; ils étaient d'ailleurs en quantité insuffisante. Alors on spécula sur la faim de ces infortunés; on leur vendit au poids de l'or jusqu'à la chair des animaux les plus immondes. Un chien mort s'échangeait contre un esclave[2]. Il paraît que les femmes transplantées dans les villes de l'intérieur, éblouies par le luxe, amollies par l'abondance, s'accommodèrent assez bien à leur sort. « On les voyait, dit un contemporain, se pavaner sous de riches habits, dans un attirail malséant pour des captives; mais leurs fils, favorisés par la fécondité du climat, grandirent comme des plantes précoces et vénéneuses, ayant au cœur la haine de Rome[3]. » Que pensait, que disait au milieu de tout cela le Moïse des Goths, qui n'avait procuré à son peuple,

---

[1]. Stragula ab utraque parte fimbriata. Eunap., *Hist.*, 6.

[2]. Cœperunt duces avaritia compellente, non solum ovium, boumque carnes, verum etiam canum, et immundorum animalium morticina eis pro magno contradere : adeo ut quodlibet mancipium in unum panem, aut decem libras in unam carnem mercarentur. Jorn., *R. Get.*, 26. — Cum traducti Barbari victûs inopia vexarentur, turpe commercium duces invisissimi cogitaverunt, et quantos undique insatiabilitas colligere potuit canes; pro singulis dederant mancipiis, inter quæ et filii ducti sunt optimatum. Amm. Marc., xxxi, 4.

[3]. Illas autem conspicere erat mollius et venustius, quam captivas decebat, vestitas. At captivorum filii et quidquid illis fuit mancipiorum aeris temperie in altum se sustulerunt et præter ætatem pubuerunt e in immensam multitudinem succrevit et auctum est hostium genus. Eunap., *Hist.*, 6.

au lieu des douceurs de la terre promise, que les misères et la captivité de l'Égypte? On devinerait difficilement quelles angoisses et quels regrets assaillirent cette âme honnête à la vue de tant de déceptions; mais, si justes que fussent ses regrets, il dut remplir sa promesse. Les Goths païens furent baptisés, et tous jurèrent d'adopter le formulaire de Rimini [1], ou plutôt la profession de foi de leur évêque, car là était pour eux l'orthodoxie. Ulfila, pour prévenir en eux tout scrupule de conscience, leur expliqua, conformément au système qu'il s'était fait à lui-même, que ces détails n'importaient que faiblement à la religion du Christ. Cela n'empêcha pas que les Visigoths ne cessassent dès lors d'appartenir à la chrétienté catholique, et que plus tard, par le progrès naturel des doctrines et l'opiniâtreté de l'esprit de secte, ils ne devinssent ariens véritables, ariens propagandistes et persécuteurs [2].

Tant d'outrages, tant d'iniquités finirent par exaspérer les Goths : un guet-apens, tendu par le comte Lupicinus à leurs chefs Fridighern et Alavive au milieu d'un festin [3], mit le comble à leur colère : ils ouvrirent le passage du Danube à d'autres bandes barbares qui les avaient suivis; ils se procurèrent ou se fabriquèrent clandestinement les armes qui leur manquaient, et se

---

1. Hujus rei gratia cum omni gente Gothorum (Fridigernus) in Arianam hæresim devolutus est.... Isidorus Hispal., *Chron. Goth.* — Sozom., *ut sup.* — Socrat., II.

2. Sic quoque Vesegothæ a Valente imperatore Ariani potiusquam Christiani effecti. Jorn., *R. Get.*, 25.

3. Fridigernus, evaginato gladio, convivio non sine magna temeritate, velociterque egreditur, suosque ab imminenti morte ereptos ad necem Romanorum instigat. Jorn., *R. Get.*, 26. — Amm. Marc., XXXI, 5.

mirent à piller. Une armée romaine tenta de les arrêter; elle fut battue près de Marcianopolis, capitale de la petite Scythie. Fridighern empêchait ses compagnons de perdre leur temps contre les places fortes, qu'ils ne savaient pas assiéger; son mot d'ordre était : « Paix aux murailles[1] ! » mais les bourgades ouvertes, mais la villa du riche et la cabane du pauvre voyaient fondre sur elles une guerre sans quartier. Toutes les injures accumulées par les Romains sur les Goths, pillages, viols, assassinats, leur furent rendues au centuple. Tiré de ses rêves de gloire théologique, Valens accourut à Constantinople, et fut presque lapidé par le peuple : les catholiques triomphaient. Comme il sortait de la ville, un ermite, quittant sa cellule, construite non loin de la route, se mit en travers devant lui, et l'arrêta pour le maudire et lui annoncer sa mort prochaine[2]. Le malheur dissipant dans l'esprit de Valens toutes les fumées de la puissance, il redevint, comme aux jours de sa jeunesse, un soldat vigoureux et hardi jusqu'à l'imprudence. Avec une armée en désarroi, quelques troupes fraîches et des recrues, il entreprit bravement de balayer ces bandes victorieuses ou de périr à la tâche. Dans l'impatience de combattre ou dans la crainte de se laisser ravir la gloire du succès, il refusa d'attendre son neveu Gratien, empereur d'Occident, qui s'était mis en route pour le rejoindre[3] : cet empres-

---

1. Pacem sibi esse cum parietibus. Amm. Marc., xxxi, 7.
2. Socrat., iv, 38. — Theodoret., iv, 33, 34. — Zonar., xiii, 31, 32. — Theoph., p. 55, 56. — Cedren, i, 313. — Cf. Amm. Marc., xxxi, 11.
3. Vicit tamen funesta principis destinatio, et adulabilis quorumdam sententia regiorum, qui ne pæne jam partæ victoriæ consors fieret Gratianus, properari cursu celeri suadebant. Amm. Marc., xxxi, 12.

sement le perdit. Les Romains manquaient de vivres, et Fridighern, qui le savait, les promenait de délai en délai pour les affamer ; tantôt c'était un prêtre qui venait au nom du ciel protester des intentions pacifiques des Goths[1] ; tantôt de feintes propositions d'accommodement amusaient l'empereur, pendant que le rusé barbare ralliait une de ses divisions de cavalerie absente du camp.

La bataille se livra dans une plaine entre Adrianopolis, aujourd'hui Andrinople, et la petite ville de Nicée, le 9 août 378, par un jour d'une chaleur accablante. Pour augmenter les souffrances des Romains, Fridighern fit mettre le feu à des broussailles dont la plaine était couverte de leur côté, et, l'incendie se communiquant de proche en proche, le camp romain se trouva comme emprisonné dans un cercle de flammes[2]. L'audace même de Valens nuisit à son succès. S'étant avancé sans précaution à la tête de ses gardes, il entraîna les légions, qui, séparées de leur cavalerie, furent bientôt cernées par les Goths. Des nuages d'une poussière fine obscurcissaient le ciel et empêchaient les combattants d'apercevoir leurs ennemis : les traits partaient au hasard ; on se cherchait, on s'égarait comme dans l'ombre d'un crépuscule[3]. Quand les fronts des

---

1. Christiani ritus Presbyter missus a Fridigerno legatus, cum aliis humilibus venit ad principis castra... astu et ludificandi varietate nimium solers... Amm. Marc., XXXI, 12.

2. Ut miles fervore calefactus æstivo, siccis faucibus commarceret, relucente amplitudine camporum incendiis, quos lignis nutrimentisque aridis subditis ut hoc fieret, iidem hostes urebant. Id., ibid.

3. Nec jam objectu pulveris cœlum patere potuit ad prospectum, clamoribus resultant horrificis. Qua causa tela undique mortem vibrantia

armées se rencontrèrent, la masse des Barbares, poussant toujours dans le même sens, parvint à rompre l'ordonnance des légions, qu'elle écrasa de son poids. Sur ces entrefaites, la nuit arriva, nuit sombre et sans lune. Valens, que ses généraux pressaient en vain de se retirer, combattait toujours, quand il tomba percé d'une flèche. Quelques soldats le relevèrent et l'emportèrent dans une cabane de paysan qui se trouvait à peu de distance du champ de bataille. On pansait sa blessure, lorsqu'une bande de pillards goths s'approcha, et, trouvant les portes défendues, amoncela autour de la cabane de la paille et des fagots auxquels elle mit le feu[1]. Valens périt brûlé ; les deux tiers de son armée jonchaient la plaine, et les contemporains purent justement comparer cette journée néfaste à celle de Cannes[2]. Maîtres de la Thrace et de la Macédoine, les Goths ravagèrent ces provinces tout à leur aise jusqu'à l'année suivante, où Théodose vint prendre possession de l'Orient. Non moins habile à pacifier qu'à vaincre, le nouvel empereur fit sentir aux Barbares la force de son bras avant de les recevoir à composition; puis, les

destinata cadebant et noxia, quod nec prævideri poterant nec caveri. Amm. Marc., xxxi, 13.

1. Cum enim oppessulatas januas perrumpere conati, qui secuti sunt, a parte pensili domûs sagittis incesserentur, ne per moras inexpedibiles populandi amitterent copiam, congestis stipulæ fascibus et lignorum, flammaque supposita, ædificium cum hominibus torruerunt. Amm. Marc., xxxi, 14. — Socrat., iv, 38. — Theodoret, iv, 36. — Sozom., vi, 40. — Philostorg, ix, 17. — Zosim, iv, 24.

2. Nec ulla annalibus præter Cannensem pugnam, ita ad internecionem res legitur gesta, quanquam Romani aliquoties reflante fortuna fallaciis lusi bellorum iniquitati cesserunt ad tempus; et certamina multa fabulosæ neniæ flevere Græcorum. Amm. Marc., xxxi, 14.

ayant réduits à l'implorer, il les enferma dans un cantonnement où il mit à profit leurs services. Après sa mort, la trahison de Rufin, ministre d'Arcadius, les en tira pour les lancer sur l'Occident. Alors commença, sous la conduite d'Alaric, le plus célèbre de leurs rois, ce long et sanglant pèlerinage des Visigoths, qui les conduisit à travers la Grèce et l'Italie jusque dans le midi des Gaules, où ils s'arrêtèrent.

CHAPITRE DEUXIÈME

Arrivée des Huns sur le Danube. — Déplacement des peuples barbares, voisins de la vallée du Danube; les uns se précipitent sur l'Italie, les autres envahissent la Gaule et l'Espagne. — Progrès des Huns vers le haut Danube. — Ils entrent en contact avec les Burgondes de la forêt Hercynienne; ceux-ci se font chrétiens pour leur mieux résister. — Roua, chef de la principale tribu des Huns, devient auxiliaire de l'empire; sa liaison avec Aëtius. — Attila et Bléda, nouveaux rois des Huns; traité de Margus. — Portrait d'Attila. — Il soumet tous les chefs des Huns à son autorité. — Sa campagne contre les Acatzires; il donne pour roi à ce peuple Ellak, son fils aîné. — Il tue son frère Bléda. — L'épée de Mars est découverte par une génisse blessée. — Empire d'Attila. — Différend entre les Huns et les Romains, au sujet de l'évêque de Margus. — Guerres d'Attila, en Pannonie, en Mésie et en Thrace. — L'empereur Théodose II lui achète la paix.

Comme la mer, lorsqu'elle a franchi ses digues, se précipite et couvre en un instant des plaines sans défense, ainsi les hordes de Balamir eurent bientôt couvert tout le pays que la fuite des Goths rendait libre. Arrivés devant le vaste fossé du Danube, les Huns s'arrêtèrent avec crainte et n'inquiétèrent point l'empire romain; mais ils continuèrent à batailler contre les peuples barbares. Ils ne laissaient point d'ennemis derrière eux : la nation des Ostrogoths s'était résignée au joug[1];

---

[1]. Ostrogothæ Ermanarici regis sui decessione a Vesegothis divisi, Hunnorum subditi ditioni, in eadem patria remanserunt. Jorn., *R. Get.*, 48.

les anciens vassaux d'Ermanaric passaient l'un après l'autre à Balamir ; Athanaric seul tenait bon avec ses tribus fidèles dans les vallées les plus abruptes des Carpathes ; mais ces tribus mêmes, traquées dans leurs défilés et mourant de faim, résolurent d'imiter l'exemple de Fridighern, qu'elles avaient tant blâmé, et de se donner aux Romains plutôt que de courber la tête sous les fils des sorcières. Quelles que fussent ses répugnances, Athanaric adopta ce parti, et, les Romains n'ayant point repoussé sa demande, les Visigoths sortirent à l'improviste de leurs rochers, gagnèrent la rive du fleuve et s'embarquèrent [1]. Ce fut pour toutes les nations européennes, civilisées ou barbares, un grand événement que cette intrusion des Huns au milieu d'elles, ce progrès de l'Asie nomade sur l'Europe. Tout, dans la contrée envahie, changea d'aspect aussitôt : les rudiments de culture qui provenaient des Goths furent abandonnés ; la vie sédentaire disparut ; la vie nomade revint dans toute son âpreté, et la zone circulaire qui menait du bas Danube à la mer Caspienne le long de la mer Noire ne fut plus qu'un passage perpétuellement sillonné de hordes et de troupeaux. La tribu royale des Huns se fixa sur le Danube, comme une sentinelle vigilante occupée à épier ce qui se passait au delà. Chaque année, le palais de planches de ses rois fit un pas de

---

1. Gothi... aspicientes benignitatem Theodosii imperatoris, inito fœdere, Romano se imperio tradiderunt. Isidor., *Chron. goth.* — Cunctus exercitus in servitio Theodosii imperatoris perdurans, Romano se imperio subdens.... Jorn., *R. Get.*, 28. — Amm. Marc., xxvii, 5. — Athanaric lui-même vint à Constantinople, dont la magnificence le charma, et il y finit ses jours. Amm. Marc., *ibid.* — Cf. Themist., *or.* 15. — S. Ambros., *Proem. de Spirit. Sancto*, t. ii, p. 603.

plus vers le cours moyen du fleuve, et chaque année quelque empiétement sur les pleuplades riveraines, en prolongeant la frontière des Huns, multiplia leurs points de contact avec l'empire romain [1].

Dans cette situation, les Huns, qui ne cultivaient point et qui eurent bientôt détruit le peu de culture qu'ils avaient trouvée, ne pouvaient vivre sans recevoir des Romains du blé et de l'argent, ou sans piller leurs terres [2]. Il fallut donc de toute nécessité que Rome les prît à sa solde, et ils la servirent bien, soit contre les autres, soit contre eux-mêmes. Qu'on se représente l'empire mongol toutes les fois qu'il ne fut pas concentré dans la main d'un Tchinghiz-Khan ou d'un Timour; c'est le spectacle qu'offrait alors l'empire des Huns : des hordes séparées, des royaumes distincts, des chefs indépendants ou à peu près, reconnaissant à peine un lien fédératif. L'un menaçait-il quelque province romaine d'une invasion, l'autre proposait aussitôt à l'empereur des troupes auxiliaires pour la défendre. C'était une joûte autorisée entre frères, une industrie pratiquée par tous et réputée d'autant plus honnête qu'elle était plus lucrative. La faiblesse du lien fédéral se faisait surtout sentir entre les deux groupes principaux de la domination hunnique. Les Huns blancs et toutes les hordes caspiennes qui n'avaient point suivi Balamir prétendaient se gouverner, faire la guerre ou la paix à leur fantaisie; il en était de même des tribus qui, bien qu'ap-

---

1. On trouve dans les auteurs la mention de plusieurs rois Huns dont nous ne connaissons rien que les noms : *Donatus*, *Charatton*, etc.

2. Dicebat enim suæ gentis multitudinem, rerum necessariarum inopia ad bellum insurrexisse. Prisc., *Exc. leg.*, p. 74.

partenant aux Huns noirs, s'étaient arrêtées près de la limite de l'Europe sans pousser leur marche plus loin. La politique romaine, habile à ce genre de travail, s'interposait dans ces séparations pour les élargir, ne négligeant ni l'argent ni les promesses, et recherchant surtout l'alliance des Huns orientaux, afin de contenir ceux du Danube. La tribu royale elle-même n'avait point d'unité, et ses membres, qui se partageaient le gouvernement des tribus, agissaient chacun de son côté. Ce fut la terrible volonté d'Attila qui leur imposa cette unité d'action comme un premier pas vers la formation d'un empire unitaire.

Théodose, qui avait pour système de tenir en échec les auxiliaires barbares les uns par les autres, employa les Huns pour contre-balancer les Goths, dont il redoutait la force. Cette politique fut également celle de ses fils. Nous voyons, en 405, un certain Uldin, roi des Huns, servir Honorius contre les bandes de Radagaise, et décider par une charge de sa rapide cavalerie la victoire de Florence[1]. Uldin avait déjà mérité les bonnes grâces d'Arcadius en lui envoyant, bien empaquetée, la tête du Goth Gaïnas, général romain, en révolte contre son empereur et réfugié au delà du Danube[2]. Il semble que toutes les fois qu'il s'agissait de se mesurer avec les Visigoths, qui n'étaient pour eux que des sujets fugitifs, les Huns ressentissent un redoublement d'ardeur. Avec les embarras de l'empire, les

---

1. *Uldinus*, Oros., vii, 40. — La bataille de Florence, qui arrêta Radagaise dans sa marche sur Rome, fut gagnée par Stilicon, en l'année 405.
2. *Chron. Alex.*, p. 712. — Comit. Marcellin., *Chron.* — Philostorg., p. 531. — Zosim., p. 798-799.

contingents hunniques s'accrurent; déjà nombreux sous Honorius et Arcadius, ils le devinrent davantage, et on les vit s'élever au chiffre énorme de soixante mille hommes pendant la régence de Placidie[1]. Grâce à cet état de choses, qui faisait affluer l'argent dans leur trésor, les rois huns ménagèrent un pays qui les engraissait plus par la paix qu'il n'eût fait par des pillages partiels. Ils se conduisirent donc assez pacifiquement pendant les cinquante premières années de leur établissement sur le Danube.

Toutefois, si le monde romain échappa d'abord à l'action directe des Huns, il n'échappa point au contrecoup des désordres que leur arrivée et leurs guerres produisirent sur sa frontière du nord. La vallée du Danube, encombrée de tribus barbares de toute race qui se croisaient dans leur marche, se choquaient, se culbutaient les unes sur les autres, ressemblait à une fourmilière bouleversée. Au milieu de tous ces chocs, il se forma comme deux courants en sens contraire par où ce trop-plein de nations essaya de s'écouler. L'un se dirigea sur l'Italie par les Alpes illyriennes, et produisit l'invasion de Radagaise, qui mit Rome, en 405, à deux doigts de sa perte; l'autre remonta le Danube vers son cours supérieur, pour se reverser sur la Gaule. Cette dernière émigration était provoquée par les Alains, qui, s'étant séparés des Huns, craignaient leur colère. Sur son passage, la horde alaine, nomade comme les Huns, déplaçait les populations riveraines

---

[1]. Voir le morceau que j'ai publié dans la *Revue des Deux Mondes*, (15 juillet 1851) sous le titre: *Aetius et Bonifacius*.

du fleuve, et les faisait marcher avec elles. Elle s'adjoignit ainsi les Vandales Silinges, cantonnés sur la rive romaine depuis Constantin, les Vandales Astinges, établis sur la rive barbare, au pied des Carpathes, et plus loin les nombreuses tribus des Suèves. Cette armée de peuples envahit la Gaule le dernier jour de l'an 406, et, après l'avoir remplie de ruines pendant quatre ans, passa dans la province d'Espagne, dont elle se partagea les lambeaux[1]. Tel fut, pour l'empire d'Occident, une des conséquences de l'arrivée des Huns : ce n'était pas la plus funeste.

Les Huns avançaient toujours, occupant les territoires déblayés par l'émigration, et bientôt leurs tentes se dressèrent sur le moyen Danube. Quand ils y furent, leurs éclaireurs ne tardèrent pas à faire connaissance avec les nations germaniques voisines de la forêt Hercynienne et du Rhin. Les historiens racontent à ce sujet une aventure assez curieuse, et qui nous intéresse à plus d'un titre, nous autres Français, parce qu'elle concerne un des peuples dont le sang est mêlé dans nos veines, le peuple des Burgondes ou Bourguignons. Ce peuple habitait naguère tout entier au pied des monts Hercyniens et sur les rives du Mein, où il vivait de la culture des terres, de travaux de charpente ou de charronnage, et du prix de ses bras qu'il louait dans les villes romaines de la frontière[2]. Une partie de ses tribus s'était séparée des autres; en 407 ou 408, pour pas-

---

1. Voir, dans la *Revue des Deux Mondes* du 1er décembre 1850, le morceau intitulé : *Placidie*.
2. Quippe omnes fere sunt fabri lignarii, et ex hac arte mercedem capientes, semetipsos alunt. Socrat., vii, 30.

ser en Gaule, où elle avait obtenu de l'empereur Honorius un cantonnement dans l'Helvétie[1] : la partie qui n'avait point quitté le territoire de ses pères était la plus faible. C'est sur elle que vinrent s'exercer les premiers pillages des Huns dans la vallée du Rhin. Au moment où l'on s'y attendait le moins, les villages burgondes étaient brûlés, les moissons enlevées, les femmes traînées en captivité ; puis le roi Oktar[2], qui dirigeait ces pillages, partait pour reparaître bientôt après. Les Burgondes essayèrent de résister et furent battus. Ils obéissaient alors à un gouvernement théocratique, composé d'un grand prêtre inamovible, appelé *siniste*[3], et de rois électifs et amovibles à la volonté de l'assemblée du peuple, ou plutôt à celle du grand prêtre. L'armée burgonde éprouvait-elle un revers, l'année était-elle mauvaise et la récolte gâtée, quelque fléau naturel venait-il frapper la nation, vite elle destituait des rois qui n'avaient pas su se rendre le ciel favorable : ainsi le voulait la loi[4]. On pense bien que, dans la circonstance présente, les Burgondes n'épargnèrent pas leur roi ; mais ils firent plus, ils cassèrent leur grand

---

1. Oros., VII. — Prosp. Aquitan., *Chron.*
2. *Oktar*, oncle d'Attila., Jorn., *R. Get.*, 35. — *Ouptar.;* Socrat., VII, 7. — Ce roi est nommé *Subthar* dans une vie latine d'Attila, compilée au XIe siècle d'après d'anciens matériaux et d'antiques traditions, par un Dalmate, nommé Juvencus Cœlius Calanus. Il est bien certain que ce *Subthar* de l'historien dalmate, est le même que l'*Ouptar* des écrivains grecs ; et comme Juvencus Cœlius Calanus le fait oncle d'Attila, *Ouptar* et *Subthar* sont évidemment les mêmes que l'Oktar de Jornandès.
3. Sacerdos apud Burgundios omnium maximus vocatur Sinistus ; et est perpetuus... Amm. Marc., XXXVIII, 6.
4. Rex... potestate deposita removetur, si sub eo fortuna titubaverit belli, vel segetum copiam negaverit terra... *Id., ibid.*

prêtre. Après en avoir mûrement délibéré, ils résolurent de s'adresser à un évêque romain pour obtenir, par son intermédiaire, le patronage du grand Dieu des chrétiens, car ils soupçonnaient leurs divinités de faiblesse ou d'impuissance contre la race infernale qui les attaquait. L'évêque consulté (on croit que ce fut saint Sévère de Trèves) leur répondit que le moyen d'obtenir ce qu'ils demandaient, c'était de recevoir le saint baptême : « Demeurez ici, leur dit-il, vous jeûnerez pendant sept jours ; je vous instruirai et vous baptiserai[1]. » Le septième jour, il les baptisa. Le narrateur contemporain de qui nous tenons ces détails semble insinuer que ce fut tout le peuple des Burgondes transrhénans qui reçut ainsi le baptême, chose peu probable, si l'on examine les circonstances du fait : il y a plus de raison de croire que ceci se passa entre l'évêque et les principaux chefs au nom de tout le peuple et en quelque sorte par procuration pour lui. Quoi qu'il en soit, le moyen réussit. Cuirassés dès lors contre les démons, les Burgondes se crurent invincibles ; ils attaquèrent à leur tour et taillèrent en pièces les Huns avec trois mille hommes seulement contre dix mille. Le roi Oktar, qui sortait d'une orgie la veille de la bataille, étant mort subitement pendant la nuit[2], les Burgondes virent dans cet événement comme dans l'autre la main du nouveau Dieu qui les protégeait : les Burgondes de la Gaule étaient déjà chrétiens.

1. Ille cum septem dies jejunare eos jussisset, ac fidei rudimentis instituisset, octavo tandem die baptismo donatos dimisit. Socrat., VII, 30.
2. Etenim Hunnorum rege, cui nomen erat Uptarus, præ nimia ciborum ingluvie nocte quadam suffocato... Id., VII, 35.

Cet Oktar dont nous venons de parler était frère de Moundzoukh, père d'Attila; il avait deux autres frères, OEbarse et Roua, chefs souverains comme lui[1], de sorte que cette famille, issue du sang royal, tenait sous sa main la majeure partie des hordes hunniques. Roua était surtout un chef capable et décidé. Par sa liaison avec le patrice romain Aëtius, qui avait été son otage, il était parvenu à mettre le pied dans les affaires intérieures de Rome d'une façon plus qu'incommode pour les empereurs[2]. Roua, qui prenait de toutes mains, s'était fait donner par l'Auguste d'Orient, Théodose II, une subvention annuelle de trois cent cinquante livres d'or, qu'il qualifiait de *tribut*, mais à laquelle celui-ci donnait le nom plus honnête de *solde*, par la raison que Roua, ayant reçu un brevet de général romain, était officier de l'empereur, lequel était libre de lui affecter tel traitement ou telle gratification qu'il lui plairait, suivant son mérite : c'était par ces honteux sophismes que la cour de Byzance cherchait à se dissimuler sa lâcheté. Quant aux généraux romains de la façon de Roua, sachant que leur principal mérite était de faire peur, ils usaient largement de ce moyen, qui aboutissait toujours à une augmentation de solde. Roua prétendait établir en principe, vis-à-vis de l'empire, que tout ce qui existait sur la rive septentrionale du

---

1. Is namque Attila, patre genitus Mundzucco, cujus fuere germani Octar et Roas qui ante Attilam regnum Hunnorum tenuisse narrantur. Jorn., *R. Get.*, 35. — Priscus appelle Moundioukh (Μουνδιοῦχος), le Mundzuccus de Jornandès — Roas est appelé par les Grecs : Ῥοῦας, Ῥούγας, Ῥουγίλας. — Ὠἐβάρσιος.

2. On peut consulter à ce sujet le morceau intitulé : *Bonifacius et Aëtius*, cité plus haut.

Danube, terres et nations, appartenait aux Huns, comme le midi appartenait aux Romains ; que c'était là leur domaine, dans lequel nul autre peuple n'avait le droit de s'immiscer. Trois ou quatre peuplades ultra-danubiennes ayant fait un traité d'alliance offensive et défensive avec la cour de Byzance, Roua se plaignit vivement, et menaça de la guerre [1]. Deux consulaires lui furent députés pour entrer en explication ; mais dans l'intervalle, en 434 ou 435, Roua mourut, laissant son trône aux mains de ses deux neveux, Attila et Bléda [2] : ce furent les nouveaux rois qui reçurent l'ambassade romaine.

La conférence eut lieu dans une plaine à droite du Danube, à l'embouchure de la Morawa et tout près de la ville romaine de Margus : les Huns arrivèrent à cheval, et, comme ils ne voulurent point mettre pied à terre, il fallut que les ambassadeurs romains, sous peine de faillir à leur dignité, restassent également sur leurs chevaux [3]. Ils entendirent là un langage qui ne laissa

---

1. Cum Roua, Hunnorum rex, statuisset, cum Amildsuris, Ithimaris, Tonosuris, Boiscis, cæterisque gentibus, quæ Istrum accolunt, quòd ad armorum societatem cum Romanis jungendam confugissent, bello decertare.... Prisc., *exc. leg.* p. 47. — Jornandès mentionne des peuples de ces divers noms comme les premiers Huns qui passèrent le Palus-Méotide. — Mox, ingentem illam paludem transiere, illico Alipzuros, Alcidzuros (*Amildzuros*), Itamaros, Tuncassos et Boiscos, qui ripæ istius Scythiæ insidebant.... Jorn., *R. Get*, 24.

2 Le nom d'Attila se trouve chez les écrivains grecs sous les formes Ἀττίλας et Ἀτήλας ; celui de Bleda ou Bleta (Jorn.), sous celle de Βλήδας et Βλίδας.

3. In hanc urbem a rege et Scythis delecti, extra civitatem equis insidentes, nec enim barbaris de plano verba facere placuit, convenerunt. Neque vero non suæ dignitatis rationem legati Romani habuerunt, et ab hac usurpatione, eodem quoque apparatu, in Scytharum conspectum

pas de les inquiéter un peu pour l'avenir. La rupture immédiate de l'alliance avec les tribus danubiennes, l'extradition de tous les Huns grands ou petits qui portaient les armes ou s'étaient réfugiés dans l'empire d'Orient, la réintégration des prisonniers romains évadés sans rançon ou le paiement de huit pièces d'or pour chacun d'eux, l'engagement formel de ne secourir aucun peuple barbare en hostilité avec les Huns, enfin l'augmentation du tribut qui, de trois cent cinquante livres d'or, serait porté à sept cents, telles furent les clauses du traité proposé ou plutôt exigé par Attila[1]. Aux objections des envoyés, à leurs moindres demandes d'explication, le roi hun n'avait qu'une réponse : « La guerre! » Et comme les ambassadeurs savaient trop bien que leur maître était disposé à tout faire, la guerre exceptée, ils se crurent autorisés à tout promettre. On jura donc de part et d'autre, chacun prêtant serment à la manière de son pays[2]. Ainsi fut conclu ce fameux traité de Margus que nous verrons si souvent invoqué par Attila, et qui lui servit d'arsenal pour battre l'empire romain par la politique, quand il ne l'attaquait pas par les armes. Pour preuve de leur fidélité religieuse à remplir les traités, les Romains se hâtèrent de livrer deux de leurs hôtes, jeunes princes du sang royal, fils de Mama et d'Attacam, personnages de distinction chez les Huns. Ils furent livrés sur le territoire

---

venerunt; ne sibi peditibus cum equitibus disserendum foret. Prisc., *exc. leg.* p. 48.

1. Unoquoque anno septingentas auri libras, tributi nomine, Scytharum regibus a Romanis pendi cum antea tributum annuum non fuisset nisi trecentarum quinquaginta librarum. Prisc., *exc. leg.* p. 48.

2. Jurejurando ritu patrio utrimque præstito... Id., *exc. leg.*, ibid.

romain, en vue de Carse, petite ville fortifiée de la Thrace danubienne, et Attila les fit crucifier aussitôt sous les yeux de ceux qui les lui amenaient : c'est ainsi qu'il inaugura son règne[1].

Attila était frère puîné de Bléda; mais, quoiqu'ils régnassent en commun, le sceptre résidait de fait aux mains du plus jeune. Il avait alors de trente-cinq à quarante ans, ce qu'on peut induire de la remarque faite par les historiens, qu'en 451, époque de son expédition dans les Gaules, ses cheveux étaient déjà presque blancs[2]. Cette supposition reporterait sa naissance aux dernières années du ve siècle, vingt ou vingt-cinq ans après l'établissement des hordes hunniques en Europe. Le nom d'Attila ou *Athel* que portait le fils de Moundzoukh, et qui n'est autre que l'ancien nom du Volga[3], a fait penser avec quelque raison qu'il avait vu le jour sur les bords de ce fleuve, dans la demeure primitive des Huns; en tout cas, il devint homme sur ceux du Danube : c'est là qu'il apprit la guerre, et que, mêlé de bonne heure aux événements du monde européen, il connut le jeune Aëtius, otage des Romains près de son oncle Roua. Probablement, et d'après ce qui se pratiquait par une sorte d'échange entre la barbarie et la civilisation, tandis qu'Aëtius faisait ses premières armes chez les Huns, Attila faisait les siennes chez les

---

1. De quorum numero filii Mama et Attacam, ex regio genere, quos Scythæ suscipientes in Carso Thraciæ castello crucis supplicio affecerunt, et hanc ab his fugæ pœnam exegerunt. Prisc., *exc. leg.* p. 48.

2. Canis aspersus. Jorn., *R. Get.*, 35.

3. Encore aujourd'hui, ce fleuve n'en a pas d'autre dans les langues tartares. Son nom de Volga lui est venu de l'établissement des Bulgares ou Voulgares sur ses rives, vers la fin du vi[e] siècle.

Romains, étudiant les vices de cette société comme le chasseur étudie les allures d'une proie : faiblesse de l'élément romain et force de l'élément barbare dans les armées, incapacité des empereurs, corruption des hommes d'État, absence de ressort moral dans les sujets, en un mot tout ce qu'il sut si bien exploiter plus tard, et qui servit de levier à son audace et à son génie. Aëtius et lui restèrent liés d'une sorte d'amitié qui se manifestait par de petits services et une réciprocité de petits cadeaux. Le Romain fournissait au Hun ses secrétaires latins et ses interprètes; le Hun lui envoyait en retour quelque objet curieux, quelque monstre difforme ou risible : un jour il lui envoya un nain[1]. Ces deux hommes s'appréciaient et se redoutaient secrètement comme deux rivaux que les chances de la fortune amèneraient un jour sur les champs de bataille en face l'un de l'autre, et qui seuls étaient dignes de se mesurer.

L'histoire nous a laissé un portrait d'Attila d'après lequel on peut se représenter assez exactement ce barbare fameux. Court de taille et large de poitrine, il avait la tête grosse, les yeux petits et enfoncés, la barbe rare, le nez épaté, le teint presque noir[2]. Son cou jeté naturellement en arrière, et ses regards qu'il promenait autour de lui avec inquiétude ou curiosité, donnaient à sa démarche quelque chose de fier et d'impérieux[3].
« C'était bien là, dit Jornandès que nous aimons à citer,

---

1. Il sera question plus tard de ce nain qui portait le nom de Zercon, et qui avait appartenu à Bléda avant de tomber au pouvoir d'Attila.
2. Forma brevis, lato pectore, capite grandiori, minutis oculis, rarus barba... simo naso, teter colore... Jorn., *R. Get.*, 35.
3. Erat... superbus incessu, huc atque illuc circumferens oculos, ut elati potentia ipso quoque motu corporis appareret... Id., *R. Get.*, ibid.

parce qu'il nous reproduit naïvement les impressions restées chez les nations gothiques, c'était bien là un homme marqué au coin de la destinée, un homme né pour épouvanter les peuples et ébranler la terre[1]. » Si quelque chose venait à l'irriter, son visage se crispait, ses yeux lançaient des flammes; les plus résolus n'osaient affronter les éclats de sa colère. Ses paroles et ses actes mêmes étaient empreints d'une sorte d'emphase calculée pour l'effet; il ne menaçait qu'en termes effrayants; quand il renversait, c'était pour détruire plutôt que pour piller; quand il tuait, c'était pour laisser des milliers de cadavres sans sépulture en spectacle aux vivants. A côté de cela, il se montrait doux pour ceux qui savaient se soumettre, exorable aux prières, généreux envers ses serviteurs, et juge intègre vis-à-vis de ses sujets[2]. Ses vêtements étaient simples, mais d'une grande propreté[3]; sa nourriture se composait de viandes sans assaisonnement, qu'on lui servait dans des plats de bois[4]; en tout, sa tenue modeste et frugale contrastait avec le luxe qu'il aimait à voir déployer autour de lui. Avec l'irascibilité du Calmouk, il en avait les instincts brutaux; il s'enivrait, il recherchait

---

[1]. Vir in concussionem gentis natus in mundo, terrarum omnium metus. Jorn., *R. Get.*, 35.

[2]. Ipse manu temperans, consilio validissimus, supplicantibus exorabilis, propitius in fide semel receptis. Id., *R. Get.*, ibid.

[3]. Frugalis admodum vestis, nihil, quo ab aliorum vestibus dignosci posset, habebat, nisi quod erat pura et impermixta... Prisc., *exc. leg.*, ad. ann. 449.

[4]. Sed cæteris quidem barbaris et nobis cœna, omnium eduliorum genere referta et instructa, præparata erat, et in discis argenteis reposita; Attilæ in quadra lignea, et nihil præter carnes... Id., *exc. legat.*, ibid.

les femmes avec passion. Quoiqu'il eût déjà, suivant l'expression de Jornandès, « des épouses innombrables, » il en prenait chaque jour de nouvelles, « et ses enfants formaient presque un peuple[1]. » On ne lui connaissait aucune croyance religieuse, il ne pratiquait aucun culte; seulement des sorciers, attachés à son service comme les *chamans* à celui des empereurs mongols, consultaient l'avenir sous ses yeux dans les circonstances importantes.

Cet homme, dont la vie se passa dans les batailles, payait rarement de sa personne; c'est par la tête qu'il était général. Asiatique dans tous ses instincts, il ne plaçait même la guerre qu'après la politique, donnant toujours le pas aux calculs de la ruse sur la violence, et les estimant davantage [2]. Créer des prétextes, entamer des négociations à tout propos, les enchevêtrer les unes dans les autres comme les mailles d'un filet où l'adversaire finissait par se prendre, tenir perpétuellement son ennemi haletant sous la menace, et surtout savoir attendre, c'était là sa suprême habileté. Le prétexte le plus futile lui semblait bien souvent le meilleur, pourvu qu'on n'y pût pas satisfaire : il le quittait, le reprenait, le laissait dormir pendant des années entières, mais ne l'abandonnait jamais. C'était un curieux spectacle que ces ambassades sans nombre dont il fatigua plus tard la cour de Byzance, et qu'il confiait aux favoris qu'il voulait enrichir. Connaissant les allures de cette cour corrompue et corruptrice, qui

---

1. Qui... post innumerabiles uxores, ut mos erat... Filii Attilæ, quorum per licentiam libidinis pæne populus fuit. Jorn., *R. Get.*, 50.
2. Homo subtilis antequam arma gereret, arte pugnabat. Id., *R. Get.*, 36.

croyait acheter par des présents la complaisance des négociateurs barbares, il y envoyait ses serviteurs faire fortune aux dépens de l'empire, sauf à compter ensuite avec eux. Il poussait l'impudence jusqu'à les recommander aux libéralités impériales, et sa recommandation était un ordre. Un de ses secrétaires ayant eu la fantaisie d'épouser une riche héritière romaine, il fallut que Théodose la lui trouvât, et la jeune fille s'étant fait enlever pour échapper à cet odieux mariage, le gouvernement romain dut la remplacer par une autre aussi riche et plus résignée. Tel était l'homme aux mains duquel allaient tomber les destinées du monde.

Attila n'avait mis tant de hâte à garrotter, comme il l'avait fait, les Romains par le traité de Margus que pour se livrer, sans préoccupations extérieures, à des réformes intérieures qui devaient changer l'état de son royaume. L'idée assez vague de Roua sur les droits de la nation hunnique au nord du Danube était devenue, dans la tête du nouveau roi, un vaste système qui ne tendait pas à moins qu'à créer, au moyen des Huns réunis sous le même gouvernement et obéissant à la même volonté, un empire des nations barbares en opposition à l'empire romain, qu'à faire, en un mot, pour le nord de l'Europe ce que Rome avait fait pour le midi. Son premier soin fut d'établir sa suprématie en Occident parmi tous ces petits chefs, ses égaux, tâche difficile, mais à laquelle il réussit, son oncle Oëbarse ayant donné lui-même l'exemple de la soumission. En Orient, dans le rameau des Huns blancs et chez les Huns noirs qui n'avaient pas suivi Balamir, l'entreprise offrait encore plus d'obstacles; mais elle réussit également, grâce à quelques circonstances favorables [1]. Théodose, malgré ses obligations récentes, travaillait à s'attacher les Acatzires [2], nation hunnique qui, sous le nom de Khazars, vint désoler plus tard le voisinage du Danube, et qui occupait pour lors le steppe du Don, où elle avait remplacé les Alains. Les Acatzires formaient une petite république gouvernée par des chefs de tribus qui se reconnaissaient un supérieur dans le plus ancien d'entre eux. Soit ignorance, soit maladresse, les émissaires de Théodose, chargés de distribuer des présents à ces chefs, négligèrent de commencer par leur doyen, nommé Kouridakh, lequel se crut volontairement offensé [3]. Il s'en vengea en avertissant Attila de ce qui se passait. Celui-ci accourut bien vite à la tête d'une grande armée, s'établit dans le pays, battit et tua la plupart des chefs, et, n'apercevant point Kouridakh, le fit inviter à venir, disant qu'il l'attendait pour partager les fruits de la victoire; mais le vieil Acatzire, qui s'était retranché avec sa tribu dans un lieu à peu près inaccessible, se garda bien d'en sortir : « Je ne suis qu'un homme, répondit-il à l'envoyé d'Attila, et si mes faibles yeux ne peuvent

---

1. Pace cum Romanis facta, Attilas et Bleda ad subigendas gentes Scythicas profecti sunt, et contra Sorosgos bellum communibus viribus moverunt. Prisc., *exc. leg.* p. 47.

2. On trouve ce nom sous les formes Ἀκατζίροι, Κατζίροι, Ἀκατίροι (Prisc. et Menand.). — Agazziri (Jorn.). — Au viie siècle, ce peuple paraît dans l'histoire sous le nom de Χαζάροι. *Voy.* plus loin l'expédition d'Héraclius en Perse.

3. Qui ea munera attulerat, pro cujusque gentis merito et gradu minime distribuerat. Curidachus (Κουρίδαχις) enim secundo loco acceperat, qui, regum antiquior, primus accipere debuerat. Prisc., *exc. leg.*, p. 47.

regarder fixement un rayon de soleil, comment soutiendraient-ils l'éclat du plus grand des dieux[1]? » Attila vit à qui il avait affaire, et laissa Kouridakh tranquille; mais il fit du reste des tribus un royaume pour l'aîné de ses fils, nommé Ellak[2]. De ce royaume, comme d'un centre d'opérations, il fit une série de guerres, presque toutes heureuses, contre les hordes hunniques de l'Asie. De là il passa chez les nations slaves et teutones, poursuivant ses conquêtes jusqu'aux rivages de la mer Baltique[3], et soumit tout le nord de l'Europe, excepté la Scandinavie et l'angle occidental compris entre l'Océan, le Rhin et une ligne qui, partant du Rhin supérieur, suivrait à peu près le cours de l'Elbe. Cet empire égalait en étendue l'empire romain, s'il ne le dépassait pas.

Ces grandes choses ne s'accomplirent point sans qu'Attila se fît une multitude d'ennemis, surtout parmi les membres de la tribu royale, qu'on voyait se regimber en toute occasion. Il y en eut qui passèrent en Romanie pour solliciter l'appui de l'empereur; mais la lâcheté de Théodose conspirait toujours avec la cruauté d'Attila : les malheureux furent rendus pour être suppliciés. Bléda se mêla-t-il à ces complots? prit-il parti pour les chefs mécontents? ou bien sa seule pré-

---

[1]. Si enim immotis oculis solis orbem intueri nemo potest, quomodo quis sine sensu doloris cum deorum maximo congrediatur? Prisc., *Exc. leg.*, ann. 448.

[2]. Ellacus. Jorn., *R. Get.*, 50.

[3]. On peut consulter divers passages de l'Edda et particulièrement les poëmes relatifs à Attila; on y verra des indications qui prouvent que sous ce roi la puissance des Huns était arrivée jusqu'aux limites extrêmes des pays slaves et germaniques.

sence faisait-elle obstacle à l'ambition d'un frère qui ne voulait point reconnaître d'égal? On ne le sait pas : l'histoire nous a caché les détails et le nœud d'une affreuse tragédie domestique dont elle ne nous montre que la catastrophe. Attila tua Bléda, « par fraude et embûches », disent les historiens ; l'un d'eux ajoute qu'il préludait ainsi par un fratricide à l'assassinat du genre humain [1]. Les mœurs des Huns étaient si violentes, que ce crime ne souleva pas l'indignation publique ; quelques tribus attachées particulièrement à Bléda, quelques amis qui voulurent soutenir sa mémoire, se montrèrent seuls et furent aisément comprimés. Vers le même temps, un incident propre à frapper les imaginations vint donner à l'autorité d'Attila et même à son crime une sorte de sanction surnaturelle. Il faut savoir, pour l'intelligence de ceci, que les anciens Scythes, habitants des plaines pontiques, avaient pour idole une épée nue enfouie dans la terre, et dont la pointe seule dépassait le sol [2] : divinité bien digne de ces solitudes livrées au droit du plus fort. Les races ayant succédé aux races, les dominations aux dominations sur le territoire de la Scythie, l'épée de Mars (c'est le nom que lui donnaient les Romains) resta oubliée pendant bien des siècles. Un bouvier hun, voyant boiter une de ses génisses, profondément blessée au pied, en

---

1. Bleda rex Hunnorum, Attilæ fratris sui insidiis interimitur... Marcellin. Comit., *Chron.* — Jorn., *R. Get.*, 35. — Tyro Prosper. — Abbas Ursperg. — Tendens ad discrimen omnium nece suorum... Jorn., *ub. sup.*

2. Voir Hérodote, l. IV, c. 76-77. — Hic (Martis ensis) tanquam sacer, et deo bellorum præsidi dedicatus a Scytharum regibus olim colebatur. Prisc., p. 33.

rechercha la cause, et, guidé par la trace du sang, il découvrit un fer aigu en saillie parmi les hautes herbes. Creuser le sol alentour, retirer l'épée rongée de rouille [1] et la porter au roi, ce fut le premier soin du bouvier. Le roi la reçut avec joie comme un présent du ciel, un signe de la souveraineté qui lui était donnée fatalement sur tous les peuples du monde [2] : au moins chercha-t-il à répandre cette opinion, s'il ne la partageait pas lui-même. De ce moment, il agit et parla en maître et empereur de toute la Barbarie.

Ce premier pas fait ou presque fait, Attila avait ramené ses regards sur la Romanie, qu'il laissait en repos depuis six ou sept ans. La façon dont il fit sa rentrée, en 441, dans les affaires de l'empire, mérite une mention particulière, parce qu'elle peint bien son caractère et sa politique. Il devait y avoir dans un des châteaux de la frontière un de ces marchés mixtes où les Barbares étaient admis; les Huns s'y rendirent en grand nombre et armés secrètement. Au milieu de la foire, ils tirèrent leurs armes, se jetèrent sur la foule, pillèrent les marchandises, et se rendirent maîtres de la place. Aux demandes d'explication qui vinrent de Constantinople, Attila répondit que ce n'était là qu'une revanche, attendu que l'évêque de Margus, s'étant introduit clandestinement dans la sépulture des rois

---

1. Cum pastor quidam gregis unam buculam conspiceret claudicantem, nec causam tanti vulneris inveniret; sollicitus vestigia cruoris insequitur, tandemque venit ad gladium... Jorn., R. Get., 35.

2. Totius mundi principem constitutum, et per Martis gladium potestatem sibi concessam esse bellorum. Jorn., R. Get., 35. — Prisc., p. 33. — Totius Scythiæ regnator. Jorn., R. Get., 34.

huns, en avait pillé les trésors[1]. Bien qu'au fond l'évêque de Margus fût assez peu digne d'intérêt, le fait qu'on lui imputait semblait trop invraisemblable, et l'accusé le niait avec trop d'assurance, pour que le gouvernement romain ne soutînt pas sa dénégation. Pendant ces dits et contredits, Attila parcourait la rive du fleuve, saccageant les villes ouvertes et rasant les châteaux; il prit ainsi Viminacium, grande cité de la haute Mésie. Les provinciaux écrivaient lettre sur lettre à l'empereur pour qu'il mît un terme à ces calamités : « Si l'évêque est coupable, disaient-ils, il faut le livrer; s'il est innocent, il faut nous défendre[2]. » L'évêque, craignant qu'on ne le sacrifiât par lâcheté, passa dans le camp des Huns, auxquels il promit de livrer sa ville épiscopale, s'ils lui garantissaient la vie sauve[3]. On lui donne aussitôt des troupes qu'il place en embuscade, et, la nuit suivante, Margus tombait au pouvoir d'Attila[4]. Ce premier prétexte épuisé, le roi barbare en trouvait chaque jour un nouveau; tantôt les échéances de son tribut étaient en retard, tantôt le gouvernement romain ne renvoyait pas fidèlement ses transfuges, et, à l'appui de chaque réclamation, Attila mettait en feu quelque canton de la Mésie. Ratiaria,

1. Margi enim episcopum in suos fines transgressum regum suorum loculos et reconditos thesauros indagatum expilasse. Prisc., p. 33.
2. His gestis cum multi in sermonibus dictitarent, episcopum dedi oportere, ne unius hominis causa universa Romanorum respublica belli periculum sustineret... Prisc., ibid.
3. Ille se deditum iri suspicatus, clam omnibus civitatem incolentibus, ad hostem effugit et urbem traditurum si sibi Scytharum reges liberalitate sua consulerent pollicitus est... Prisc., ibid.
4. Nocte, dato signo, exiliit, et urbem inimicorum ditionis potestatisque fecit... Prisc., ibid.

ville grande et peuplée, fut prise d'assaut ; Singidon fut ruinée ; puis les Huns traversèrent la Save, et prirent Sirmium, ancienne capitale de la Pannonie ; après quoi, revenant vers la Thrace, ils pénétrèrent dans les terres jusqu'à Naïsse, à cinq journées du Danube. Cette ville, patrie de Constantin, fut entièrement détruite ; Sardique fut pillée et réduite en cendres.

Un répit de quelques années, laissé aux Romains par suite des embarras domestiques d'Attila, ne fut pour les Huns qu'un temps de repos ; ils reprenaient leurs ravages en 446. Soixante-dix villes dévastées, la Thessalie traversée jusqu'aux Thermopyles, deux armées romaines détruites coup sur coup, signalèrent les campagnes de cette année et de la suivante. Théodose, fatigué de sa propre résistance, proposa la paix, qui fut conclue à la condition qu'Attila recevrait immédiatement six mille livres pesant d'or comme indemnité de ses frais de guerre ; qu'il lui serait payé désormais deux mille livres en tribut annuel[1], et que le territoire romain serait fermé pour toujours à tous les Huns sans exception.

Venait maintenant une question bien difficile, celle du paiement des sommes promises, car le trésor impérial était à sec : Théodose ne le savait que trop, et Attila non plus ne l'ignorait pas. Bien informé des affaires intérieures de l'empire, il connaissait la misère des provinces, à laquelle il avait d'ailleurs tant contribué, les folles prodigalités d'un prince qui ne réfléchissait

---

1. Plus exactement deux mille cent livres d'or, δισχιλίας ἐπὶ κατὸν λίτρας χρυσοῦ. Prisc., Exc. leg., p. 84.

jamais, et la rapacité de ses ministres. Il envoya donc à Constantinople un ambassadeur spécial, chargé de hâter la levée de l'impôt au moyen duquel on devait le payer, et d'en assurer la remise entre ses mains, et fit choix, pour cette mission, d'un officier nommé Scotta [1], frère de son principal ministre. Ce fut pour Théodose une humiliation sans pareille que la présence de ce garnisaire barbare, qui semblait menacer d'exproprier l'empereur, si l'on ne pressurait pas ses sujets. L'impôt d'Attila ne souffrant ni retard ni non-valeur, la cour de Byzance recourut au procédé de recouvrement le plus commode et le plus prompt, en le faisant peser uniquement sur les riches, et en premier lieu sur les sénateurs; mais beaucoup de riches se trouvaient ruinés par suite du malheur des temps, et comme les agents du fisc déployaient une rigueur excessive, le désespoir s'empara des hautes classes de la société : les femmes vendaient leurs parures, les pères le mobilier de leurs maisons. On en vit qui, à bout de ressources, se pendirent ou se laissèrent mourir de faim [2]. L'excès de la douleur et de la honte aurait pu réveiller l'énergie de ce gouvernement, il ne fit que l'abattre tout à fait. Attila, par sa puissance, par son génie, par son esprit diabolique, exerçait sur Théodose une fascination qui le paralysait en face du danger. Il ne savait que maudire le barbare, souhaiter sa ruine, sans oser

---

1. Scotta qui susciperet, advenerat... Prisc., *Exc. leg.*, p. 35.
2. Conficiebantur enim illæ pecuniæ cum acerbitate et contumelia... mundum uxorium et pretiosam suppellectilem in foro palam et publice venum exponebant... Multi sibi violentas manus attulerunt, aut aptato collo laqueo vitam finierunt. Prisc., *ibid.*

un dernier effort pour la préparer. Il aimait mieux s'étourdir dans les occupations futiles ou ridicules qui remplissaient sa vie. Quelle résolution virile pouvait-on demander à cette cour, où le porte-épée impérial [1] était un eunuque? On ne savait y concevoir que des ruses de femme et y pratiquer que des trahisons : il en devait arriver mal à Théodose et à l'empire romain.

1. Le *Grand Spathaire* : c'était une dignité de la cour de Constantinople. Spatharius ; Σπαθάριος.

CHAPITRE TROISIÈME

Ambassade d'Attila à Théodose. — Qui étaient Edécon et Oreste. — L'eunuque Chrysaphius engage Edécon à tuer Attila. — Ambassade de Théodose à Attila : Maximin, Priscus, Vigilas. — Les ambassadeurs huns et romains se rendent ensemble en Hunnie. — Etat déplorable de la Thrace et de la Mésie. — Halte à Sardique; dîner donné par Maximin; altercation entre les Romains et les Huns; menaces d'Oreste. — Ruines de Naïsse. — Grande chasse préparée par Attila en Pannonie; passage du Danube. — Les ambassades se séparent. — Camp d'Attila. — Visite des officiers huns à Maximin. — Audience d'Attila; tableau de sa cour; sa colère contre l'interprète Vigilas. — Il renvoie Vigilas à Constantinople. — Défense aux Romains de rien acheter en Hunnie. — Maximin et Priscus suivent l'armée d'Attila. — Attila épouse la fille d'Escam. — Voyage des Romains à travers les marais de la Theïss; ils sont assaillis par un orage. — Une des femmes de Bléda leur donne l'hospitalité. — Ils rencontrent des ambassadeurs envoyés à Attila par l'empereur d'Occident. — Sujet de cette ambassade; vases de Sirmium. — Les deux ambassades arrivent dans la ville d'Attila.

Fils d'Arcadius et héritier du plus grand nom de l'empire, Théodose II était un de ces souverains dénués de vertus et de vices qui perdent les peuples plus sûrement que ne feraient des tyrans, parce qu'ils leur communiquent la mollesse de leur âme et leur indifférence pour le bien. A l'âge de cinquante ans, et aux rides près, on le trouvait encore ce qu'on l'avait vu à quinze ans, c'est-à-dire un jeune homme rangé, suivant régulièrement quelques études, assidu aux pratiques de dévotion, évitant les scandales de mœurs; du reste, adroit à l'escrime, excellent archer, meilleur cavalier, passionné pour la chasse et pour les rivalités bruyantes de l'hippodrome, se piquant de bien divertir ses sujets par des magnificences qui les ruinaient, et plaçant la grandeur du prince dans l'énormité de ses profusions. Une entreprise utile qui s'exécuta sous son règne, la codification des lois promulguées par les empereurs chrétiens, a recommandé sa mémoire à la postérité; mais les contemporains, qui le voyaient de près, ne lui accordèrent pas d'autre surnom que celui de *calligraphe*, qu'il méritait d'ailleurs par la beauté de son écriture, faite pour désespérer les plus habiles copistes de profession [1].

Ce vieil enfant n'avait que faire de sa liberté : il l'aliéna donc toujours avec plaisir, ne cherchant qu'à vivre heureusement sous une tutelle volontaire. Quand il ne régnait pas en compagnie de sa sœur aînée Pulchérie, son plus sage et plus affectionné conseiller, quand il ne subissait pas le joug parfois un peu rude de sa femme, la pédante Athénaïs, qui, de l'école du philosophe son père, avait apporté sur le trône l'orgueil et les déportements d'une Agrippine, il obéissait à ses eunuques, et en premier ordre au grand eunuque son chambellan. Ce grand eunuque, il est vrai, changeait souvent, quoique son autorité fût toujours la même; les révolutions du palais de Byzance se succédaient presque sans interruption, et l'histoire a daigné enregistrer toutes ces dynasties d'eunuques, si un tel mot

---

1. Cf. Socrat., VII, 22. — Sozom., IX, 1, et pr., p. 394 et 395; — Cedr., 1, p. 335. — Manass., p. 55, etc. — V. Tillemont, *Hist. des Emp.*, VI, p. 19 et suiv.

peut s'appliquer à de telles gens : elle compte jusqu'à quinze chambellans, premiers ministres de Théodose, qui se supplantèrent et, pour plusieurs même, s'étranglèrent l'un l'autre dans l'espace de vingt-cinq ans [1]. En 443 enfin, le sceptre tomba aux mains de Chrysaphius, qui sut le retenir avec résolution, n'épargnant, pour écraser ses rivaux et captiver son maître, ni les pillages publics, qui enrichissaient le fisc impérial, ni les violences, ni les perfidies. Tout ce qu'on peut imaginer de bassesse et de corruption régna sept ans avec lui, et domina un prince dont le cœur n'était pourtant point fermé à tout sentiment d'honneur. Théodose de sa nature étant peu belliqueux, on tâchait de désarmer l'ennemi à force d'or, et on faisait disparaître, comme des ambitieux turbulents, les généraux utiles à l'empire, mais qui blâmaient ces lâchetés. Un pareil gouvernement légitimait tous les mépris qu'on pouvait verser sur lui; aussi Attila ne lui en épargnait aucun, tandis qu'au contraire il ménageait dans l'empire d'Occident l'administration et la personne d'Aëtius [2].

Dans les premiers mois de l'année 449, arrivèrent à Constantinople, avec le titre d'ambassadeurs des Huns, deux personnages importants : Édécon, Hun de naissance ou Scythe, comme s'exprimaient les Grecs par archaïsme, et un Pannonien nommé Oreste, le premier officier supérieur dans les gardes d'Attila, le second son principal secrétaire. C'était ce même Oreste

---

[1]. Cf. Tillemont, *Hist. des Emp.*, t. vi.

[2]. On peut consulter sur le caractère et l'administration de ce *dernier des Romains*, l'article que j'ai publié dans la *Revue des Deux Mondes*, sous le titre de *Aëtius et Bonifacius* (1851).

qui vint, quelques années plus tard, clore, par le nom de son fils Romulus *Augustule*, la liste des empereurs d'Occident ouverte par le grand César et par Auguste, circonstance qui lui mériterait à elle seule une mention particulière dans ce récit. Né aux environs de Petavium, aujourd'hui Pettau sur la Drave, de parents honnêtes et aisés, il avait fait, jeune encore, un brillant mariage, en devenant le gendre du comte Romulus, personnage considérable de sa province, honoré de plusieurs missions par le gouvernement d'Occident; mais une position si sortable ne le satisfit point. Oreste appartenait à cette classe de gens, fort nombreux alors, qu'une ambition impatiente et le goût fiévreux des aventures poussaient du côté des Barbares, et qui avaient dans le cœur juste assez de loyauté pour trahir fidèlement leur patrie au compte du Barbare qui les payait. Pendant que les Huns occupaient temporairement la Pannonie, il s'était glissé près d'Attila, et celui-ci, flatté d'avoir un agent romain de sa qualité, se l'était attaché comme secrétaire. Le Pannonien mit donc son intelligence et son dévouement au service de l'ennemi le plus redoutable de ses compatriotes et de sa famille. Parmi les Barbares qui savaient se battre, mais ne savaient que cela, l'intelligence assurait une place importante au Romain, de même qu'au Barbare le courage et la force du bras parmi les Romains, qui ne le savaient plus. Si le poste de secrétaire d'Attila avait ses dangers, il avait aussi ses profits; en tous cas, il était fort envié, et Oreste dut rencontrer, en cette occasion, la concurrence d'une foule d'aventuriers qui ne le valaient pas.

Le roi des Huns avait pour système d'adjoindre, dans les missions de quelque intérêt, à des Huns nobles et revêtus de hauts emplois, quelqu'un de ces serviteurs d'origine romaine qui, bien au fait des hommes et des choses du gouvernement romain, luttaient d'adresse avec les agents impériaux, et l'avantage d'un meilleur service politique n'était pas le seul qu'en retirait Attila. Comme ces deux classes, les Huns de naissance et les aventuriers devenus Huns, se jalousaient mortellement, il s'était établi entre elles, par suite de leur rivalité, un espionnage permanent dont le maître savait habilement profiter. C'était le cas entre Oreste et Édécon : celui-ci, brutal et hautain, regardant son collègue comme un valet, celui-là s'en vengeant, soit par l'étalage de son importance réelle, soit par la frayeur que son crédit inspirait. Ils apportaient à Constantinople de nouvelles propositions, ou, pour mieux dire, des réquisitions de leur roi qui dépassaient en insolence tout ce que la cour impériale avait eu jusqu'alors à dévorer. D'abord Attila, s'adjugeant sur la rive droite du Danube, comme sa conquête incontestable, le pays qu'il avait ravagé les années précédentes en Mésie et en Thrace (il fixait la largeur de cette zone à cinq journées de marche à partir du fleuve), demandait que la frontière des deux empires fût fixée amiablement à Naïsse, et qu'en conséquence les marchés mixtes qui se tenaient sur le Danube fussent reculés jusqu'à cette ville[1]. Il exigeait ensuite qu'on ne lui

---

1. Neque forum celebrari, ut olim, ad ripam Istri, sed in Naïsso, quam urbem, a se captam et dirutam, quinque dierum itinere expedito homini ab Istro distantem, Scytharum et ditionis Romanorum limitem constituebat. Prisc., *Exc. leg.*, p. 37.

envoyât en qualité d'ambassadeurs que les plus illustres d'entre les consulaires, et non plus, comme on se permettait de le faire, les premiers venus; autrement, disait-il, il ne les recevrait pas; que si, au contraire, l'empereur reconnaissait la convenance de sa réclamation, il irait au-devant d'eux jusqu'à Sardique[1]. Enfin il renouvelait sa plainte éternelle sur les transfuges, déclarant que, si leur extradition tardait encore, ou si les sujets romains se permettaient de cultiver les terres situées au midi du Danube, dans la zone dévolue aux Huns, il allait recommencer la guerre[2]. Tel était le contenu de la lettre apportée par les envoyés d'Attila, et que ceux-ci remirent à Théodose, en audience solennelle, au palais impérial, après quoi ils voulurent rendre visite, suivant l'usage, au premier ministre Chrysaphius. Un Romain nommé Vigilas, qui avait servi de truchement entre eux et l'empereur, et qui les connaissait déjà pour être allé l'année précédente chez les Huns, comme attaché d'ambassade, s'offrit à les guider jusque-là, et ils partirent de compagnie.

Pour se rendre de la salle des audiences du prince à la demeure de l'eunuque, porte-épée et premier ministre, on avait à parcourir tout l'intérieur des appartements, ces galeries étincelantes de porphyre et d'or, ces portiques de marbre blanc, et ces palais divers renfermés dans un seul palais, qui faisaient de la ville

---

1. Legatos quoque ad se venire jussit, non ex quolibet hominum genere et ordine, sed ex consularibus illustriores, quos mittere libuerit, quorum excipiendorum gratia in Sardicam descenderet Prisc., *Exc. leg.*, p. 37.

2. De transfugis non redditis querebatur, qui nisi redderentur, et Romani a colenda terra abstinerent quam bello captam suæ ditioni adjecerat, ad arma iturum minabatur. *Id.*, *Exc. leg.*, *ibid.*

de Constantin le lieu le plus magnifique de la terre. A chaque pas, Édécon s'extasiait ; à chaque nouvel objet, il s'écriait que les Romains étaient bien heureux de vivre au milieu de si belles choses et de posséder tant de richesses [1]. Vigilas, dans la conversation, ne manqua pas de raconter à Chrysaphius l'étonnement naïf du Barbare et ses exclamations réitérées sur le bonheur des Romains, et, tandis qu'il parlait, une idée infernale vint traverser l'esprit du vieil eunuque. Prenant à part Édécon, Chrysaphius lui dit qu'il pourrait habiter, lui aussi, des palais dorés, et mener cette vie heureuse qu'il enviait aux Romains, si, laissant là son pays sauvage, il se transportait parmi eux [2]. « Mais, répliqua Édécon avec vivacité, le serviteur d'un maître ne peut le quitter sans son consentement, ce serait un crime [3]. » L'eunuque, brisant là-dessus, lui demanda quel rang il occupait chez les Huns et s'il approchait librement son maître ; Édécon répondit qu'il l'approchait en toute liberté, qu'il était même un de ceux qui le gardaient, attendu que chacun des principaux capitaines veillait la nuit, à tour de rôle, auprès de la demeure du roi. « Eh bien ! s'écria l'eunuque enchanté de sa découverte, si vous me promettez d'être discret,

---

[1]. Admirabatur barbarus regiarum domuum magnificentiam... Prisc., *Exc. leg.*, p. 38.

[2]. Vigilas autem, simul atque barbarus in colloquium venit cum Chrysaphio, interpretans retulit, quantopere laudasset Imperatorias ædes, et Romanos beatos duceret propter affluentes divitiarum copias. Tum Edeconi Chrysaphius dixit, fore eum hujus modi domuum, quæ aureis tectis præfulgerent, compotem et opibus abundaturum, si, relicta Scythia, ad Romanos se conferret. Prisc., *ibid.*

[3]. Sed alterius domini servum, Edecon ait, nefas esse, eo invito, tantum facinus, se admittere. Prisc., *ibid.*

je vous indiquerai un moyen d'acquérir sans peine les plus grandes richesses ; mais c'est une affaire qui demande à être traitée à loisir. Venez donc souper avec moi ce soir, mais seul, sans Oreste et vos autres compagnons d'ambassade [1]. »

Le Barbare fut exact au rendez-vous, où l'interprète se trouvait déjà. « Je ne veux que votre bien, lui dit Chrysaphius en reprenant la conversation du matin ; mais que vous l'acceptiez ou non, jurez-moi que vous ne révélerez à personne au monde ce qui va se passer entre nous ; je m'y engage pour mon propre compte. » Ils joignirent leurs mains droites, et jurèrent en présence de Vigilas [2]. Entrant alors en matière sans circonlocution, l'eunuque expliqua qu'il s'agissait de tuer Attila. « Si vous parvenez à vous défaire de lui, disait-il, et à gagner la frontière romaine, comptez sur une reconnaissance sans bornes de la part de Théodose ; vous serez comblé de plus d'honneurs et de richesses que vous n'en pourriez imaginer. » Si étrange que fût la confidence, elle ne parut point surprendre Édécon, et, après un moment de silence, le Hun répondit qu'il ferait ce qu'on voudrait [3]. « Mais, ajouta-t-il, il me faut de l'argent pour préparer les voies et gagner mes soldats, non pas à la vérité une grande somme, car cinquante livres pesant d'or me suffiront largement [4]. »

---

1. Cui rei tractandæ otio opus esse : hoc vero sibi fore, si ad cœnam rediret sine Oreste et reliquis legationis comitibus. Prisc., *Exc. leg.*, p. 39.

2. Tum per Vigilam interpretem datis dextris et jurejurando utrimque præstito... Prisc., *ibid.*

3. Eunucho Edecon assensus est. *Id. Exc. leg., ibid.*

4. Ad hanc rem peragendam opus esse pecuniis, non quidem multis ;

Chrysaphius voulait les lui compter sans désemparer; mais Édécon l'arrêta. « Je ne puis, lui dit-il, me charger de cet argent. Attila, sitôt notre retour, nous fera raconter, suivant son habitude, et dans le plus petit détail, ce que chacun de nous aura reçu des Romains, tant en argent qu'en présents : or cinquante livres d'or font une somme trop forte pour que je puisse la dérober facilement à l'œil curieux de mes compagnons; le roi m'en saura porteur et me suspectera [1]. Ce qui vaut mieux, c'est que Vigilas m'accompagne en Hunnie sous le prétexte de ramener les transfuges; nous nous concerterons là-bas, et quand le moment d'agir sera venu, il vous indiquera le moyen de me faire passer la somme convenue. » Chrysaphius applaudit au bon sens du Barbare, et courut, après souper, tout raconter à l'empereur, qui approuva son ministre; le maître des offices, Martial, appelé à leur conciliabule, ne trouva, pour sa part, aucune objection. Il ne restait plus que les mesures d'exécution à prendre, puisque l'idée leur paraissait à tous trois si naturelle; ils passèrent la nuit à les combiner.

Ils convinrent d'abord que, pour mieux masquer le complot, on n'enverrait pas Vigilas avec une mission en titre, mais comme simple interprète en l'attachant à une ambassade sérieuse en apparence. Ce premier point posé, ils reconnurent que l'ambassade qui aurait

sed quinquaginta auri libris, quas militibus, quibus præesset, qui sibi ad rem impigre exsequendam adjumento essent, divideret. Prisc., *Exc. leg.*, p. 39.

1. Etenim Attilam se, simul atque redierit, percunctaturum, ad reliquos omnes, quæ munera sibi et quantæ pecuniæ a Romanis dono datæ sint : neque id celare per collegas et comites licitum fore. *Id. loc. c.*

pour prétexte la réponse de l'empereur aux prétentions du roi des Huns devait être confiée à un homme non-seulement placé très-haut dans la hiérarchie des fonctions administratives, mais placé encore plus haut dans l'estime publique, à un honnête homme en un mot. « Si le coup réussit, disaient fort sensément les ministres de Théodose, l'empereur ne manquera pas de renier les assassins, et la bonne réputation de son ambassadeur éloignera de lui jusqu'à l'ombre du soupçon; si le coup échoue, ce sera la même chose; la probité du représentant garantira l'innocence du prince aux yeux du monde et à ceux d'Attila lui-même [1]. » Le calcul était habile, on en conviendra. La liste des honnêtes gens au service de la cour de Byzance ayant été consultée, le choix s'arrêta sur Maximin, personnage estimé pour sa droiture, et qui en avait donné plus d'une preuve dans des missions politiques. Il avait d'ailleurs parcouru toute l'échelle des hautes fonctions, moins le consulat. On ne se demanda pas ce que deviendrait, en cas de révélation ou de non-succès, cet homme dont l'honnêteté devait servir de couverture au crime : l'eunuque Chrysaphius avait bien d'autres soucis.

Au demeurant, l'occasion parut favorable pour se montrer fier et Romain vis-à-vis d'un ennemi que l'on ne craindrait bientôt plus. On écrivit, en réponse à la lettre d'Attila, qu'il eût à s'abstenir de tout envahisse-

---

[1]. Vigilam quidem specie interpretis, quo munere fungebatur, quæ Edeconi viderentur, exsecuturum, Maximinum vero, qui minime eorum, quæ in consilio Imperatoris agitata erant, conscius esset, litteras ab eo Attilæ redditurum. Prisc., *Exc. leg.*, p. 39.

ment du territoire romain au mépris des traités, et que l'empereur lui renvoyait dix-sept transfuges, les seuls qu'on eût pu découvrir dans toute l'étendue de l'empire d'Orient. C'était là la réponse écrite [1]; mais l'ambassadeur devait y joindre des explications verbales concernant les autres chefs de la mission d'Édécon. Il devait dire que l'empereur ne reconnaissait point à Attila le droit d'exiger des ambassadeurs consulaires, attendu que ses ancêtres ou prédécesseurs, les rois de la Scythie, s'étaient toujours contentés d'un simple envoyé, souvent même d'un messager ou d'un soldat [2]; que sa proposition d'aller recevoir les légats romains dans les murs de Sardique n'était qu'une raillerie intolérable : Sardique existait-elle encore? y restait-il pierre sur pierre? et n'était-ce pas Attila qui l'avait ruinée? Enfin l'empereur affectait une grande froideur pour Édécon, et avertissait le roi des Huns que, s'il avait vraiment à cœur de terminer leurs différends, il devait lui envoyer Onégèse, dont Théodose acceptait d'avance l'arbitrage [3]. Or, Onégèse était le premier ministre d'Attila. Édécon eut connaissance de ces instructions, ou du moins d'une partie de leur contenu; Chrysaphius lui ménagea même une entrevue secrète avec l'empe-

[1]. Minime decere Attilam fœdera transgredientem Romanorum regionem invadere; et antea quidem ad eum plures, nunc vero decem et septem transfugas mittere : nec enim plures apud se esse. Et hæc quidem litteris continebantur. Prisc., *Exc. leg.*, p. 39.

[2]. Coram autem, Maximinum suis verbis jusserat Attilæ dicere, ne postularet majoris dignitatis viros ad se legatos transire. Hoc enim neque ipsius majoribus datum esse, neque cæteris Scythiæ regibus, sed quemlibet militem aut alium nuntium legationis munus obiisse. Prisc., *ub. sup.*

[3]. Cæterum ad ea, quæ inter ipsos in dubietate versabantur, dijudicanda sibi videri, Onegesium mitti debere. *Id.*, *ibid.*

reur. Ainsi donc cette ambassade avait deux missions distinctes complétement étrangères l'une à l'autre, quant aux hommes et quant aux choses : l'une, patente, avouée, capable d'honorer le gouvernement romain par sa fermeté ; l'autre secrète et infâme : l'ambassadeur, sans le savoir, partait flanqué d'un assassin. Maximin, craignant l'ennui d'une longue route où sentant le besoin d'un bon conseiller, se fit adjoindre comme collègue l'historien grec Priscus, dont l'amitié lui était chère, et nous devons à cette circonstance une des relations de voyage les plus intéressantes en même temps qu'une des pages les plus instructives de l'histoire du ve siècle [1].

Édécon et Maximin quittèrent en même temps Constantinople; les deux ambassades, marchant de conserve, devaient se guider et s'assister mutuellement : les Romains sur les terres de l'empire, les Huns au delà du Danube. Maximin faisait les honneurs du convoi en homme de cour consommé; il avait des présents pour ses hôtes barbares, et de temps en temps il les invitait à dîner ainsi que leur suite. Les dîners se composaient de bœufs ou de moutons fournis par les habitants, abattus, dépecés, accommodés par les serviteurs de l'ambassade [2]. A Sardique, où les voyageurs séjournèrent, Maximin put se convaincre que la réponse de la chancellerie impériale au sujet de cette ville ne disait rien de trop, car il n'y put trouver un toit pour

---

[1]. In hac legatione Maximinus precibus mihi persuasit, ut illi comes essem. Prisc., *Exc. leg.*, p. 39.

[2]. Bobus igitur et ovibus, quos incolæ nobis suppeditaverant, jugulatis, instructo convivio epulati sumus. Prisc., *ibid*.

s'abriter; il planta ses tentes au milieu des ruines, comme s'il eût été au désert. Pendant le dîner, la conversation, animée par le vin, tomba sur le gouvernement des Huns comparé à celui des Romains; chacun vantait à qui mieux mieux l'excellence de son souverain, les Huns parlant avec exaltation d'Attila, les Romains soutenant Théodose, quand Vigilas fit aigrement remarquer qu'il n'y avait pas justice à comparer un homme avec un dieu[1] : le dieu, dans sa pensée, c'était Théodose. Ce propos impertinent souleva une vraie tempête : les Huns criaient, se démenaient, paraissaient hors d'eux-mêmes, et Maximin eut besoin de toute son habileté, aidée de toute celle de Priscus, pour ramener le calme en détournant la conversation[2]. Dans le désir de sceller une paix complète, l'ambassadeur, après dîner, emmena avec lui sous sa tente ses deux hôtes principaux, et fit don à chacun d'un beau vêtement de soie brochée, garni de perles de l'Inde[3]. Oreste était ravi; tout en contemplant son lot, il semblait épier du regard la sortie d'Édécon, et, sitôt qu'il le vit parti, il dit à Maximin : « Je vous reconnais pour un homme juste et sage, plus sage que certains autres ministres de l'empereur qui ont méprisé Oreste en invitant Édécon seul à sou-

---

1. Ad quæ Vigilas dixit, minime justum esse, Deum cum homine comparare, hominem Attilam, deum Theodosium vocans. Prisc., *Exc. leg.*, p. 39, 40.

2. Id ægre tulerunt Hunni, et sensim ira accensi exasperabantur. Nos vero alio sermonem detorquere, et eorum iram blandis verbis lenire. Prisc., *ibid.*

3. A cœna ut surreximus, Maximinus Edeconem et Orestem donis conciliaturus, sericis vestibus et gemmis indicis donavit. Prisc., *l. c.*

per, et n'ayant de cadeaux que pour lui [1]. » Ce que voulait dire le secrétaire d'Attila, Maximin l'ignorait, car il n'était au courant d'aucune des circonstances qui avaient précédé sa nomination, et, comme il s'enquérait où et comment l'un avait été honoré et l'autre dédaigné, Oreste n'ajouta pas un mot et sortit. Le lendemain, pendant la route, l'ambassadeur fit approcher Vigilas, et lui demanda l'explication des paroles qu'il avait entendues la veille : celui-ci, éludant la question, répondit qu'Oreste, qui après tout n'était qu'un scribe et un valet, montrait une susceptibilité ridicule vis-à-vis d'un guerrier illustre, d'un noble Hun tel qu'Édécon [2]; puis, poussant son cheval vers ce dernier, il l'interpella en langue hunnique, et causa longtemps avec lui. Édécon paraissait troublé et parlait avec animation [3]. Vigilas rapporta de ce colloque ce qu'il voulut; il dit à Maximin que les prétentions insolentes du secrétaire d'Attila avaient mis le noble Hun en un tel courroux, que lui, Vigilas, avait eu grand'peine à le contenir.

Il ne se passa rien de remarquable jusqu'à l'arrivée des voyageurs à Naïsse. Ce berceau du grand Constantin était, comme Sardique, un lamentable amas de décombres, où quelques malades qui n'avaient pu fuir, et qu'assistait la charité des paysans voisins, vivaient

---

1. Sibi quidem, ait, illum probum et prudentem videri, qui non ut alii ministri regii peccasset : etenim nonnulli, spreto Oreste, Edeconem ad cœnam invitaverant et donis coluerant. Prisc., *Exc. leg.*, p. 40.

2. Orestem comitem et scribam Attilæ, Edeconem vero bello clarissimum, ut in gente Hunnorum, longe illum dignitate antecellere. Prisc., *ibid.*

3. Patrio sermone Edeconem affatus. *Id., ub. sup.*

seuls dans une chapelle encore debout [1]. Au delà de Naïsse, vers le nord-ouest et entre cette ville et le Danube, la petite troupe eut à parcourir une plaine toute parsemée d'ossements humains blanchis au soleil et à la pluie, restes des massacres et des batailles qui avaient dépeuplé ce malheureux pays [2]. A travers ces ruines et ce vaste cimetière, elle atteignit la rive droite du Danube, où elle trouva des bateliers huns en station avec leurs barques, faites d'un seul tronc d'arbre creusé. La rive barbare était encombrée de ces barques empilées les unes sur les autres, et qui semblaient être là pour le passage d'une armée [3]; en effet, les Romains apprirent qu'Attila campait dans le voisinage, et se disposait à ouvrir une grande chasse sur les terres au midi du Danube, dans ces provinces de l'empire qu'il réclamait comme sa conquête [4].

Chez les Huns, comme plus tard chez les Mongols, la grande chasse était une institution politique qui avait pour but de tenir les troupes toujours en haleine : destinée à remplacer la guerre pendant les repos forcés, elle en était comme le portrait vivant. Tchinghiz-Khan, dans le livre de ses ordonnances, l'appelle *l'école du guerrier;* un bon chasseur, à ses yeux, valait un bon

---

1. Itaque eam desertam hominibus offendimus, præterquam quod in ruderibus sacrarum ædium erant quidam ægroti. Prisc., *Exc. leg.*, p. 41.

2. Omnia enim circa ripam erant plena ossibus eorum, qui bello ceciderant. *Id., Exc., ibid.*

3. Hic nos barbari portitores in scaphis unico ligno constantibus, quas arboribus sectis et cavatis adornant, exceperunt. *Id., ibid.*

4. Et lembi quidem minime ad nos traducendos, sed ad multitudinem barbarorum trajiciendam erant præparati, quæ nobis in via occurreret, quia Attilas ad venationem in Romanorum fines transgredi volebat. *Id., ub. sup.*

soldat : il en devait être ainsi chez les Huns. Suivant les usages orientaux, le jour de la chasse, annoncé longtemps à l'avance avec la solennité d'une entrée en campagne, était précédé d'ordres et d'instructions que chacun devait suivre exactement. Un corps d'armée tout entier, le roi au centre, les généraux aux ailes, exécutait ces immenses battues où l'on traquait tous les animaux d'une contrée. L'adresse de la main, la sûreté de la vue, la finesse de l'odorat et de l'ouïe, la présence d'esprit, la décision, en un mot toutes les qualités du guerrier s'y déployaient comme sur un champ de bataille véritable, et en effet la guerre à la manière des nomades de l'Asie n'était pas autre chose qu'une chasse aux hommes. Les Huns observaient soigneusement ces pratiques apportées de l'Oural, qui maintenaient leur vigueur tout en les rappelant aux traditions de leur vie primitive et au souvenir de leur berceau. Attila s'en servait au besoin pour masquer des campagnes plus sérieuses : en ce moment, il venait de proclamer une chasse ; mais ce qu'il méditait réellement, c'était une expédition militaire dans les villes de la Pannonie [1].

De l'autre côté du Danube, on entrait sur les terres des Huns, et, à la grande contrariété de Maximin, presque aussitôt les ambassades se séparèrent. Édécon, sur qui les Romains comptaient pour leur servir de guide dans le pays et d'introducteur près d'Attila, les quitta brusquement, afin de rejoindre, disait-il, l'ar-

---

1. Revera autem bellum contra Romanos paravit, cujus gerendi occasionem sumebat. Prisc., *Exc. leg.*, p. 41.

mée et le roi par un chemin de traverse beaucoup plus court que la route battue qu'ils suivaient. Réduits aux guides qu'il leur laissa, les Romains continuaient de marcher depuis plusieurs jours, lorsqu'un soir, à la tombée de la nuit, le galop de plusieurs chevaux frappa leurs oreilles, et des cavaliers huns, mettant pied à terre, leur annoncèrent qu'Attila les attendait à son camp, dont ils étaient très-voisins [1]. Le lendemain en effet, du sommet d'une colline assez escarpée, ils aperçurent les tentes des Barbares qui se déployaient en nombre immense à leurs pieds, et parmi elles un pavillon qu'à sa position et à sa forme ils supposèrent être celui du roi. Le lieu paraissait bon pour camper; Maximin y fit déposer les bagages, et déjà l'on plantait les crampons et les pieux pour asseoir les tentes, quand une troupe de Barbares accourut d'en bas à bride abattue et la lance au poing. « Que faites-vous? criaient-ils d'un ton menaçant; oseriez-vous bien placer vos tentes sur la hauteur, quand celle d'Attila est dans la plaine [2]? » Les Romains replièrent bien vite leurs pavillons, rebâtèrent leurs mulets et allèrent camper où ces hommes les menèrent. Ils achevaient leur installation quand survint une visite qui ne laissa pas de les étonner beaucoup : c'étaient Édécon, Oreste, Scotta et d'autres personnages notables qui leur demandèrent ce qu'ils voulaient et quel était l'objet de

---

[1]. Circa vesperam nobis cœnantibus, auditus est strepitus equorum ad nos venientium; et duo viri scythæ advenerunt, qui nos ad Attilam venire jusserunt. Prisc., *Exc. leg.*, p. 41.

[2]. Obvii barbari prohibuerunt, quoniam Attilæ tentorium esset in planitie positum. *Id., in eod. loc.*

leur ambassade [1]. L'indiscrétion ou le ridicule de cette question adressée à des ambassadeurs frappa tellement les Romains qu'ils en restèrent tout ébahis, et ils se regardaient l'un l'autre comme pour se consulter [2], quand les Huns la renouvelèrent avec insistance : « Répondez-nous, » dirent-ils à l'ambassadeur. La réponse de celui-ci fut qu'il ne devait d'explications qu'au roi, et qu'il en donnerait au roi seulement. Là-dessus Scotta parut blessé : « Il n'était point venu de son plein gré, répétait-il avec colère, et ne faisait que remplir les ordres de son maître. » Maximin protesta que, la demande vînt-elle d'Attila lui-même, il n'accepterait jamais la loi qu'on prétendait lui faire. « Un ambassadeur, dit-il avec fermeté, ne doit compte de sa mission qu'à celui près duquel son souverain l'envoie ; tel est le droit des nations, et les Huns le savent bien, eux qui ont adressé tant d'ambassades aux Romains [3]. »

Les visiteurs disparurent, mais pour revenir au bout de quelques moments, tous, sauf Édécon. Répétant alors mot pour mot à Maximin le contenu de ses instructions [4], ils ajoutèrent que, s'il n'apportait rien de plus, il n'avait qu'à repartir sur-le-champ. Ce fut,

---

1. Huc Edecon, Orestes, Scotta et alii ex Scythis primores mox advenerunt, et ex nobis quæsieruut, quarum rerum consequendarum gratia hanc legationem suscepissemus. Prisc., *Exc. leg.*, p. 50, 51.
2. Nos invicem intueri, et tam ineptam cunctationem admirari. Prisc., *ub. sup.*
3. Nos vero obtestari, nusquam hanc legem legatis impositam... Neque hoc Scythas nescire, qui sæpe numero legatos ad imperatorem miserint. Prisc., *loc. laud.*
4. Unde non multo post sine Edecone reversi, omnia, quæ cum illis agere in mandatis habebamus, dixerunt. Prisc., *ibid.*

pour Maximin et Priscus, une énigme de plus en plus obscure ; ils en croyaient à peine leurs oreilles, et, ne pouvant comprendre comment les intérêts confiés à la conscience d'un ambassadeur, les secrets inviolables de l'empire se trouvaient ainsi divulgués à ses ennemis; ils restaient muets comme des hommes qu'un coup violent vient d'étourdir. Sortant enfin de cet état de stupeur, Maximin s'écria : « Eh bien ! que ce soient là nos instructions ou que nous en ayons d'autres, votre maître seul le connaîtra. » — « Partez donc, » répliquèrent-ils[1]. Les Romains se préparèrent à partir. Vigilas, pendant qu'on faisait les bagages, avait peine à contenir sa mauvaise humeur ; il maudissait les Huns et blâmait la conduite de l'ambassadeur. « N'eût-il pas mieux valu mentir, répétait-il, que de s'en retourner honteusement sans avoir rien fait[2]? Je répondrais d'Attila, si je pouvais le voir un seul instant, car j'ai vécu en assez grande familiarité avec lui pendant l'ambassade d'Anatolius; d'ailleurs Édécon me veut du bien[3]. » Et il revenait toujours à sa proposition d'annoncer encore d'autres instructions, afin d'obtenir audience du roi. Préoccupé de sa propre affaire et de sa fortune qu'un départ précipité faisait évanouir, il s'inquiétait aussi peu de compromettre le caractère

---

1. Sive ea, quæ Scythæ modo protulerunt, sive alia nuntiaturi venerimus, neminem nisi ducem vestrum quærere decet, neque de his cum aliis ullo pacto disserere constituimus. — Illi vero nos quam primum abire jusserunt. Prisc., *Exc. leg.*, p. 51.

2. Longe enim potius fuisse in mendacio deprehendi, quam re infecta domum reverti. *Id., ibid.*

3. Si enim, inquit, cum Attila collocutus fuissem, facile ei à contentione cum Romanis discedere persuasissem, quippe qui antea familiaritatem cum illo in legatione cum Anatolio suscepta contraxerim. *Id., l. c.*

d'un ambassadeur par des mensonges que sa vie par un attentat. L'interprète s'aveuglait lui-même ; il ne s'apercevait pas qu'il était trahi. Soit que jamais Édécon n'eût conspiré sérieusement contre la vie de son maître, soit qu'il l'eût fait, séduit par les promesses de Chrysaphius, mais que les paroles mystérieuses d'Oreste, à la suite du repas de Sardique, lui eussent donné à réfléchir, il avait compris qu'un œil vigilant avait épié toutes ses démarches, que tout était connu, et son souper chez l'eunuque, et ses conférences secrètes avec l'empereur, et les présents qu'il avait reçus. En homme habile, il s'était hâté de prendre les devants, et, précédant les envoyés romains auprès de son maître, il lui avait tout révélé : propositions, entrevues, somme promise, moyen imaginé pour la faire tenir en main sûre, complicité de Vigilas et innocence de Maximin, tout, en un mot, jusqu'aux divers points traités dans les instructions de l'ambassadeur [1]. Ce fut une bonne fortune que le ciel envoyait au fils de Moundzoukh pour prendre Théodose en flagrant délit d'infamie, le couvrir d'opprobre et justifier à la face du monde tout ce qu'il lui plairait de lui infliger ; mais cette occasion précieuse, il se garda bien de la risquer par un éclat prématuré. Il n'avait pour accuser que le témoignage d'Édécon, il en voulait d'autres que nul ne pût nier : il voulait des indices clairs, manifestes, et jusqu'à un commencement d'exécution, et, dans son

---

[1]. Edecon enim, sive simulate cum eunucho pactus, sive ut ab Oreste sibi caveret, Attilæ comparatam in ipsum conjurationem aperuit, et auri summam, quam in eam rem mitti convenerat, simul et ea, quæ per nos in ista legatione tractanda erant, enuntiavit. Prisc., *Exc. leg.*, p. 52.

calcul, c'étaient les Romains qui devaient lui fournir eux-mêmes ces preuves dont il se proposait de les accabler. Comprimant donc son ressentiment et décidé à attendre jusqu'au bout sans impatience, il se mit à jouer avec cette lâche cour de Constantinople, comme le tigre joue avec l'ennemi qu'il tient sous sa griffe, avant de lui donner le dernier coup.

Les mulets étaient déjà chargés, et les Romains se mettaient en route à la nuit tombante, quand un contre-ordre les retint : « Attila n'exigeait pas, leur disait-on, que des étrangers s'exposassent pendant les ténèbres dans un pays inconnu [1]. » En même temps arrivèrent un bœuf que les Huns chassaient devant eux, et des poissons qu'ils apportaient de la part du roi ; c'était le souper de l'ambassade. « Nous y fîmes honheur, dit Priscus, et dormîmes profondément jusqu'au lendemain [2]. » En effet, le bienheureux contre-ordre leur avait remis la joie au cœur. Dès que le jour parut, Priscus, en homme avisé, se munit d'un interprète autre que Vigilas (il se trouvait parmi les suivants volontaires de l'ambassade un certain Rusticius, qui parlait couramment le hun et le goth [3]), et il alla trouver Scotta, qui se fit fort de leur procurer une audience d'Attila moyennant quelques présents, car toutes ces tergiversations n'avaient pas d'autre but. Une heure à

---

1. Attilam jubere nos propter tempus noctis intempestivum remanere. Prisc., *Exc. leg.*, p. 52.
2. Præsto fuere, qui bovem agebant et pisces fluviatiles nobis ab Attila missos adferebant.... Cœnati nos dormitum contulimus. Prisc., *Excerpt. leg.*, l. c.
3. Assumpto Rusticio, qui barbarorum linguæ peritus erat, et nobiscum in Scythiam venerat non legationis, sed privatæ rei causa. *Id., ibid.*

peine s'écoula, et Scotta, fier de prouver son crédit, revenait de toute la vitesse de son cheval annoncer à Priscus sa réussite; les Romains partirent avec lui. Les abords de la tente royale, lorsqu'ils s'y présentèrent, étaient obstrués par une multitude de gardes qui formaient à l'entour une haie circulaire [1]; les ambassadeurs parvinrent à la percer, grâce à la présence de Scotta, et trouvèrent, au milieu de la tente, Attila qui les attendait, assis sur un siége de bois [2].

Priscus, Vigilas et les esclaves porteurs de présents s'étant arrêtés par respect près du seuil de la porte, Maximin s'avança, salua le roi, et, lui remettant dans les mains la lettre de Théodose, il lui dit : « L'empereur souhaite à Attila et aux siens santé et longue vie [3]. » — « Qu'il arrive aux Romains tout ce qu'ils me souhaitent! » répondit celui-ci brièvement [4], et se tournant vers Vigilas avec les signes d'une colère concentrée : « Bête immonde! lui dit-il, qui t'a porté à venir vers moi, toi qui as connu mes conventions avec Anatolius au sujet de la paix? Tu savais bien que les Romains ne devaient point m'envoyer d'ambassadeur tant qu'il resterait chez eux un seul transfuge de ma nation [5]. » Vigilas ayant répli-

---

1. Itaque ad ejus tentorium iter direximus, quod barbarorum multitudine, qui in orbem excubias agebant, erat circumdatum. Prisc., *Exc. leg.*, p. 53.
2. Introducti Attilam sedentem in sella lignea invenimus. *Id., ibid.*
3. Et imperatoris litteras tradens dixit, salvum et incolumen illum suosque precari Imperatorem. *Id., loc. cit.*
4. Et barbarus, « Sit et Romanis quemadmodum et mihi cupiunt », inquit. *Id., ut supr.*
5. Statimque ad Vigilam convertit orationem; feram impudentem vocans, quærebat, qua re impulsus ad ipsum venisset, cum sibi eorum,

qué que cette condition était fidèlement remplie, puisqu'on lui ramenait dix-sept déserteurs, les seuls qu'on eût pu trouver dans tout l'empire d'Orient, ce ton d'assurance parut mettre Attila hors de lui. « Ah! lui criat-il d'une voix emportée, je te ferais mettre en croix à l'instant même, et te donnerais en pâture aux vautours pour prix de tes paroles impudentes, si je ne respectais le droit des ambassadeurs [1]; » puis, sur un signe qu'il fit, un secrétaire déploya une longue pancarte et se mit en devoir de la lire. C'était la liste nominative des transfuges qui étaient censés résider encore sur le territoire romain. La lecture terminée, Attila déclara qu'il voulait que Vigilas partît sur-le-champ avec Esla, un de ses officiers, pour signifier de sa part à Théodose d'avoir à lui restituer sans exception tous les Huns, de quelque qualité et en quelque nombre qu'ils fussent, qui avaient passé chez les Romains depuis l'époque où Carpilion, fils d'Aëtius, avait été son otage. « Je ne souffrirai point, disait-il avec hauteur, que mes esclaves portent les armes contre moi, quoiqu'ils ne puissent rien, je le sais bien, pour le salut de ceux qui les emploient. Quelle est la ville, quel est le château qu'ils parviendraient à sauver de mes mains, si j'ai résolu de le prendre ou de le détruire [2]? Qu'on aille donc faire connaître là-bas ce que j'ai décidé, et qu'on revienne

---

quæ et ipse et Anatolius de pace sensissent, conscius esset... Prisc., *Exc. leg.*, p. 53.

1. Et cum clamore dixit, se illum in crucem acturum et prædam vulturibus præbiturum fuisse, nisi leges legationis hac impudentis ejus orationis et temeritatis pœna offendere vereretur. *Id., loc. cit.*

2. Quæ enim urbs, quod castellum ab illis possit defendi, quod evertere aut diruere apud se constitutum habuerit? Prisc., *ibid.*

tout aussitôt me faire connaître à moi si les Romains veulent me rendre mes transfuges ou s'ils préfèrent la guerre. » L'ordre de départ ne regardait que Vigilas ; Attila pria l'ambassadeur de rester près de lui pour recevoir la réponse qu'il se proposait de faire à la lettre de l'empereur. Il n'oublia pas non plus de réclamer les présents qu'on lui avait destinés : l'audience finit là.

Cette scène, qui laissa les Romains tout émus, fut l'unique sujet de leur conversation à leur retour au quartier. Vigilas ne concevait pas que le même homme dont il avait éprouvé la bienveillance, il y avait à peine une année, eût pu le traiter d'une façon si ignominieuse, et son esprit se torturait pour en deviner la cause. Priscus la trouvait dans l'aventure du dîner de Sardique, dans ce propos imprudent de Vigilas, dont les Barbares n'avaient pas manqué de faire rapport à leur roi; Maximin, qui n'entrevoyait aucune autre raison que celle-là, appuyait l'avis de son ami; mais Vigilas secouait la tête et ne paraissait pas convaincu [1]. Survint Édécon, qui l'emmena en particulier et causa quelque temps avec lui. Cette démarche avait pour but de rassurer l'interprète sur ce qui venait de se passer, et de lui dire que tout se préparait à merveille pour le succès du complot : Édécon maintenant osait en répondre, et ce voyage procurait à Vigilas une occasion inespérée de tenir au courant Chrysaphius, et de rap-

---

1. Sed Vigilas ambiguus animi erat, neque causam suspicari posse videbatur, quare Attilas eum tam acerbis conviciis insectatus esset. Nec enim in animum suum inducere poterat, ut nobis postea retulit, enuntiata fuisse, quæ in convivio in Serdica dicta fuerant, nec conjurationem Attilam detectam... Prisc., *Exc. leg.*, p. 54.

porter l'argent dont ils avaient besoin [1]. L'interprète, remonté par ces explications, avait repris tout son calme quand il rejoignit ses collègues, et aux questions que ceux-ci s'empressèrent de lui adresser, il se contenta de répondre que l'affaire des transfuges agitait seule Attila, qui ferait la guerre infailliblement si on ne lui donnait satisfaction. Sur ces entrefaites, des messagers entrèrent dans le quartier de l'ambassade, et proclamèrent une défense du roi à tout Romain, quel qu'il fût, de rien acheter chez les Huns, ni chevaux, ni bêtes de somme, ni esclaves barbares, ni captifs romains, rien, en un mot, hormis les choses indispensables à la vie, et ce, jusqu'à la conclusion des difficultés pendantes entre les deux nations [2]. La défense fut signifiée à l'ambassadeur, Vigilas présent. C'était, comme on le pense bien, une ruse d'Attila pour enlever d'avance à l'interprète tout prétexte plausible d'introduire une forte somme d'argent dans ses États.

Attila ne parlait plus de sa chasse aux bêtes fauves en Pannonie depuis qu'il en avait rencontré une plus à son goût. Désireux de suivre sans préoccupation la piste de Vigilas et d'observer à loisir les démarches de l'ambassadeur qu'il gardait provisoirement en otage, il leva son camp deux jours après cette scène, et partit

---

1. Hæc cum ambigua mente volveremus, Edecon supervenit, et abducto a nostro cœtu Vigila (fingebat enim velle vere et serio de præmeditatis inter eos insidiis agere), ubi aurum adferri præcepit, quod his daretur, qui exsequendo facinori operam navaturi essent, discessit. Prisc., *Exc. leg.*, p. 54.

2. Hæc dum loquebamur, advenere ab Attila, qui Vigilam et nos prohiberent, captivum romanum, aut barbarum mancipium, aut equos, aut quidquam aliud emere, præterquam quæ ad victum necessaria erant. Prisc., *ibid.*

pour regagner sa résidence ordinaire dans la capitale de la Hunnie. Il fit dire aux Romains de se tenir prêts à le suivre, et au jour marqué, ceux-ci se mirent, avec leurs guides particuliers, à l'arrière-garde de l'armée des Huns[1]. On n'avait pas fait encore beaucoup de chemin quand ces guides changèrent brusquement de direction, et s'engagèrent dans une route peu frayée, laissant l'armée continuer sa marche, et pour raison de ce changement de front, ils apprirent aux voyageurs qu'une cérémonie, à laquelle il ne leur était pas permis d'assister, allait se célébrer dans un hameau voisin. Ce n'était pas moins qu'un nouveau mariage du roi : Attila ajoutait à ses innombrables épouses la fille d'un grand du pays, nommé Escam[2]. La contrée que Maximin et sa troupe avaient à traverser était basse et de parcours facile, mais extrêmement marécageuse; ils durent franchir plusieurs rivières, parmi lesquelles Priscus mentionne la Tiphise, aujourd'hui la Theiss, qui coule au cœur de la Hongrie, et se jette dans le Danube entre Semlin et Peterwaradin. Ils passaient les rivières ou les marais profonds au moyen de bateaux emmagasinés dans les villages riverains, et que les habitants leur amenaient sur des chariots. Leur nourriture, durant la route, se composa principalement de millet fourni par la population sur la demande des guides, et de deux espèces de bois-

[1]. Post Vigilæ discessum unum tantum diem in his locis commorati, postridie una cum Attila ad loca magis ad septentrionem vergentia profecti sumus. Prisc., *Exc. leg.*, p. 55.
[2]. Attilas interea in quodam vico substitit, in quo filiam Escam uxorem, etsi plures alias haberet, Scytharum legibus id permittentibus, ducere voluit. Prisc, *ibid.*

sons fermentées, l'une appelée *médos*, qui n'était autre chose que de l'hydromel; l'autre fabriquée avec de l'orge et que les Huns nommaient *camos*[1]. Le voyage ne manqua point d'aventures, les unes pénibles, les autres réjouissantes. En voici une que Priscus raconte avec une gaieté et une naïveté dont nous regretterions de priver nos lecteurs.

« Le jour baissait, dit-il, quand nous plantâmes nos tentes au bord d'un marais dont nous jugeâmes l'eau très-potable, parce que les habitants d'un hameau voisin y venaient puiser pour leur usage; mais nous avions à peine fini notre installation, lorsqu'il s'éleva un vent violent, et une tempête subite, mêlée de foudre et de pluie, balaya pêle-mêle notre tente et nos ustensiles, qui roulèrent jusque dans le marais. Effrayés des tourbillons qui traversaient l'air et du malheur qui venait de nous arriver, nous désertâmes la place à qui mieux mieux, courant chacun au hasard sous des torrents de pluie et par l'obscurité la plus épaisse. Heureusement tous les chemins que nous prîmes conduisaient au village, et en quelques instants nous nous y trouvâmes réunis. Là, nous nous mîmes à pousser de grands cris pour avoir du secours. Notre tapage ne fut pas perdu, car nous vîmes les Huns sortir les uns après les autres de leurs maisons, tous munis de roseaux allumés qu'ils portaient en guise de flambeaux. En réponse à leurs questions, nos guides racontèrent l'événement qui nous avait dispersés, et aussitôt

---

[1]. *Coumiss* est le nom sous lequel les Tartares désignent le lait de jument fermenté, leur boisson ordinaire. — *Meth* en allemand, *mead* en anglais : hydromel.

ceux-ci nous engagèrent à entrer dans leurs demeures, jetant d'abord à terre quelques brassées de roseaux dont la flamme servit à nous sécher [1]. Ce village appartenait à une des veuves de Bléda, laquelle, instruite de notre arrivée, nous envoya dans le logement que nous occupions des provisions de bouche et de très-belles femmes pour notre usage, ce qui est chez la nation hunnique une marque de grand honneur et de bonne hospitalité. Nous prîmes les vivres et remerciâmes les dames; puis, accablés de fatigue, nous ne fîmes qu'un somme jusqu'au lendemain [2]. Notre première pensée, au point du jour, fut d'aller faire l'inventaire de notre mobilier; nous le trouvâmes dans un triste état : une partie gisait éparse sur le lieu du campement, une partie le long du marais, une partie dans l'eau, où nous nous mîmes à la repêcher. La journée s'employa à ce travail et à faire sécher nos effets, que nous rapportions tout trempés [3]. Déjà la tempête avait cessé; le plus beau soleil brillait au ciel. Nous sellâmes chevaux et mulets, et nous nous rendîmes chez la reine pour la saluer. Elle accueillit bien quelques présents

---

[1]. Ad quem strepitum Scythæ exilientes, calamos, quibus ad ignem utuntur, usserunt : et accenso lumine interrogarunt, quid nobis vellemus, qui tantos clamores ederemus. Barbari, qui nos comitabantur, responderunt, nos tempestate perculsos turbari. Itaque nos liberaliter invitatos, hospitio exceperunt, et calamis siccis ignem accenderunt. Prisc., *Exc. leg.*, p. 56.

[2]. Vici domina una ex Bledæ uxoribus erat. Hæc nobis cibaria et mulieres formosas, cum quibus amori indulgeremus (hoc enim apud Scythas honori ducitur), suppeditavit. Mulieribus pro cibis præbitis gratias egimus, et sub tectis nostris somnum capientes, ab earum consuetudine abstinuimus. *Id., ibid.*

[3]. In his desiccandis totum diem in illo vico (tempestas enim desierat, et clarus sol apparebat), contrivimus. Prisc., *Exc. leg.*, l. c.

que nous lui offrîmes, savoir : trois coupes d'argent, des toisons teintes en pourpre, du poivre d'Inde, des dattes et des fruits secs dont ces Barbares sont très-curieux, parce qu'ils en voient rarement[1]. Après lui avoir exprimé notre reconnaissance pour son hospitalité et nos souhaits, nous prîmes congé d'elle et continuâmes notre voyage. »

Ils marchaient depuis sept jours, quand ils se croisèrent avec une autre ambassade romaine arrivée par un autre chemin : c'était une députation de l'empereur d'Occident Valentinien III au roi des Huns, à propos de certains vases sauvés du pillage de Sirmium ; l'histoire est curieuse et jettera quelques lumières de plus sur cette politique asiatique, où l'opiniâtreté des résolutions servait à en déguiser l'injustice. A l'époque où, contre tout droit, les Huns étaient venus assiéger Sirmium, l'évêque de cette ville, ne prévoyant que trop bien l'issue de la guerre, disposa des vases de son église. Il connaissait un certain Constancius, Gaulois de naissance, alors secrétaire d'Attila et employé aux opérations du siége. Ayant trouvé moyen d'avoir une entrevue avec lui, l'évêque lui remit les vases sacrés : « Si je deviens votre prisonnier, lui dit-il, vous les vendrez pour me racheter ; si je meurs auparavant, vous les vendrez encore, et avec leur prix vous rachèterez d'autres captifs[2]. » Il mourut pendant le siége, et le

---

[1]. Hanc vicissim donis remunerati sumus tribus pateris argenteis, velleribus rubris, pipere Indico, palmulis et variis cupediis, quæ omnia a barbaris, ut ignota, magni æstimantur. Prisc., *Exc. leg.*, p. 57.

[2]. Ille vero, quo tempore Sirmium... Scythæ obsidebant, aurea vasa a civitatis episcopo acceperat, ut ex eorum pretio, si se superstite urbem

dépositaire s'appropria le dépôt. Il y avait près de là, par hasard, un prêteur sur gages nommé Sylvanus, lequel tenait une boutique d'*argentier* ou banquier sur une des places publiques de Rome; Constancius lui engagea les vases pour une certaine somme qu'il ne paya pas à l'échéance; le délai expiré, Sylvanus vendit les vases à un évêque d'Italie, ne voulant ni les briser ni les employer à un usage profane[1]. Ces faits vinrent aux oreilles d'Attila au bout de quelque temps. Il commença par faire pendre ou crucifier, suivant sa coutume, le secrétaire infidèle; puis il réclama, près de l'empereur Valentinien, Sylvanus ou les vases. « Il me faut une chose ou l'autre, écrivait-il; ces vases m'appartiennent comme ayant été soustraits par l'évêque au butin de la ville; mon secrétaire les a volés, je l'ai puni; je demande maintenant le recéleur ou la restitution de mon bien[2]. » Vainement l'empereur répondit que Sylvanus n'était point un recéleur, attendu qu'il avait acheté de bonne foi, et que, quant aux vases eux-mêmes, affectés à une destination religieuse, ils ne pourraient pas lui être remis sans profanation; vainement il offrit d'en payer la valeur en argent : Attila, sourd à toutes les raisons, ne sortait pas de son dilemme : « Mes vases ou le recéleur, sinon la guerre. » Le cabinet de Ravenne, à bout de correspondances

---

capi contigisset, quoad satis esset, pro sua libertate solveretur: sin periisset... Prisc., *Exc. leg.*, p. 57.

1. Sed Constantius post urbis excidium de pacto illo parum sollicitus Romam profectus, vasa ad Sylvanum detulit, et aurum ab eo accepit, convenitque... Prisc., *ub. sup.*

2. Sibi tradi Sylvanum, tanquam furem eorum, quæ sua essent, flagitavit. Prisc., *ibid.*

sans résultats, lui députait trois nobles romains pour s'entendre enfin avec lui, s'il était possible, et prévenir de plus grands malheurs. On avait choisi pour cette mission un homme qui semblait devoir être bien venu du Barbare, le comte Romulus, beau-père d'Oreste; et on lui avait adjoint un officier général, nommé Romanus, avec Promotus, commandant de la Pannonie, et un Gaulois, nommé Constancius, qu'Aëtius envoyait à Attila pour être un de ses secrétaires. Un quatrième personnage, fort important dans la circonstance, Tatullus, père d'Oreste, avait voulu profiter aussi de l'occasion pour visiter son fils[1]. Priscus et Maximin furent heureux de retrouver des compatriotes au fond de ce désert sauvage, et les deux ambassades réunies attendirent dans un certain lieu le passage d'Attila, qu'on annonçait devoir être prochain. Au bout de quelques journées, le roi, l'armée et les deux ambassades romaines arrivaient en vue de la bourgade royale, capitale de toute la Hunnie[2].

---

1. His aderat Constantius, quem Aëtius ad Attilam, ut illi in conscribendis epistolis deserviret, miserat, et Tatullus, Orestis ejus, qui cum Edecone erat, pater, non legationis causa, sed privati officii et familiaritatis ergo. Prisc., *Exc. leg.*, p. 57.

2. On a beaucoup discuté sur le lieu exact où cette résidence était située : les uns ont cru reconnaître Tokai, les autres, avec plus de probabilité, la ville actuelle de Bude; mais tous s'accordent à décider que ce lieu se trouvait dans le pays qui est aujourd'hui la Hongrie. Le récit de Priscus ne laisse aucun doute sur ce point; il nomme la Theiss parmi les rivières que l'ambassade traversa, et le compte qu'il fait des journées de marche s'accorde assez bien avec la distance des lieux.

CHAPITRE QUATRIÈME

Palais d'Attila et de Kerka. — Bain d'Onégèse. — Entrée d'Attila dans sa ville capitale. — Onégèse, premier ministre d'Attila. — Conversation de Priscus avec un Grec qui s'était fait Hun : comparaison de la vie barbare et de la vie civilisée. — Onégèse et Maximin. — Audience de la reine Kerka. — Attila rend la justice. — Conversation des Romains sur la puissance et les projets d'Attila. — Attila invite à sa table les deux ambassades romaines. — Description du repas; cérémonial; chants nationaux. — Fils d'Attila. — Apparition du nain Zercon. — Repas chez la reine Kerka. — Attila congédie Maximin. — Mauvaise foi des seigneurs huns; cruauté d'Attila. — Retour de Vigilas avec son fils. — Vigilas est conduit devant Attila et convaincu de complot. — Il avoue pour sauver son fils. — Attila envoie Oreste à Constantinople avec la bourse de Vigilas pendue au cou. — Il demande la tête de Chrysaphius. — Son message menaçant aux deux empereurs d'Orient et d'Occident.

Le palais du prince barbare, placé sur une hauteur, dominait toute la bourgade, et attirait au loin les regards par ses hautes tours qui se dressaient vers le ciel [1]. On désignait sous ce nom un vaste enclos circulaire renfermant plusieurs maisons, telles que celles du roi, de son épouse favorite Kerka, de quelques-uns de ses fils, et probablement aussi la demeure de ses gardes; une clôture en bois l'entourait; les édifices intérieurs étaient aussi en bois. Située probablement au centre et seule flanquée de tours, la maison d'Attila

---

1. Turribus insignis... reliquis conspectior et in altiori loco sita. Prisc., *Exc. leg*, p. 58.

était encadrée dans de grands panneaux de planches d'un poli admirable, et si exactement joints ensemble qu'ils semblaient ne former qu'une seule pièce [1]. Celle de la reine, d'une architecture plus légère et plus ornée, présentait sur toutes ses faces des dessins en relief et des sculptures qui ne manquaient point de grâce. Sa toiture reposait sur des pilastres soigneusement équarris, entre lesquels régnait une suite de cintres en bois tourné, appuyés sur des colonnettes, et formant comme les arcades d'une galerie [2]. La maison d'Onégèse se voyait à peu de distance du palais, close également d'une palissade et construite dans le même genre que celle du roi, avec plus de simplicité. Une curiosité y méritait l'attention des étrangers : dans ce pays dénué de pierres à bâtir et même d'arbres [3], et où il fallait transporter du dehors les matériaux de construction, Onégèse avait fait élever un bain sur le modèle des thermes romains. Voici l'histoire de ce bain telle que les Romains l'entendirent conter. Au nombre des captifs provenant du sac de Sirmium, se trouvait un architecte qu'Onégèse réclama dans sa part de butin. Le ministre d'Attila, Grec de naissance, venu très-jeune chez les Huns, y avait apporté le goût des

---

[1]. Erant hæc ex lignis et tabulis eximie politis exstructæ et ambitu ligneo circumdatæ, non ad munimentum, sed ad ornatum comparato. Prisc., *Exc. leg.*, p. 58.

[2]. Intra illa septa erant multa ædificia, partim ex tabulis sculptis et eleganter compactis, partim ex trabibus opere puro et in rectitudinem affabre dolatis, in quibus ligna in circulos curvata imposita erant. Circuli autem a solo incipientes paullatim in altum assurgebant. *Id., loc. cit.*

[3]. Non enim apud eos, qui in ea parte Scythiæ habitant, ullus est aut lapis, aut arbos, sed materia aliunde advecta utuntur. Prisc., *Exc. leg.*, p. 58.

bains à la façon romaine, et l'avait communiqué à sa femme et à ses enfants. S'il avait réclamé la personne de l'architecte, c'était afin d'obtenir d'un homme habile la construction d'un bâtiment où il pût satisfaire son goût, et le captif, en déployant toute son industrie, crut accélérer l'instant où il verrait tomber ses fers [1]. Il se mit donc à l'œuvre avec zèle : des pierres furent tirées de Pannonie; des fourneaux, des piscines, des étuves s'organisèrent; mais, lorsque tout fut achevé, comme il fallait des mains expérimentées pour diriger un service si nouveau chez les Huns, Onégèse créa l'architecte baigneur en titre de sa maison, et le malheureux dit adieu pour jamais à la liberté [2].

Attila fit son entrée dans la capitale de son empire avec un cérémonial qui intéressa vivement les Romains, et surtout Priscus, observateur si curieux, peintre si naïf de tout ce qui frappait ses regards par un côté singulier. Ce furent les femmes de la bourgade qui vinrent le recevoir en procession. Rangées sur deux files, elles élevaient au-dessus de leurs têtes et tendaient d'une file à l'autre, dans leur longueur, des voiles blancs, sous lesquels les jeunes filles marchaient par groupes de sept, chantant des vers composés à la louange du roi [3]. Le cortége prit la direction du palais

---

1. Hujus autem balnei architectus, e Sirmio captivus abductus, mercedem operis sui libertatem se consecuturum sperans, falsus sua spe, cum nihil minus cogitaret, in longe duriorem apud Scythas incidit servitutem. Prisc., *Exc. leg.*, p. 58 et seq.

2. Balneatorem enim eum Onegesius instituit, ut sibi totique suæ familiæ, cum lavarentur, operas præstaret. *Id., ub. sup.*

3. In hunc vicum adventanti Attilæ puellæ obviam prodierunt, quæ per series incedebant, sub linteis tenuibus et candidis, quam maxime in longitudinem extensis, ita ut sub unoquoque linteo, manibus mulie-

en passant devant la maison d'Onégèse. La femme du ministre favori se tenait en dehors de l'enceinte, entourée d'une foule de servantes qui portaient des plats garnis de viande et une coupe pleine de vin. Lorsque le roi parut, elle s'approcha de lui, et le pria de goûter au repas qu'elle lui avait préparé ; un signe bienveillant fit savoir qu'il y consentait : c'était la plus grande faveur qu'un roi des Huns pût accorder à ses sujets[1]. Aussitôt quatre hommes vigoureux soulevèrent une table d'argent jusqu'à la hauteur du cheval, et, sans mettre pied à terre, Attila goûta de tous les plats et but une gorgée de vin, après quoi il entra dans son palais[2]. En l'absence de son mari, qui arrivait d'un long voyage et que le roi manda près de lui, la femme d'Onégèse reçut les ambassadeurs à souper dans la compagnie des principaux du pays, presque tous ses parents. Maximin prit ensuite des dispositions pour son établissement ; il dressa ses tentes dans un lieu voisin tout à la fois de la maison du ministre et du palais du roi.

Onégèse, dont le nom grec indiquait l'origine, mais qui avait été élevé chez les Huns, tenait le premier rang dans l'empire après Attila, soit par la puissance, soit par la richesse : c'était presque le roi, si

---

rum ab utraque parte in altum sublato, septem puellæ aut etiam plures progredientes (erant autem multi hujus modi mulierum sub illis linteis ordines), Scythica carmina canerent. Prisc., *Exc. leg.*, p. 58, et seq.

1. Qui maximus est apud Scythas honos. *Id., ibid.*

2. Itaque uxori hominis sibi necessarii gratificaturus, comedit, equo insidens, barbaris, qui in ejus comitatu erant, suspensam tabulam (erat autem argentea) attollentibus. Deinde degustato calice, qui illi fuerat oblatus, in regiam se recepit. Prisc., *loc. cit.*

Attila était l'empereur. Ce comble de fortune, devant lequel les Huns de naissance s'inclinaient sans murmurer, Onégèse le devait aux moyens les plus honorables, à la bravoure sur le champ de bataille, à la sincérité dans les conseils, au courage même avec lequel il luttait contre les résolutions violentes ou les mauvais instincts de son maître. Il était près d'Attila le meilleur appui des Romains, non par intérêt personnel ou par souvenir lointain de son origine, mais par pur esprit d'équité, par un goût inné de ce qui tenait à la civilisation. La logique, si différente des faits, eût placé de droit un tel ministre près d'un prince civilisé et chrétien, tandis qu'elle eût relégué au contraire un Chrysaphius près d'Attila. Le roi hun, si absolu, si emporté, cédait à ce caractère ferme dans sa douceur ; Onégèse était devenu son conseiller indispensable, et c'est à lui qu'il avait confié l'éducation militaire et la tutelle de son fils aîné, Ellak, dans le royaume des Acatzires, dont Onégèse venait de terminer la conquête [1]. Ramené sur les bords du Danube, après une longue absence, par le désir de revoir son père, ce jeune homme avait fait en route une chute de cheval où il s'était démis le poignet [2]. Onégèse avait donc bien des choses importantes à traiter avec le roi, qui le retint toute la soirée : ce fut le motif de son absence au souper ; mais Maximin brûlait d'impatience

---

1. Etenim tum forte Onegesius una cum seniore ex Attilæ liberis ad Acatziros missus fuerat... ei genti cum seniorem ex filiis regem Attilas constituere decrevisset; ad hanc rem conficiendam Onegesium miserat. Prisc., *Exc. leg.*, p. 63.

2. Dextram delapsus fregerat. *Id., ibid.*

de le voir pour lui communiquer les instructions de Théodose à son égard ; il espérait d'ailleurs beaucoup dans l'intervention de cet homme tout puissant pour aplanir les difficultés dont sa mission était entourée. Il dormit à peine, et, dès les premières lueurs de l'aube, il fit partir Priscus avec les présents destinés au ministre. L'enceinte était fermée ; aucun domestique de la maison ne se montrait, et Priscus dut attendre ; laissant donc les présents sous la garde des serviteurs de l'ambassade, il se mit à se promener jusqu'au moment où quelqu'un paraîtrait [1].

Il avait fait à peine quelques centaines de pas, quand un autre promeneur, l'abordant, lui dit en fort bon grec : « *Khaïré*, je vous salue. » Entendre parler grec dans les États d'Attila, où les idiomes usuels étaient le hun, le goth et le latin, surtout pour les relations de commerce, c'était une nouveauté qui frappa Priscus. Les seuls Grecs qu'on pouvait s'attendre à rencontrer là étaient des captifs de la Thrace ou de l'Illyrie maritime, gens misérables, faciles à reconnaître à leur chevelure mal peignée et à leurs vêtements en lambeaux, tandis que l'interlocuteur de Priscus portait la tête rasée tout alentour et le vêtement des Huns de la classe opulente [2]. Ces réflexions traversèrent comme un éclair la pensée de Priscus, qui, pour s'assurer de ce qu'était cet homme, lui demanda, en lui rendant

---

[1]. Quum januæ clausæ essent, exspectavi, donec aperirentur, et aliquis exiret, qui eum mei adventus certiorem faceret. Prisc., *Exc. leg.*, p. 60.

[2]. Sed illi ab obvio quoque dignosci possunt et a vestibus laceris et capitis squalore, tanquam qui in miseram inciderint fortunam. Hic vero opulenti Scythæ speciem præ se ferebat; erat enim bene et eleganter vestitus, capite in rotundum raso. Prisc., *ibid.*, p. 61.

son salut, de quel pays du monde il était venu essayer la vie barbare chez les Huns [1].

« Pourquoi me faites-vous cette question ? dit l'inconnu.

— Parce que vous parlez trop bien le grec, répondit Priscus. L'inconnu se mit à rire [2].

— En effet, dit-il, je suis Grec. Fondateur d'un établissement de commerce à Viminacium en Mésie, je m'y étais marié richement ; j'y vivais heureux : la guerre a dissipé mon bonheur. Comme j'étais riche, j'ai été adjugé, personne et biens, dans le butin d'Onégèse, car vous saurez que c'est un privilége des princes et des chefs des Huns de se réserver les plus riches captifs [3]. Mon nouveau maître me mena à la guerre, où je me battis bien et avec profit. Je me mesurai contre les Romains ; je me mesurai contre les Acatzires ; quand j'eus acquis suffisamment de butin, je le portai à mon maître barbare, et, en vertu de la loi des Scythes, je réclamai ma liberté. Depuis lors, je me suis fait Hun ; j'ai épousé une femme barbare qui m'a donné des enfants ; je suis commensal d'Onégèse, et, à tout prendre, ma condition actuelle me paraît préférable à ma condition passée [4].

---

1. Hunc resalutans interrogavi, quis esset, et unde in terram barbaram veniens, vitæ scythicæ institutum sequi delegisset. Prisc., *Exc. leg.*, p. 61.

2. Ille quam ob causam hoc ex ipso quærerem, rogavit. « Mihi vero, inquam, hæc a te ut sciscitarer, causa fuit, quod græce locutus es. » Tum ridens ait, se Græcum esse genere... Prisc., *ibid.*

3. Etenim esse apud eos in more positum, ut præcipui ab Attila scythæ principes captivos ditiores sibi seponant, quoniam plurimum auctoritate valent. Prisc., *Exc. leg.*, p. 62.

4. Uxorem quoque barbaram duxisse, et ex ea liberos sustulisse, et

— Oh! oui, continua cet homme après s'être recueilli un instant, le travail de la guerre une fois terminé, on mène parmi les Huns une vie exempte de soucis : ce que chacun a reçu de la fortune, il en jouit paisiblement; personne ne le moleste, rien ne le trouble. La guerre nous alimente : elle épuise et tue ceux qui vivent sous le gouvernement romain. Il faut bien que le sujet romain mette dans le bras d'autrui l'espérance de son salut, puisqu'une loi tyrannique ne lui permet pas de porter les armes dont il a besoin pour se défendre, et ceux que la loi commet à les porter, si braves qu'ils soient, font mal la guerre, entravés qu'ils sont tantôt par l'ignorance, tantôt par la lâcheté des chefs[1]. Cependant les maux de la guerre ne sont rien chez les Romains en comparaison des calamités qui accompagnent la paix, car c'est alors que fleurissent dans tout leur luxe et la rigueur insupportable des tributs, et les exactions des agents du fisc, et l'oppression des hommes puissants. Comment en serait-il autrement? les lois ne sont pas les mêmes pour tout le monde. Si un riche ou un puissant les transgresse, il profitera impunément de son injustice; mais un pauvre, mais un homme qui ignore les formalités du droit, oh! celui-là, la peine ne manquera point de l'atteindre, à moins pourtant qu'il ne meure de désespoir avant son jugement, épuisé, ruiné par un procès sans fin. Ne pouvoir

Onegesii mensæ participem, hoc vitæ genus longe potius priore ducere. Prisc., *Exc. leg.*, p. 62.

1. Hos enim in aliis sui conservandi spem collocare necesse est, quandoquidem per tyrannos minime licet arma, quibus unusquisque se tueatur, gestare, atque adeo his, quibus jure licet; valde est perniciosa ducum ignavia, qui bellum minime gnaviter gerunt. *Id., ub. sup.*

obtenir qu'à prix d'argent ce qui est du droit et des lois, c'est, à mon avis, le comble de l'iniquité. Quelque injure que vous ayez reçue, vous ne pouvez ni aborder un tribunal ni demander une sentence au juge avant d'avoir déposé préalablement une somme d'argent qui bénéficiera à ce juge et à sa séquelle [1]. »

L'apostat de la civilisation continua longtemps sur ce ton, déclamant avec une chaleur qui donnait parfois à ses paroles l'apparence d'un plaidoyer pour lui-même. Quand il parut avoir tout dit, Priscus le pria de le laisser parler quelques instants à son tour et de l'écouter avec patience [2]. « A mon sens, commença-t-il, les fondateurs de l'État romain ont été des hommes sages et prévoyants ; pour que chacun sût bien son métier, ils ont fait de ceux-ci les gardiens de la loi, de ceux-là les gardiens de la sûreté publique, et, n'ayant pas d'autre occupation au monde que de s'exercer au maniement des armes, de s'aguerrir et de se battre, ces derniers ont composé une classe de gens excellents pour protéger les autres. Nos législateurs établirent en outre une troisième classe, celle des colons qui cultivent la terre : il était bien juste qu'au moyen de l'annone militaire cette classe nourrît ceux qui la protégent. Ce n'est pas tout : ils créèrent des conservateurs de l'équité et du droit au profit des faibles et des incapables, des défenseurs juridiques pour ceux qui ne sauraient pas se

---

1. At mercede et pretio, quod legum et juris est obtinere, omnium iniquissimum est. Nec enim injuria affecto quisquam fori judicialis potestatem faciet, priusquam pecuniam judicis et ejus ministrorum commodo cessuram deponat. Prisc., *Exc. leg.*, p. 62.

2. Ego precatus, ut quod sentirem, patienter et benigne audiret, respondi.... *Id., ibid.*

défendre. Cela posé, qu'y a-t-il de si injuste à ce que le juge et l'avocat soient payés par le plaideur, comme le soldat par le paysan? Celui qui reçoit le service doit tribut à celui qui le rend, et le bon office doit être mutuel [1]. Le cavalier ne fait que gagner à soigner son cheval, le berger ses bœufs, le chasseur ses chiens [2]. S'il y a de mauvais plaideurs qui se ruinent en procès, tant pis pour eux! et, quant à la longueur des affaires, elle tient la plupart du temps à la nécessité de les éclaircir, et mieux vaut, après tout, une bonne sentence qui s'est fait attendre qu'une mauvaise sentence improvisée. Risquer de commettre l'injustice, ce n'est pas seulement nuire aux hommes, c'est encore offenser Dieu, l'inventeur de la justice. Les lois sont publiques, tout le monde les connaît ou peut les connaître ; l'empereur lui-même leur obéit [3]. Votre accusation sur l'impunité des grands est vraie quelquefois, mais applicable à tous les peuples, et le pauvre lui-même peut échapper à la peine, si l'on ne trouve pas de preuves suffisantes de sa culpabilité. Vous vous félicitez du don de votre liberté ; rendez-en grâce à la fortune, et non point à votre maître. En vous menant à la guerre, vous homme civil, il pouvait vous faire tuer, et, si vous aviez fui, il pouvait vous tuer lui-même. Les Romains n'ont point cette dureté; leurs lois garantissent la vie de

---

1. Quid enim æquius, quam cum, qui opituletur et auxilium ferat, alere et officium mutuo officio rependere. Prisc., *Exc. leg.*, p. 62.

2. Quemadmodum equiti emolumento est equi, pastori boum et venatori canum cura, et reliquorum animantium, quæ homines custodiæ et utilitatis causa alunt. Prisc., *loc. cit.*

3. Leges autem in omnes positæ sunt, ut illis etiam ipse imperator pareat. Prisc., *ibid.*

l'esclave contre les sévices du maître : elles lui assurent la jouissance de son pécule, et elles l'élèvent par l'affranchissement à la condition des hommes libres, tandis qu'ici, pour la moindre faute, c'est la mort qui le menace [1]. »

Cette vue élevée de la civilisation, ce tableau des protections diverses qui entourent l'individu sous les gouvernements policés, sembla remuer vivement l'interlocuteur de Priscus, qui ne cherchait vraisemblablement, en accumulant sophismes sur sophismes, qu'à étouffer en lui-même quelques remords et à combattre quelques regrets. Ses yeux parurent mouillés de larmes [2], puis il s'écria : « Les lois des Romains sont bonnes, leur république est bien ordonnée, mais les mauvais magistrats la pervertissent et l'ébranlent » [3]. Ils en étaient là quand un domestique d'Onégèse ouvrit l'enceinte de la maison : Priscus quitta l'inconnu, qu'il ne revit plus.

L'insistance que mettait Théodose à demander Onégèse pour négociateur dans ses différends avec les Huns tenait à un double calcul de la politique byzantine : d'abord on semblait repousser Édécon comme trop rude et trop dévoué aux intérêts de son maître, puis, à tout événement, on espérait attirer par les séductions

---

[1]. Longe autem Romani benignius servis consuluerunt. Patrum enim aut præceptorum affectum erga eos exhibent, denique corrigunt eos in his, quæ delinquent, sicut et suos liberos. Nec enim servos morte afficere, sicut apud Scythas, fas est... Prisc., *Exc. leg.*, p. 62.

[2]. Tum ille plorans... *Id., ibid.*

[3]. Leges apud Romanos bonas et rem publicam præclare constitutam esse, sed magistratus, qui non, æque ac prisci, probi et prudentes sunt, eam labefactant et pervertunt. Prisc., *l. c.*

et peut-être corrompre par l'argent le ministre tout-puissant qui montrait une bienveillance si pleinement gratuite à l'empire. De ces deux calculs, l'honnête Maximin ignorait le premier et soupçonnait à peine le second ; mais cette partie de sa mission lui avait été recommandée comme une de celles auxquelles l'empereur tenait le plus, et il ne supposait pas qu'une telle avance de la part d'un tel souverain pût laisser le Barbare indifférent. Onégèse, après avoir donné un coup d'œil rapide aux présents que Priscus lui apportait, les fit déposer dans sa maison [1], et, apprenant que l'ambassadeur romain voulait se rendre chez lui, il tint à le prévenir lui-même ; au bout de quelques instants, Maximin le vit entrer sous sa tente. Alors commença entre ces deux hommes d'État une conversation dans laquelle le caractère du ministre d'Attila se déploya tout entier. Maximin s'attacha à lui exposer avec quelque peu d'emphase que le moment d'une pacification solide entre les Romains et les Huns paraissait arrivé, pacification dont l'honneur était réservé à sa prudence, et que l'utilité très-grande dont le ministre hun pouvait être pour les deux nations se reverserait sur lui-même et sur ses enfants en bienfaits perpétuels de la part de l'empereur et de toute la famille impériale. « Comment donc, demanda naïvement Onégèse, ce grand honneur peut-il m'advenir, et comment puis-je être entre vous et nous l'arbitre souverain de la paix [2] ? — En étudiant, reprit l'ambassadeur, chacun

---

[1]. Ille suos, qui aderant, jussit aurum et munera recipere. Prisc., *Exc. leg.*, p. 62.

[2]. Qua in re gratificaretur Imperatori, et per se contentiones dirimeret? Prisc., *ibid.*, p. 63.

des points qui nous divisent et les conventions des traités, et pesant le tout dans la balance de votre équité. L'empereur acceptera votre décision. — Mais, rétorqua celui-ci, ce n'est point là le rôle d'un ambassadeur, et, si je l'étais, je n'aurais pas d'autre règle que les volontés de mon maître. Les Romains espéreraient-ils par hasard m'entraîner par leurs prières à le trahir, et à tenir pour néant ma vie passée parmi les Huns, mes femmes, mes enfants nés chez eux? Ils se tromperaient grandement. L'esclavage me serait plus doux près d'Attila que les honneurs et la fortune dans leur empire [1]. » Ces paroles, prononcées d'un ton calme, mais net, ne souffraient point de réplique. Onégèse, comme pour en adoucir la rudesse, se hâta d'ajouter qu'il était plus utile aux Romains près d'Attila, dont il apaisait quelquefois les emportements, qu'il ne le serait à Constantinople, où son bon vouloir pour eux ne tarderait pas à le rendre suspect [2]. Évidemment le ministre de Théodose n'avait rien à faire de ce côté.

Cependant la reine Kerka attendait ses présents : Priscus fut encore chargé de les lui présenter. Elle les reçut dans une pièce de son élégant palais recouverte d'un tapis de laine; elle-même était assise sur des coussins et entourée de ses femmes et de ses serviteurs accroupis en cercle autour d'elle, les hommes d'un

---

[1]. An Romani existimant, inquit, se ullis precibus exorari posse, ut prodat dominum suum, et nihili faciat educationem apud Scythas, uxores et liberos suos, neque potiorem ducat apud Attilam servitutem, quam apud Romanos ingentes opes. Prisc., *Exc. leg.*, p. 63.

[2]. Cæterum se domi remanentem majori eorum rebus adjumento futurum, quippe qui domini iram placaret, si quibus in rebus Romanis irasceretur, quam si ad eos accedens criminationi se objiceret... Prisc., *ibid.*

côté et les femmes de l'autre ; celles-ci travaillaient à passer des fils d'or et de soie dans des pièces d'étoffes destinées à relever les vêtements des hommes [1]. En sortant du palais de la reine, Priscus entendit un grand bruit, et vit courir une grande foule à laquelle il se mêla. Il aperçut bientôt Attila, qui, flanqué d'Onégèse, vint se placer devant la porte de sa maison pour y rendre la justice. Sa contenance était grave, et il s'assit en silence. Ceux qui avaient des procès à faire juger s'approchèrent à tour de rôle ; il les jugea tous, puis il rentra pour recevoir des députés qui lui arrivaient de plusieurs pays barbares [2].

L'enclos du palais d'Attila était une sorte de promenade où les ambassadeurs circulaient librement en attendant les audiences soit du roi, soit de son ministre ; ils pouvaient aller, venir, tout observer, aucun garde ne les y gênant. Priscus s'y rencontra face à face avec le comte Romulus et ses collègues de l'ambassade d'Occident, lesquels se promenaient en compagnie de deux secrétaires d'Attila, Constancius et Constanciolus, tous deux Pannoniens, et de ce Rusticius qui avait accompagné volontairement l'ambassade d'Orient, et venait de se faire attacher comme scribe

---

1. Ipsam deprehendi in molli stragula jacentem. Erat autem pavimentum laneis tapetibus stratum, in quibus constitimus. Eam famulorum multitudo in orbem circumstabat, et ancillæ ex adverso humi sedentes telas coloribus variegabant, quæ vestibus barbarorum ad ornatum super injiciuntur. Prisc., *Exc. leg.*, p. 63.

2. Vidi magnam turbam, quæ prodibat, currentem, tumultum et strepitum excitantem. Attilas domo egressus, gravi vultu, omnium oculis quaqua versus in eum conversis, incedens cum Onegesio, pro ædibus substitit. Hic cum multi, quibus erant lites, adierunt, et ejus judicium exceperunt. Deinde domum repetiit, et barbararum gentium legatos, qui ad se venerant, admisit. Prisc., *ibid.*, p. 64.

à la chancellerie du roi des Huns. « Comment vont vos affaires ? » fut la question que Romulus et lui s'adressèrent d'abord. Elles ne marchaient pas plus vite d'un côté que de l'autre ; rien ne pouvait fléchir la résolution d'Attila vis-à-vis de l'empire d'Occident : il lui fallait le banquier Sylvanus ou les vases de Sirmium. Comme plusieurs des assistants se récriaient sur l'opiniâtreté déraisonnable de l'esprit barbare [1], Romulus, que son expérience des hautes affaires faisait toujours écouter avec intérêt, dit, en poussant un soupir : « Oui, la fortune et la puissance ont tellement gâté cet homme, qu'il n'y a plus de place dans son oreille pour des raisons justes, à moins qu'elles ne lui plaisent. Avouons aussi que, soit en Scythie, soit ailleurs, personne n'a jamais accompli de plus grandes choses en moins de temps : maître de la Scythie entière, jusqu'aux îles de l'Océan, il nous a rendus ses tributaires, et voilà qu'il couve encore de plus grands desseins, et qu'il veut entreprendre la conquête des Perses [2]. — Des Perses ! interrompit un des assistants ; mais quel chemin peut le conduire de Scythie en Perse [3] ? — Un chemin fort court, reprit Romulus. Les montagnes de la Médie ne sont pas éloignées des tribus extrêmes des Huns ; ceux-ci le savent bien. Il

---

[1]. Nequaquam aiunt illum deduci a sententia, sed bellum minari et denuntiare, ut Sylvanus aut pocula dedantur. Nos vero cum barbari miraremur animi impotentiam... Prisc.; *Exc. leg.*, p. 64.

[2]. Totius Scythiæ dominatum sibi comparavit, et ad Oceani insulas usque imperium suum extendit, ut etiam a Romanis tributa exigat. Nec his contentus, ad longe majora animum adjecit, et latius imperii sui fines protendere et Persas bello aggredi cogitat. Prisc., *ibid.*, p. 65.

[3]. Uno ex nobis quærente, qua via e Scythia in Persas tendere posset. Prisc., *ub. sup.*

est arrivé autrefois que, pendant une famine qui les décimait sans qu'ils pussent tirer des subsistances de l'empire romain, parce qu'ils étaient en guerre avec lui, deux de leurs princes tentèrent de s'en procurer du côté de l'Asie. Ils poussèrent, à travers une région déserte, jusqu'au bord d'un marais que je crois être le marais Méotide [1]; puis, quinze journées de marche les amenèrent au pied de hautes montagnes qu'ils gravirent, et ils se trouvèrent en Médie. Le pays était fertile; les Huns y firent la moisson tout à leur aise, et ils avaient déjà réuni un butin immense quand un jour les Perses arrivèrent et obscurcirent le ciel de leurs flèches. Les Huns, pris à l'improviste et abandonnant tout, firent retraite par un autre chemin, et il advint que ce nouveau passage les conduisit également dans leur pays. Maintenant, supposez qu'il prenne fantaisie au roi Attila de renouveler cette campagne; Mèdes et Perses ne lui coûteront à conquérir ni beaucoup de fatigues, ni beaucoup de temps, car aucun peuple de la terre ne peut résister à ses armées [2]. » Les Romains suivaient avec une curiosité mêlée d'appréhension le récit du comte Romulus, qui avait visité tant de pays et pris part à tant d'événements. Un des interlocuteurs ayant exprimé le vœu qu'Attila se jetât dans cette guerre lointaine pour laisser respirer l'empire

---

[1]. Hos narrasse, per quamdam desertam regionem illis iter fuisse, et paludem trajecisse, quam Romulus existimabat esse Mæotidem... Prisc., Exc. leg., p. 65.

[2]. Quamobrem si Attilam cupido ceperit Medos invadendi, non multum operæ et laboris in eam invasionem consumpturum, neque magnis itineribus defatigatum iri, ut Medos, Parthos et Persas adoriatur. Prisc., ibid.

romain : « Prenons garde, au contraire, dit Constanciolus, qu'après avoir subjugué les Perses, et ce ne sera pas difficile pour lui, il ne revienne vers nous, non plus en ami, mais en maître. Aujourd'hui il se contente de recevoir l'or que nous lui donnons comme un salaire attaché à son titre de général romain; quand il aura mis la Perse sous ses pieds, et que l'empire romain restera seul debout en face de lui, pensez-vous qu'il le ménage ? Déjà il souffre impatiemment ce titre de général que nous lui donnons pour lui dénier celui de roi, et on l'a entendu s'écrier avec indignation qu'il avait autour de lui des esclaves qui valaient les généraux romains, et des généraux huns qui valaient les empereurs [1]. » Cette conversation, dans laquelle les représentants du monde civilisé se communiquaient leurs sombres pressentiments et grandissaient à qui mieux mieux l'homme qui suspendait la destruction sur leur patrie, fut interrompue brusquement. Onégèse vint signifier à Priscus qu'Attila ne recevrait plus désormais pour ambassadeurs que trois personnages consulaires qu'il lui nomma : Anatolius était l'un des trois. Priscus, sans songer qu'il mettait son propre gouvernement en contradiction avec lui-même, fit observer que désigner ainsi certains hommes, c'était les rendre suspects à leur souverain ; Onégèse

---

[1]. Innuebat igitur, Attilam, Medis, Parthis et Persis subactis, hoc nomen, aut aliud quo Romanis illum vocare lubet, et dignitatem, quam illi ornamenti loco, esse existimant, repudiaturum, et pro duce coacturum eos se regem appellare. Jam tunc enim indignatus dicebat, illis servos esse exercituum duces, sibi vero viros imperatoribus romanis dignitate pares. Prisc., *Exc. leg.* p. 66.

ne répondit que ces mots : « Il le faut, ou la guerre [1] ! »
Priscus regagnait tristement son quartier, quand il
rencontra le père d'Oreste, Tatullus, qui venait informer l'ambassadeur et lui qu'Attila les invitait à sa table
pour le jour même, à la neuvième heure, environ trois
heures après midi. Les ambassadeurs d'Occident devaient également s'y trouver.

La salle du festin était une grande pièce oblongue,
garnie à son pourtour de siéges et de petites tables
mises bout à bout, pouvant recevoir chacune quatre
ou cinq personnes. Au milieu s'élevait une estrade qui
portait la table d'Attila et son lit, sur lequel il avait
déjà pris place ; à peu de distance derrière, se trouvait
un second lit, orné comme le premier de linges blancs
et de tapis bariolés et ressemblant aux *thalami* en
usage en Grèce et à Rome dans les cérémonies nuptiales [2]. Au moment où les ambassadeurs entraient,
des échansons, apostés près du seuil de la porte, leur
remirent des coupes pleines de vin, dans lesquelles
ils durent boire en saluant le roi : c'était un cérémonial obligatoire que chaque convive observa avant
d'aller prendre son siége. La place d'honneur, fixée à
droite de l'estrade, fut occupée par Onégèse, en face
duquel s'assirent deux des fils du roi. On donna aux
ambassadeurs la table de gauche, qui était la seconde
en dignité ; encore s'y trouvèrent-ils primés par un

---

1. Attilam respondisse, si hæc abnuerint, armis se controversias disceptaturum. Prisc., *Exc. leg.*, p. 66.
2. Medius in lecto sedebat Attilas, altero lecto a tergo strato, pone quem erant quidam gradus qui ad ejus cubile ferebant, linteis candidis et variis tapetibus ornatûs gratia contectum, simile cubilibus, quæ Romani et Græci nubentibus adornare pro more habent. Prisc., *ibid.*

noble Hun, du nom de Bérikh, personnage considérable qui possédait plusieurs villages en Hunnie. Ellak, l'aîné des fils d'Attila, prit place sur le lit de son père, mais beaucoup plus bas ; il s'y tenait les yeux baissés, et conserva pendant toute la durée du festin une attitude pleine de respect et de modestie [1]. Quand tout le monde fut assis, l'échanson d'Attila présenta à son maître une coupe remplie de vin, et celui-ci but en saluant le convive d'honneur qui se leva aussitôt, prit une coupe des mains de l'échanson posté derrière lui, et rendit le salut au roi. Ce fut ensuite le tour des ambassadeurs, qui rendirent pareillement, la coupe en main, un salut que le roi leur porta; tous les convives furent salués l'un après l'autre, suivant leur rang, et répondirent de la même manière; un échanson muni d'une coupe pleine se tenait derrière chacun d'eux. Les saluts finis, on vit entrer des maîtres d'hôtel portant sur leurs bras des plats chargés de viandes qu'ils déposèrent sur les tables; on ne mit sur celle d'Attila que de la viande dans des plats de bois, et sa coupe aussi était de bois, tandis qu'on servait aux convives du pain et des mets de toute sorte dans des plats d'argent, et que leurs coupes étaient d'argent ou d'or [2]. Les convives puisaient à leur fantaisie dans les plats

---

[1]. Senior enim in eodem, quo pater, throno, non prope, sed multum infrà accumbebat, oculis præ pudore propter patris præsentiam semper in terram conjectis. Prisc., *Exc. leg.*, p. 66.

[2]. Sed cæteris quidem barbaris et nobis lautissima cœna præparata erat et in discis argenteis reposita, Attilæ in quadra lignea, et nihil præter carnes, moderatum pariter in reliquis omnibus sese præbebat. Convivis aurea et argentea pocula suppeditabantur, Attilæ poculum erat ligneum. Prisc., *ibid.*

déposés devant eux, sans pouvoir prendre plus loin.
Lorsque le premier service fut achevé, les échansons
revinrent, et les saluts recommencèrent ; ils parcoururent encore, avec la même étiquette, toutes les
places, depuis la première jusqu'à la dernière. Le
second service, aussi copieux que le premier et composé de mets tout différents, fut suivi d'une troisième
compotation, dans laquelle les convives, déjà échauffés, vidèrent leurs coupes à qui mieux mieux. Vers le
soir, les flambeaux ayant été allumés, on vit entrer
deux poëtes qui chantèrent, en langue hunnique, devant
Attila, des vers de leur composition, destinés à célébrer
ses vertus guerrières et ses victoires [1]. Leurs chants
excitèrent dans l'auditoire des transports qui allèrent
jusqu'au délire : les yeux étincelaient, les visages prenaient un aspect terrible ; beaucoup pleuraient, dit
Priscus : larmes de désir chez les jeunes gens, larmes
de regret chez les vieillards [2]. Ces Tyrtées de la Hunnie
furent remplacés par un bouffon dont les contorsions
et les inepties firent passer les convives en un instant de
l'enthousiasme à une joie bruyante [3]. Pendant ces spectacles, Attila était resté constamment immobile et
grave, sans qu'aucun mouvement de son visage,

---

[1]. Adveniente vespere, facibusque accensis, duo Scythæ coram Attila prodierunt, et versus a se factos, quibus ejus victorias et bellicas virtutes canebant, recitarunt. Prisc., *Exc. leg.*, p. 67.

[2]. In quos convivæ oculos defixerunt ; et alii quidem versibus delectabantur, aliis bellorum recordatio animos excitabat, aliis manabant lacrymæ, quorum corpus ætate debilitatum erat, et vigor animi quiescere cogebatur. Prisc., *ub. sup.*

[3]. Post cantus et carmina Scytha nescio quis, mente captus, absurda et inepta, nec sani quicquam habentia effundens, risum omnibus commovit. Prisc., *loc. cit.*

aucun geste, aucun mot trahît en lui la moindre émotion ; seulement, quand le plus jeune de ses fils, nommé Ernakh, entra et s'approcha de lui, un éclair de tendresse brilla dans son regard ; il amena l'enfant plus près de son lit, en le tirant doucement par la joue [1]. Frappé de ce changement subit dans la physionomie d'Attila, Priscus se pencha vers un de ses voisins barbares, qui parlait un peu le latin, et lui demanda à l'oreille par quel motif cet homme, si froid pour ses autres enfants, se montrait si gracieux pour celui-là. « Je vous l'expliquerai volontiers, si vous me gardez le secret, répondit le Barbare. Les devins ont prédit au roi que sa race s'éteindrait dans ses autres fils, mais qu'Ernakh la perpétuerait : voilà la cause de sa tendresse ; il aime dans ce jeune enfant l'unique source de sa postérité. [2] »

A ce moment entra le Maure Zercon, et tout aussitôt la salle retentit d'éclats de rire et de trépignements capables de l'ébranler : c'était un intermède dont les convives étaient redevables à l'imagination d'Édécon. Le Maure Zercon, nain bossu, bancal, camus, ou plutôt sans nez, bègue et idiot, circulait depuis près de

---

[1]. Sed Attilas semper eodem vultu, omnis mutationis expers, et immotus permansit, neque quicquam facere, aut dicere, quod jocum, aut hilaritatem præ se ferret, conspectus est : præter quam quod juniorem ex filiis introeuntem et adventantem, nomine Hernach, placidis et lætis oculis, est intuitus, et eum gena traxit. Prisc., *Exc. leg.*, p. 67.

[2]. Ego vero cum admirarer, Attilam reliquos suos liberos parvi facere, et ad hunc solum animum adjicere, unus ex barbaris, qui prope me sedebat et latinæ linguæ usum habebat, fide prius accepta, me nihil eorum, quæ dicerentur, evulgaturum, dixit, vates Attilæ vaticinatos esse, ej genus, quod alioquin interiturum erat, ab hoc puero restauratum iri. Prisc., *ibid.*, p. 68.

vingt ans d'un bout à l'autre du monde, et d'un maître à l'autre, comme l'objet le plus étrange qu'on pût se procurer pour se divertir [1]. Les Africains l'avaient donné au général romain Aspar, qui l'avait perdu en Thrace, dans une campagne malheureuse contre les Huns : conduit près d'Attila, qui refusa de le voir, Zercon avait trouvé meilleur accueil chez Bléda. Bientôt même le prince hun s'engoua tellement de son nain, qu'il ne pouvait plus s'en passer; il l'avait à sa table, il l'avait à la guerre, où il lui fit fabriquer une armure, et son bonheur était de le voir se pavaner, une grande épée au poing, et prendre grotesquement des attitudes de héros. Un jour pourtant Zercon s'enfuit sur le territoire romain, et Bléda n'eut pas de repos qu'on ne l'eût repris ou racheté ; la chasse fut heureuse, et on le lui ramena chargé de fers. A l'aspect de son maître irrité, le Maure se mit à fondre en larmes, et confessa qu'il avait commis une faute en le quittant; mais cette faute, disait-il, avait une bonne excuse. « Et laquelle donc ? s'écria Bléda. — C'est, répondit le nain, que tu ne m'as pas donné de femme [2]. » L'idée de cet avorton réclamant une femme provoqua chez Bléda un rire inextinguible; non-seulement il lui pardonna, mais il lui fit épouser une des suivantes de la reine, disgraciée pour quelque grave méfait [3]. Après la mort de

---

1. Qui propter corporis fœditatem, et quod balbutie vocis et forma sua risum movebat, nam brevis erat, gibbosus, distortis pedibus, naribus adeo depressis, ut nasum inter eas vix apparentem haberet propter nimiam simitatem. Prisc., *Exc. leg.*, p. 67.
2. Ille vero respondit, se quidem peccasse, quod fugisset, sed se peccati causam habere, quod nulla uxor sibi data fuisset. Prisc., *ibid.*
3. Bledas autem in majorem risum prorumpens ipsi dat uxorem,

Bléda, Attila envoya Zercon en cadeau au patrice Aëtius, qui s'en défit en faveur de son premier maître Aspar. Édécon l'ayant rencontré à Constantinople, lui avait persuadé de venir en Hunnie redemander sa femme. Profitant donc de l'occasion de la fête, Zercon entra dans la salle et vint adresser sa requête à Attila, mêlant, dans son verbiage, la langue latine à celles des Huns et des Goths d'une façon si burlesque, que nul ne put s'empêcher de rire[1], et les joyeux éclats se faisaient encore entendre lorsque les Romains, pensant qu'ils avaient assez bu, s'esquivèrent au milieu de la nuit, tandis que la compagnie fit bonne contenance jusqu'au jour.

Le temps s'écoulait en pure perte pour les ambassadeurs, qui n'obtenaient ni audience du roi ni réponse satisfaisante sur aucun point. Ils demandèrent à partir; mais Attila, sans leur en refuser positivement l'autorisation, les retint sous différents prétextes; il les gardait. La reine Kerka voulut les traiter à son tour; elle les invita dans la maison de son intendant Adame à un repas « magnifique et fort gai », nous dit Priscus, où les convives, en dépit de la gravité romaine, durent boire et s'embrasser à la ronde[2]. Un second souper

unam de nobilibus et quæ fuerat inter reginæ ministras, sed ob quoddam insolens facinus ad ipsam non amplius accedebat. Prisc., *Exc. leg.*, p. 67.

1. Itaque tunc arrepta festivitatis occasione progressus, et forma et habitu et pronuntiatione et verbis confuse ab eo prolatis, Romanæ Hunnorum et Gothorum linguam intermiscens, omnes lætitia implevit et effecit ut in vehementem risum prorumperent. Prisc., *ib.*, p. 67.

2. Tum unusquisque eorum, qui aderant, surgens, scythica comitate poculum plenum nobis porrexit, et eum, qui ante se biberat, amplexus et exosculatus, illud excepit. *Id., l. c.,* p. 68.

qui leur fut offert par Attila reproduisit, aux yeux de Maximin et de son compagnon, l'étiquette cérémonieuse du premier; seulement Attila s'y dérida quelque peu. Plusieurs fois, ce qui n'avait pas encore eu lieu, il adressa la parole à Maximin pour lui recommander, entre autres choses, le mariage du Pannonien Constancius, son secrétaire. Cet homme, envoyé à Constantinople, il y avait déjà quelques années, comme interprète ou adjoint d'une ambassade, s'y était vu l'objet des empressements de la cour, qui espérait le gagner, et il avait en effet promis ses bons offices pour le maintien de la paix, à la condition que Théodose lui donnerait en mariage quelque riche héritière, sa sujette. Théodose, que de tels cadeaux ne gênaient guère, lui avait aussitôt proposé une orpheline, fille de Saturninus, ancien comte des domestiques, que l'impératrice Athénaïs avait accusé de complot et fait mourir. Encore prisonnière et gardée dans un château fort, la jeune fille n'apprit pas sans une mortelle horreur le sort qu'on lui destinait; et, résolue de s'en affranchir à tout prix, elle se fit enlever par Zénon, général des troupes d'Orient, qui la maria avec un de ses amis nommé Rufus. Attila, furieux à cette nouvelle, manda insolemment à Théodose que, s'il n'avait pas la puissance de se faire obéir chez lui, Attila viendrait l'y aider; mais une rupture n'était pas le fait de Constancius, qui se contenta de la promesse d'une autre femme. C'était ce qu'Attila rappelait au souvenir de l'ambassadeur. « Il ne serait pas convenable, lui faisait-il dire par son interprète, que Théodose se fût joué de la crédulité de Constancius; un empereur perdrait de sa dignité à faire un mensonge [1]. » Il ajouta, comme une raison déterminante et un argument sans réplique, « que si le mariage se faisait, il partagerait la dot avec son secrétaire [2]. » Voilà comment les affaires se traitaient à la cour du roi des Huns.

Enfin Attila, ayant éclairci tout ce qu'il lui importait de savoir, l'innocence de l'ambassadeur, la persistance de la cour impériale dans le complot contre sa vie, et le retour prochain de Vigilas, qui avait déjà quitté Constantinople, laissa partir les ambassadeurs dont la présence lui devenait inutile. Une lettre délibérée dans un conseil de seigneurs huns et de secrétaires de la chancellerie hunnique, sous la présidence d'Onégèse, fut remise à Bérikh, qui dut accompagner l'ambassade jusqu'à Constantinople. Quoique les Romains s'en allassent comblés de politesses et de présents, attendu que chaque grand de la cour, sur l'invitation du roi, s'était empressé de leur offrir quelques objets précieux, tels que pelleteries, chevaux, tapis ou vêtements brodés, les incidents de leur voyage furent peu récréatifs et leur montrèrent, au sortir des festins et des fêtes, un côté plus sérieux du gouvernement d'Attila. A quelques journées de marche, ils virent crucifier un transfuge, saisi près de la frontière, et qu'on accusait d'être venu espionner pour le compte des Romains [3]. Un peu plus loin, ce furent deux cap-

---

[1]. Ab Imperatoris dignitate alienum videri, mendacem esse. Prisc., *Exc. leg.*, p. 69.

[2]. Quod Constantius illi ingentem pecuniæ summam pollicitus erat, si uxorem e Romanis puellis locupletem duceret. Prisc., *ub. sup.*

[3]. Captus est vir Scytha, qui a Romanis explorandi gratia in barbaram

tifs probablement romains qui s'étaient enfuis après avoir tué leur maître hun à la guerre : on les ramenait pieds et poings liés, et on profita du passage des ambassadeurs, comme d'une bonne occasion, pour clouer ces malheureux à un poteau et leur enfoncer dans la gorge un pieu aigu [1]. Leur compagnon de route, Bérikh, était d'ailleurs un vieux Hun de race primitive, sauvage, grossier, vindicatif. A propos d'une querelle survenue entre ses domestiques et ceux de l'ambassade, il reprit à Maximin un beau cheval qu'il lui avait donné, et ne cessa pas de murmurer tout le long du chemin [2]. Finalement, à peu de distance du Danube, sur les terres romaines, l'ambassade rencontra Vigilas, qui s'en allait tout joyeux vers le but de son voyage, en compagnie, comme il croyait, mais en réalité sous la garde d'Esla.

Tel fut le premier acte de ce drame compliqué dont Attila faisait mouvoir les fils avec une si profonde astuce et une patience si opiniâtre. Il avait eu pendant deux mois entiers sous sa main les représentants d'un gouvernement qui conspirait contre sa vie, une ambassade dont le seul but était de le faire assassiner par les siens ; il pouvait invoquer, pour se venger ou se défendre, le droit des nations qu'on violait si outrageusement contre lui ; l'existence de tous ces Romains

---

regionem descenderat, quem crucis supplicio affici Attilas præcepit. Prisc., *Exc. leg.*, p. 69.

1. Hos, immissis inter duo ligna uncis præditis capitibus, in cruce necarunt. Prisc., *loc. laud.*, p. 70.

2. Ut Istrum trajecimus, propter quasdam vanas causas, a servis ortas, nos inimicorum loco habuit ; et primum quidem equum, quem Maximino dono dederat, ad se revocavit. Prisc., *ibid.*

dépendait d'un signe de ses yeux, et ce signe, il ne le fit pas. Avec l'impartialité d'un juge prononçant dans une cause étrangère, il sépara l'innocent du coupable, sans vouloir remarquer qu'ils portaient tous deux la même tache originelle. S'il y avait dans cette conduite un sentiment d'équité naturelle incontestable, il s'y trouvait aussi un grand fonds d'orgueil, une haine superbe qui dédaignait les instruments pour remonter plus implacable jusqu'aux auteurs du crime. C'était à Théodose, à Chrysaphius, à l'honneur romain qu'il en voulait. Il jouissait de pouvoir mettre en parallèle, devant ce monde civilisé qui lui refusait le titre de roi comme à un chef de sauvages et le méprisait tout en le redoutant, la justice et les procédés du Barbare avec ceux de l'empereur romain.

Vigilas s'était hâté de terminer à Constantinople les affaires qui servaient de prétexte à son voyage. Toujours aveugle, toujours infatué de sa propre importance, il avait fini par l'inspirer aux autres. Chrysaphius, qui crut, d'après lui, le succès du complot assuré, doubla la somme à tout événement ; l'interprète revenait donc avec 100 livres d'or renfermées dans une bourse de cuir [1]. Tout cela se passait sous l'œil attentif d'Esla, qui ne perdait aucun de ses mouvements depuis leur départ. Les serviteurs de l'ambassade hunnique n'étaient pas autre chose non plus que des gardiens qui tenaient le Romain prisonnier sans qu'il s'en doutât. De l'autre côté du Danube, la surveillance se resserra encore davantage. Vigilas

---

1. Centum auri libras quas a Chrysaphio acceperat. Prisc., *Exc. leg.*, p. 70.

amenait de Constantinople son propre fils âgé de dix-huit à vingt ans, qui avait été curieux de visiter le pays, et que, suivant toute apparence, l'interprète s'était fait adjoindre en qualité de second. Comme ils mettaient le pied dans la bourgade royale d'Attila, ils furent saisis tous les deux et traînés devant le roi; leurs bagages saisis également furent fouillés sous ses yeux, et l'on y trouva la bourse avec les 100 livres d'or bien pesées. A cette vue, Attila feignit la surprise et demanda à l'interprète ce qu'il voulait faire de tout cet or[1]? Celui-ci répondit sans embarras qu'il le destinait à l'entretien de sa suite et au sien, à l'achat de chevaux et de bêtes de somme dont il voulait faire provision pour ses missions, car il en avait perdu beaucoup sur les routes, et enfin à la rançon d'un grand nombre de captifs romains dont les familles l'avaient pris pour mandataire[2]. La patience d'Attila n'y tint plus. « Tu mens, méchante bête ! s'écria-t-il d'une voix tonnante, mais tes mensonges ne tromperont personne; ils ne t'arracheront pas au châtiment que tu as mérité[3]. Non ce n'est pas pour ton entretien, ce n'est ni pour l'achat de chevaux et de mulets, ni pour la rançon de prisonniers romains que tu t'es muni d'une pareille somme ; tu savais bien d'ailleurs que j'avais interdit absolu-

---

1. Ex eo quæsivit, cujus rei gratia tantum auri asportasset. Prisc., *Exc. leg.*, p. 70.

2. Ille respondit, ut suis et comitum suorum necessitatibus provideret: præterea ad redemptionem captivorum pecuniam paratam esse. Prisc., *ibid.*, p. 71.

3. Cui Attilas : « Sed neque jam, o turpis bestia, Vigilam appellans, ullum tibi tuis cavillationibus judicii subeundi patebit effugium : neque ulla satis ista et idonea causa erit, qua meritum supplicium evitare possis. » Prisc., *l. c.*

ment tout commerce, tout emploi d'argent dans mes États de la part des étrangers, lorsque tu étais ici avec Maximin [1]. » A ces mots, il fit amener par ses gardes le fils de l'interprète et déclara qu'il allait lui faire passer une épée au travers du corps, si le père ne confessait pas à l'heure même à quel usage et à quel but étaient destinées ces cent livres d'or [2]. Vigilas, voyant son fils sous les épées nues, devint comme fou, et, tendant ses bras suppliants tantôt du côté des bourreaux, tantôt du côté d'Attila, il criait d'une voix déchirante : « Ne tuez pas mon fils, mon fils ignore tout ; il est innocent, et moi je suis le seul coupable [3]. » Alors il déroula de point en point la trame ourdie entre Chrysaphius et lui : comment l'idée de l'assassinat était venue au grand eunuque et avait été approuvée d'Édécon, comment l'empereur en avait fait part à ses conseillers, et comment lui, Vigilas, à l'insu du reste de l'ambassade, avait été chargé de préparer l'exécution du complot, son entrevue avec Édécon le jour de son départ et tout ce qui s'était passé à Constantinople. Pendant qu'il parlait, Attila l'écoutait avec l'attention d'un juge et comparait dans ses souvenirs les détails qu'il entendait de la bouche de cet homme avec

---

1. Longe enim major summa est, quam qua tibi sit opus ad sustentandam familiam, vel etiam quam impendas in emptionem equorum, vel jumentorum, vel liberationem captivorum, quam jamdudum Maximino, quum huc veniebat, interdixi. Prisc., *Exc. leg.*, p. 74.

2. Hæc dicens, filium Vigilæ ense occidi jubet, nisi pater, quem in usum et quam ob causam tantum auri advexisset, aperiret. Prisc., *ibid.*

3. Ad lacrymas conversus, jus implorare, et ensem in se mitti debere, non in filium, qui nihil commeruisset. *Id., l. c.*

les révélations que lui avait faites Édécon, et il resta convaincu que l'interprète disait la vérité [1]. S'adoucissant peu à peu, il commanda de lâcher le fils et de tenir le père en prison jusqu'à ce qu'il eût disposé de son sort, de quelque manière que ce fût. On chargea de chaînes Vigilas et on le traîna dans un cachot. Quant au fils, Attila trouva bon de le renvoyer à Constantinople chercher une seconde fois cent livres d'or. « Obtiens cette somme, lui dit-il, car c'est le prix des jours de ton père, » et il fit partir en même temps que lui Oreste et Esla chargés d'instructions particulières pour l'empereur [2].

Ils arrivèrent à l'audience de Théodose, qui connaissait déjà par le bruit public la déconvenue de ses projets, et n'attendait pas sans anxiété le nouveau message du roi des Huns. Les envoyés se présentèrent au pied de son trône dans l'accoutrement le plus singulier, mais auquel personne n'osa trouver à redire. Oreste portait pendue à son cou la même bourse de cuir dans laquelle les cent livres d'or avaient été renfermées [3], et Esla, placé près de lui, après avoir demandé à Chrysaphius s'il reconnaissait la bourse, adressa ces paroles à l'empereur : « Attila, fils de Moundzoukh, et Théodose sont tous deux fils de nobles pères; Attila est resté digne du sien, mais

---

1. Cum autem Attilas ex his, quæ Edecon sibi detexerat, Vigilam nihil mentitum perspiceret. Prisc., *Exc. leg.*, p. 74.

2. Filius in eam rem dimissus alias centum auri libras pro utriusque liberatione exsoluturus... *Id., l. laud.*

3. Jussit Orestem crumena in quam Vigilas, aurum quod Edeconi daretur conjecerat, collo imposita... Num hanc crumenam nosset? Prisc., *Exc. leg.*, p. 39.

Théodose s'est dégradé, car, en payant tribut à Attila, il s'est déclaré son esclave[1]. Or voici que cet esclave méchant et pervers dresse un piége secret à son maître; il ne fait donc pas une chose juste, et Attila ne cessera point de proclamer hautement son iniquité, qu'il ne lui ait livré l'eunuque Chrysaphius pour être puni suivant ses mérites[2] ».

On ne s'attendait pas à cette conclusion. Théodose avait pu se résigner à toutes les humiliations que son crime découvert pouvait faire pleuvoir sur lui ; mais les eunuques n'étaient point décidés à se laisser enlever le pouvoir, ni Chrysaphius à livrer sa tête : tout fut donc en rumeur dans le palais. Ce qui préoccupa surtout l'empereur, ce fut de sauver son chambellan; toutes les mesures adoptées tendirent à ce but. Les dernières entraves que la politique byzantine opposait encore à l'orgueil d'Attila furent levées sans hésitation : il voulait avoir des ambassadeurs consulaires, on lui en donna; il avait désigné les patrices Anatolius et Nomus, parce qu'il n'y avait pas de plus grands seigneurs dans l'empire : on lui envoya Anatolius et Nomus. On le traita comme on traitait le souverain de l'empire des Perses, le grand roi. On s'occupa même de Constancius, qui reçut de la main de l'empereur une veuve très-riche en remplacement de sa fiancée,

---

1. Theodosium quidem clari patris et nobilis esse filium, Attilam quoque nobilis parentis esse stirpem, et patrem ejus Mundiuchum acceptam a patre nobilitatem integram conservasse; sed Theodosium tradita a patre nobilitate excidisse, quod tributum sibi pendendo suus servus esset factus. Prisc., *Exc. leg.*, p. 39.

2. Neque se prius criminari illum eo nomine destituturum, quam Eunuchus ad supplicium sit traditus. *Id., ibid.*

mariée à un autre¹. Aucune concession, aucune bassesse ne furent épargnées. La gloriole d'Attila était satisfaite, et il alla par honneur au-devant des hauts personnages qu'on lui députait² ; toutefois il leur parla un langage dur, le langage d'un homme irrité. Ils apportaient de riches présents qui parurent l'adoucir ; ils apportaient aussi beaucoup d'argent : Attila prit tout. Il délivra Vigilas, qu'il regardait comme un coupable trop infime pour sa vengeance ; il ne réclama plus la zone riveraine du Danube, qu'il possédait de fait, sinon de droit ; il ne dit plus rien des transfuges, il élargit même sans rançon un grand nombre de prisonniers romains ; mais il exigea la tête de Chrysaphius. Sur ce point, il fut inflexible³.

L'année 450 commença sous ces auspices. Les contingents des tribus hunniques arrivaient en masse sur les bords du Danube ; des armements s'opéraient chez les nations vassales de ces hordes, les Ostrogoths, les Gépides, les Hérules, les Ruges, et l'on annonçait que les Acatzires étaient en marche. L'inquiétude gagna l'empire d'Occident non moins que celui d'Orient : non-seulement l'affaire de Sylvanus restait sans conclusion, mais il était survenu depuis d'autres embarras plus graves ; les conjonctures étaient menaçantes. Enfin deux messagers goths, partis de la Hunnie, se présentèrent, le même jour et à la même

---

1. Constantio nuptum datum iri mulierem minime Saturnini filiæ genere et opibus inferiorem, Prisc., *Exc. leg.*, p. 71.

2. Illic Attilas reverentia tantorum virorum motus, ne longioribus itineribus defatigarentur, cum illis convenit. *Id.*, p. 72.

3. Liberavit et Vigilam... Tum Anatolio et Nomo gratificans, quam plurimos captivos illis sine ullo pretio concessit... Prisc., *ibid.*

heure, devant les empereurs Théodose et Valentinien ; ils étaient chargés de dire à l'un et à l'autre : « Attila, mon maître et le tien, t'ordonne de lui préparer un palais, car il va venir[1] ! »

1. Imperat per me Dominus meus et Dominus tuus Attilas, ut sibi palatium instruas. *Chron. alex.*, p. 253. — Joan. Malal., *Chronogr.*, ii, p. 22.

CHAPITRE CINQUIÈME

Attila tourne ses vues sur l'empire d'Occident. — Signes précurseurs de la guerre. — Servatius, évêque de Tongres, va consulter les apôtres saint Pierre et saint Paul sur leurs tombeaux. — Situation de la Gaule tourmentée par la bagaudie. — Un chef de bagaudes appelle les Huns. — Attila réclame sa fiancée Honoria avec une moitié de l'empire d'Occident. — Il s'allie à Genséric, roi des Vandales, contre les Romains et les Visigoths de la Gaule. — Un prince des Franks trans-rhénans implore son assistance. — Attila mande aux Romains qu'il les délivrera des Visigoths ; et aux Visigoths qu'il brisera pour eux le joug des Romains. — Lettre de Valentinien III à Théodoric : les Visigoths restent chez eux. — Dénombrement de l'armée d'Attila. — Sa marche vers le Rhin. — Les Franks des bords du Necker et les Thuringiens se rallient à lui. — Il passe le Rhin sur deux points. — Ses protestations d'amitié pour les Gaulois. — Les Burgondes cis-rhénans sont battus. — Les garnisons romaines et les Franks-Ripuaires et Saliens se retirent au midi de la Loire. — Dévastation de la Gaule par les Huns : les deux Germanies et la seconde Belgique sont mises au pillage. — Sac de Trèves, de Metz et de Reims ; meurtre de l'évêque Nicasius et de sa sœur Eutropie. — Rôle des évêques dans l'invasion d'Attila. — Les habitants de Paris veulent fuir : Geneviève les arrête. — Famille de Geneviève, son enfance, sa vocation religieuse aidée par saint Germain d'Auxerre. — Ses austérités ; ses extases. — Sa réputation de prophétesse répandue dans tout le monde. — Les Parisiens repoussent ses conseils et veulent la tuer ; les femmes s'enferment avec elle au baptistère de Saint-Étienne. — Paris est préservé. — Attila concentre ses forces et se replie sur Orléans. — Sangiban, roi des Alains, promet de lui livrer cette ville.

On dirait qu'il existe dans les masses populaires un instinct politique qui leur fait pressentir les catastrophes des sociétés, comme un instinct naturel annonce d'avance à tous les êtres l'approche des bouleversements physiques. L'année 451 fut pour l'empire romain d'Occident une de ces époques fatales que tout le monde attend en frémissant, et qui apportent leurs calamités pour ainsi dire à jour fixe. Les prédictions, les prodiges, les signes extraordinaires, cortége en quelque sorte obligé des préoccupations générales, ne manquèrent point à cette année de malheur. L'histoire nous parle de commotions souterraines qui ébranlèrent en 450 la Gaule et une partie de l'Espagne [1] : la lune s'éclipsa à son lever, ce qui était regardé comme un présage sinistre ; une comète d'une grandeur et d'une forme effrayantes parut à l'horizon du côté du soleil couchant ; et du côté du pôle, le ciel se revêtit pendant plusieurs jours de nuages de sang au milieu desquels des fantômes armés de lances de feu se livraient des combats imaginaires [2]. C'étaient là des prophéties pour le vulgaire superstitieux ; les âmes pieuses en cherchaient d'autres dans la religion. L'évêque de Tongres, Servatius, alla consulter à Rome les apôtres Pierre et Paul sur leurs tombeaux, afin de savoir de quels maux la colère divine menaçait son pays et quel moyen il y avait de les conjurer ; il lui fut répondu que la Gaule serait livrée aux Huns, et que toutes ses villes seraient détruites ; mais que lui, pour prix de la foi qui l'avait amené, mourrait sans avoir vu ces affreux spectacles [3]. Quant aux esprits politiques, ils décou-

1. Terræ motus assidui, signa in cœlo plurima..... Idat., *Chron.* ann. 450.
2. Pridie nonas aprilis, feria tertia, post solis occasum, ab Aquilonis plaga cœlum rubens, sicut ignis aut sanguis, efficitur, intermixtis per igneum ruborem lineis clarioribus in speciem hastarum rutilantium deformatis... Idat., *Chron.*, *ibid.*
3. Ei divinitus per B. Petrum apostolum revelatum est, quod ita cœlesti esset judicio definitum, ut universa Gallia Barbarorum foret infestationi tradenda. Paul Diac., *Episc.*, *Mett.*, ann. 451.—D. Bouq., t. 1, p. 649.

vraient des signes de ruine plus infaillibles encore dans l'état d'ébranlement du monde occidental, tout près de se dissoudre, et qui semblait ne plus se soutenir que par l'épée d'Aëtius.

Si l'action directe des Huns s'était fait sentir moins violemment à l'empire d'Occident qu'à celui d'Orient, en revanche le premier avait plus souffert du contre-coup de leurs batailles. La seule présence de ces Barbares dans la vallée du Danube avait fait pleuvoir jusqu'au fond de l'Europe et jusqu'en Afrique les dévastations de la guerre. Les populations qu'ils déplaçaient et chassaient devant eux avaient presque toutes pris le chemin de la Gaule. Les Alains, les Vandales et les Suèves, entrés dans cette province en 406, la ravagèrent pendant quatre ans pour se reverser de là sur l'Espagne et sur les villes de l'Afrique. Trouvant la brèche faite sur le Rhin, les Burgondes envahirent l'Helvétie, puis la Savoie, et plusieurs des tribus frankes qui habitaient au nord de ce fleuve se transportèrent au midi, le long de la Meuse, dans une portion de la zone qu'on appelait *Ripa*, la Rive, et qui leur fit donner le nom de Franks-Ripuaires[1]. Rome était contrainte d'accepter comme *hôtes* les envahisseurs qu'elle n'avait pas la force de repousser, et le nord des Gaules vit s'ajouter deux nouveaux peuples fédérés aux Franks-Saliens, cantonnés dans la Toxandrie depuis cent ans. L'établissement du peuple visigoth en Aquitaine et l'existence d'un royaume barbare qui minait la Gaule intérieurement, étaient encore un

---

1. Riparii, Riparioli, Ripenses, Rip-wari.

fruit de l'arrivée des Huns en Europe. Fugitifs devant Balamir, reçus par pitié en Pannonie, où ils s'étaient faits bientôt maîtres, les Visigoths avaient parcouru en dévastateurs la Grèce et l'Italie sous la conduite d'Alaric, puis, traversant les Alpes occidentales sous celle d'Ataülf, ils avaient arraché à la faiblesse du gouvernement romain un riche et fertile pays, où ils espéraient bien être pour jamais délivrés des fils des sorcières [1]. Deux hordes de fédérés alains, restes de l'invasion de 406, en occupaient quelques cantons déserts : l'une aux environs de Valence, l'autre sur la rive gauche de la Loire, dont elle gardait les passages. Ces enfants du Caucase y promenaient, la lance en main, leurs maisons roulantes et leurs troupeaux, continuant la vie des steppes de l'Asie dans les plaines de la Touraine et de l'Orléanais.

Ainsi donc le morcellement de la Gaule entre cinq peuples fédérés, l'Espagne à moitié conquise, l'Afrique perdue, l'île de Bretagne séparée du gouvernement de l'Italie, voilà le tableau que présentait, en 451, l'empire romain occidental. Il faut joindre à ces morcellements celui de la Bretagne armoricaine, qui, à l'exemple de la grande île du même nom, et par l'impulsion de Bretons fugitifs, s'était constituée en État indépendant sous des chefs nationaux [2]. La guerre étrangère avait produit dans toutes ces contrées une misère inexprimable, et la misère à son tour avait produit la guerre civile. Des insurrections de paysans, auxquelles

---

[1]. Voir un morceau que j'ai publié sur Ataülf et sur l'établissement des Visigoths en Gaule (*Revue des Deux Mondes*, 15 décembre 1850).
[2]. Zosim. liv. vi, p. 826. — Procop. *Bell. vand.*

on donnait le nom de *bagaudes*, ne cessèrent pas de troubler la Gaule et l'Espagne depuis 435 jusqu'en 443, et, toute comprimée qu'elle était par la main vigoureuse d'Aëtius, la bagaudie[1] ne semblait point éteinte. Ses chefs, dans les rangs desquels on comptait des mécontents de toutes les conditions et beaucoup de jeunes gens perdus de dettes, poursuivaient leurs projets dans l'ombre[2]. On eût dit qu'ils attendaient aussi, pour combler la somme des malheurs publics, cette terrible année 451, objet de tant de frayeurs, et pour ne se pas fier au seul hasard des événements, un des principaux d'entre eux, le médecin Eudoxe, « homme d'une grande science, mais d'un esprit pervers, » nous disent les chroniques contemporaines, s'enfuit, en 448, chez les Huns[3]. Là, sans doute, il ne manqua pas d'exciter Attila à porter la guerre en Gaule, lui promettant pour sa part l'appui des brigands, des esclaves et des paysans révoltés.

Deux événements, l'un heureux, l'autre malheureux, augmentèrent le malaise des esprits, en ajoutant au trouble des maux prévus les chances imprévues d'une révolution de palais. Théodose mourut, le 28 juillet 450, d'une chute de cheval, et trois mois après ce fut le tour

---

1. On peut consulter sur les bagaudes et la bagaudie ce que j'en dis dans le 3ᵉ volume de l'*Histoire de la Gaule sous l'administration romaine*, c. 1, p. 19 et suiv.

2.   Factio servilis paucorum mixta furori,
      Insano juvenum... licet ingenuorum,
      Armata in cædem specialem nobilitatis.
            Paulin, *Eucharist.* — Ap. D. Bouq., t. I, p. 773.

3. Eudoxius arte medicus, pravi sed exercitati ingenii, in bagauda id temporis mota delatus, ad Chunnos confugit. Prosp. Tyron., *Chron.*, ad ann. 448.

de Placidie, qui continuait à gouverner l'empire d'Occident pour son fils Valentinien III, alors âgé de trente et un ans[1]. La mort de Théodose, suivie de l'exécution de Chrysaphius, fut un grand bien pour l'Orient; mais celle de Placidie, en émancipant Valentinien, attira sur l'Occident des désastres sans remède. Suivant son habitude de faire marcher la politique avant les armes, Attila voulut sonder les nouveaux princes, et il commença par celui d'Orient. Comme il n'avait plus à demander la tête de Chrysaphius, que se disputait la populace de Constantinople, il réclama simplement le tribut consenti par Théodose: mais le nouvel empereur, nommé Marcien, vieux soldat illyrien de la race énergique des Probus et des Claude, répondit qu'il avait de l'or pour ses amis et du fer pour ses ennemis[2]. Cette réponse, appuyée par des levées de troupes et par de bonnes mesures de défense, arrêta court Attila, qui tourna ses regards du côté de l'Occident.

De ce côté, il pouvait employer une arme terrible qu'il tenait en réserve depuis quinze années, attendant patiemment que l'occasion vînt de s'en servir, et après le décès de Placidie il crut cette occasion venue. Il y avait en effet quinze ou seize ans que la propre sœur de Valentinien III, Honoria, fille de Placidie et petite-fille du grand Théodose, dans un accès de folie romanesque ou de vengeance contre sa famille, qui la con-

---

1. Voir au sujet de Placidie et de Valentinien III le morceau publié sous le titre de: *Aëtius et Bonifacius* (*Revue des Deux Mondes*, 15 juillet 1851).

2. Quiescenti munera largiturum; bellum minanti viros et arma objecturum. Prisc., *Exc. leg.*, p. 39.

damnait au célibat, avait envoyé un anneau de fiançailles au fils de Moundzoukh, monté récemment sur le trône des Huns[1]. Attila, comme tous les Orientaux, n'aimait que les femmes retenues et modestes : il laissa la proposition d'Honoria sans réponse, mais il garda son anneau. Celle-ci, irritée de ce dédain ou peu constante dans ses goûts, ourdit avec son intendant Eugénius une intrigue plus sérieuse dont le scandale la perdit. Sa mère la fit enfermer d'abord à Constantinople, puis à Ravenne. Les années s'écoulèrent, et jamais le roi hun, dans ses relations fréquentes avec l'empire d'Occident, n'avait paru se souvenir qu'il y possédât une fiancée ; jamais il n'avait fait la moindre allusion à des droits sur Honoria ou sur sa dot, lorsque tout à coup Valentinien reçut de lui un message par lequel il réclamait l'une et l'autre. Il venait d'apprendre avec grande surprise, disait-il, que sa fiancée Honoria subissait à cause de lui des traitements ignominieux, et qu'on la détenait même en prison. Ne voyant pas que le choix qu'elle avait fait eût rien de déshonorant pour l'empereur, il exigeait d'abord sa mise en liberté, puis la restitution de la part qui lui revenait dans l'héritage de son père [2]. Cette part, suivant lui, c'était la moitié des biens personnels du dernier auguste Constancius et la moitié de l'empire d'Occident.

L'histoire gardant le silence sur les aventures de la

---

[1]. Voir le morceau sur Aëtius et Bonifacius (*Revue des Deux Mondes*, 15 juillet 1851.)

[2]. Honoriam nihil se indignum admisisse, cum matrimonium secum contracturam spopondisset... Se enim factam ipsi injuriam ulturum, nisi etiam imperium obtineat. Prisc., *Exc. leg.*, p. 39.

princesse Honoria postérieurement à sa captivité, nous ignorons si on l'avait mariée alors pour couvrir son déshonneur, ou si on le fit seulement à la réception du message, afin d'opposer aux prétentions du roi hun une raison péremptoire : en tout cas, Honoria se trouva mariée, et Valentinien put répondre que « sa sœur ayant déjà un mari, il ne pouvait être question de l'épouser [1], attendu que la loi romaine n'admettait pas la polygamie, comme faisait la loi des Huns; que d'ailleurs sa sœur, fût-elle libre, n'aurait rien à prétendre dans la succession de l'empire, attendu encore que, chez les Romains, les femmes ne régnaient pas, et que l'empire ne constituait point un patrimoine de famille [2]. » Attila, qui ne discutait jamais les raisons par lesquelles on combattait sa volonté, persista purement et simplement dans sa double réclamation, et, afin de prouver à tous les yeux la sincérité de ses paroles, il envoya à Ravenne l'anneau qu'il tenait d'Honoria [3]. On était dans la plus grande vivacité de ces débats, lorsque tout à coup Attila les rompit, et parut les avoir totalement oubliés. Loin de montrer vis-à-vis de Valentinien ni aigreur ni souvenir pénible, il ne le traitait plus qu'avec une affection tout expansive. « L'empereur, à l'en croire, ne possédait pas d'ami plus sûr que lui, ni l'empire de serviteur plus dévoué; son bras, ses armées, toute sa puissance, étaient au service des Romains, et il ne

---

[1]. Honoriam ipsi nubere non posse, quod jam alii nupsisset. Prisc., *l. c.*

[2]. Neque imperium Honoriæ deberi : virorum enim, non mulierum Romanum imperium esse. *Id., ibid.*

[3]. Secum matrimonium pepigisse; cujus rei ut fidem faceret, annulum, ab ea ad se missum, per legatos, quibus tradiderat, exhiberi mandavit. Prisc., *Exc. leg.*, p. 40.

désirait rien plus qu'une occasion d'en fournir la preuve[1]. » Cette subite chaleur d'amitié de la part d'Attila n'effraya guère moins la cour de Ravenne que ses derniers éclats de colère ; on sentit bien en effet que cette nouvelle politique révélait un nouveau danger.

Carthage et l'Afrique étaient alors sous la domination d'un homme comparable au roi des Huns par sa laideur et son génie, Genséric, roi des Vandales. Ce qu'Attila avait accompli avec tant de promptitude et de bonheur sur les Barbares de l'Europe non romaine, Genséric le tentait sur les Barbares cantonnés dans l'empire, il avait entrepris de les réunir tous en un seul corps soumis à une même discipline politique, à une même communion religieuse, l'arianisme, et toujours prêt à soutenir, pour toute chose et en tout lieu, le drapeau barbare contre le drapeau romain. Pour la réussite de ce projet, il avait marié son fils Hunéric à la fille de Théodoric, roi des Visigoths ; mais, ne rencontrant point dans cette alliance les avantages qu'il en avait espérés, il prit sa belle-fille en haine : un jour, sur le simple soupçon qu'elle avait voulu l'empoisonner, il lui fit couper les narines, et la renvoya en Gaule, à son père, ainsi horriblement défigurée[2]. Réfléchissant alors aux conséquences d'un pareil outrage, et ne doutant point que, pour se ven-

---

[1]. Asserens se reipublicæ ejus amicitias in nullo violare... cœtera epistolæ usitatis salutationum blandimentis oppleverat, studens fidem adhibere mendacio. Jorn., *R. Get.*, 36.

[2]. Sed postea, ut erat ille et in sua pignora truculentus, ob suspicionem tantummodo veneni ab ea parati, eam putatis naribus spolians decore naturali, patri suo ad Gallias remiserat. *Id., ub. sup.*

ger, Théodoric ne formât contre lui quelque ligue avec les Romains, il rechercha l'alliance d'Attila. De riches présents le firent bien venir du roi des Huns [1]. Comme deux éperviers qui accommodent leur vol pour fondre ensemble sur la même proie, ils se concertèrent pour assaillir l'empire romain à la fois par le nord et par le midi. Genséric projetait déjà sans doute cette descente en Italie qu'il exécuta quatre ans plus tard; Attila se chargea des Visigoths et de la Gaule.

D'autres raisons engageaient encore le roi hun à porter la guerre au midi du Rhin. Le chef d'une des principales tribus frankes établies sur la rive droite de ce fleuve, dans la contrée arrosée par le Necker, était mort en 446 ou 447, laissant deux fils qui se disputèrent son héritage, et divisèrent entre eux la nation. L'aîné ayant demandé l'assistance d'Attila, le second se mit sous la protection des Romains. Aëtius l'adopta comme son fils [2], suivant une pratique militaire alors en usage, et qui nous montre déjà au v° siècle les premières lueurs de la chevalerie naissante; puis il l'envoya, comblé de cadeaux, à Rome, vers l'empereur, pour y conclure un traité d'alliance. C'est là que Priscus le vit. « Aucun duvet, dit-il, n'ombrageait encore ses joues; mais sa chevelure blonde flottait en masses épaisses sur ses épaules [3]. » Aëtius, on peut le croire, parvint

1. Hujus (Attilæ) mentem ad vastationem orbis paratam comperiens Gizerichus, rex Vandalorum... multis muneribus ad Vesegotharum bella præcipitat. Jorn., *R. Get.*, 36.

2. Seniori Attilas studebat, juniorem Actius tuebatur... Hunc etiam Actius in filium adoptaverat. Prisc., *Exc. leg.*, p. 40.

3. Quem Romæ vidimus legationem obeuntem, nondum lanugine efflorescere incipiente, flava coma et capillis propter densitatem et magnitudinem super humeros effusis.... *Id., ibid.*

sans peine à installer son protégé sur le trône des Franks du Necker; mais le frère banni ne cessa point d'aiguillonner l'ambition d'Attila, au succès de laquelle il attachait lui-même son triomphe. Ainsi tout concourait à pousser le roi des Huns vers la Gaule, et les exhortations de Genséric, et les instances du prince chevelu qui devait lui livrer le passage du Rhin, et jusqu'à celles du médecin Eudoxe, cet odieux chef de bagaudes, qui lui promettait d'autres fureurs pour servir d'auxiliaires aux siennes. Sous l'empire de ces nouvelles préoccupations, il oublia pour la seconde fois sa fiancée, et prit vis-à-vis de l'empereur Valentinien ce langage doux et humble dont celui-ci craignait de savoir la cause.

Il ne tarda pas à la connaître. Attila l'informa, par un nouveau message, qu'il avait avec les Visigoths une querelle dont il l'invitait à ne se point mêler [1]. « Les Visigoths, disait-il, étaient des sujets échappés à la domination des Huns, mais sur lesquels ceux-ci n'avaient point abandonné leurs droits. D'ailleurs n'étaient-ils pas aussi pour l'empire des ennemis dangereux? Après avoir rempli l'Orient et l'Occident de leurs pillages, observaient-ils fidèlement leurs obligations dans les cantonnements qu'ils tenaient de la munificence des Romains? Loin de là, ils vivaient à leur égard dans un état de guerre perpétuelle : Attila se chargeait de les châtier au nom des Romains comme au sien. » Valentinien eut beau lui faire observer qu'il

---

1. Asserens se reipublicæ ejus amicitias in nullo violare, sed contra Theodericum Vesegotharum regem sibi esse certamen, unde eum excipi biliter optaret. Jorn., *R. Get.*, 36.

n'était point en guerre avec les Visigoths, et que, s'il l'y était, il ne chargerait personne de sa vengeance; que les Visigoths vivant en Gaule sous l'abri de l'hospitalité romaine, vouloir les attaquer, c'était attaquer l'empire romain, et qu'enfin Attila n'arriverait point jusqu'à eux sans bouleverser de fond en comble les États d'un prince dont il se disait le serviteur : le roi hun n'en fit pas moins à sa guise, et déclara qu'il allait partir. Mais, en même temps qu'il tâchait d'endormir Valentinien par des flatteries, il mandait à Théodoric de ne se point inquiéter, qu'il n'entrait en Gaule que pour briser le joug des Romains et partager le pays avec lui [1]. Ces feintes assurances d'amitié parvinrent au roi goth en même temps qu'une lettre de la chancellerie impériale ainsi conçue : « Il est digne de votre prudence, ô le plus courageux des Barbares, de conspirer contre le tyran de l'univers, qui veut forcer le monde entier à plier sous lui, qui ne s'inquiète pas des motifs d'une guerre, mais regarde comme légitime tout ce qui lui plaît. C'est à la longueur de son bras qu'il mesure ses entreprises; c'est par la licence qu'il assouvit son orgueil [2]. Sans respect du droit ni de l'équité, il se conduit en ennemi de tout ce qui existe... Forts par les armes, écoutez vos propres ressentiments; unissons en commun nos mains; venez au secours d'une

---

[1]. Pari etiam modo ad regem Vesegotharum Theodericum erigit scriptum, hortans ut à Romanorum societate discederet, recoleretque prælia, quæ paulo ante contra eum fuerant concitata sub nimia feritate. Jorn., R. Get., 36.

[2]. Ambitum suum brachio metitur, superbiam licentia satiat. Id., l. c.

république dont vous possédez un des membres [1]. » On dit qu'à la lecture de ces dépêches contradictoires, Théodoric, vivement troublé, s'écria : « Romains, vos vœux sont donc accomplis ; vous avez donc fait d'Attila, pour nous aussi, un ennemi ! [2] » Il donna aux messagers de Valentinien de vagues paroles d'assistance ; mais il se promit bien de laisser les Romains vider seuls cette querelle, et d'attendre dans son cantonnement qu'il plût aux Huns de l'y venir attaquer. Cependant Attila disposait en toute hâte ses troupes pour leur entrée en campagne. Il ne parlait toujours que des Visigoths, et les apparences semblaient démontrer qu'une invasion de la Gaule était son véritable but ; mais telles étaient l'idée qu'on se faisait de son astuce et la défiance qu'on avait de ses paroles, qu'Aëtius, incertain lui-même si cette démonstration ne cachait pas un piége, n'osa pas quitter l'Italie.

L'histoire nous a laissé le funèbre dénombrement de cette armée dont les masses encombraient non-seulement les abords du Danube, mais les campagnes environnantes. Jamais, depuis Xercès, l'Europe n'avait vu un tel rassemblement de nations connues ou inconnues ; on n'y comptait pas moins de cinq cent mille guerriers [3]. L'Asie y figurait par ses plus hideux et plus

---

1. Armorum potentes, favete propriis doloribus et communes jungite manus : auxiliamini etiam reipublicæ cujus membrum tenetis. Jorn., R. Get., 36.

2. Habetis, Romani, desiderium vestrum ; fecistis Attilam et nobis hostem. Id., R. Get., ibid.

3. Quelques auteurs disent même sept cent mille.

. . . . Subito cum rupta tumultu
Barbaries, totas in te transfuderat arctos,
Gallia. Pugnacem Rugum comitante Gelono,

féroces représentants : le Hun noir et l'Acatzire, munis de leurs longs carquois ; l'Alain, avec son énorme lance et sa cuirasse en lames de corne, le Neure, le Bellonote ; le Gélon, peint et tatoué, qui avait pour arme une faux, et pour parure une casaque de peau humaine. Des plaines sarmatiques étaient venues sur leurs chariots les tribus basternes, moitié slaves, moitié asiatiques, semblables aux Germains par l'armement, aux Scythes par les mœurs, et polygames comme les Huns. La Germanie avait fourni ses nations les plus reculées vers l'ouest et le nord : le Ruge des bords de l'Oder et de la Vistule, le Scyre et le Turcilinge, voisins du Niémen et de la Düna, noms alors obscurs, mais qui devaient bientôt cesser de l'être ; ils marchaient armés du bouclier rond et de la courte épée des Scandinaves. On voyait aussi l'Hérule, rapide à la course, invincible au combat, mais cruel et la terreur des autres Germains, qui finirent par l'exterminer. Ni l'Ostrogoth ni le Gépide ne manquaient à l'appel ; ils étaient là avec leur infanterie pesante, si redoutée des Romains. Le roi Ardaric commandait les Gépides ; trois frères du sang des Amales, Valamir, Théodemir et Vidémir, se montraient en tête des Ostrogoths. Quoique la royauté fût par élection dans les mains de Valamir l'aîné, il avait voulu la partager avec ses frères, qu'il aimait tendre-

---

Gepida trux sequitur, Scyrum Burgundio cogit :
Chunus, Bellonotus, Neurus, Basterna, Toringus,
Bructerus, ulvosa quem vel Nicer abluit unda,
Prorumpit Francus. . . . .
Sidon. Apoll., *Paneg. Avit.*, v. 319.

D'autres auteurs nomment divers autres peuples ; Procope dit qu'il traînait après lui les Massagètes et les autres Scythes. — Cf. Jorn., *R. Get., ub. sup.* — *Hist. Miscel.*, l. xv. — Proc., *Bell. vand.*, l. 4.

ment. Les chefs de cette fourmilière de tribus, tremblants devant Attila, se tenaient à distance, comme ses appariteurs ou ses gardes, le regard fixé sur lui, attentifs au moindre signe de sa tête, au moindre clignement de ses yeux : ils accouraient alors prendre ses ordres, qu'ils exécutaient sans hésitation et sans murmure [1]. Il en était deux qu'Attila distinguait particulièrement au milieu de cette tourbe, et qu'il appelait à tous ses conseils : c'étaient les deux rois des Gépides et des Ostrogoths. Valamir apportait dans ses avis une franchise, une discrétion et une douceur de langage qui plaisaient au roi des Huns ; Ardaric, une rare prudence et une fidélité à toute épreuve [2]. Telle était cette armée, qui semblait avoir épuisé le monde barbare, et qui cependant n'était pas encore complète. Le déplacement de tant de peuples fit comme une révolution dans la grande plaine du nord de l'Europe ; la race slave descendit vers la mer Noire pour y reprendre les campagnes abandonnées par les Ostrogoths, et qu'elle avait jadis possédées; l'arrière-ban des Huns noirs et l'avant-garde des Huns blancs, Avares, Bulgares, Hunugares, Turks, firent un pas de plus vers l'Europe. Les dévas-

---

1. Reliqua autem, si dici fas est, turba regum, diversarumque nationum ductores, ac si satellites, nutibus Attilæ attendebant, et ubi oculo annuisset, absque aliqua murmuratione cum timore et tremore unusquisque adstabat, aut certe quod jussus fuerat, exsequebatur. Jorn., *R. Get.*, 38.

2. Erat et Gepidarum agmine innumerabili rex ille famosissimus Ardaricus, qui, ob nimiam suam fidelitatem erga Attilam, ejus consiliis intererat. Nam perpendens Attila sagacitatem suam, cum et Walamirem Ostrogotharum regem super cœteros regulos diligebat. Erat namque Walamir secreti tenax, blandus alloquio, doli ignarus: Ardarich fide et consilio... clarus. *Id., ibid*

tateurs de tout rang, les futurs maîtres de l'Italie, les remplaçants des césars d'Occident, se trouvaient là pêle-mêle, chefs et peuples, amis et ennemis. Oreste put y rencontrer Odoacre, simple soldat turcilinge, et le père du grand Théodoric, l'Ostrogoth Théodemir, était un des capitaines d'Attila : toutes les ruines du monde civilisé, toutes les grandeurs prédestinées du monde barbare semblaient faire cortége au génie de la destruction.

Pour arriver sur les bords du Rhin, comme il le fit, dans les premiers jours de mars, Attila dut se mettre en marche dès le mois de janvier. Il divisa son armée en deux corps, dont l'un suivit, sur la rive droite du Danube, la route militaire qui desservait les forts et châteaux romains, et les rasa tous à son passage, tandis que l'autre, remontant la rive gauche, s'incorporait, chemin faisant, ce qu'il restait de Quades et de Marcomans dans les Carpathes occidentales, et de Suèves dans la montagne Noire. Réunies près des sources du Danube, les deux colonnes s'arrêtèrent à proximité de vastes forêts qui pouvaient leur fournir tous les matériaux nécessaires à leur transport en Gaule. Les Franks des bords du Necker, à l'approche d'Attila, chassèrent probablement ou tuèrent le jeune roi qu'ils tenaient des Romains, pour prendre l'autre prince chevelu qui leur arrivait avec un patronage si respectable; mais ce ne fut pas tout, ils se rangèrent avec lui sous les étendards des Huns[1]. Les tribus de

---

[1].   Bructerus ulvosa quem vix Nicer abluit unda
Prorumpit Francus...
Sidon. Apoll. Paneg. Avit., v. 324.

la Thuringe en firent autant; les Burgondes trans-rhénans eux-mêmes, oubliant leurs anciens griefs contre le roi Oktar, devinrent soldats d'Attila. Tout en se recrutant ainsi de nouveaux auxiliaires, l'armée hunnique faisait ses préparatifs pour franchir le Rhin. La vieille forêt hercynienne, qui avait vu César et Julien, devint le chantier d'Attila; ses chênes séculaires et ses aunes, tombés par milliers sous la hache, fabriqués en barques grossières, allèrent relier les deux rives du fleuve par des ponts mobiles [1]. Tout indique qu'Attila fit jeter plusieurs de ces ponts et opérer le passage sur plusieurs points en même temps, soit afin d'éviter l'encombrement, soit pour que le pays pût nourrir les hommes et les chevaux, une fois passés. La division la plus orientale traversa le Rhin près d'*Augusta*, Augts, métropole des Rauraques, et prit ensuite la route d'étape des légions entre le fleuve et le pied des montagnes des Vosges. Attila, autant qu'on peut l'induire des circonstances de sa marche, choisit, un peu au-dessous du confluent de la Moselle, le lieu de passage ordinaire des armées romaines; puis, suivant avec ses troupes la chaussée qui conduisait du port de débarquement à Trèves, il s'installa dans l'ancienne métropole des Gaules, au milieu des horreurs d'un sac [2].

Malgré le caractère très-significatif de ce début, Attila, fidèle au plan qu'il s'était tracé, fit proclamer

---

1. . . . . Cecidit cito secta bipenni
 Hercynia in lintres, et Rhenum texuit alno.
  Sidon. Apoll., *Paneg. Avit.*, v. 325.

2. Tillemont., *Hist. des Empereurs*, t. vi, p. 150.

dans toute la Gaule qu'il venait en ami des Romains, et seulement pour châtier les Visigoths, ses sujets fugitifs et les ennemis de Rome [1]; que les Gaulois eussent donc à bien recevoir leur libérateur et un des généraux de leur empire. Ses paroles, toutes de bienveillance, concordaient avec ses proclamations. C'était un spectacle à la fois risible et effrayant que ce Calmouk, général romain, recevant les curiales des cités, assis sur son escabeau, et les haranguant en mauvais latin pour leur persuader de lui ouvrir leurs portes. Quelques villes le firent [2]; d'autres essayèrent de résister : toutes furent traitées de la même façon. Incapables de soutenir un choc pareil, les faibles garnisons romaines se réfugiaient dans les places ceintes de bonnes murailles, ou faisaient retraite de proche en proche jusqu'à la Loire, qui devint le lieu général de ralliement. De tous les Barbares fédérés, les Burgondes seuls osèrent livrer bataille. Quand la division orientale des Huns traversa la frontière de l'Helvétie pour gagner la route de Strasbourg, ils l'attaquèrent sous la conduite de Gondicaire, leur roi; mais ils furent battus et mis en déroute [3]; les autres fédérés, ne voyant arriver ni chef ni instructions, suivirent le mouvement rétrograde des garnisons romaines. Les Franks-Ripuaires partirent les premiers. Les Franks-Saliens furent plus lents à se décider, mais enfin ils partirent aussi devant ces masses, contre

---

[1]. Bellum Gothis tantum se inferre, tanquam custos romanæ amicitiæ, denuntiabat. Prosp. Aquit., *Chron.* ad ann. 450.

[2]. Sur. *Vit. SS.* 29 *Jul.*, p. 348.

[3]. Gondicarium Burgundionum regem sibi occurrentem protriverat. Paul. Diac., *Episc. Mettens.* — Ap. D. Bouq. *Rer. Gallic. et Franc. Script.*, p. 649.

lesquelles toute résistance isolée était impossible. Leur retraite, gênée par les escarmouches des Huns, présenta tout le désordre d'une fuite. Le jeune Childéric, fils du roi Mérowig ou Mérovée, qui gouvernait alors cette nation, fut enlevé avec sa mère par un gros de cavaliers qui les emmenaient déjà en captivité, lorsqu'un noble frank, nommé Viomade, les délivra au péril de sa vie[1]. Il se mêlait dans cette guerre, où tous les Barbares purs s'étaient rangés du côté d'Attila, et les demi-Barbares du côté de l'empire romain, quelque chose de l'acharnement des guerres sociales. Les Thuringiens, qui vinrent sur le territoire des Franks-Saliens après le départ du roi et de l'armée, exercèrent contre les femmes, les enfants, les vieillards qui restaient, des cruautés inouïes[2], dont le seul récit exaltait encore au bout de quatre-vingts ans le ressentiment des fils de Clovis.

Ce fut comme une nuée d'insectes dévorants qui s'appesantit sur les deux Germanies et la seconde Belgique. Tout fut pillé, ruiné, affamé. La division orientale, après avoir battu les Burgondes de Gondicaire, avait détruit de fond en comble les villes d'Augst, de Vindonissa et d'Argentuaria, des débris desquelles naquirent plus tard Bâle, Windisch et Colmar; ses éclaireurs poussèrent même jusqu'à Besançon. Strasbourg, Spire, Worms, Mayence, tombèrent l'une après l'autre aux mains des Huns[3]. A l'aile droite d'Attila,

---

1. Fredeg., Epitom. Hist. Franc., c. 11.—Vales. R. franc., t. iv, p. 458.
2. Recolite Thoringos quondam super parentes nostros violenter advenisse... Greg. Tur., Hist. Fr., iii, 7.
3. Buch. Hist Belg., p. 512. — Bolland., 6 feb., p. 792. — Monach. s. Marian. Chron., p. 62. — Sur. 8 jun. p. 135, etc.

Tongres et Arras eurent le même sort [1]. Un moment le front de l'armée hunnique occupa la Gaule dans toute sa largeur depuis le Jura jusqu'à l'Océan. Quoique Attila vît à regret la prolongation de ces pillages, qui disséminaient ses troupes et lui enlevaient un temps précieux pour l'exécution de son plan de campagne, il les tolérait par nécessité, afin de faire vivre son armée, ou par calcul, afin de l'animer. Lui-même, à son départ de Trèves, vint assiéger Metz, ne voulant pas laisser derrière lui une place si forte, qui dominait les principales routes des Gaules, celles qui mettaient le nord en communication avec le midi, et Trèves et Strasbourg avec la ville métropolitaine d'Arles, résidence actuelle des préfets du prétoire. Cependant, dépourvu de machines suffisantes et inexpert d'ailleurs à de telles opérations, il leva le siège tout découragé, après avoir battu longtemps du bélier les murailles de la ville [2]. Il se trouvait déjà à vingt et un milles plus loin, occupé à détruire le château de Scarpone, lorsqu'il fut informé qu'un pan des murs de Metz s'était écroulé subitement. Sauter à cheval, franchir cette distance et accourir sur la brèche, ce fut pour les Huns l'affaire de quelques heures [3]. Ils arrivèrent en pleine nuit, la veille de Pâques, qui tombait cette année-là

---

1. Grég. Tur., *Hist. Franc.*, II, p. 5. — Paul. Diac., *Episc. Mettens.* ap. D. Bouquet; *Script. R. Gall. et Fr.*, t. I, p. 649.
2. Paul. Diac. *De Episc. Met.*; apud D. Bouquet; *Rer. Gall. et Franc. script.*, t. I, p. 649, 650.
3. Audientes Hunni qui duodecimo exinde milliario situm castrum quod Scarponna dicitur obsidebant, Mettensis urbis mœnia corruisse, iterato ad eam festina celeritate regressi sunt. Paul. Diac. *De Episc. Mett.*, ub. sup., p. 650.

au 8 avril. L'évêque s'était retiré dans l'église avec son clergé; il fut épargné et emmené captif, mais ses prêtres furent tous égorgés au pied de l'autel. Les habitants périrent soit par l'épée, soit dans les flammes de leurs maisons, qui furent réduites en cendre; on rapporte qu'il ne resta debout qu'un oratoire consacré à saint Étienne, premier martyr et diacre[1]. De Metz, Attila se dirigea sur Reims.

La grande et illustre capitale des Rèmes ne lui coûta pas tant de peine à enlever : elle était presque déserte, ses habitants s'étant retirés dans les bois[2]; mais l'évêque, nommé Nicasius, restait avec une poignée d'hommes courageux et fidèles pour attendre ce qu'il plairait à Dieu. Quand il vit, après la rupture des portes, les Barbares se précipiter dans la ville, il s'avança vers eux sur le seuil de son église, entouré de prêtres, de diacres, et suivi d'une troupe de peuple qui cherchait protection près de lui. Revêtu des ornements épiscopaux, l'évêque chantait d'une voix forte ce verset d'un psaume de David : « Mon âme a été comme attachée à la terre; Seigneur, vivifie-moi selon ta parole. » Un violent coup d'épée trancha dans son gosier la sainte psalmodie, et sa tête roula à terre près de son cadavre[3].

---

1. Incendiis et rapinis universa vastantes plures e civibus... interemerunt, reliquos vero, simul cum sancto Auctore episcopo captivos abducunt. Paul. Diac., ap. D. Bouq., t. 1, p. 650. — In ipsa Paschæ vigilia, urbe flammis data, populo in ore gladii trucidato, sacerdotibus Domini ante sacro-sancta altaria interemptis, templis omnibus, excepto sancti Stephani oratorio, concrematis... Id., ibid.

2. Diu civitate manente solitaria. — Civium pars maxima qui ad montes et sylvas fugerant... Vit. S. Nicas. Frodoard., in Martyr. ap. Rem., p. 113.

3. Trux miles confestim stricto mucrone jussus irruit; nec tamen inse-

Nicasius avait une sœur d'une grande beauté, nommée Eutropie, qui, craignant d'être en butte aux brutalités de ces Barbares, frappa le meurtrier au visage, et se fit percer de coups à côté de son frère [1]. Ce ne fut que le prélude des massacres ; mais la basilique, sur le seuil de laquelle ils se passaient ayant retenti d'un bruit soudain et inconnu, les Huns effrayés s'enfuirent, laissant là leur butin, et quittèrent bientôt la ville [2]. Le lendemain, les habitants reprirent possession de leurs maisons désolées, et recueillirent les restes de ceux qu'ils considéraient comme des martyrs ; ils élevèrent un monument à leur pasteur, que l'Église honore encore aujourd'hui sous le nom de saint Nicaise.

Ce sont les légendes qui nous donnent ces indications, et nous apprennent également la ruine de Laon et celle de la ville des Veromandues, Augusta, aujourd'hui Saint-Quentin [3]. Ces actes, comme de raison, nous entretiennent plus longuement des malheurs des évêques et de leur clergé que de ceux des habitants laïques des villes saccagées, préférence qui ne tient pas seulement à la nature des documents dont nous parlons, mais qui a sa cause profonde dans les faits

---

quenti gladio cervicem cæsi, verbum pietatis ab ore defecit, sed capite in terram cadente, sententiam, ut traditur, immortalitatis prosecutus est dicens : *Vivifica me secundum verbum tuum. Vit. S. Nicas*, ap. Frodoard in *Martyr. Rem.*, p. 113.

1. Super fratris interfectorem, ausu plus quam fœmineo, insiliens, oculos ipsimet digitis proditur cruisse : ac mox a circumstantibus ferro jugulata. *Ibid.*

2. Barbaros... subitus horror invasit, horrendo reboante basilica sonitu, quasi cœlestis exercitus patatræ cædis vindex adesset. *Vit. S. Nicas*, Frodoard, *l. laud.*

3. Boll., 6 feb., p. 797. — Cf. Th. Ruinart. *Vandal. persec. hist.*, p. 408. — Sur., 8 jul., p. 135.

mêmes de l'histoire. Au milieu de la désorganisation politique produite par tant de calamités, les magistrats civils et militaires faisaient souvent défaut : les curiales désertaient pour ne point subir les avanies du fisc ou les réquisitions de l'ennemi ; mais l'évêque demeurait, enchaîné à son troupeau par un lien spirituel. C'était donc lui que les Barbares trouvaient toujours en face d'eux, comme le seul fonctionnaire qui représentât la hiérarchie romaine ; c'était lui seulement que les citoyens pouvaient invoquer comme leur conseil et leur guide. Des lois nées des besoins du temps conféraient à l'évêque des attributions civiles qui en firent peu à peu un véritable magistrat et le premier de la cité ; mais la force des choses lui en conférait bien d'autres : elle faisait de lui, suivant les cas, un duumvir, un préfet, un intendant des finances, un général d'armée. Cet état de choses, mal compris par les siècles suivants, donna lieu à cette multitude de martyrs que mentionnent les légendaires dans les guerres barbares du Ve siècle, tout évêque mis à mort étant naturellement à leurs yeux mis à mort pour sa foi. En ce qui concerne la guerre des Huns, nous admettrons comme certain que les profanations s'y mêlèrent souvent aux massacres, et la dérision du nom de Dieu au mépris de l'humanité : nous pouvons supposer même que certains peuples germains vassaux des Huns, tels que les Ruges, les Scyres, les Turcilinges, qui arrivaient avec les passions féroces de l'odinisme, déployaient dans l'occasion contre les prêtres chrétiens une haine fanatique ; mais Attila n'avait point des instincts persécuteurs, et sa guerre à la société romaine ne fût pas marquée au coin d'une guerre au christianisme. Tchinghiz-Khan et Timour en agissaient ainsi, et le premier recommandait expressément à ses enfants de ne se point mêler de la croyance religieuse des peuples vaincus. On aperçoit déjà cette politique des conquérants mongols dans la conduite d'Attila.

Cependant la Gaule entière, mais surtout les provinces belgiques, étaient dans l'épouvante. Tout fuyait ou se disposait à fuir devant cette tempête de nations que précédait l'incendie et que suivait la famine. Chacun se hâtait de mettre ses provisions, son or, ses meubles à l'abri ; les habitants des petites villes couraient se renfermer dans les grandes sans y trouver plus de sécurité ; les habitants de la plaine émigraient vers la montagne ; les bois se peuplaient de paysans qui s'y disputaient les tanières des bêtes fauves ; les riverains de la mer et des fleuves, mettant à l'eau leurs navires, se tenaient prêts à transporter leurs familles et leurs biens sur le point qui leur paraîtrait le moins menacé. C'est ce que firent les citoyens de la petite ville de Lutèce. Lutèce ou *Parisii*, Paris, suivant l'usage qui avait alors prévalu de donner aux villes le nom de la peuplade dont elles étaient le chef-lieu, bourg obscur du temps de Jules César, était devenue une cité assez importante depuis Constance Chlore. Cet empereur et ses successeurs, trouvant le séjour de Trèves trop exposé aux coups de main des Barbares, avaient cherché plus au midi un lieu de repos pour eux, et d'exercice pour leurs troupes pendant la saison d'hiver ; ils l'avaient fixé tantôt à Reims, tantôt à Sens, et tantôt à Paris[1].

1. On peut consulter là-dessus mon *Histoire de la Gaule sous l'administration romaine*, t. III, c. 6.

Un camp fortifié, des arsenaux, un palais, un amphithéâtre, des temples, en un mot tout ce qui constituait un grand établissement militaire et une résidence impériale avait été construit successivement par ces empereurs sur la rive gauche de la Seine, et hors de la cité, qui était renfermée tout entière dans une île du fleuve. Julien avait pris ce lieu en affection, et y passa plusieurs hivers. C'est là qu'une émeute de soldats l'éleva en 360 du rang de césar à celui d'auguste [1], et qu'en 383 une autre émeute en renversa Gratien. Cependant l'importance commerciale de la petite ville avait marché de pair avec son importance politique : elle était devenue l'entrepôt de tout le commerce entre la haute et la basse Seine. En d'autres circonstances, sa population de mariniers, célèbre dès le temps de Tibère, aurait songé à faire respecter son île, que protégeaient doublement les bras profonds du fleuve et une haute muraille flanquée de tours; mais la terreur panique qui précédait Attila énervait les plus braves, et ne montrait aux peuples qu'un seul moyen de salut, la fuite. Les Parisiens avaient donc tenu conseil et résolu de ne point attendre l'ennemi. Déjà se faisaient les apprêts d'une émigration générale : toutes les barques étaient à flot. On ne voyait que meubles entassés sur les places, que maisons désertes et nues, que troupes d'enfants et de femmes qui allaient dire à leurs foyers un dernier adieu trempé de larmes [2]. Une femme entreprit

---

1. *Histoire de la Gaule sous l'administration romaine*, t. III, c. 6 et 9.

2. Terrore perculsi Parisiorum cives bona ac stipendia facultatum suarum in alias tutiores civitates deferre nitebantur... *Vit. S. Genovef.*, n° 10. — Cum conjugibus ac liberis fortunisque suis... 2ª *Vit. S. Genovef...* Bolland. 3 januar.

de les arrêter. Le caractère de cette femme extraordinaire, le genre d'autorité qu'elle exerçait autour d'elle, enfin la juste vénération dont la ville de Paris entoure sa mémoire depuis quatorze siècles, exigent que nous exposions d'abord ici ce qu'elle était, et comment s'étaient écoulés les premiers temps de sa vie.

Elle se nommait Genovefa, mot que nous avons altéré en celui de Geneviève, et, malgré la physionomie toute germanique de son nom, elle était Gallo-Romaine. Son père Severus et sa mère Gerontia habitaient, au moment de sa naissance, le bourg de Nemetodurum, aujourd'hui Nanterre, à trois lieues de Paris; ils y vivaient sans travailler de leurs mains, et même dans une condition d'aisance assez grande. L'enfance de Geneviève ne se passa point, quoi qu'en dise la tradition populaire, à garder les moutons : douce, maladive, cherchant avant tout le repos, la fille de Severus n'avait pas de plus grand plaisir que de s'enfermer dans une chambre de la maison de sa mère pour y prier et y rêver, et, dès qu'elle le pouvait, elle s'échappait pour aller à l'église. Son humeur taciturne et solitaire l'isolait des autres enfants, aux jeux desquels on ne la voyait jamais se mêler [1]. A sept ans, elle se dit qu'elle prendrait le voile des vierges chrétiennes sitôt que l'âge en serait venu, et nonobstant les représentations de ses parents, à qui ce parti déplaisait, ce fut dès lors chose inébranlable dans son esprit. Il arriva que vers ce temps, c'est-à-dire en 429, Nanterre fut honoré par la visite de deux personnages illustres, Germain, évêque

---

1. *Vita S. Genovef.* apud Bolland., 3 januar.

d'Auxerre, et Loup, évêque de Troyes, que le clergé des Gaules envoyait dans l'île de Bretagne comme ses plus éminents docteurs, afin d'y combattre l'hérésie de Pélage, dont la population bretonne et les prêtres mêmes s'étaient laissé infecter. Les deux missionnaires, sur l'invitation des habitants du village, avaient promis d'y prendre gîte pour une nuit. Nanterre était donc dans la joie, et au jour marqué, hommes, femmes, enfants, revêtus de leurs habits de fête, allèrent attendre leurs hôtes sur la route pour les recevoir et les accompagner à l'église [1]. Au milieu de la foule qui le pressait et l'admirait, Germain remarqua une jeune fille parée des grâces modestes de l'enfance, et dont l'œil vif et brillant semblait jeter une flamme surnaturelle; il lui fit signe d'approcher, la souleva dans ses bras, et, lui déposant un baiser paternel sur le front, il lui demanda qui elle était [2]. Aux réponses brèves et précises de Geneviève (car c'était elle), à la fermeté de son regard, le vieillard resta pensif; puis, s'adressant aux parents : « Ne la contrariez pas, leur dit-il, car ou je me trompe bien, ou cette enfant sera grande devant Dieu [3]. » Le lendemain matin, il voulut lui imposer les mains. A partir de ce moment, la vocation de Geneviève fut plus opiniâtre que jamais, son caractère plus réfléchi, ses habitudes plus retirées; elle ne quittait l'église que pour les pauvres; à un âge où l'on connaît à peine les occupations sérieuses, sa vie se

---

[1]. *Vit. S. Genovef.* apud Bolland. 3 januar.

[2]. Nescio quid in ea cœleste conspicatus... cujus caput deosculans... *Vit. S. Genovef.*, 3 et 4.

[3]. Erit hæc magna coram Domino... *ibid*.

partageait entre la prière et le soin des malades. L'opposition de ses parents ne fit que s'en accroître, et sa mère un jour s'emporta contre elle jusqu'à lui donner un soufflet [1]; mais ni mauvais traitements ni menaces ne firent dévier d'un pas cette résolution inflexible. Quand elle eut atteint l'âge de quinze ans, elle se présenta devant l'évêque de Chartres, Julianus, qui lui attacha sur le front le voile des vierges, et, ses parents étant morts peu de temps après, elle se réfugia près de sa marraine, qui habitait Paris.

Ce fut alors que Geneviève donna carrière à sa passion de retraite et d'austérités. On rapporte qu'elle avait fait disposer dans la ruelle de son lit une couche de terre glaise sur laquelle elle s'étendait la nuit [2]; sa seule nourriture fut longtemps du pain d'orge et de l'eau, et il fallut un ordre de son évêque pour qu'elle y joignît du poisson et du lait [3]; elle tombait fréquemment dans des extases mêlées de visions. Trois jours durant, on la crut morte, et on allait l'ensevelir lorsqu'elle rouvrit les yeux et raconta avec des circonstances merveilleuses « comment elle avait été ravie en esprit dans le repos des justes [4]. » Les miracles suivirent les extases, et bientôt on ne parla plus que de la vierge de Nanterre et des prodiges que Dieu opérait par ses mains : paralytiques guéris, aveugles rendus à la

1. Mater ejus palma maxillam ejus iracunda percussit. *Vit. S. Genovef.*, 5.
2. Ostendit... in secreto cubiculi ejus terram madidam de suis lacrymis irrigatam... *Vit. S. Genovef.*, 5.
3. Panis hordeacei tantum et fabæ capiens pulmentum, piscem et lac rara ac modica perceptione gustavit. *Id., ibid.*
4. Profitebatur se in spiritu ab angelo in requiem justorum... *Vit. S. Genovef.* 7.

lumière, démons mis en fuite; elle connaissait l'avenir, lisait dans les plus secrètes pensées des hommes, et commandait aux éléments ; l'orage, assurait-on, grondait ou se taisait à sa voix [1]. Sa réputation de sainte fut dès lors bien établie. Cet état de sainteté, manifesté au dehors par le don de prophétie uni au don des miracles, valait à celui qui le possédait une renommée dont le bruit parcourait bientôt toute la chrétienté. Son nom circulait de bouche en bouche; on colportait le récit de ses actions et de ses discours, de province à province, d'Occident en Orient, des églises romaines aux églises barbares, et ses biographies, écrites avec enthousiasme, étaient lues partout avec avidité. C'est ce qui arrivait à Geneviève. La simple fille dont l'ardente charité s'exerçait dans une petite île de la Seine, ne se doutait guère qu'elle était un sujet inépuisable de curiosité jusqu'au fond de la Syrie. Le stylite Siméon, qui passa quarante ans sur une colonne auprès d'Antioche, ne manquait jamais de demander aux visiteurs qui lui venaient d'Occident ce que faisait la prophétesse des Gaules, Genovefa [2]. Mais le mot si vrai de l'Évangile s'accomplissait sur cette prophétesse, à laquelle on croyait au dehors, et qui ne trouvait dans son pays qu'incrédulité et persécution. Beaucoup niaient sa sainteté, et des calomnies habilement répandues firent de

---

1. Cœcam et paralyticam sanat... dæmones fugat... — Pluribus in hoc sæculo viventibus secretas conscientias liquido declarabat... — Imbrem, tempestatem precibus pellit... *Vit. S. Genovef.*, cum annot. Boll., 3 januar.

2. Hic per negotiatores ad loca ista, mercandi gratia sæpius venientes, sanctæ Genovefæ salutationes cum plurima veneratione mittebat... 2ª *Vit. S. Genovef.*, 22.

Geneviève un objet d'aversion aux yeux du vulgaire. Saint Germain, qui vint la visiter lors de son second voyage chez les Bretons, en 447, eut à combattre ces préventions malveillantes, qui finirent par se dissiper. D'Auxerre à Paris, il communiquait avec elle en lui envoyant les *eulogies*, c'est-à-dire quelques fragments du pain qu'il avait béni : naïve correspondance entre ce grand évêque, devant lequel les impératrices s'inclinaient[1], et l'orpheline dont il avait fait sa fille spirituelle.

Depuis que l'on parlait de l'arrivée prochaine d'Attila, surtout depuis que les ravages de la guerre avaient commencé, Geneviève semblait avoir mis de côté toute autre pensée. Profondément convaincue avec toutes les âmes religieuses de son siècle que les événements de ce monde ne sont qu'un résultat des desseins de Dieu sur les hommes, et qu'ainsi le repentir et la prière, en désarmant la colère divine, peuvent conjurer les calamités qui nous menacent, elle priait nuit et jour sur la cendre, appelant avec larmes le pardon de Dieu sur son pays. De même qu'en d'autres malheurs publics une autre fille des Gaules, Jeanne d'Arc, Geneviève eut des visions; elle apprit que la ville de Paris serait épargnée si elle se repentait, et qu'Attila n'approcherait pas de ses murs. Elle alla donc exhorter ses compatriotes à la pénitence, leur ordonnant de laisser là tous leurs préparatifs de départ[2]; mais elle ne reçut des

---

[1]. Lors d'une visite faite à la cour de Ravenne par saint Germain, Placidie voulut le recevoir debout.

[2]. Nolite, ô cives, tantum facinus mente concipere. 2ª *Vit. S. Genovef.*, 10.

hommes pour toute réponse que des paroles grossières et des marques de dérision [1]. Rebutée de ce côté, elle prit le parti de s'adresser aux femmes.

Les rassemblant autour d'elle, elle leur disait en leur montrant de la main leurs maisons déjà vides et leurs rues désertes : « Femmes sans cœur, vous abandonnez donc vos foyers, ces toits sous lesquels vous fûtes conçues et nourries et où sont nés vos enfants, comme si vous n'aviez pas, pour garantir du glaive vous et vos maris, d'autres moyens que la fuite! Que ne vous adressez-vous au Seigneur, puisant des armes dans la prière et le jeûne, ainsi que firent Esther et Judith [2]? Je vous prédis, au nom du Très-Haut, que votre ville sera épargnée, si vous agissez ainsi [3], tandis que les lieux où vous croyez trouver votre sûreté tomberont aux mains de l'ennemi, et qu'il n'y restera pas pierre sur pierre. » Ses paroles, ses gestes, son regard d'inspirée, émurent toutes les femmes, qui la suivirent silencieusement où elle voulut. Il y avait à la pointe orientale de l'île de Lutèce, dans le même emplacement où s'élève aujourd'hui la basilique de Notre-Dame, une église consacrée au protomartyr saint Étienne. C'est là que Geneviève conduisit son cortège de femmes, à l'aide duquel elle se barricada dans le

---

1. Insurrexerunt autem in eam cives Parisiorum, dicentes pseudo-prophetissam suis temporibus apparuisse, eo quod prohiberentur ab ea, quasi a peritura civitate, in alias tutiores urbes bona sua transferre. *Vit. S. Genovef.*, 11., ap. Boll.

2. Ne urbem in qua genitæ nutritæque fuerant sub hac desperatione desererent, sed potius contra gladiorum impetum se vel viros suos jejuniis et orationibus munirent. — Quatenus possent sicut Judith et Esther super venturam cladem evadere. *Ibid.*

3. Parisium Christo protegente salvandum. *Vit. S. Genovef.*, 10.

baptistère, et toutes se mirent à prier. Surpris de l'absence prolongée de leurs femmes, les hommes vinrent à leur tour à l'église, et trouvant les portes du baptistère fermées, ils demandèrent ce que cela signifiait ; mais les femmes répondirent de l'intérieur qu'elles ne voulaient plus partir [1]. Cette réponse mit les hommes hors d'eux-mêmes. Avant de briser la clôture d'un lieu saint, ils tinrent conseil, et discutèrent d'abord sur le genre de supplice qu'il convenait d'infliger à la fausse prophétesse, comme ils l'appelaient, à l'esprit de mensonge qui venait les tenter dans leurs mauvais jours. Les uns opinaient pour qu'elle fût lapidée à la porte de l'église, les autres pour qu'on la jetât la tête la première dans la Seine [2]. Ils discutaient tumultueusement, quand le hasard leur envoya un membre du clergé d'Auxerre, qui fuyait l'approche de l'invasion et gagnait probablement la basse Seine, espérant y être plus à l'abri. C'était un diacre qui avait apporté plusieurs fois à Geneviève les *eulogies* de la part de saint Germain [3]. Au nom de l'évêque mort depuis trois ans, il les réprimanda, les fit rougir de leur barbarie, et, les exhortant à suivre un conseil où il reconnaissait le doigt de Dieu : « Cette fille est sainte, leur dit-il, obéissez-lui. » Les Parisiens se laissèrent persuader et restèrent. Geneviève avait bien vu. Les bandes d'Attila, ralliées entre la Somme et la Marne, n'approchè-

---

[1]. Viros suos omnimodis admonebant... *Vit. S. Gen.*, 11.

[2]. Tractantibus autem civibus ut Genovefam aut lapidibus obrutam, aut vasto gurgite mersam punirent.... *Vit. S. Genovef.*, apud Bolland., ibid.

[3]. Adveniente ab Autissiodorensi urbe diacono... *ibid.*

rent point de Paris, et cette ville dut sa conservation à l'obstination courageuse d'une pauvre et simple fille. Si ses habitants se fussent alors dispersés, bien des causes auraient pu empêcher leur retour, et, selon toute apparence, la petite ville de Lutèce, réservée à de si hautes destinées, serait devenue, comme tant de cités gauloises plus importantes qu'elle, un désert dont l'herbe et les eaux recouvriraient aujourd'hui les ruines, et où l'antiquaire chercherait peut-être une trace de l'invasion d'Attila.

L'intention du roi des Huns n'était point de livrer la Gaule à un pillage général, au moins pour le moment. Attila, qui hasardait toujours le moins possible, aimait à surprendre son ennemi : il avait coutume de dire que « l'attaque appartient au plus brave [1] ; » d'ailleurs les expéditions soudaines, rapides, étaient dans la nature des troupes qu'il commandait. Son plan, arrêté dès le premier jour, consistait à marcher directement sur le midi des Gaules pour attirer les Visigoths hors de leurs cantonnements ou les y écraser avant l'arrivée des troupes romaines, qu'il savait encore en Italie. Les Visigoths détruits, il devait se porter au-devant d'Aétius, et l'attaquer au débouché des Alpes; quant aux Burgondes et aux Franks, il n'en tenait pas grand compte, lui qui avait déjà battu les premiers et vu fuir les seconds. Sa marche depuis Metz dévoilait ce plan à des yeux clairvoyants. Deux routes conduisaient de cette ville dans le midi des Gaules : l'une, principale voie de communication entre la province narbonnaise

---

[1]. Audaciores sunt semper, qui inferunt bellum. JORN., *R. Get.* 39.

et les bords du Rhin, passait par Langres, Châlons-sur-Saône et Lyon, pour descendre ensuite la vallée du Rhône ; l'autre passait par Reims, Troyes et Orléans. La première, toute montagneuse, parcourait un pays où une nombreuse cavalerie ne pouvait ni se déployer ni trouver à vivre ; la seconde traversait une région plane et ouverte, qui se prolongeait encore au delà de la Loire, dans les plaines de la Sologne et du Berry. Toujours bien renseigné sur les contrées où il voulait porter la guerre, Attila choisit la seconde de ces routes ; il comptait même s'emparer d'Orléans sans coup férir, grâce à certaines intelligences qu'il avait déjà nouées avec le chef ou roi des Alains, campés en Sologne, et chargés de garder les passages du fleuve [1]. Sangiban (c'était le nom de ce roi), homme faible et méticuleux, s'était laissé intimider par les menaces d'Attila ou gagner par ses promesses, car Attila avait partout des gens qui travaillaient pour lui soit comme émissaires, soit comme espions. D'ailleurs les Alains de la Gaule, anciens vassaux des Huns, n'étaient pas tranquilles sur les suites de leur désertion, quand ils voyaient les puissants Visigoths eux-mêmes réclamés comme des esclaves fugitifs. Ces réflexions agirent sur l'esprit du roi alain, qui consentit à livrer Orléans aux troupes d'Attila. Peut-être aussi le médecin Eudoxe promettait-il à son protecteur une insurrection de paysans dans les provinces cisligériennes qui avaient été le principal foyer de la bagaudie. Le roi des Huns

---

[1]. Sangibanus namque, rex Alanorum, metu futurorum perterritus, Attilæ se tradere pollicetur, et Aurelianam civitatem Galliæ, ubi tunc consistebat, in ejus jura transducere. Jorn. R. Get., 39.

avait donc bien des motifs de hâter sa marche sur Orléans. Ramenant à lui les ailes de son armée, il la concentra tout entière dans cette direction, et à partir de Reims tous les pillages cessèrent. C'est ainsi que Châlons-sur-Marne, Troyes et Sens furent traversés sans éprouver le sort de Metz, de Toul et de Reims. Quelque diligence que fît Attila, une armée embarrassée de chariots ne devait pas mettre moins de vingt jours à parcourir les 336 milles romains (112 lieues de France) qui séparaient Metz d'Orléans, d'après les itinéraires officiels. Ainsi donc, parti de la première de ces villes le 9 ou le 10 avril, il put arriver devant la seconde dans les premiers jours du mois de mai [1].

---

[1]. Voici, étape par étape, d'après les itinéraires romains, le chemin que parcourut Attila entre Metz et Orléans. Il est curieux de pouvoir suivre, au bout de quatorze siècles, tous les pas de ce terrible conquérant sur le sol de notre patrie.—1° De Metz à Reims. —*Divodurum*, Metz; *Scarpona*, Scarponne, 21 milles; *Tullum*, Toul, 15 milles; *Ad Fines*, Foug, 6 milles; *Nasium*, Naix, 21 milles; *Caturiges*, Bar-le-Duc, 14 milles et demi; *Ariola*, Montgarni, 13 milles et demi; *Fanum Minervæ*, La Cheppe sur la Vesle, où la tradition place le camp d'Attila, 24 milles; *Durocortorum*, Reims, 28 milles et demi.—2° De Reims à Troyes.—*Durocortorum*, Reims; *Durocatalaunum*, Châlons, 27 milles; *Artiaca*, Arcis-sur-Aube, 33 milles; *Tricasses*, Troyes, 18 milles. — 3° De Troyes à Sens — *Augustobona*, Troyes; *Clanum*, Villemaur, 18 milles et demi; *Agedincum*, Sens, 25 milles. — 4° De Sens à Orléans. — *Agedincum*, Sens; *Aquæ Segestæ*, ruines au nord de Sceaux, 34 milles romains; *Fines*, forêt d'Orléans entre Cour-Dieu et Philissanet, 22 milles; *Genabum*, Orléans, 15 milles.

CHAPITRE SIXIÈME

Orléans au vᵉ siècle. — Les habitants mettent leur ville en état de défense. — L'évêque Agnan va trouver dans Arles le patrice Aëtius — Aëtius promet de secourir Orléans. — Inutilité de ses efforts pour entraîner les Visigoths. — Les Gaulois et les Barbares fédérés et Lètes accourent sous ses drapeaux. — Force de l'armée d'Aëtius. — Caractère d'Avitus; sa liaison avec les Visigoths; son influence sur Théodoric; il le décide à partir. — Les habitants d'Orléans réduits à l'extrémité se découragent. — Ambassade d'Agnan vers Attila. — Les Huns entrent dans Orléans; arrivée d'Aëtius; combat; retraite des Huns. — Attila traverse la Champagne. — Loup, évêque de Troyes, est emmené par Attila. — Combat sanglant entre les Franks et les Gépides à Méry-sur-Seine. — Camp d'Attila près de Châlons. — Attila consulte ses devins sur le succès de la bataille. — Divination des Huns. — Affaire des Champs catalauniques; ordre de bataille des Huns et des Romains. — Discours d'Attila à ses soldats. — La bataille s'engage; horrible mêlée; mort de Théodoric, roi des Visigoths. — Attila est défait et se retranche dans son camp. — Funérailles de Théodoric; son fils Thorismond lui succède. — Thorismond remmène les Visigoths à Toulouse. — Joie d'Attila. — Sa retraite jusqu'au Rhin. — Les Visigoths s'attribuent la victoire de Châlons. — Injustice de la cour de Ravenne envers le patrice Aëtius.

451

La Loire, dans son cours de cent quatre-vingts lieues, forme entre le nord et le midi des Gaules un large fossé demi-circulaire, tracé par la nature entre des climats différents, et qui séparait alors, comme il le fait aujourd'hui, des populations non moins différentes d'origine et d'intérêts. La ville d'Orléans, située au sommet de la courbure et boulevard de ce grand fossé, a joué un rôle important à toutes les époques de notre histoire, soit comme point stratégique, soit comme centre commercial. Au temps de l'indépendance de la Gaule et sous son vieux nom de Genabum, elle avait déjà cette double importance, et ce fut de ses murs que partit le signal de la grande insurrection qui mit un instant en péril la gloire et la vie de Jules César. Sous le régime gallo-romain, il y eut peu de guerres civiles ou étrangères dont elle n'eût à souffrir, et sa muraille, trop souvent battue du bélier, dut être reconstruite vers l'année 272, sous le principat de l'empereur Aurélien, dont Genabum adopta le nom par reconnaissance. De même que la ville actuelle, la cité aurélienne était assise sur une pente qui borde la rive droite de la Loire, et son enceinte, formée par un parallélogramme de murs flanqués de tours, plongeait du côté du midi dans les eaux du fleuve. Une grosse tour, placée à l'angle sud-ouest, servait de tête à un pont qui conduisait sur la rive gauche dans la direction de Bourges, et d'autres ouvrages de grande dimension, dont quelques restes sont encore debout, défendaient la porte orientale, où convergeaient les routes de Nevers et de Sens.

Gardiens d'un point si important, les habitans d'Orléans étaient en émoi au moindre bruit de guerre, et dans cette décadence du gouvernement romain, où chefs et soldats leur manquaient souvent, ils s'étaient habitués à ne prendre conseil que d'eux-mêmes. Quand ils connurent la marche d'Attila et ses proclamations, dans lesquelles il disait n'en vouloir qu'aux Visigoths, les Orléanais sentirent bien que cet orage allait d'abord fondre sur eux. Remettre leurs murs en état, élever quelques ouvrages nouveaux, réunir tout ce qu'ils pourraient de vivres et de munitions de siége, fut leur premier soin [1] ; le second fut d'épier la conduite des Barbares chargés de les garder. Ils découvrirent ou du moins ils soupçonnèrent les sourdes menées de Sangiban, et quand le roi des Alains se présenta pour tenir garnison dans leur ville, ils lui en fermèrent les portes. En même temps, ils firent partir leur évêque Anianus pour le midi, afin d'informer de l'état des choses, soit le préfet du prétoire Tonantius Ferréolus, soit Aëtius lui-même, s'il était arrivé d'Italie [2]. La mission d'Anianus consistait à vérifier par ses propres yeux sur quels secours Orléans pouvait compter, et de faire connaître aux généraux romains combien de temps la ville pouvait raisonnablement tenir sans secours étrangers, puisqu'elle avait dû repousser les Alains comme suspects, sinon comme traîtres déclarés.

Anianus, autrement dit Agnan, appartenait à cette race héroïque d'évêques que produisait le v⁰ siècle, et qui, hommes de savoir et de piété, hommes de conseil, hommes de main, devenaient, dans les périls publics, les magistrats naturels de leurs cités. L'élection populaire, qui était alors le mode de recrutement de l'église, savait démêler en eux les qualités qui devaient les rendre utiles en toute circonstance, soit qu'elle s'adres-

---

1. Præparante populo omnia quæ ad repellenda hominum jacula, portis muris vel turribus fuerant opportuna. *Vit. S. Anian.*, ap. Chesn., *Script. Franc.*, t. I, p. 521. — D. Bouq., t. I, p. 645, et seq.
2. Tunc vir Domini Anianus... Arelatensem urbem expetere decrevit, et Aëtium Patricium qui sub Romano imperio in Galliis rempublicam gubernabat, videndum expetivit, ut ei furorem rebellium cum periculo suorum civium intimaret. *Vit. S. An.*, ibid.

sât à un commandant militaire comme dans Germain, à un avocat comme dans Loup de Troyes, à un poëte homme du monde comme dans Sidoine Apollinaire. Les peuples suivaient avec une confiance que ne leur inspiraient pas toujours les généraux de profession ces capitaines improvisés, qui avaient le bâton pastoral pour arme, qui rangeaient leurs troupes au chant des psaumes, et commandaient la charge au cri d'*Alleluia*. De leur côté, les Barbares ne voyaient qu'avec une certaine appréhension des généraux sans cuirasse et sans épée, dont ils ne calculaient pas bien toute la puissance; ils tremblèrent plus d'une fois devant eux, et plus d'une fois des négociations vainement poursuivies par les maîtres des milices ou les préfets se terminèrent par l'intervention d'un évêque. Anianus, en arrivant dans la ville d'Arles, domicile des hauts fonctionnaires romains, aperçut autour du palais impérial un appareil de licteurs et de gardes qui lui révéla la présence du patrice généralissime [1]. Aëtius, en effet, était de retour depuis quelques jours. Au nom de l'évêque d'Orléans, qui demandait à lui parler sans délai, il traversa son vestibule, déjà encombré d'officiers, de magistrats et d'évêques qui attendaient leur tour d'audience, s'avança au-devant du vieillard jusqu'à la porte, et l'entretint longtemps en particulier [2];

---

1. Itaque Arelatum veniens, multos Domini reperit sacerdotes, qui ob varias necessitates adventantes, videre non poterant faciem judicis ob fastum potentiæ secularis... *Vit. S. Anian.*, ap. Chesn., *Script. Fr.*, t. I, p. 521. — D. Bouq., t. I, p. 645.

2. Sed cum sanctus advenisset ibidem Anianus, divina gratia inspirante commonitus, protinus egressus est obviam supplex Aëtius. *Vit. S. Anian., ibid.*

ils s'expliquèrent sur la situation de la ville et sur celle de l'armée romaine. L'évêque insistait pour obtenir une prompte assistance. Il avait calculé qu'avec la quantité d'approvisionnements et le nombre d'hommes valides que la ville renfermait, elle pourrait tenir par ses seules ressources jusqu'au milieu de juin, mais que, passé ce terme, elle serait forcée de se rendre : « O mon fils, lui dit-il de ce ton solennel et mystique que la lecture habituelle des livres saints imprimait au langage des prêtres de ce temps, je t'annonce que si, le huitième jour avant les calendes de juillet (c'était le 14 du mois de juin), tu n'es pas venu à notre secours, la bête féroce aura dévoré mon troupeau [1]. » Aëtius promit qu'il y serait au jour marqué, et l'évêque reprit sa route en toute hâte. Il était à peine rentré dans Orléans, qu'Attila y vint mettre le siége.

Le retard prolongé d'Aëtius, si préjudiciable à la Gaule, était encore un fruit de la politique d'Attila. Tant qu'on avait pu craindre que sa marche vers l'ouest et sa déclaration de guerre aux Visigoths, faite avec tant d'apparat, ne fussent qu'une feinte pour surprendre l'Italie, Valentinien avait retenu prudemment au midi des Alpes et les légions romaines et le général qui valait à lui seul une armée; même, quand fut arrivée la nouvelle certaine que les Huns avaient franchi le Rhin, l'empereur voulut conserver près de lui la majeure partie de ses troupes. Aëtius

---

[1]. Simulque plenus prophetiæ spiritu, vm kal. julii diem esse prædixit, quo bestia crudelis gregem sibi creditum laniandum decerneret : petens ut tunc prædictus Patricius veniendo succurreret... *Vit. S. Anian.*, ap. Chesn., *Script. Franc.*, p. 521. — D. Bouq., t. i, p. 645.

partit donc avec une poignée d'hommes, comptant sur les forces que pourrait fournir la Transalpine, principalement en Barbares fédérés, mais son découragement fut grand quand il vit de près la situation des choses : les Burgondes battus et humiliés, les Alains en état de trahison flagrante, et les Visigoths décidés plus que jamais à rester dans leurs cantonnements. Aucune raison, aucune remontrance, aucune prière, ne purent fléchir l'esprit obstiné de Théodoric. En vain Aëtius lui expliquait que sa conduite, quel que fût l'événement de la campagne, retomberait sur lui et sur son peuple. « Si les Romains sont vaincus, lui disait-il, Attila viendra sur vous plus fort d'une première victoire, et, abandonnés à votre tour par le reste de la Gaule, vous serez hors d'état de résister; si, au contraire, les Romains sont vainqueurs avec l'aide des autres fédérés, l'honneur en appartiendra à ceux-ci, et la désertion des Visigoths ne passera plus pour calcul de prudence, mais pour lâcheté. » A cet argument si pressant, Théodoric n'avait qu'une réponse, celle qu'il avait déjà faite aux messagers de Valentinien : « Les Romains ont attiré comme à plaisir sur eux et sur nous le malheur qui nous menace ; qu'ils s'en tirent comme ils pourront ! »

Cependant la seule présence d'Aëtius, comme par un effet magique, avait ramené dans le midi des Gaules la confiance et le courage[1]. Les nobles gaulois armaient leurs clients, les paysans demandaient des armes, et,

---

1. Tanta patricii Aëtii providentia fuit, cui tunc innitebatur respublica hesperiæ plagæ, ut undique bellatoribus congregatis... Jorn., *R. Get.*, 36.

au milieu de cet entraînement patriotique, aucune tentative de bagaudie n'osa se manifester; les esclaves eux-mêmes restèrent en paix. Bien que séparée du gouvernement de l'empire, la petite république armoricaine[1] prouva qu'elle avait toujours le cœur romain, en envoyant ses guerriers au camp d'Aëtius sous leur drapeau national et sous la conduite de leur roi breton. Les Franks-Ripuaires ne furent pas les derniers au rendez-vous; Mérovée y accourut plein d'ardeur avec ses Franks-Saliens, et Gondicaire avec ses Burgondes[2], impatients de racheter leur défaite. On remarquait près d'eux un petit peuple des Alpes, les Bréons ou Brennes[3], qu'Aëtius avait ralliés pendant son voyage et amenés en Gaule. Lorsque Sangiban vint se présenter avec sa horde, Aëtius feignit d'ignorer sa trahison, soit pour ne pas pousser à bout par un éclat cet homme toujours incertain, soit de peur d'ébranler par un pareil exemple la fidélité des autres Barbares; mais il fit observer soigneusement toutes ses démarches. C'étaient là les grands corps de troupes; ils se grossirent encore des compagnies de colons barbares ou *Lètes*, qui arrivaient de tous les points de la province, où les communications étaient encore libres avec le midi de la Loire. Ainsi il y avait des Lètes-Teutons à Chartres, des Lètes-Bataves et Suèves à Bayeux et à Coutances, des Suèves au Mans, des Franks à Rennes, d'autres

---

1. Armoriciani... Jorn., *R. Get.*, 36. — Ils vinrent aussi en 468 au secours de l'Arvernie sous la conduite de leur roi Riothimus.

2. Franci Burgundiones... Riparioli... Jorn., *R. Get.*, 36.

3. Ibriones, quondam milites romani, tunc vero jam in numero auxiliariorum exquisiti... Jorn., *R. Get.*, *ut. sup.*

Suèves à Clermont, des Sarmates et des Taïfales à Poitiers, d'autres Sarmates à Autun, et çà et là des détachements de colons saxons entre l'embouchure de la Seine et celle de la Loire [1]; tous purent se rallier à l'armée d'Aëtius, soit au camp, soit pendant la route. Aëtius, en voyant l'ardeur qui se manifestait de toutes parts, sentit pénétrer en lui-même quelque chose de la confiance qu'il inspirait; mais l'absence des Visigoths lui causait toujours un regret cuisant. Mettant donc à les attirer autant d'obstination qu'ils en mettaient à s'isoler, il roulait dans sa tête toutes les combinaisons qui pouvaient le conduire à son but, lorsqu'à force d'y songer, il en trouva une dont le succès lui parut infaillible.

Dans la cité d'Arvernie, aujourd'hui la province d'Auvergne, vivait un sénateur, de noblesse à la fois celtique et romaine, dont la famille avait occupé les plus hautes fonctions administratives et militaires dans l'empire d'Occident, des préfectures du prétoire, des maîtrises des milices, des patriciats, et à qui ses ancêtres avaient légué de si grands biens, que son fils Ecdicius, dans une circonstance où il s'agissait de la liberté de l'Arvernie, put lever une armée avec ses seuls clients, et nourrir du blé de ses terres la ville de Clermont affamée [2]. Ce sénateur se nommait Mecilius Avitus. Avitus présentait un étrange composé de mollesse et d'élans énergiques : homme de plaisir et homme d'étude, épicurien patriote, il avait d'abord

---

1. Liciani... Sarmatæ... Saxones... aliæque Celticæ vel Germanicæ nationes. Jorn., *R. Get.*, 36.
2. Greg. Tur., *Hist. Franc.*, II.

CARACTÈRE DE L'ARVERNE AVITUS.   171

fait la guerre et servi le gouvernement romain, sous
les drapeaux d'Aëtius, avec une bravoure incomparable ; entré plus tard dans les carrières civiles, il le
servit également bien, et se fit la réputation d'un
politique habile et heureux. On vantait surtout l'adresse
avec laquelle, en 439, étant préfet du prétoire des
Gaules, il avait arraché au roi des Visigoths une trêve
ou un traité de paix que ce dernier refusait obstinément aux généraux romains[1]. A l'expiration de chacune
de ses charges, Avitus venait s'ensevelir dans sa délicieuse villa d'Avitacum, qu'il avait fait construire à
l'endroit le plus agreste de ses montagnes, sous un
rocher couvert de sapins, au milieu d'eaux jaillissantes
et sur la lisière d'un petit lac[2]. Il y menait une vie tout
à la fois voluptueuse et occupée, en compagnie de ses
livres, des gens de lettres qui affluaient chez lui de
toutes parts, et des femmes élégantes de la province.
Des fenêtres de sa bibliothèque, où les beaux esprits
venaient réciter leurs vers et leur prose, on apercevait
les bains thermaux[3] qu'il avait fait bâtir à grands frais
pour l'agrément de ses hôtes et pour le sien. Sa famille
se composait de deux fils, dont l'aîné, Ecdicius, succéda plus tard à son importance, et d'une fille nommée

---

[1].   . . . . . Postquam undique nullum
Præsidium, ducibusque tuis nil, Roma, relictum est,
Fœdus, Avite, novas : sævum tua pagina regem
Lecta domat...
(Sidon. Apollin., *Panegyr. Avit.*, v. 36.)

[2]. On peut voir la description d'Avitacum dans une lettre charmante de son gendre Sidoine Apollinaire, *Epist.* II, 2.

[3]. Balnæum ab Africo radicibus nemorosæ rupis adhærescit. Sid. Apollin., *Epist.* II, 2.

Papianilla, qui avait épousé Sidonius, de la famille lyonnaise des Apollinaires, homme honorable et distingué, et déjà le poëte le plus en vogue de tout l'Occident.

Si l'exquise urbanité d'Avitus et les rares mérites de son esprit le faisaient rechercher en tous lieux, même à Rome, nulle part il ne recevait un accueil plus empressé, il n'était l'objet d'une admiration plus expansive qu'à la cour des Visigoths. Théodoric ne se lassait point de voir et d'entendre ce type de toutes les élégances, qui contrastait si fort avec la tenue grossière, la voix rauque et le mauvais latin des seigneurs en casaque de peau qui composaient le fond de la cour de Toulouse. Une visite du noble arverne était pour le fils d'Alaric une bonne fortune ardemment souhaitée : il le consultait sur toutes choses, principalement sur l'éducation de ses enfants. Il semble même qu'Avitus consentit à diriger les études du jeune Théodoric, fils puîné du roi. Grâce aux leçons du digne conseiller, la demeure des ravageurs de Rome se transforma en une académie latine où l'on étudiait le droit romain et où l'on commentait l'Énéide. Le jeune Théodoric se rappela toujours avec reconnaissance qu'il lui devait le bonheur d'avoir lu, comme il disait, « les pages du docte Maron [1]. » C'est à cette autorité toute personnelle d'Avitus sur l'esprit du roi barbare qu'Aëtius eut

---

1. Sidoine Apollinaire met les vers suivants dans la bouche de Théodoric qui les adresse à Avitus.

. . . . . Mihi Romula dudum
Per te jura placent; parvumque ediscere jussit
Ad tua verba pater, docti quo prisca Maronis
Carmine molliret Scythicos mihi pagina mores...

l'idée de s'adresser, et, comme le temps pressait, il partit immédiatement pour Avitacum en compagnie de quelques nobles arvernes.

« Avitus, salut du monde, dit-il en abordant le maître du lieu, ce n'est pas pour toi une gloire nouvelle de voir Aëtius te supplier. Ce peuple barbare qui demeure à nos portes n'a d'yeux que les tiens, n'entend que par tes oreilles ; tu lui dis de rentrer dans ses cantonnements, et il y rentre ; tu lui dis d'en sortir, et il en sort ; fais donc qu'il en sorte aujourd'hui. Naguère tu lui imposas la paix, maintenant impose-lui la guerre [1]. » Ce compliment quintessencié à la mode du temps, mais très-flatteur, fut fort du goût d'Avitus. D'ailleurs la démarche d'un si grand personnage l'honorait tellement aux yeux du monde, qu'il se fit en quelque sorte un devoir de réussir dans la mission qu'on lui donnait. Il y réussit, et Théodoric, déjà ébranlé, fit aux sages représentations d'un ami le sacrifice de ses dernières répugnances. Avitus fut aidé en cela par le désir secret des chefs visigoths, qui commençaient à rougir du reproche de lâcheté que Romains et Barbares leur adressaient à l'envi. Aussi, quand un ordre du roi annonça le départ, la joie fut générale dans les cantonnements des Goths : c'était à qui se présenterait avec ses armes, à qui se ferait admettre

---

[1]. Orbis, Avite, salus, cui non nova gloria nunc est,
Quòd rogat Aëtius : voluisti, et non nocet hostis :
Vis ? prodest. Inclusa tenes tot millia nutu,
Et populis Geticis sola est tua gratia limes.
Infensi semper nobis pacem tibi præstant.
Victrices, i, prome Aquilas...

Sidon. Apoll., v. 339 et seqq.

parmi les combattants[1]. Théodoric prit en personne le commandement de ses troupes, et se fit accompagner par ses deux fils aînés, Thorismond et Théodoric, laissant l'administration du royaume aux mains des quatre puînés, Frédéric, Euric, Rothemer et Himeric[2]. Ce fut pour Aëtius et pour toute l'armée confédérée un beau jour que celui où, suivant l'expression du poëte, gendre d'Avitus, à qui nous devons ces détails, « les bataillons couverts de peaux vinrent se placer à la suite des clairons romains[3]; » de ce jour, le patrice ne douta plus de la victoire.

Tous ces tiraillements, toutes ces tergiversations de Théodoric avaient fait perdre aux Romains un temps précieux : des cinq semaines pendant lesquelles la ville d'Orléans avait promis de tenir, la plus grande partie était déjà écoulée, et il restait encore une longue route à parcourir; néanmoins Aëtius se flattait d'arriver avant le terme fatal. Attila, dont les hordes cernaient la place jusqu'à la Loire, poussait le siége aussi activement que le permettait la maladresse des Huns à manier les machines de guerre, tandis qu'au contraire les assiégés, bien munis de claies, de boucliers, de balistes, de matières inflammables, dirigeaient habilement les

---

1. Ad nomen currente Geta.... Timet ære vocari
Dirutus, opprobrium non damnum Barbarus horrens.
Hos ad bella trahit jam tum spes orbis Avitus...
Sid. Apoll., *Paneg*, *Avit.*, v. 350.

2. Quatuor filiis domi dimissis, id est, Friderico, et Eurico, Rothimere et Himerico, secum tantum Thorismundum et Theodoricum majores natu participes laboris assumit. Jorn. *R. Get.*, 36.

3. Ibant pellitæ post classica Romula turmæ.
Sidon. Apoll., *ibid.*, v. 349.

travaux de la défense. Plusieurs fois il fit approcher le bélier des murs, mais sans résultat. Les Huns recoururent alors à l'emploi des arcs, dont ils se servaient avec une vigueur et une sûreté de coup d'œil incomparables ; ils firent pleuvoir incessamment une grêle de flèches qui portaient la désolation dans la ville [1] : nul ne se montrait plus à découvert sur les créneaux sans être atteint, et les assiégés éprouvèrent de grandes pertes. Dans ces circonstances, et pour relever les courages qui commençaient à s'abattre, l'évêque fit promener processionnellement sur le rempart les reliques de son église [2] ; mais l'ardeur des assiégés déclinait rapidement avec leurs forces, soit qu'ils eussent trop présumé d'eux en s'engageant à tenir jusqu'au 14 de juin, soit que, ne recevant aucunes nouvelles du dehors, ils pussent supposer que le reste de la Gaule s'était rendu. Ils accusèrent leur évêque de les avoir trompés en leur promettant un secours imaginaire [3]. Agnan, ferme dans la croyance qu'une révélation de Dieu même lui avait annoncé leur délivrance et qu'il ne serait point trompé, baignait de ses larmes les marches de l'autel, et, se relevant par intervalle, il s'écriait : « Montez sur la plus haute tour, et regardez si la misé-

[1]. Interim hostilis exercitus tela jactabat instantius, atque cum arietibus latera muri crebris quatiebat impulsibus... *Vit. S. Anian.*, ap. Chesn., *Script. Fr.*, t. I, p. 521. — D. Bouq., t. I, p. 645.

[2]. Pontifex fixus in Domino, per muri ambulatorium sanctorum gestans pignora, suavi vocis organo more cantabat catholico... *Vit. S. Anian.*, ub. sup.

[3]. Cumque sanctus Anianus populum admoneret, ut nec sic quoque desperarent de Domino, nihilque esse Deo invalidum, qui suos tueri prævalet etiam sub momento... *Vit. S. Anian.*, apud Chesn., *Script. Franc.*, t. I, p. 521.

ricorde de Dieu ne nous vient pas[1]! » Quand on lui rapportait qu'aucune troupe, aucun nuage de poussière ne se montrait dans la plaine, il recommençait à prier avec plus d'ardeur. Il fit partir un soldat chargé de ce message pour Aëtius : « Si tu n'arrives pas aujourd'hui même, ô mon fils! il sera trop tard[2]. » Le soldat ne revint pas. A bout de ses forces et de son courage, Agnan se mit à douter de lui-même. Un orage, qui sembla ouvrir toutes les cataractes du ciel sur la ville et sur le camp ennemi, ayant suspendu les travaux du siége pendant trois jours, les habitants tinrent conseil, et décidèrent qu'il fallait se rendre. L'évêque fut chargé de porter leurs conditions au camp d'Attila; mais le roi hun, irrité qu'on osât lui parler de conditions, repoussa brutalement le négociateur, qui rentra tout tremblant dans la ville[3]. Il n'y avait plus qu'à se rendre à discrétion : c'est ce que firent les assiégés.

Le lendemain donc, dès le point du jour, les serrures brisées et les portes ouvertes à double battant annoncèrent que l'armée des Huns pouvait entrer[4]. Les chefs pénétrèrent les premiers pour avoir le choix des dépouilles, et le pillage commença. Il s'opéra dans tous les quartiers avec une sorte de régularité et d'ordre :

1. Aspicite de muro civitatis, si Dei misericordia jam succurrat. Greg. Tur., *Hist. franc.*, II, 6.
2. Vade et dic filio meo Aetio quia si hodie ad civitatem adesse distulerit, venire jam crastina nihil proderit. *Vit. S. Anian.*, apud Chesn., *l. c.*
3. Cessante igitur nimbo profluo, sanctus Anianus ad Attilæ pergit tentorium pro sibi commisso rogaturus populo : spretus a perfido responso contrario, civitatis sese retulit claustro... *Vit. S. Anian.*, apud Chesn., et D. Bouq., *ut sup.*
4. Postera autem die, apertis portarum repagulis, Attilæ proceres ingressi sunt Aurelianis... *ibid.* — Sequenti luce perfractis urbis portis irrumpit furibundus Attilæ regis exercitus 2ª *Vit. S. Anian.*, 10.

des chariots en station recevaient le butin enlevé des maisons, et les captifs, rangés par groupes, étaient tirés au sort entre les soldats [1]. Cette opération fut interrompue par un cri soudain, qui ramena l'espérance dans le cœur des vaincus et jeta l'effroi dans celui des vainqueurs. C'étaient Aëtius et Thorismond qu'on apercevait à la tête de la cavalerie romaine, accourant à toute bride, et derrière eux on voyait briller les aigles des légions et les étendards des Goths [2]. Ils furent bientôt devant la ville. Un premier combat eut lieu au débouché du pont, sur la rive et jusque dans les eaux de la Loire [3]; d'autres lui succédèrent dans l'intérieur des murs, où les captifs, brisant leurs chaînes, secondèrent les Romains de leur mieux. Traqués de rue en rue, écrasés sous les pierres que les habitants lançaient du haut des maisons, les Huns ne savaient plus que devenir, lorsque Attila fit sonner la retraite. Le patrice n'avait point manqué à sa parole : on était au 14 juin. Telle fut cette fameuse journée qui sauva la civilisation d'une destruction totale en Occident. L'église d'Orléans la célébra longtemps par une solennité où les noms d'Agnan, d'Aëtius et de Thoris-

---

1. Sorte ad dividendum populum missa, onerabat plaustra innumera de plebis capta substantia. 1ᵃ *Vit. S. Anian.*, ap. Chesn., p. 521, et D. Bouq., p. 646. — Proceres sorte domos dividunt, asportandis civium spoliis plaustra miles convehit. 2ᵃ *Vit. S. Anian.*, 10.

2. Ecce Aëtius venit, et Theodorus Germanorum rex ac Thorismodus filius ejus cum exercitibus suis, ad civitatem accurrunt... Greg. Tur., *Hist. franc.*, II, 6. — Ille (Aëtius)... utpote divina revelatione commonitus, una cum Theodoro et Torsomodo regibus... equum ascendit, ac concitus pergit. *Vit. S. Anian.*, ap. Chesn. et D. Bouq., *ubi sup.*

3. Itaque alii succubuerunt gladiis, alii coacti timore tradebant se gurgiti Ligeris, sortituri finem mortis... *Ibid.*

mond se confondaient dans ses prières ; mais Orléans était destiné à décider une autre fois encore du sort de nos aïeux, et la gloire plus récente et plus poétique de la vierge de Domremy fit pâlir celle du vieux prêtre gaulois. Cette gloire pourtant était grande au XIIIe siècle, puisque saint Louis vint à Orléans avec ses fils pour avoir l'honneur de porter les ossements de saint Agnan lors d'une translation de reliques. Les guerres religieuses n'épargnèrent pas les restes d'un héros coupable d'avoir été évêque et canonisé : les calvinistes, en 1562, brisèrent sa châsse et dispersèrent ses os. Par une triste coïncidence, le saint roi qui était venu l'honorer eut, lui aussi, sa tombe violée à Saint-Denis, sous l'empire d'autres passions et d'autres fureurs ; et la ville de Paris vit brûler en place publique les restes de la fille vénérable dont les patriotiques pressentiments et la courageuse volonté avaient empêché sa ruine. Ainsi la France dispense tour à tour à ses enfants les plus glorieux l'apothéose et les gémonies. Puisse du moins l'histoire offrir à ceux qui ont servi la patrie en des temps et sous des costumes différents ; prêtres, rois, guerriers, bergères ou reines, un asile sûr où leurs reliques ne seront point profanées !

Les nomades ne se font pas, comme nous, un déshonneur de la fuite ; attachant plus d'importance au butin qu'à la gloire, ils tâchent de ne combattre qu'à coup sûr, et, lorsqu'ils trouvent leur ennemi en force, ils s'esquivent, sauf à revenir en temps plus opportun. C'est ce que faisait Attila : trompé dans ses prévisions sur Sangiban et maudissant Aëtius, il ne songeait plus qu'à mettre pour le moment ses troupes et son butin en sûreté. Il décampa donc silencieusement pendant la nuit, reprenant la même route qu'il avait suivie à son arrivée, et au lever du jour il était déjà loin de la ville. Il lui tardait de gagner au delà de Sens un pays moins ravagé que les environs d'Orléans, et des plaines découvertes où la cavalerie hunnique retrouverait tous ses avantages, dans la prévision d'une bataille. Au nord de la ville de Sens, entre la vallée de l'Yonne et celle de l'Aisne, se développe, sur une longueur d'environ cinquante lieues et une largeur de trente-cinq à quarante, une succession de plaines coupées de rivières profondes, dont l'ensemble portait, dès le vi^e siècle, le nom de *Campania*, Champagne, qu'il conserve encore aujourd'hui. A son extrémité septentrionale s'élèvent les montagnes de l'Ardenne, qui, séparant ces plaines sèches et ondulées des plaines fertiles et basses de la Belgique, présentent à l'horizon comme un mur boisé d'une hauteur presque uniforme. Il n'y a d'issue, pour en sortir et gagner le cours inférieur du Rhin, que les défilés dangereux de l'Argone du côté du nord-est, ou, du côté du sud-est, le long trajet des Vosges et du Jura; deux routes romaines conduisant dans ces deux directions se croisaient alors à *Durocatalaunum*, aujourd'hui Châlons-sur-Marne. Attila, qui avait traversé ce pays en venant de Reims, avait hâte d'occuper la ville et la plaine environnante, qu'on appelait *Champs catalauniques*, afin d'assurer ses moyens de retraite dans le cas où, serré de trop près par l'armée romaine, il se verrait contraint de livrer bataille [1]. Ce n'était

---

1. Convenitur itaque in campos Catalaunicos, qui et Mauriacii nominantur, C. leugas, ut Galli vocant, in longum tenentes, et LXX in latum.

pas la première fois dans l'histoire des Gaules que les champs catalauniques se trouvaient choisis pour être le théâtre d'une lutte formidable entre les nations, et ce ne fut pas non plus la dernière.

On pense bien qu'Attila, dans sa marche précipitée, ne laissa piller qu'autant qu'il le fallut pour se procurer des vivres. Au passage de la Seine à Troyes, il n'entra point dans la ville ; l'évêque Lupus ou Loup (c'était le même dont nous avons parlé plus haut, et qui accompagnait saint Germain dans son voyage de Bretagne) vint au-devant de lui, le priant d'épargner, non pas seulement les habitants d'une cité sans défense, comme était alors celle de Troyes, qui n'avait plus ni portes ni murailles, mais encore la population des campagnes [1]. « Soit, répondit le roi hun de ce ton froidement railleur qui succédait chez lui aux emportements de la colère ; mais tu viendras avec moi jusqu'au fleuve du Rhin. Un si saint personnage ne peut manquer de porter bonheur à moi et à mon armée [2]. » Attila voulait garder en otage, à tout événement, un prêtre vénéré dans la contrée et considérable aux yeux de tous les Romains. Pendant qu'il passait l'Aube à Arciaca, aujourd'hui Arcis, il laissa son arrière-garde,

---

Jorn., *R. Get.*, 36. — Jornandès ajoute que les lieues dont il parle, sont de 1500 pas : (Leuga autem gallica mille et quingentorum passuum quantitate metitur). Elles équivalent par conséquent, à peu près, à la moitié de nos lieues ordinaires...

1. Quippe cum diversa urbium loca simulatæ pacis arte tentaret, Trecassinam urbem patentibus campis expositam, et armis immunitam et muris, cum infensaret sui agminis densitate, sollicitus piæ mentis Antistes... *Vit. S. Lup.*, apud. Bolland., 29 jul.

2. Secum indicit iturum, Rheni etiam fluenta visurum ; ibique cum dimittendum pariter pollicetur. *Vit. S. Lup., ibid.*

composée des Gépides, dans la plaine triangulaire que la Seine et l'Aube baignent à droite et à gauche avant de confondre leurs eaux, non loin de Mauriacum, ou Méry-sur-Seine, petite bourgade qui avait fait donner à ce delta le nom de *Champs de Mauriac*[1]. L'armée d'Aëtius avait gagné de vitesse celle des Huns, que la famine, les maladies, les embuscades de paysans décimaient tout le long de la route, et son avant-garde, formée des Franks de Mérovée, vint donner contre les Gépides, qui protégeaient le passage de l'Aube. Le choc eut lieu pendant la nuit; on se battit à tâtons jusqu'au jour dans une mêlée effroyable, et d'un côté la hache des Franks, de l'autre l'épée et la lance des Gépides firent si bien leur office, qu'au lever du jour quinze mille blessés ou morts couvraient le champ de bataille[2]. Ardaric, ayant ramené ses Gépides au delà de la rivière, rejoignit le gros de l'armée hunnique, qui le jour même entra dans la ville de Châlons.

Il n'y avait plus moyen d'éviter un combat général. A quelques milles au delà de Châlons, près de la station appelée dans les itinéraires *Fanum Minervæ*, temple de Minerve, se voient encore aujourd'hui les restes d'un camp fortifié à la manière romaine, lequel commandait la route de Strasbourg, et semble avoir eu pour destination de couvrir les deux villes de Reims

---

1. Campus Mauriacus. Greg. Tur., II, 7. — Campi Mauriacii... Jorn., R. Get., 36.

2. Exceptis XV millibus Gepidarum et Francorum qui... noctu sibi occurrentes mutuis concidere vulneribus, Francis pro Romanorum, Gepidis pro Hunnorum parte pugnantibus. Jorn., R. Get., 41. — Le texte de Jornandès porte *XC millibus* par erreur de copiste, sans aucun doute : j'ai adopté la correction proposée par l'abbé Dubos.

et de Châlons, entre lesquelles il était situé. Non loin de ces ruines, dans une plaine à perte de vue, coule la rivière de Vesle, qui, voisine de sa source, n'est encore là qu'un faible ruisseau, et cette circonstance, jointe à d'autres détails topographiques indiqués par l'histoire, paraît confirmer l'opinion qui fait de ce lieu le champ de bataille des Romains et des Huns. En effet, la tradition désigne sous le nom de *Camp d'Attila* ces restes d'un établissement dont le caractère est incontestablement romain, et dont le bon état de conservation, après quatorze siècles, exclut toute idée d'un bivouac barbare disposé à la hâte. Attila, trouvant des fortifications à sa portée, en aurait-il profité comme d'une bonne fortune? Se serait-il servi de l'enceinte romaine pour affermir l'assiette de son camp? On peut le supposer avec vraisemblance, et cette supposition met d'accord, sans grands frais d'hypothèse, la tradition locale et le bon sens. Une fois décidé à combattre, Attila fit ranger ses chariots en cercle et dressa ses tentes à l'intérieur. Le jour même, l'armée d'Aëtius campait en face de lui, les légions suivant les règles de la castramétation romaine, les fédérés barbares sans retranchement ni palissades, et chaque nation séparément.

Attila passa toute cette nuit dans une agitation inexprimable. Le mauvais état de son armée découragée, affaiblie par les privations et considérablement réduite en hommes et en chevaux, ne lui faisait que trop pressentir la probabilité d'une défaite, et cette probabilité n'échappait guère non plus à des yeux moins clairvoyants que les siens. Ses soldats avaient pris dans les bois voisins un ermite qui faisait parmi les paysans le métier de prophète. Attila eut la fantaisie de l'interroger. « Tu es le *fléau de Dieu*, lui dit le solitaire, et le maillet avec lequel la Providence céleste frappe sur le monde ; mais Dieu brise, quand il lui plaît, les instruments de sa vengeance, et il fait passer le glaive d'une main à l'autre, suivant ses desseins. Sache donc que tu seras vaincu dans ta bataille contre les Romains, afin que tu reconnaisses bien que ta force ne vient pas de la terre [1]. » Cette réponse courageuse n'irrita point le roi des Huns. Après avoir entendu le prophète chrétien, il voulut entendre à leur tour tous les devins de son armée ; car chez les Huns, comme plus tard chez les Mongols, les consultations sur l'avenir, dans les circonstances décisives, semblent avoir été d'institution publique. Il fit donc venir les magiciens et, comme dit l'historien de cette guerre, les *aruspices* qui suivaient ses troupes [2], et alors commença une scène étrange, effroyable, dont l'histoire, en esquissant les principaux traits, laisse à l'imagination le soin de les compléter.

Qu'on se figure, sous une tente tartare plantée au milieu des plaines de la Champagne, à la lueur lugubre des torches, un concile de toutes les superstitions du nord de l'Europe et de l'Asie : le sacrificateur ostrogoth ou ruge, les mains plongées dans les entrailles d'une victime dont il observe les palpitations [3], le prêtre

---

1. Tu es flagellum Dei... malleus orbis. — Voir plus tard ce qui est dit de cette tradition dans les Légendes d'Attila.
2. Statuit per haruspices futura inquirere. Jorn., *R. Get.*, 37.
3. More solito nunc pecorum fibras... Jorn., *ibid.*

alain secouant dans un drap blanc ses baguettes divinatoires [1] à l'entrelacement desquelles il voit des signes prophétiques, le sorcier des Huns blancs évoquant les esprits des morts au son du tambour magique et tournant sur lui-même avec la rapidité d'une roue jusqu'à ce qu'il tombe épuisé, la bouche écumante, dans l'immobilité de la catalepsie [2] ; et au fond de la tente Attila, assis sur son escabeau, épiant les convulsions, recueillant les moindres cris de ces interprètes de l'enfer. Mais les Huns avaient une superstition particulière plus solennelle, et que les voyageurs européens trouvèrent encore en vigueur aux XIIIe et XIVe siècles à la cour des descendants de Tchinghiz-Khan : je veux parler de la divination au moyen des os d'animaux, principalement des omoplates de mouton. Le procédé consistait à dépouiller de chair les os sur lesquels on voulait opérer : on les exposait ensuite au feu, et d'après la direction des veines ou les fissures de la substance osseuse, fendillée par l'action de la chaleur, on établissait ses pronostics. Les règles de cet art étaient fixes et déterminées par une sorte de rituel comme celles de l'aruspicine romaine. Attila observa lui-même les os, et n'y lut que sa prochaine défaite [3].

1. Ammien Marcellin donne des détails sur ce mode de divination employé chez les Alains... Futura miro præsagiunt modo : nam rectiores virgas vimineas colligentes, easque cum incantamentis quibusdam secretis præstituto tempore discernentes, aperte quid portendatur norunt... Amm. Marc., XXXI. 3.

2. On peut consulter sur les superstitions usitées chez les Huns blancs et les Turcs le récit de l'ambassade de Zémarque en 569. Menand, *Exc. leg.*, p. 152.

3. Qui more solito... nunc quasdam venas in abrasis ossibus intuentes, Hunnis infausta denuntiant. Jorn. *R. Get.*, 37.

ORDONNANCE DES DEUX ARMÉES.

Les prêtres, après s'être consultés, déclarèrent aussi que les Huns seraient vaincus, mais que le *général des ennemis* périrait dans le combat [1]. Par ce mot de général des ennemis, Attila comprit qu'il s'agissait d'Aëtius, et son visage s'illumina d'un éclair de joie. Aëtius était le grand obstacle à ses desseins [2], c'était lui qui avait rompu par son habileté la trame si bien ourdie pour isoler les Visigoths des Romains, lui qui avait arrêté les Huns dans leur marche victorieuse, lui enfin qui était l'âme de ce ramas de peuples, jaloux les uns des autres, dont Attila aurait eu bon marché sans lui. Acheter sa mort par une défaite, dans l'opinion du roi des Huns, ce n'était pas l'acheter trop cher.

Cette bataille, qui ne lui promettait que la défaite, Attila eut soin de l'engager le plus tard possible dans la journée, afin que la défaite même ne fût pas irrévocable, et que la nuit survenant laissât place à de nouveaux conseils et à de nouvelles chances [3]. A la neuvième heure du jour, environ trois heures après midi, il fit sortir son armée du camp. Lui-même se mit au centre avec les Huns proprement dits; il plaça à sa gauche Valamir et les Ostrogoths, à sa droite Ardaric avec les Gépides et les autres nations sujettes des Huns. Aëtius, de son côté, prit le commandement de son

---

[1]. Quòd summus hostium ductor de parte adversa occumberet, relictaque victoria, sua morte triumphum fœdaret. Jorn., *R. Get.*, 37.

[2]. Quumque Attila necem Aëtii, quòd ejus motibus obviabat, vel cum sua perditione duceret expetendam, tali præsagio sollicitus... Jorn., *ibid*.

[3]. Ut erat consiliorum in rebus bellicis exquisitor, circa nonam diei horam, prælium sub trepidatione committit ut si non secus cederet, nox imminens subveniret. Jorn., *ubi sup*.

aile gauche, formée des troupes romaines, opposa dans son aile droite les Visigoths aux Ostrogoths, et plaça dans le centre les Burgondes, les Franks, les Armorikes et les Alains de Sangiban, que les troupes fidèles avaient pour mission de surveiller[1]. Les dispositions prises par Attila indiquaient assez son plan. En concentrant sa meilleure cavalerie au centre de l'ordre de bataille et à proximité de son retranchement de chariots, il voulait évidemment tenter une charge rapide sur le camp ennemi en même temps qu'il assurait sa retraite vers le sien. Aëtius, au contraire, en portant sa principale force sur ses flancs, eut pour but de profiter de ce mouvement, d'envelopper Attila s'il était possible, et de lui couper la retraite qu'il voulait se ménager. Entre les deux armées se trouvait une éminence en pente douce, dont l'occupation pouvait être avantageuse comme poste d'observation : les Huns y envoyèrent quelques escadrons détachés de leur front, tandis qu'Aëtius, qui en était plus rapproché, faisait partir Thorismond avec un corps de cavalerie visigothe; celui-ci, arrivant le premier sur le plateau, chargea les Huns à la descente et les culbuta sans peine[2]. Cette première déconvenue parut de mauvais augure à l'armée hunnique, déjà en proie à de tristes pressentiments. Pour rendre l'élan aux cou-

---

[1]. Collocantes in medio Sangibanum, quem superius retulimus præfuisse Alanis, providentes cautione militari, ut eum, de cujus animo minus præsumebant, fidelium turba concluderent. Jorn. *R. Get.*, 38.

[2]. Erat autem positio loci, declivi tumore, in modum collis excrescens, quem uterque cupiens exercitus obtinere, quia loci opportunitas non parvum beneficium conferret, dextram partem Hunni cum suis, sinistram Romani, et Vesegothæ cum auxiliariis occuparunt. Jorn., *ibid.*

rages, Attila, réunissant les chefs autour de lui, leur adressa des paroles que Jornandès a reproduites dans son récit d'après la tradition gothique. Quoique l'idée de posséder une harangue d'Attila puisse surprendre de prime-abord, l'étonnement diminue lorsqu'on réfléchit aux moyens mnémoniques des peuples qui, ne connaissant pas l'écriture, n'ont d'autre histoire que la tradition orale. Les événements de leur vie publique étant, avec leurs fables religieuses, les seuls objets de leur littérature, ils les fixent dans leur mémoire avec une précision dont les récits de l'Edda nous fournissent plus d'une preuve; et lors même qu'ils ajoutent à la réalité des faits, ils le font si bien dans la couleur des temps et des hommes, que leurs inventions mêmes constituent pour la postérité une sorte d'authenticité relative. Nous admettrons, si l'on veut, que ce soit là le caractère du discours que Jornandès met dans la bouche du roi des Huns : au moins conviendra-t-on qu'il n'est pas l'ouvrage d'un rhéteur grec ou latin, et que de plus il contraste, par son âpre énergie, avec le style et les idées que pouvait tirer de lui-même l'abréviateur de l'histoire des Goths.

« Après tant de victoires remportées sur tant de nations, et au point où nous en sommes de la conquête du monde, je ferais, à mes propres yeux, un acte inepte et ridicule en venant vous aiguillonner par des paroles, comme si vous ne saviez pas ce que c'est que de se battre. Laissons ces précautions à un général tout neuf ou à des soldats sans expérience [1] : elles ne sont

---

1. Quærat hoc aut novus ductor aut inexpertus exercitus. Jorn. R. Get., 39.

dignes ni de vous ni de moi. En effet, quelles sont vos habitudes, sinon celles de la guerre? Et qu'y a-t-il de plus doux pour les braves que de chercher la vengeance les armes à la main? Oh! oui, c'est un grand bienfait de la nature que de se rassasier le cœur de vengeance [1]!... Attaquons donc vivement l'ennemi : c'est toujours le plus résolu qui attaque [2]. Méprisez ce ramas de nations différentes qui ne s'accordent point : on montre sa peur au grand jour, quand on compte, pour sa défense, sur un appui étranger. Aussi voyez, même avant l'attaque, la frayeur les emporte déjà : ils veulent gagner les hauteurs; ils se hâtent d'occuper des lieux élevés, qui ne les garantiront point, et bientôt ils reviendront demander, sans plus de succès, leur sûreté à la plaine. Nous savons tous avec quelle faiblesse les Romains supportent le poids de leurs armes; je ne dis pas la première blessure, mais la poussière seule les accable [3]. Tandis qu'ils se réunissent en masses immobiles pour former leurs tortues de boucliers, méprisez-les et passez outre; courez sus aux Alains, abattez-vous sur les Visigoths [4] : c'est sur le point où se concentrent les forces du combat que nous devons chercher une prompte victoire. Si les nerfs sont coupés, les membres tombent, et un corps ne peut se tenir debout quand les os lui sont arrachés [5].

1. Quid forti suavius, quam vindictam manu quærere? Magnum munus a natura, animum ultione satiare. Jorn., *R. Get.*, 39.
2. Audaciores sunt semper, qui inferunt bellum. Jorn., *ibid.*
3. Nota vobis sunt, quam sint levia Romanorum arma, primo etiam non dico vulnere, sed ipso pulvere gravantur. Jorn., *R. Get., ut. sup.*
4. Alanos invadite, in Vesegothas incumbite. Jorn., *R. Get., loc. laud.*
5. Abscisa autem nervis mox membra relabuntur, nec potest stare corpus, cui ossa subtraxeris. Jorn., *ibid.*

Élevez donc vos courages et déployez votre furie habituelle. Comme Huns, prouvez votre résolution, prouvez la bonté de vos armes ; que le blessé cherche la mort de son adversaire ; que l'homme sain se rassasie du carnage de l'ennemi : celui qui est destiné à vivre n'est atteint par aucun trait ; celui qui doit mourir rencontre son destin, même dans le repos[1]. Enfin pourquoi la fortune aurait-elle rendu les Huns vainqueurs de tant de nations, sinon pour les préparer aux joies de cette bataille[2]? Pourquoi aurait-elle ouvert à nos ancêtres le chemin du marais Méotide, inconnu et fermé pendant tant de siècles? L'événement ne me trompe point : c'est ici le champ de bataille que tant de prospérités nous avaient promis, et cette multitude rassemblée au hasard ne soutiendra pas un moment l'aspect des Huns. Je lancerai le premier javelot sur l'ennemi ; si quelqu'un peut rester tranquille quand Attila combat, il est déjà mort[3] ! »

« Alors, dit Jornandès, qui devient dans ce récit presque aussi sauvage que ses héros, alors commença une bataille atroce, multiple, épouvantable, acharnée. L'antiquité n'a raconté ni de tels exploits ni de tels massacres, et celui qui n'a pas été témoin de ce spectacle merveilleux ne le rencontrera plus dans le cours de sa vie[4]. » Le ruisseau presque desséché qui traver-

1. Victuros nulla tela conveniunt, morituros, et in otio, fata præcipitant. Jorn., *R. Get.*, 39.
2. Postremo cur fortuna Hunnos tot gentium victores adsereret, nisi ad certaminis hujus gaudia præparasset?... Jorn., *R. Get.*, *ibid.*
3. Si quis potuerit, Attila pugnante, otium ferre, sepultus est. Jorn., *ibid.*
4. Bellum atrox, multiplex, immane, pertinax, cui simile nulla usquam narrat antiquitas... Jorn., *R. Get.*, 40.

sait la plaine se gonfla tout à coup, grossi par le sang qui se mêlait à ses eaux, de sorte que les blessés ne trouvaient pour s'y désaltérer qu'une boisson horrible et empoisonnée qui les faisait mourir aussitôt [1].

L'engagement commença par l'aile droite romaine contre la gauche d'Attila, Goths occidentaux contre Goths orientaux, frères contre frères. Le vieux roi Théodoric parcourait les rangs de ses soldats, les exhortant du geste et de la voix, lorsqu'il tomba de cheval et disparut sous le flux et reflux des escadrons dont les masses se choquaient. Quelques-uns disent que ce fut un Ostrogoth de la race des Amales, nommé Andagis [2], qui le frappa de son javelot et le perça de part en part. La mêlée continua sans qu'on sût ce qu'il était devenu, et, après un combat sanglant, les Visigoths dispersèrent leurs ennemis. Pendant ce temps, les Huns d'Attila avaient chargé le centre de l'armée romaine, l'avaient enfoncé, et restaient maîtres du terrain, lorsque les Visigoths victorieux à l'aile droite les attaquèrent en flanc. L'aile gauche romaine fit un mouvement semblable, et Attila, voyant le danger, se replia sur son camp. Dans cette nouvelle lutte, poursuivi avec fureur par les Visigoths, il fut sur le point d'être tué, et n'échappa que par la fuite [3]. Ses troupes, à la

---

1. Nam si senioribus credere fas est, rivulus memorati campi, humili ripa prolabens, peremptorum vulneribus sanguine multo provectus, non auctus imbribus, ut solebat, sed liquore concitatus insolito, torrens factus est cruoris augmento. Et quos illic coegit in aridam sitim vulnus inflictum, fluenta mixta clade traxerunt... Jorn., *R. Get.*, 40.

2. Alii dicunt eum interfectum telo Andagis de parte Ostrogothorum, qui tunc Attilanum sequebantur regimen... Jorn., *ibid.*

3. Vesegothæ invadunt Hunnorum catervas et pene Attilam trucidassent, nisi prius providus fugisset. Jorn., *R. Get.*, 40.

débandade, le suivirent dans leur enceinte de chariots ; mais, quelque faible que fût ce rempart, une grêle de flèches, décochées sans interruption de toutes les parties de l'enceinte, en écarta les assaillants. La nuit arriva sur ces entrefaites, et l'obscurité devint tellement épaisse, qu'on ne distinguait plus amis ni ennemis, et que des divisions entières s'égarèrent dans leur marche. Thorismond, descendu de la colline pour rejoindre son corps d'armée, alla donner, sans le savoir, contre les chariots des Huns [1], où il fut reçu à coups de flèches, blessé à la tête et jeté en bas de son cheval. Ses soldats l'emportèrent tout couvert de sang. Aëtius lui-même, séparé des siens, et à la recherche des Visigoths, qu'il croyait perdus, erra quelque temps au milieu des ennemis [2]. Lui et ses confédérés passèrent le reste de la nuit à veiller dans leur camp, le bouclier au bras [3].

Le soleil se leva sur une plaine jonchée de cadavres. Cent soixante mille morts ou blessés restaient, dit-on, sur la place [4]. Tout ce que les Romains et leurs alliés savaient encore du résultat de la bataille, c'est qu'Attila avait dû essuyer un grand désastre : sa retraite

---

1. Bellum nox intempesta diremit... Idat. *Chron.* ad ann. 452. — Thorismodus... credens se ad agmina propria pervenire, nocte cæca ad hostium carpenta ignarus incurrit... Jorn., *R. Get.*, 40.
2. Aëtius vero similiter noctis confusione divisus, quum inter hostes medios vagaretur, trepidus ne quid incidisset adversi Gothis, inquirens... Jorn., *ibid.*
3. Reliquum noctis scutorum defensione transegit... Jorn , *ub. sup.*
4. Centum sexaginta duo millia. Jorn., *R. Get.. ibid.* — Le chroniqueur espagnol Idace porte le nombre des morts à 300,000 ; et Isidore de Séville admet aussi ce nombre en cumulant les pertes des deux combats de Mauriac et de Châlons.

faite avec tant de précipitation et de désordre en paraissait l'indice certain, et, quand on le vit obstinément renfermé dans son camp, on conclut qu'il s'avouait vaincu. Au reste, bien que retranché derrière ses chariots, le roi hun ne faisait rien qui fût indigne d'un grand courage : du milieu de son camp retentissait un bruit incessant d'armes et de trompettes, et il semblait menacer de quelque coup inattendu[1]. « Tel qu'un lion pressé par des chasseurs parcourt à grands pas l'entrée de sa caverne sans oser s'élancer au dehors, et épouvante le voisinage de ses rugissements, tel, dit l'historien Jornandès, le fier roi des Huns, du milieu de ses chariots, frappait d'effroi ses vainqueurs[2]. » Les Romains et les Goths délibérèrent sur ce qu'ils feraient d'Attila vaincu; ils convinrent de le mettre en état de blocus et de le laisser se consumer lui-même, sans lui offrir par une attaque de vive force l'occasion d'une revanche. On raconte que, dans cette situation désespérée, il fit dresser en guise de bûcher un énorme monceau de selles, tout prêt à y mettre le feu et à s'y précipiter ensuite, si l'ennemi forçait l'enceinte de son camp[3].

Cependant Théodoric ne reparaissait point; il ne

---

1. Strepens armis tubis canebat, incussionemque minabatur. Jorn., R. Get., 40.

2. Velut leo venabulis pressus, speluncæ aditus chambulans, nec audet insurgere, nec desinit fremitibus vicina terrere; sic bellicosissimus rex victores suos turbabat inclusus. Jorn., *ibid*.

3. Fertur autem, desperatis in rebus, prædictum regem adhuc et in supremo magnanimem, equinis sellis construxisse piram, seseque, si adversarii irrumperent, flammis injicere voluisse; ne aut aliquis ejus vulnere lætaretur, aut in potestatem tantorum hostium, gentium dominus perveniret. Jorn., *loc. cit.*

revenait point jouir de la victoire des siens ; divers bruits couraient sur sa disparition ; on le crut captif ou mort. On le chercha d'abord sur le champ de bataille comme un brave, et on trouva, non sans peine, son cadavre enfoui sous un amas d'autres cadavres. A cette vue, les Goths entonnèrent un hymne funèbre et enlevèrent le corps sous les yeux des Huns, qui n'essayèrent point de les troubler [1]. Les devins barbares durent faire sonner bien haut l'infaillibilité de leurs pronostics, que l'événement semblait vérifier, car enfin ils avaient annoncé la mort du chef des ennemis ; toutefois ce n'était pas sur celle-ci qu'Attila avait compté [2]. Thorismond, guéri de sa blessure, présida aux funérailles de son père, que l'armée visigothe célébra en grande pompe, avec force chants, cliquetis d'armes et cris discordants [3] : il y présida en qualité de roi, car les Goths l'élevèrent sur le pavois en remplacement du roi défunt.

Cette mort de Théodoric, à deux cents lieues de son pays, était un grand événement pour les Goths, dont les rois étaient électifs, quoique pris au sein de la même famille. Le jeune Théodoric, il est vrai, avait consenti sans difficulté à la proclamation de son frère Thorismond ; mais les quatre frères restés à Toulouse reconnaîtraient-ils aussi aisément un choix qui n'éma-

---

1. Quumque diutius exploratum, ut viris fortibus mos est, inter densissima cadavera reperissent, cantibus honoratum, inimicis spectantibus, abstulerunt. Jorn., *R. Get.*, 40.

2. Hoc fuit quod Attilæ præsagio haruspices prius dixerant, quamquam Ile de Aëtio suspicaretur... Jorn., *ibid.*

3. Videres Gothorum globos dissonis vocibus confragosos... armis insonantibus... Jorn., *R. Get., loc. laud.*

nait que de l'armée? Maîtres du gouvernement, maîtres du trésor de leur père, ne chercheraient-ils pas à se créer un parti, à soulever la multitude, à s'emparer de la royauté : chose assez facile, conforme d'ailleurs aux habitudes des Visigoths et au caractère particulier de jeunes princes que l'on savait ambitieux et hardis? Il y avait plus d'une révolte au fond de ce trésor du roi défunt, qui n'était pas autre que celui d'Alaric, et renfermait les plus riches dépouilles de Rome et de la Grèce. Thorismond, rongé d'inquiétudes, eût voulu déjà être à Toulouse, afin de prévenir ou de contenir ses frères [1]; mais la honte le retenait près d'Aëtius. Il alla donc trouver le patrice, dont l'âge et la mûre prudence sauraient le conseiller, disait-il, et, au nom de son père Théodoric, dont il voulait venger la mort, il proposa de livrer l'assaut au camp des Huns [2].

Aëtius, qui connaissait bien les ruses et la mobilité de l'esprit barbare, comprit que les regrets tardifs de Thorismond cachaient une menace de départ : il ne se montra pas d'humeur à changer un plan mûrement délibéré et à tourner peut-être la fortune contre lui pour des alliés qui faisaient si bon marché de l'intérêt romain. Feignant d'entrer dans toutes les craintes de Thorismond au sujet de ses frères, il n'objecta rien à son projet d'emmener l'armée visigothe, si l'on n'attaquait pas Attila. C'était une véritable désertion; mais,

---

1. Ne germani ejus, opibus sumptis paternis, Vesegotharum regnum pervaderent, graviterque dehinc cum suis, et quod pejus est, miserabiliter pugnaret. Jorn., *R. Get.*, 41. — Quasi anticipaturus fratrem, et prior regni cathedram arrecturus. Greg. Tur., *Hist. Franc.*, II, 7.

2. Virtutis impetu... inter reliquias Hunnorum mortem patris vindicare contendit. Jorn., *R. Get.*, 41.

après la conduite de ce peuple au commencement de la guerre, il n'y avait pas de quoi s'étonner; puis, les Romains étaient habitués à ces retours capricieux, à cette perpétuelle fluctuation de la part d'alliés imprévoyants, égoïstes, toujours plus empressés d'affaiblir que de fortifier l'empire qui les avait admis dans son sein [1]. L'histoire ajoute qu'au fond Aëtius ne fut pas fâché de se débarrasser des Visigoths, qui avaient joué un rôle brillant dans la bataille, et, selon toute apparence, décidé le succès. Leur jactance et leurs prétentions offusquaient sans doute l'armée romaine, et Aëtius craignit qu'après la destruction des Huns, ces défenseurs de la Gaule ne pesassent d'un poids insupportable sur elle [2]. Telle est du moins la politique que lui prête Jornandès, toujours favorable à ses compatriotes les Goths. Cette version plut tellement aux Barbares, dont elle flattait l'importance, que les historiens des Franks prétendirent aussi (sans la moindre vraisemblance assurément) qu'un stratagème pareil fut employé dans la même intention par le général romain pour éloigner du champ de bataille le petit peuple de Mérovée [3]. En fait, Aëtius parut ouvertement consentir au départ de Thorismond, ce qui équivalait à la levée du blocus d'Attila.

Ignorant de tous ces débats et toujours enfermé dans

---

1. Præbet hac suasione consilium, ut ad sedes proprias remearet, regnumque quod pater reliquerat, arriperet... Jorn., *R. Get.*, 41. — Festina velociter redire in patriam... Greg. Tur., *Hist. Franc.*, II, 7.

2. Metuens ne, Hunnis funditus interemptis, a Gothis Romanorum premeretur imperium. Jorn.; *R. Get., ub. sup.*

3. Similiter Francorum regem dolo fugavit. Greg. Tur., *Hist. Franc.*, II, 7.

son camp, où il voyait avec douleur son armée se fondre d'elle-même par les privations et la maladie, le roi des Huns semblait attendre, pour prendre un parti, quelque aventure du genre de celle qui démembrait l'armée d'Aëtius. Il avait bien remarqué que les bivouacs de Thorismond étaient déserts; toutefois, comme cette solitude pouvait cacher un piége, il se tint soigneusement sur ses gardes. Plus tard le silence, joint à la solitude prolongée, lui ayant donné la certitude du départ des Goths, il laissa éclater une grande joie; « son âme revint à la victoire, suivant l'énergique expression de l'historien que nous citions tout à l'heure, et ce génie puissant ressaisit sa première fortune [1]. » Faisant à l'instant même atteler ses chariots, il partit dans un appareil encore formidable. Attila ne demandait qu'à s'éloigner : Aëtius, avec des troupes réduites de plus de moitié, jugea prudent de respecter la retraite du lion. Seulement il le suivit à peu de distance et en bon ordre pour l'empêcher de piller, et tomber sur lui s'il s'écartait de sa route. Les Huns semèrent encore tout ce trajet de leurs malades et de leurs morts [2]. On ne sait si les Burgondes accompagnèrent fidèlement Aëtius dans cette dernière partie de sa campagne, ou s'ils s'esquivèrent à l'instar des Visigoths; mais l'histoire témoigne que les fédérés franks ne le quittèrent qu'après que les Huns eurent repassé le

---

[1]. Sed ubi hostium absentia sunt longa silentia consecuta, erigitur mens ad victoriam, gaudia præsumuntur, atque potentis regis animus in antiqua fata revertitur. Jorn., R. Get., 41.

[2]. Attila cum paucis reversus est. Greg. Tur., *Hist. Franc.*, II, 7. — Hunni pene ad internecionem prostrati cum rege suo Attila, relictis Galliis, fugiunt... Isid. Hispal., *Hist. Goth.* Ap. D. Bouquet, t. I, p. 619.

Rhin. Ils poursuivirent même pour leur propre compte jusqu'en Thuringe les tribus de ce pays, contre lesquelles ils avaient de terribles représailles à exercer [1]. L'expédition d'Attila avait donc échoué ; l'épouvantail gigantesque de son armée de cinq cent mille hommes venait de s'évanouir ; la Gaule était sauvée, sinon d'une dévastation passagère, au moins de la destruction, et ce résultat, l'empire le devait à la prudence tout autant qu'au génie militaire d'Aëtius, à qui il avait fallu vaincre sans rien hasarder, car sa défaite eût marqué la fin du monde occidental. Pourtant il ne trouva pas que des admirateurs parmi ceux qu'il avait sauvés. Les Visigoths, qui n'avaient été dans sa main que des instruments rétifs et dangereux, osèrent lui disputer l'honneur de la victoire, et la cour de Ravenne, plus jalouse et plus inique cent fois, lui fit un crime d'avoir laissé échapper son ennemi. Celui-ci du moins avait su lui rendre justice en proclamant sur le champ de bataille de Châlons que la mort d'Aëtius valait bien une défaite d'Attila.

1. Greg. Tur., *Hist. Franc.*, III, 7.

CHAPITRE SEPTIÈME

Attila réunit une nouvelle armée pour entrer en Italie. — L'envie se déchaîne contre Aëtius; on l'accuse de trahir l'empire.—Aëtius veut emmener l'empereur en Gaule; il y renonce. — Son plan de campagne; l'armée romaine est concentrée en deçà de la ligne du Pô. — Les Huns traversent les Alpes Juliennes. — Siége d'Aquilée. — Force de cette ville; son importance commerciale et maritime.—Vains efforts d'Attila pour s'en emparer. — Des cigognes lui pronostiquent la chute d'une tour. — La ville tombe en son pouvoir. — Héroïsme d'une jeune femme. — Traditions relatives au siége d'Aquilée. — Les Aquiléens se retirent à Grado. — Fondation de Venise. — Lettre de Cassiodore aux tribuns des lagunes. — Ravage de la Vénétie et de la Ligurie par les Huns. — Attila à Milan. — Il veut attaquer Rome; craintes superstitieuses des Huns. — Rome député vers lui le pape Léon.—Caractère et mérite du pape Léon.—Son entrevue avec le roi des Huns; celui-ci consent à la paix. — Il réclame encore une fois la princesse Honoria. — Retraite de l'armée des Huns par le Norique. — Une druidesse arrête Attila au passage du Lech. — Attila menace l'empire d'Orient. — Erreur de Jornandès au sujet d'une seconde campagne d'Attila dans les Gaules.

Attila était-il vaincu? Il prétendait bien que non, et, aux yeux de son peuple, il ne l'était point. Regagner ses foyers sain et sauf, en compagnie d'une partie de ses troupes et de ses chariots pleins de butin, ce n'était pas revenir vaincu, au moins d'après les idées que les peuples nomades se font de la guerre, et, afin d'ajouter au fait une démonstration qui parût sans réplique, Attila, dès le printemps suivant, entra en Italie avec une armée reposée et complétée [1].

Au reste, les Huns n'étaient pas les seuls à prétendre que leur roi n'avait point été vaincu ; les ennemis personnels d'Aëtius, les envieux, les flatteurs de la cour impériale, où la puissance du patrice était redoutée, le criaient encore plus haut. Ceux-là même qui reconnaissaient que le champ de bataille de Châlons était resté aux aigles romaines en attribuaient l'honneur à Théodoric et à ses Visigoths. Dans cette cour, réceptacle de toutes les lâchetés, on aimait mieux abaisser Rome devant des Barbares, alliés incertains et dangereux, que d'avouer qu'elle devait son salut au génie d'un grand général. La haine alla plus loin : elle peignit l'organisateur de la défense des Gaules, le vainqueur de Châlons, le tacticien habile qui aurait peut-être détruit les Huns jusqu'au dernier sans la désertion des Visigoths, comme un traître, coupable d'avoir laissé échapper Attila pour se rendre lui-même nécessaire [2]. Qu'était-ce pour lui qu'Attila, répétait la tourbe des détracteurs, sinon l'instrument de sa fortune, l'épouvantail au moyen duquel il régnait sur l'empereur et sur l'empire, et leur faisait sentir perpétuellement le poids de son épée ? Et l'on ne manquait pas de rappeler les anciennes relations d'Aëtius avec la nation des Huns, l'amitié que lui portait le roi Roua,

---

1. Redintegratis viribus quas in Gallia miserat... Prosp. Aquit., *Chron.* ad ann. 452.

2. Nihil duce nostro Aëtio secundum prioris belli opera prospiciente, ita ut ne clusuris quidem Alpium, quibus hostes prohiberi poterant, uteretur... Prosp. Aquit., *Chron.* ad ann. 452.

oncle d'Attila, et les troupes qu'il avait reçues de ce Barbare pour rentrer dans l'empire après son exil. On semblait en conclure qu'Aëtius rendait au neveu les services qu'il devait à l'oncle. Des calomnies de ce genre, et d'autres encore dont on retrouve la trace çà et là dans les écrivains de ce siècle et du siècle suivant, ébranlaient l'autorité morale du patrice au moment où cette autorité seule pouvait ranimer des esprits paralysés par la peur. Il faut le dire aussi, Aëtius prêtait le flanc aux attaques par son orgueil démesuré et par des prétentions qui s'élevaient presque jusqu'au trône, car il s'était mis en tête de marier son fils Gaudentius à la princesse Eudoxie, fille de Valentinien, et l'empereur entretint cette espérance tant qu'il eut besoin de lui[1] : ce fut toute l'histoire de Stilicon, sa grandeur, son ambition et sa chute.

A l'issue de la campagne des Gaules, Aëtius avait ramené ses légions en Italie ; mais elles étaient loin de suffire pour cette nouvelle guerre, et maintenant qu'il s'agissait de protéger le siége même de l'empire, il n'avait autour de lui ni les auxiliaires barbares, ni les volontaires nationaux, ni cet élan patriotique qu'il rencontrait à l'ouest des Alpes. Nul ne songeait à résister : « La peur, dit tristement un contemporain, livrait l'Italie sans défense[2]. » Cependant Attila appro-

---

1. Inter Valentinianum Augustum et Aëtium patricium post promissa invicem fidei sacramenta, post pactum de conjunctione filiorum, diræ inimicitiæ convaluerunt... Prosp. Aquit., *Chron.* ad ann. 452. — Voir, au sujet de Gaudentius et de la famille d'Aëtius, le morceau intitulé : Aëtius et Bonifacius; *Revue des Deux Mondes*, 15 juillet 1851.

2. Quam (Italiam) incolæ, metu solo territi, præsidio nudavere. Prosp. Tyr., *Chron.* ad ann. 452.

chait des Alpes Juliennes. Au milieu de cette terreur panique dont la cour de Ravenne donnait le premier exemple, Aëtius, pris au dépourvu, découragé, proposa, dit-on à Valentinien de le conduire hors de l'Italie, probablement dans les Gaules [1]. Gardien de l'empereur et responsable de sa tête, il voulait mettre d'abord en sûreté ce terrible dépôt, afin de pourvoir avec plus de liberté aux nécessités d'une guerre qui commençait si mal. Peut-être espérait-il décider les Visigoths à le suivre en Italie, peut-être comptait-il sur les Burgondes. En tout cas, il avait envoyé à Constantinople solliciter de prompts secours près de l'empereur Marcien [2]. Mais, quel que fût son plan, approprié à la fatale condition de sauver avant tout l'empereur, il y dut renoncer aussitôt. L'idée d'emmener le prince hors de l'Italie souleva un tel concert de clameurs, qu'Aëtius n'osa pas y persister [3] : il se résigna à tenir la campagne comme il pourrait jusqu'à l'arrivée des secours qu'il demandait en Orient. A défaut de ce premier projet, qui était assurément le plus sage, voici celui qu'il adopta. Hors d'état de couvrir à la fois Ravenne et Rome, la résidence des Césars et la métropole historique du monde romain, et se souvenant qu'Alaric n'avait eu si bon marché de celle-ci que par la nécessité où se trouvaient les légions de garder l'autre, il se décida à sacrifier Ra-

---

1. Hoc solum spei suis superesse existimans, si ab omni Italia cum imperatore discederet. Prosp. Aquit., *Chron.*, l. c.
2. Idat. Episc., *Chron.* ad ann. 452.
3. Sed cum hoc plenum dedecoris et periculi videretur, continuit verecundia metum. Prosp. Aquit., *Chron.* ad ann. 452.

venne, et transporta Valentinien à Rome[1], dont il fit réparer les murailles. En même temps il concentra ses forces en deçà du Pô, à l'exception des garnisons de quelques villes importantes telles qu'Aquilée, abandonnant dès le début l'Italie Transpadane à ses propres ressources. C'était à peu près le plan qu'il avait suivi dans la campagne des Gaules : il plaçait sa ligne d'opérations au midi du Pô, comme il l'avait mise alors au midi de la Loire.

Pendant tous ces débats, Attila s'avançait à grandes journées. Parti de sa résidence en plein hiver, il prit le chemin le plus direct et le plus commode pour une armée, la route d'étapes des légions, de Sirmium à Aquilée, ligne principale de communication entre Rome et Constantinople. Cette route passait par les villes d'Émone et de Nauport, aujourd'hui Laybach et Ober-Laybach. Au midi de Nauport commençait l'ascension des Alpes Juliennes, que dominait le poste du *Poirier*, ainsi nommé de quelque poirier sauvage semé là par la nature au milieu des rocs et des tempêtes. Au pied de la descente, sur le versant italien, était établi un camp permanent, bordé par le torrent de Wipach, alors appelé la *Rivière Froide*[2] : ce camp et le défilé du Poirier formaient la clôture des Alpes Juliennes. C'est là que, cinquante-sept ans auparavant, avait été livrée, par Eugène et Arbogaste, à Théodose arrivant d'Orient, la fameuse bataille qui

---

[1]. Cette circonstance résulte implicitement des récits contemporains.
[2]. Voici les étapes de cette route d'après les itinéraires romains. — Emona. — Nauporto xii. — Longatico vi. — In Alpe Julia v. — Fluvio Frigido xv. — Ponte Sontii xxii. — Aquileia xiv. — Cons. Cluv. *Ital. ant.*, t. i.

décida du double triomphe du catholicisme et de la seconde maison flavienne dans tout l'empire [1]. Maintenant ce camp était désert. Les Italiens, qui trouvaient encore des bras pour la guerre civile, n'en avaient plus contre l'invasion étrangère.

A vingt-deux milles du camp de la Rivière Froide coulait le torrent de l'Isonzo, alors nommé Sontius, qui, plus d'une fois, avait servi de barrière dans les guerres intestines de Rome : Attila le traversa sans coup férir. Du pont de l'Isonzo jusqu'aux murs d'Aquilée s'étendait une campagne ouverte, toute plantée d'arbres et de vignes, dont les longues files s'alignaient en berceaux. La fertilité de la Vénétie, la mollesse de son climat, la précocité de ses printemps, étaient célèbres chez les anciens : « Au premier souffle de l'été, dit un historien romain, on voyait tout ce pays se couronner de fleurs et de pampres comme pour une fête [2]. » L'armée des Huns n'y laissa après elle que des débris et des cendres. Ce fut aux remparts d'Aquilée qu'Attila rencontra sa première résistance.

Aquilée, la plus grande et la plus forte place de toute l'Italie, servait de boulevard à cette presqu'île sur le point le plus vulnérable, où la menaçaient tantôt les incursions subites des Barbares du Danube, tantôt les entreprises mieux calculées des empereurs de Constantinople. Le fleuve Natissa en baignait tout le côté

---

1. Voir mon *Histoire de la Gaule sous l'administration romaine*, t. III, chap. 9.
2. Arborum comparibus ordinibus ac vitibus inter se junctis et in sublime erectis, ad festæ celebritatis speciem quasi coronis quibusdam redimita omnis regio videbatur. Herodian. *Hist.*, VIII.

oriental [1], et, versant une partie de ses eaux dans un large fossé circulaire, garantissait de toutes parts la haute muraille flanquée de tours et l'enveloppait comme d'une ceinture. Aquilée n'avait pas moins d'importance comme place de commerce que comme place de guerre; ses habitants, tour à tour soldats, trafiquants et marins, concentraient dans leurs murs, depuis cinq cents ans, l'échange des exportations de l'Italie avec les importations de l'Illyrie, de la Pannonie et des pays barbares d'outre-Danube [2] : celui du vin, du blé, de l'huile et des objets fabriqués contre des esclaves, du bétail et des pelleteries. Son port [3], situé quatre lieues plus bas, à l'embouchure du fleuve, passait pour un des meilleurs de l'Adriatique; du moins était-il, en temps ordinaire, le mieux gardé, car il servait de station à la flotte chargée de protéger cette mer et de réprimer la piraterie. Qu'était devenue cette flotte en 452? Avait-elle déjà péri dans la dissolution chaque jour croissante des forces romaines? L'empereur, au contraire, l'avait-il rappelée pour la joindre à la flotte de Ravenne et couvrir plus sûrement le domicile des Césars? On l'ignore; mais elle ne joue aucun rôle dans les opérations de la guerre que nous racontons. Si forte

---

1. *Natiso.* Mel. — Plin. — Strab. — Herodian.—*Natissa.* Jornand. — Amne muros circumfluente, ac pariter fossæ objectum et aquarum præbente copiam. Herodian. *Hist.*, vIII.

2. Urbs magna, et velut Italiæ quoddam emporium, mari imminens, et ante omnes Illyricas gentes sita, super civium ingentem numerum, magna vis peregrinorum ac mercatorum... Herodian. *l. c.* — Italorum emporium opulentum in primis et copiosum. Julian. Cæs. *Orat. de Constant. Imper.*

3. Il s'appelait alors *Portus Natisonis*, et *Portus Aquileiensis*. On l'appelle maintenant *Porto di Grado*.

en même temps par la nature et par l'art, Aquilée était considérée comme imprenable, lorsqu'elle voulait bien se défendre. Alaric avait échoué devant elle, et de mémoire d'homme on ne pouvait citer à son déshonneur qu'une surprise qui la fit tomber, en 361, au pouvoir des soldats de Julien. Aquilée, à cette époque, s'étant déclarée pour l'empereur Constance, une division de l'armée de Julien dut en faire le siége ; mais la ville résista vaillamment. A bout de science et de courage, les assiégeants eurent recours à un stratagème resté fameux dans l'histoire de la poliorcétique : ayant amarré ensemble trois grands navires qu'ils recouvrirent d'un plancher, ils construisirent dessus trois tours de la hauteur du rempart et munies de crampons de fer et de ponts-levis, puis ils lancèrent la machine flottante, à la dérive, sur le fleuve. Quant elle eut atteint le flanc de la muraille, les soldats qui la montaient jetèrent les crocs, baissèrent les ponts, et, se précipitant dans la ville, en ouvrirent les portes à coups de hache [1].

Si le roi des Huns comptait dans son armée des soldats assez hardis pour exécuter un pareil coup de main, il n'avait pas d'ingénieurs capables de le préparer ; en tout cas, il n'y songea point, mais il employa contre Aquilée les moyens ordinaires des siéges, les sapes, les béliers, les escalades, les mines, le tout sans nul succès. Bien secondée par les habitants, la garni-

---

1. Commentum excogitatum est cum veteribus admirandum. Constructas veloci studio ligneas turres propugnaculis hostium celsiores, imposuere trigeminis navibus valide sibi connexis; quibus insistentes armati... injectis ponticulis... Amm. Marc., xxi, 12.

son faisait face à tout, et une place qui avait résisté aux attaques méthodiques des légionnaires de Julien se riait de l'impéritie des Huns. Chaque jour, venait de la part d'Attila quelque tentative nouvelle que l'audace ou la ruse des assiégés changeait en désastre pour lui[1]. Le jeu des machines, les sorties, les alertes nocturnes épuisaient et décimaient ses troupes. Trois grands mois s'écoulèrent dans ce travail impuissant[2]; les chaleurs se faisaient déjà sentir, et la campagne, livrée à une dévastation continuelle, ne fournit bientôt plus ni fourrages ni vivres. Cependant on apprenait que les secours demandés par Aëtius à l'empereur d'Orient[3] allaient bientôt débarquer en Italie; le bruit se répandit même que l'empereur Marcien, ne voulant pas borner là son assistance, préparait une descente en Pannonie et menaçait la retraite des Huns. Enclins au découragement quand il leur fallait se battre contre des murailles, les Barbares s'épouvantaient au souvenir des désastres qui avaient accompagné le siège d'Orléans, et, chose étonnante dans l'armée d'Attila, le camp retentissait de plaintes et de murmures[4]. Celui-ci, impatient et blessé dans son orgueil, ne savait plus que résoudre. Poursuivre sa marche à travers l'Italie en laissant Aquilée derrière lui, c'était une im-

---

1. Fortissimis intrinsecus Romanorum militibus resistentibus. Jorn., *R. Get.*, 42.
2. Ibique cum diu multoque tempore obsidens nihil penitus prævaleret... Jorn., *R. Get., ub. sup.*
3. Missis per Marcianum principem... auxiliis... Idat., *Chron.*, ad ann. 452.
4. Exercitu jam murmurante, et discedere cupiente... Jorn., *R. Get.*, 42.

prudence qui pouvait le perdre ; s'avouer vaincu en se retirant sans avoir ni pillé ni combattu, c'était une honte qu'il n'osait pas affronter : à tout prix ; il lui fallait Aquilée. Un incident que tout autre eût négligé la lui livra en imprimant au courage des Huns un élan nouveau et en quelque sorte surnaturel.

Un jour qu'en proie à ses anxiétés il se promenait autour des murs en étudiant l'état de la ville, il vit des cigognes s'envoler avec leurs petits d'une tour en ruine, où elles avaient niché, et gagner au loin la campagne, portant les uns sur leur dos et guidant le vol des autres, qui les suivaient en hésitant[1]. Attila s'arrêta quelques moments pour observer ce manége, puis, se tournant vers ceux qui l'accompagnaient : « Regardez, dit-il, ces oiseaux blancs ; ils sentent ce qui doit arriver : habitants d'Aquilée, ils abandonnent une ville qui va périr ; ils désertent, dans la prévoyance du péril, des tours condamnées à tomber[2]. Et ne croyez pas que ce présage soit vain ou incertain, ajouta-t-il ; la terreur d'un danger imminent change les habitudes des êtres qui ont le pressentiment de l'avenir[3]. » Ces paroles, prononcées à dessein, furent bientôt répétées dans tout le camp. Attila avait frappé

---

1. Attila deambulans circa muros, dum utrum solveret castra, an adhuc moraretur deliberat, animadvertit candidas aves, id est ciconias, quæ in fastigio domorum nidificant, de civitate fœtus suos trahere, atque contra morem per rura forinsecus comportare. Jorn., *R. Get.*, 42.

2. Respicite aves futurarum rerum providas, perituram relinquere civitatem, casurasque arces periculo imminente deserere. Jorn., *R. Get.*, ibid.

3. Non hoc vacuum, non hoc credatur incertum ; rebus præsciis consuetudinem mutat ventura formido. Jorn., *R. Get.*, 42.

juste : l'espèce d'autorité surhumaine dont il savait se fortifier dans toutes les grandes circonstances agit encore cette fois sur des esprits découragés. Aussitôt une nouvelle ardeur transporte les Huns; ils construisent des machines, ils essaient tous les moyens de destruction, ils multiplient les escalades, et enlèvent enfin la ville, qu'ils pillent et dont ils se partagent les dépouilles[1]. Leurs ravages furent si cruels, écrivait Jornandès un siècle après, qu'à peine reste-t-il aujourd'hui quelques vestiges de cette malheureuse cité comme pour indiquer la place qu'elle occupait[2]. Le viol se mêla, dans cette horrible journée, à l'extermination et au pillage. L'histoire conserve le souvenir d'une jeune et belle femme appelée Dougna ou Digna, qui, se voyant poursuivie par une troupe de ces brigands, s'enveloppa la tête de son voile, et, s'élançant du haut des remparts, disparut dans la profondeur du fleuve[3].

Tel est le bref et sombre récit des historiens; mais la tradition, comme toujours, s'est plue à enjoliver les événements. Elle raconte qu'Attila, surpris par une troupe nombreuse d'Aquiléens dans une reconnaissance

---

1. Qui, machinis constructis, omnibusque tormentorum generibus adhibitis, nec mora, invadunt civitatem, spoliant, dividunt... Jorn., R. Get., 42.

2. Vastantque crudeliter, ita ut vix ejus vestigia, ut appareant, reliquerint. Jorn., R. Get., *ibid.*

3. Fœminarum nobilissima Dougna nomine (al. Digna), forma quidem eximia, sed candore pudicitiæ amplius decorata. Hæc cum habitacula supra ipsa urbis mœnia haberet, turrimque excelsam suæ domui imminentem, subter qua Natissa fluvius vitreis labebatur fluentis... a summa se eadem turre, obvoluto capite, in gurgitem præcipitem dedit, metumque amittendæ pudicitiæ memorabili exitu terminavit. Paul. Diac., *Hist.*, xv, 27.

qu'il faisait seul pendant la nuit, leur tint tête longtemps, adossé contre un des murs de la ville, l'arc au poing, l'épée entre les dents, et ne leur échappa qu'en franchissant un monceau de cadavres : on le reconnut, dit le vieux conte populaire, aux flammes de ses prunelles qui jetaient un éclat sinistre [1]. Les Vénitiens, assure-t-on, montrent encore son casque, resté sur le champ de bataille [2]. Une autre tradition moins héroïque veut que les habitants d'Aquilée soient parvenus à se sauver dans leurs lagunes au moyen d'un de ces stratagèmes impossibles qui charment la crédulité des masses. Pour protéger leur retraite vers la mer et occuper l'attention des Huns pendant qu'ils transportaient sur des chariots leurs familles et leurs biens, ils placèrent, dit-on, sur le rempart, en guise de sentinelles, des statues armées de pied en cap, de sorte qu'Attila, après avoir forcé la place, ne trouva plus que des maisons vides, gardées par des défenseurs de pierre et de bois [3]. Ces historiettes s'accordent mal avec les faits. D'abord Attila ne risquait jamais sa vie sans nécessité; puis les faibles restes de la population aquiléenne ne se réfugièrent pas à Venise, qui n'existait pas, mais à Grado ; enfin les Aquiléens ne furent point épargnés. Attila fit peser sur la ville qui l'avait

---

1. Viri porro illi cum in urbem rediissent, narravere suis, dum illum aspexissent horribili rugitu a muro prosilientem emicuisse scintillas, et fulgur quoddam ex oculis viri plusquam terrigenæ... *Script. rer. hung.*, Deseric. Callimach. Olah. *Vit. Attil.*

2. Georg. Pray.; *Annal. Vet. Hunn. Avar. et Hungar.*, p. 164. Not.

3. Statuas omnes quæ in urbe sunt repertæ, per mœnia, et in propugnaculis noctu disposuisse, ut interdiu viderentur esse milites in stationem collocati, eaque fretos fallendi opportunitate, Aquileienses migrasse Gradum. Blond., *Hist. Dec.*, I, 2. — Cf. *Hist. civ. Aquil.*

osé braver une de ces ruines épouvantables dont l'exemple devait profiter à ses ennemis.

L'exemple profita; et ce fut dans toute la Vénétie un sauve-qui-peut général[1]. Concordia, Altinum, Padoue elle-même, ouvrirent leurs portes : leurs habitants les avaient en partie désertés. De ces villes et des villes voisines, on se sauvait dans les îlots du rivage, qui formaient à marée haute un archipel inaccessible, visité seulement par les oiseaux de mer et par quelques pêcheurs misérables[2]. On dit que les Padouans se rendirent à Rivus-Altus, aujourd'hui Rialto, les émigrés de Concordia à Caprula, ceux d'Altinum aux îles Torcellus et Maurianus; Opitergium envoya les siens à Equilium; Alteste et Mons-Silicis à Philistine, Métamaucus et Clodia. D'autres invasions succédèrent à celle des Huns, d'autres ravages à ces ravages; et les fugitifs ne regagnèrent point la terre ferme; ils restèrent citoyens des lagunes, sous la garde de la mer, qui savait du moins les protéger. Du sein de ces misères naquit la belle et heureuse ville de Venise, assise sur ses soixante-douze îles; mais la reine de l'Adriatique ne sortit pas d'un seul jet de l'écume des flots, comme Vénus, à qui les poëtes l'ont si souvent comparée. Un demi-siècle après le passage d'Attila, l'archipel vénitien ne présentait encore qu'une popula-

---

1. Necdum Romanorum sanguine satiati, per reliquas Venetum civitates Hunni bacchabantur. Jorn., *R. Get.*, 42.
2. Locus erat desertus cultoribusque vacuus et palustris... Constant. Porphyr., *De admin. Imp.*, 28. — Additur littori ordo pulcherrimus insularum. Cassiod. *Variar.*, XII, 22. — Incolebant repostas sedes marinæ tantum volucres quæ illuc apricatum ex alto se recipiebant, ac fortassis piscator aliquis sed rarus in his locis agebat. Sabellius. *Hist. Venet.*, I, p. 14.

tion faible, pauvre, mais industrieuse, de pêcheurs, de marins et de sauniers. Voici en quels termes Cassiodore, au nom de Théodoric le Grand, écrivait à ces ancêtres des doges pour leur ordonner de convoyer de l'huile et du vin des ports de l'Istrie à Ravenne ; ce curieux spécimen des circulaires ministérielles du v⁰ siècle est le plus ancien titre de noblesse des fiers patriciens de Venise :

AUX TRIBUNS DES HABITANTS DES LAGUNES.

« Nous aimons à nous représenter vos demeures qui touchent au midi Ravenne et les bouches du Pô, et qui jouissent à l'orient de l'agréable spectacle des rivages ioniens. La mer, par un mouvement alternatif, les entoure et les abandonne ; tantôt elle couvre la plage, et tantôt elle la découvre. Vos maisons ressemblent à des nids d'alcyons, vos villages à des écueils faits de main d'homme, car c'est vous qui les créez, ou du moins vous en exhaussez le sol au moyen de terres apportées du continent, et que vous retenez par des claies d'osier, ne mettant que ce frêle rempart entre vous et l'effort des eaux[1]... Le poisson forme à peu près toute votre subsistance. En aucun lieu du monde, on ne voit la richesse et la pauvreté vivre sous une loi plus égale que parmi vous : même nourriture pour

1. Hic vobis aliquantulum aquatilium avium more domus est... per æquora longe domicilia videntur sparsa, quæ natura non protulit, sed hominum cura fundavit; viminibus enim flexibilibus illigatis terrena illic soliditas adgregatur, et marino fluctui tam fragilis munitio non dubitatur opponi. Cassiod. *Variar.*, xii, 22.

toutes les tables, même toit de chaume pour toutes les familles. Chez vous, le voisin ne jalouse pas les pénates du voisin, et, grâce à la commune nature de vos biens, vous échappez à l'envie, qui est un des grands fléaux d'ici-bas[1]. L'exploitation des salines fait votre travail principal ; le cylindre du saunier remplace dans vos mains la charrue du laboureur et la faux du moissonneur, car le sel est votre culture et votre récolte... Or donc, radoubez sans perdre un instant ces navires que vous attachez aux boucles de vos murs comme des animaux domestiques, et lorsque le très-expérimenté Laurentius, que nous avons chargé de réunir en Istrie des provisions de vin et d'huile, vous avertira de partir, accourez tous à son appel[2]. »

La Vénétie fut mise à feu et à sang, puis les Huns passèrent dans la Ligurie, qu'ils ne traitèrent pas plus doucement. L'histoire ne cite comme ayant été saccagées que deux villes de cette dernière province, Milan et Ticinum, à présent Pavie[3] ; la tradition locale les cite presque toutes, et malheureusement elle a pour

---

1. Habitatoribus autem una copia est, ut solis piscibus expleantur. Paupertas ibi cum divitibus sub æqualitate convivit, unus cibus omnes reficit, habitatio similis universos concludit, nesciunt de penatibus invidere : et sub hac mensura degentes, evadunt vitium, cui mundum constat esse obnoxium... Cassiod. *Variar.*, xii, 22.

2. In salinis autem exercendis tota contentio est. Pro aratris, pro falcibus cylindros volvitis, inde vobis fructus omnis enascitur... Proinde naves, quas more animalium vestris parietibus illigatis, diligenti cura reficite : ut, quum vos vir experientissimus Laurentius, qui ad procurandas species directus est, commonere tentaverit, festinetis excurrere. Cass. *ibid.*

3. Mediolanum quoque Liguriæ metropolim pari tenore devastant, necnon et Ticinum æquali sorte dejiciunt... Jorn., *R. Get.*, 42.

elle la vraisemblance. Ainsi on peut croire que Vérone, Mantoue, Brescia, Bergame, Crémone, n'échappèrent pas à la destruction ou du moins au ravage. Les villes situées au midi du Pô eurent beaucoup moins à souffrir, attendu que différents corps de l'armée romaine y battaient le pays, et qu'Attila contenait par prudence la masse de ses troupes au nord du fleuve. Son séjour à Milan fut signalé par une aventure que l'histoire n'a pas dédaigné de recueillir, et où perce l'esprit moqueur et fier du roi des Huns. Il avait remarqué, en parcourant la ville, une de ces peintures murales dont les Romains aimaient à décorer leurs portiques, et s'arrêta pour l'examiner. Le tableau représentait deux empereurs majestueusement assis sur des trônes dorés, le manteau de pourpre sur les épaules et le diadème au front; tandis que des Scythes (l'historien ne dit pas si c'étaient des Huns ou des Goths), prosternés à leurs pieds comme après une défaite, semblaient leur demander merci. Attila ordonna d'effacer sur-le-champ cette insolente peinture, et de le représenter lui-même sur un trône, ayant en face de lui les empereurs romains, le dos chargé de sacs et répandant à ses pieds des flots d'or [1].

Le temps s'écoulait cependant, on était au commencement de juillet, et les grandes chaleurs développèrent des maladies dans l'armée des Huns, affaiblie par tous les excès, et qui d'ailleurs, gorgée de dépouilles, ne

---

[1]. Cum autem in pictura vidisset Romanorum quidem reges in aureis soliis sedentes, Scythas vero cæsos et ante pedes ipsorum jacentes; pictorem arcessitum jussit se pingere sedentem in solio; Romanorum vero reges ferentes saccos in humeris, et ante ipsius pedes aurum effundentes. Suid., *Voc.* Μεδιχλ. et Κόρυκ.

souhaitait plus que de les voir en sûreté. Le climat, ce fidèle auxiliaire des Italiens contre les invasions du Nord, combattait libéralement pour eux et justifiait bien la prévoyance d'Aëtius. Les Huns se consumaient eux-mêmes ; leurs excès avaient amené la famine en même temps que la peste, et déjà la Transpadane ne pouvait plus les nourrir [1]. Dans cette situation, Attila dut prendre un parti : passer le Pô, marcher sur Rome hardiment, forcer le passage des Apennins, et livrer à Aëtius la bataille que celui-ci semblait fuir, c'était le parti qui convenait le mieux à son orgueil, mais que son armée désapprouvait. Chefs et soldats désiraient tous que la campagne finît là cette année, sauf à recommencer l'année suivante, car elle leur avait été fructueuse ; ils y avaient ramassé, sans fatigue, des richesses immenses, et leurs chariots étaient combles de butin. A cette considération très-puissante sur des troupes qui ne faisaient la guerre que pour piller, il s'en joignait une autre d'un ordre différent, mais presque aussi forte que la première. L'idée de voir Attila marcher sur Rome les remplissait d'une crainte superstitieuse. Quoique l'inviolabilité de la métropole du monde romain eût disparu depuis un demi-siècle devant l'attentat d'Alaric, et que sa puissance, si souvent abaissée, ne fût plus qu'un mot, ce mot remuait toujours les cœurs, et l'ombre de la ville des Césars restait debout, environnée de la majesté des tombeaux. Lever l'épée sur elle semblait un arrêt de mort contre le profanateur. Alaric lui-même en fournissait une

---

1. Hunni qui Italiam prædabantur... divinitus partim fame, partim morbo quodam, plagis cœlestibus feriuntur... Idat. *Chron.*, ad ann. 452.

preuve incontestable pour des esprits crédules, lui dont la mort avait suivi si promptement la fatale victoire. En même temps donc qu'Attila, excité par ses instincts superbes, rêvait pour Rome une humiliation qui eût dépassé toutes les autres, ses compagnons cherchaient à l'en dissuader [1]; « ils craignaient, dit Jornandès, qu'il n'éprouvât le sort du roi des Visigoths, qui avait à peine survécu au sac de Rome, et s'était vu presque aussitôt enlevé du monde [2]. » Le cœur du fils de Moundzoukh n'était pas inaccessible aux appréhensions superstitieuses; il venait en outre d'apprendre que l'armée envoyée par l'empereur Marcien se dirigeait sur la Pannonie dans l'intention de l'attaquer au débouché des Alpes et de lui couper la retraite [3]; pourtant, malgré sa prudence ordinaire, le désir de frapper un coup éclatant balançait en lui les anxiétés de la crainte et les calculs de la raison. Il donna ordre à ses troupes de se concentrer au-dessous de Mantoue, près du confluent du Pô et du Mincio, sur la grande voie qui conduisait à Rome par les Apennins : lui-même arriva au rendez-vous, encore incertain de ce qu'il déciderait.

Le projet d'Attila, confirmé par le mouvement de l'armée hunnique, répandit l'épouvante dans Rome, qui ne se savait pas elle-même si redoutable. L'empereur,

---

1. Cumque ad Romam animus fuisset ejus attentus accedere, sui eum... removere, non urbi, cui inimici erant, consulentes... Jorn. *R. Get.*, 42.
2. Sed Alarici regis objicientes exemplum, veriti regis sui fortunam, quia ille post fractam Romam diu non supervixerat, sed protinus rebus excessit humanis.... Jorn., *ibid.*
3. Missis etiam per Marcianum principem Aëtio duce (Hunni cæduntur) auxiliis. Idat., *Chron.* ad ann. 452.

le sénat et le peuple, qui fut consulté pour cette fois, s'accordèrent dans la pensée qu'il fallait s'humilier devant le conquérant barbare, et obtenir à tout prix qu'il ne marchât pas sur la ville : supplications, présents, offre d'un tribut pour l'avenir, on résolut de tout employer plutôt que de courir la chance d'un siége. Rome jadis refusa de traiter lorsque l'ennemi était à ses portes : aujourd'hui elle se hâtait de le faire avant que l'ennemi s'y présentât. « Dans tous les conseils du prince, du sénat et du peuple romain, dit avec une amère raillerie le chroniqueur Prosper d'Aquitaine, témoin des événements, rien ne parut plus salutaire que d'implorer la paix de ce roi féroce [1]. » Le silence de l'histoire justifie du moins Aëtius de toute participation à un acte aussi honteux. A la tête de son armée et méditant, selon toute apparence, le plan de défense des Apennins, le patrice s'occupait de sauver Rome : elle ne le consulta pas pour se livrer. Cependant, afin de couvrir autant que possible l'ignominie de la négociation par l'éminence du négociateur, on choisit pour chef de l'ambassade le successeur même de saint Pierre, le pape Léon, auquel furent adjoints deux sénateurs illustres, dont l'un, nommé Gennadius Aviénus [2], prétendait descendre de Valérius Corvinus, et, suivant l'expression de Sidoine Apollinaire, « était prince après le prince qui portait la pourpre [3]. »

---

[1]. Nihil inter omnia consilia principis ac Senatus populique Romani salubrius visum est, quam ut per legatos pax truculentissimi regis expeteretur. Prosp. Aquit., *Chron.* ad ann. 452.

[2]. Suscepit hoc negotium cum viro consulari Avieno, et viro præfectorio Trigetio, beatissimus papa Leo. Prosp. Aquit., *ibid.*

[3]. Sidon. Apollin., *Epist.*, I, 9.

Léon, que l'Église romaine a surnommé le *Grand*, et l'Église grecque le *Sage*[1], occupait alors le siége apostolique avec un éclat de talent et une autorité de caractère qui imposaient même aux païens. Les gens lettrés le proclamaient, par un singulier abus de langage, le Cicéron de la chaire catholique, l'Homère de la théologie et l'Aristote de la foi[2]; les gens du monde appréciaient en lui ce parfait accord des qualités intellectuelles que son biographe appelle, avec un assez grand bonheur d'expression, « la santé de l'esprit[3]. » savoir : une intelligence ferme, simple et toujours droite, et une rare finesse de vue, unie au don de persuader. Ces qualités avaient fait de Léon un négociateur utile dans les choses du siècle, en même temps qu'un pasteur éminent dans l'Église. Il n'était encore que diacre, lorsqu'en 440 il plut à la régente Placidie de l'envoyer dans les Gaules pour apaiser, entre Aëtius et un des grands fonctionnaires de cette préfecture nommé Albinus, une querelle naissante, qui pouvait conduire à la guerre civile et embraser tout l'Occident[4]. Léon, arrivé avec la seule recommandation de sa personne, parvint à réconcilier deux rivaux qui passaient à bon droit pour peu traitables, et pendant ce temps-là le peuple et le clergé de Rome, à qui appartenait l'élection des papes, l'élevaient à la chaire pon-

---

1. Πάνσοφος. *Vit. S. Leon. Magn.*, ap. Boll., 11 apr.
2. Sunt viri auctoritate graves... qui Leonem non vereantur appellare : Ecclesiasticæ dictionis Tullium, theologiæ Homerum, rationum fidei Aristotelem... *Vit. S. Leon. Magn.*, ibid.
3. Tanta in Leone tamque mirabilis ingenii facilitas, tanta sanitas, tantaque præsentia... *Vit. S. Leon. Mag.*, ap. Boll., 11 apr.
4. Prosp. Aquit., *Chron.*, ann. 440.

tificale, quoiqu'il ne fût pas encore prêtre[1], tant ses vertus, dans l'estime publique, marchaient de pair avec ses talents. Depuis lors, il n'avait fait que grandir en expérience et en savoir par la pratique des affaires de l'Église, qui embrassaient un grand nombre d'intérêts séculiers. L'histoire nous le peint comme un vieillard d'une haute taille et d'une physionomie noble que sa longue chevelure blanche rendait encore plus vénérable[2]. C'était sur lui que l'empereur et le sénat comptaient principalement pour arrêter le terrible Attila. Il n'y avait pas jusqu'à son nom de *Leo*, lion, qui ne semblât d'un favorable augure pour cette négociation difficile, et le peuple lui appliquait comme une prophétie le verset suivant des proverbes de Salomon : « Le juste est un lion qui ne connaît ni l'hésitation ni la crainte[3]. »

Les ambassadeurs voyagèrent à grandes journées, afin de joindre Attila avant qu'il eût passé le Pô ; ils le rencontrèrent un peu au-dessous de Mantoue, dans le lieu appelé Champ Ambulée, où se trouvait un des gués du Mincio[4]. Ce fut un moment grave dans l'existence de la ville de Rome que celui où deux de ses enfants les plus illustres, un représentant des vieilles races

---

1. Igitur Leo diaconus legatione publica accitus, et gaudenti patriæ præsentatus, XLIII Romanæ ecclesiæ episcopus ordinatur... Prosp. Aquit., *Chron.*, ann. 440.

2. Senex innocuæ simplicitatis, multa canitie... Prosp. Aquit., *ibid.* — Lors de la translation de ses reliques, on trouva que son corps avait sept palmes trois quarts de hauteur. Il était maigre et exténué.

3. Justus quasi leo confidens absque terrore erit. —Leo fortissimus bestiarum ad nullius pavebit occursum... Proverb., 28, 1. — 30.

4. In Acroventu Mamboleio, ubi Mincius amnis commeantium frequentatione transitur. Jorn., *R. Get.*, 42. — Campus Ambuleïus.

latines qui avaient conquis le monde par l'épée, et le chef des races nouvelles qui le conquéraient par la religion, venaient mettre aux pieds d'un roi barbare la rançon du Capitole. Ce fut un moment non moins grave dans la vie d'Attila. Les récits qui précèdent nous ont fait voir le roi des Huns dominé surtout par l'orgueil, et, si avare qu'il fût, plus altéré encore d'honneurs que d'argent. L'idée d'avoir à ses genoux Rome suppliante, attendant de sa bouche avec tremblement un arrêt de vie ou de mort, abaissant la toge des Valérius et la tiare des successeurs de Pierre devant celui qu'elle avait traité si longtemps comme un barbare misérable, employant en un mot pour le fléchir tout ce qu'elle possédait de grandeurs au ciel et sur la terre : cette idée le remplit d'une joie qu'il ne savait pas cacher. Se faire reconnaître vainqueur et maître, c'était à ses yeux autant que l'être en effet ; d'ailleurs il humiliait Aëtius, dont il brisait l'épée d'un seul mot. Sa vanité et celle de son peuple se trouvaient satisfaites, et il pouvait repartir sans honte. Sous l'influence de ces pensées, il ordonna qu'on lui amenât les ambassadeurs romains, et il les reçut avec toute l'affabilité dont Attila était capable [1].

Pour cette entrevue solennelle, les négociateurs avaient pris les insignes de leur plus haute dignité ; l'histoire nous dit que Léon s'était revêtu de ses habits pontificaux [2], et une révélation de la tombe nous a fait

---

1. Tota legatione dignanter accepta, ita summi sacerdotis præsentia rex gavisus est... Prosp. Aquit., *Chron.*, ann. 452. — Placita legatio. Jorn., *R. Get.*, 42.
2. Augustiore habitu. *Vit. S. Leon.*, ap. Boll., 11 apr.

connaître en quoi ce vêtement consistait. Léon portait une mitre de soie brochée d'or, arrondie à la manière orientale, une chasuble de pourpre brune, avec un pallium orné d'une petite croix rouge sur l'épaule droite et d'une autre plus grande au côté gauche de la poitrine[1]. Sitôt qu'il parut, il devint l'objet de l'attention et des prévenances du roi des Huns. Ce fut lui qui exposa les propositions de l'empereur, du sénat et du peuple romain. En quels termes le fit-il? comment parvint-il à déguiser sous la dignité du langage ce qu'avait de honteux une demande de paix sans combat? comment conserva-t-il encore à sa ville quelque grandeur en la montrant à genoux? Par quelle inspiration merveilleuse sut-il contenir dans les bornes du respect ce barbare enflé d'orgueil, qui faisait payer si cher sa clémence par la moquerie et le dédain? S'il évoqua la puissance des saints apôtres pour protéger la cité gardienne de leurs tombeaux, s'il rappela le conquérant aux sentiments de sa propre fragilité par l'exemple de la fragilité des nations, nous ne pouvons que le supposer : l'histoire, qui nous voile si souvent ses secrets, a voulu nous dérober celui-là. Un chroniqueur contem-

---

1. « Erat indutus pontificalibus indumentis scilicet planeta sive casula, lata more antiquo, ex purpura coloris castanei... Super humero dextro crux parva rubri coloris quæ erat pallii pontificalis, et aliam crucem paulo longiorem ejusdem pallii supra pectus... » Telle est la description des vêtements pontificaux avec lesquels saint Léon fut enseveli et qu'on trouva dans sa tombe lors de la translation de ses reliques. On en peut voir tout le détail dans les Bollandistes, à la date du 11 avril. Nous devons à ce procès-verbal de translation d'avoir pu décrire le costume que portait saint Léon à l'audience d'Attila, puisque c'étaient là ses habits pontificaux, et que son biographe nous dit qu'il aborda le roi des Huns en costume pontifical, *augustiore habitu.*

porain, Prosper d'Aquitaine, qui fut secrétaire de Léon ou du moins son collaborateur dans plusieurs ouvrages, nous dit seulement « qu'il s'en remit à l'assistance de Dieu, qui ne fait jamais défaut aux efforts des justes, et que le succès couronna sa foi [1]. » Attila lui accorda ce qu'il était venu chercher, la paix moyennant un tribut annuel, et promit de quitter l'Italie. L'accord fut conclu le 6 juillet, jour de l'octave des apôtres saint Pierre et saint Paul [2].

Il ne paraît pas qu'Attila, dans le cours de ses explications avec le pape et les deux consulaires, ait rien dit de sa fiancée Honoria et de sa volonté de l'avoir pour femme, car Léon lui aurait facilement fait comprendre que, d'après les lois romaine et chrétienne, Honoria, épouse d'un autre, ne pouvait plus être à lui. Cependant, par bizarrerie ou par calcul, afin de se conserver toujours un prétexte de guerre, il déclara en partant qu'il voulait qu'Honoria lui fût envoyée avec ses trésors en Hunnie, faute de quoi il la viendrait chercher à la tête d'une autre armée au printemps suivant [3]. Tel fut le souvenir dérisoire adressé par le roi des Huns à la sœur de l'empereur, à la petite-fille du grand Théodose : dernier témoignage de son mépris pour cette coupable folle, dans laquelle

---

1. Auxilio Dei fretus, quem sciret nunquam piorum laboribus defuisse : nec aliud secutum est quam præsumpserat fides. Prosp. Aquit., *Chron.* ad ann. 452.

2. *Vit. S. Leon. Magn.*, ap. Bolland., 11 apr.

3. Illud præ omnibus denuncians, atque interminando discernens, graviora se in Italiam illaturum, nisi ad se Honoriam Valentiniani principis germanam, filiam Placidiæ Augustæ, cum portione sibi regalium opum debita mitteret. Jorn., *R. Get.*, 42.

il ne vit jamais qu'un vil instrument aussi indigne de ses désirs que de son respect.

Pour retourner chez lui, il ne prit pas, comme en venant, la route des Alpes Juliennes, de peur de rencontrer, au débouché des montagnes, l'armée que Marcien venait d'envoyer en Pannonie [1] : remontant le cours de l'Adige, il suivit celle des Alpes Noriques, et ses soldats, malgré la conclusion de la paix, pillèrent la ville d'Augusta, Augsbourg, qui se trouvait sur leur chemin. Au passage de la rivière du Lech, qui coule près de cette ville et se perd dans le Danube, un incident singulier jeta parmi les Huns une sorte d'inquiétude superstitieuse. A l'instant où le cheval du roi entrait dans l'eau, une femme d'une figure étrange et d'un accoutrement misérable, telle qu'on pourrait se peindre les sorcières de la Pannonie ou les druidesses de la Gaule, se précipita au-devant de lui, et, le saisissant à la bride, s'écria par trois fois d'un ton de voix solennel : « Arrière, Attila ! » comme pour signifier que quelque grand danger attendait le roi des Huns au but de son voyage [2]. Au reste, les soldats jugeaient assez diversement l'issue de la guerre qui venait de finir. Ils n'avaient pas vu sans quelque surprise un prêtre romain obtenir de leur roi ce que celui-ci avait obstinément refusé aux remontrances de ses capitaines, et, se rappelant qu'il avait empêché le pillage de Troyes l'année

---

1. Viam per Noricos in Pannoniam prosecutus est. Juv. Calan. Dalm., *Vit. Attil.*, p. 131.

2. Ad hoc traditur mulier quædam fanatica..., sub trajectum Lyci amnis, ter frementi voce acclamavisse : *Retro Attila !* — Cette tradition est rapportée par les écrivains hongrois qui se sont occupés d'Attila. Olah. II, 6.

précédente à la prière de l'évêque Lupus, saint Loup, ils disaient dans leurs grossières plaisanteries qu'Attila, invincible vis-à-vis des hommes, se laissait dompter par les bêtes [1].

L'armée romaine orientale occupait déjà la Mésie, toute prête à attaquer le pays des Huns ; mais, lorsqu'elle apprit que la paix avait été définitivement conclue entre Attila et l'empire d'Occident, elle s'abstint de toute hostilité. Toutefois Attila fit prévenir Marcien qu'il irait le trouver au printemps prochain, dans son palais de Constantinople, si le tribut convenu autrefois par Théodose II n'était pas immédiatement payé [2]. Marcien, qui n'était pas homme à céder comme Valentinien, répondit aux menaces par des menaces contraires, aux levées de troupes par des préparatifs de défense. Quelques batailles livrées aux Alains du Caucase, qui s'étaient révoltés en son absence, terminèrent pour Attila cette année 452. Jornandès, par une singulière confusion que semble produire dans son esprit la similitude des noms, transforme la guerre dont je viens de parler contre les tribus alaniques de l'Asie en une seule campagne des Gaules, dirigée contre Sangiban et les Alains de la Loire, et même contre les Visigoths [3]. L'erreur est

---

1. Attilæ ferociam a duabus feris fuisse domitam; Lupo in Gallia, et Leone in Italia. Sigon. *De Occid. Imp.*, l. XIII.

2. Ad Orientis principem Marcianum legatos dirigit, provinciarum testans vastationem, quod sibi promissa a Theodosio quondam imperatore minime persolveret... Jorn., *R. Get.*, 43.

3. Alanorum partem trans flumen Ligeris considentem statuit suæ redigere ditioni...—Dum quærit famam perditoris abjicere, et quod prius a Vesegothis pertulerat, abolere, geminatam sustinuit, ingloriusque recessit. Jorn., *ibid.*

trop manifeste pour avoir ici besoin d'une réfutation. L'ensemble des documents historiques atteste qu'Attila passa tranquillement l'hiver sur les bords du Danube, faisant de grands apprêts pour l'année 453; mais, dans les desseins de la Providence, cette année ne lui appartenait déjà plus.

CHAPITRE HUITIÈME

Grands préparatifs de fête chez les Huns; Attila épouse Ildico. — Repas nuptial; Attila est trouvé mort dans son lit. — Douleur furieuse des Huns. — Bruits divers au sujet de la mort d'Attila. — Les chefs des Huns déclarent qu'il a été étouffé par le sang pendant son sommeil. — Funérailles d'Attila. — Chant funèbre des Huns. — Célébration d'une *strava*. — Cercueils et tombe d'Attila. — Signes prophétiques de sa fin. — La discorde se met entre ses fils. — Ils refusent de reconnaître pour roi Ellak, leur frère aîné. — Révolte d'Ardaric, roi des Gépides. — Guerre entre les capitaines d'Attila et ses fils. — L'empire d'Attila est brisé. — Les Gépides occupent la Hunnie et les Ostrogoths la Pannonie. — Les Ruges et les Scyres entrent au service de Rome. — Dissolution morale de l'empire d'Occident. — Orgueil d'Aëtius. — Il veut marier son fils Gaudentius à la fille de l'empereur — Perfidie de Valentinien III; il tue le patrice de sa propre main. — Rôle des capitaines d'Attila dans l'empire d'Occident

453

Nous transporterons maintenant nos lecteurs dans la bourgade royale des Huns et dans ce palais de planches où nous les avons déjà introduits à la suite de Maximin et de Priscus, de Vigilas et d'Édécon. Une grande fête s'y préparait, et la salle des festins voyait circuler plus activement que jamais les échansons et les coupes. Les poëtes huns et les scaldes goths s'étaient remis à l'œuvre, la voix des jeunes filles marchant par bandes sous les voiles blancs faisait encore retentir l'air du chant des hymnes; mais cette fois c'étaient des hymnes d'amour, car Attila se mariait. La nouvelle femme qu'il ajoutait à son troupeau d'épouses n'était point la fille des Césars, sa fiancée Honoria, qu'il avait eu soin de laisser en Italie : celle-ci d'une grande jeunesse et d'une admirable beauté, dit l'histoire, se nommait Ildico [1]. Ce nom, que Jornandès emprunte aux récits de Priscus, présente, malgré l'altération que lui a fait subir l'orthographe des Grecs, une physionomie germanique incontestable, et la tradition du Nord nous le reproduit sous une forme plus pure dans celui de Hiltgund ou Hildegonde [2]. Qu'était-ce qu'Ildico? La tradition germaine en fait une fille de roi, tantôt d'un roi des Franks d'outre-Rhin, tantôt d'un roi des Burgondes; la tradition hongroise, qui l'appelle Mikoltsz, lui donne pour père un prince des Bactriens, et ce qui semble confirmer historiquement les indications de la poésie traditionnelle, c'est la solennité même de cette noce, célébrée avec tant de pompe, et si différente du mariage presque clandestin qu'Attila contractait en 449 avec la fille d'Eslam. La tradition germanique ajoute qu'Attila avait tué jadis, pour s'emparer de leurs trésors, les parents de cette jeune fille qu'il appelait maintenant dans son lit. Ces sortes de mariages, où la politique se mêlait à la licence des mœurs, n'étaient pas rares chez les Huns, non plus que chez les Mongols, leurs frères. A côté du cruel droit de la guerre qui mettait entre leurs mains la vie de leurs ennemis,

---

1. Qui... puellam *Ildico* nomine decoram valde, sibi in matrimonium post innumerabiles uxores, ut mos erat gentis illius, socians... Jorn., *R. Get.*, 49.

2. Voir aux *Légendes d'Attila* les traditions germaniques.

existait la nécessité de se concilier les vaincus, et le vainqueur d'une tribu épousait fréquemment la veuve ou la fille du chef qu'il avait assassiné. C'était une des causes de la multiplication des mariages chez les conquérants asiatiques : Tchinghiz-Khan et ses successeurs comptèrent parmi leurs nombreuses épouses plusieurs de ces doubles victimes de la politique et de la guerre, et celles-ci se résignaient à leur sort assez volontiers ; mais des mœurs si farouches, étrangères à la race germanique, chez laquelle les femmes jouissaient d'une grande autorité morale dérivant des vieilles croyances religieuses, ne devaient pas rencontrer de leur part la même docilité que de la part des femmes de l'Asie, presque réduites à l'esclavage. Quoi qu'il en soit, cette seconde donnée de la tradition ne doit pas être négligée : elle jette un trait lumineux sur les mystères de ces noces sanglantes.

La rare beauté d'Ildico était allée au cœur d'Attila, et pendant les fêtes du mariage, nous dit Jornandès, le roi des Huns se livra à une joie extrême [1]. La coupe de bois où versait l'échanson royal se remplit et se vida plus que de coutume, et lorsque, de la salle du festin, Attila passa dans la chambre nuptiale, sa tête, suivant l'expression du même historien, était chargée de vin et de sommeil [2]. Le lendemain matin, on ne le vit point paraître, et une grande partie du jour s'écoula sans qu'aucun bruit, aucun mouvement se fît dans sa chambre, dont les portes restaient fermées en dedans.

---

1. Ejusque in nuptiis, magna hilaritate resolutus. Jorn., *R. Get.*, 49.
2. Vino, somnoque gravatus... temulentia... Jorn., *ibid.*

Les officiers du palais commencèrent à s'inquiéter : ils appellent, rien ne répond à leur voix; brisant alors les portes, ils aperçoivent Attila étendu sur sa couche, au milieu d'une mare de sang, et sa jeune épouse assise près du lit, la tête baissée et baignée de larmes sous son long voile [1]. Un cri terrible, poussé par tous ces hommes à la fois, fait aussitôt retentir le palais; saisis d'une douleur furieuse et comme frénétiques, les uns coupent leur chevelure en signe de deuil, les autres se creusent le visage avec la pointe de leurs poignards, car, dit l'écrivain que nous avons déjà cité, « ce n'étaient pas des larmes de femme, mais du sang d'homme, qu'il fallait pour pleurer une telle mort [2] ». De l'enceinte du palais, la nouvelle se répandit avec la rapidité de l'éclair dans la bourgade royale, puis dans tout l'empire des Huns, et la nation entière, des bords du Danube aux monts Ourals, fut bientôt en proie à tous les transports d'un regret inexprimable.

Que s'était-il passé durant cette fatale nuit? Les bruits qui circulèrent là-dessus hors du palais furent divers et contradictoires; mais le soin même que mirent les chefs des Huns à prouver que la mort de leur roi avait été naturelle, accrédita une version plus

---

1. Sequenti luce, quum magna pars diei fuisset exempta, ministri regii triste aliquid suspicantes, post clamores maximos fores effringunt, inveniuntque Attilæ sine vulnere necem sanguinis effusione peractam, puellamque, demisso vultu, sub velamine lacrymantem... Jorn., *R. Get.*, 49.

2. Tunc, ut illius gentis mos est, crinium parte truncata, informes facies cavis turpavere vulneribus, ut præliator eximius non fæmineis lamentationibus et lacrymis, sed sanguine lugeretur virili... Jorn., *R. Get., ibid.*

sinistre. On prétendit qu'Ildico avait frappé d'un coup de couteau son mari endormi ; quelques-uns ajoutaient qu'un écuyer du roi l'avait aidée dans la perpétration de son crime, et que l'attentat avait été commis à l'instigation d'Aëtius [1]. Les documents latins qui nous fournissent cette dernière indication donnent lieu de supposer un complot domestique du genre de celui qu'avait tramé quatre ans auparavant le premier ministre de Théodose, mais plus perfide et mieux ourdi. La tradition germanique attribue pour unique mobile à la jeune femme le sentiment de la vengeance et une profonde haine pour l'homme qui, après avoir tué et dépouillé sa famille, venait abuser de sa beauté. La version convenue parmi les Huns, version destinée sans doute à prévenir des accusations, des recherches dangereuses pour la paix, et peut-être une dissolution immédiate de l'empire, fut que le roi était mort d'apoplexie; que, sujet à des saignements de nez, il avait été surpris par une hémorragie, couché sur le dos, et que le sang, ne trouvant pas son passage habituel au dehors, s'était amassé dans sa gorge et l'avait étouffé [2]. Voici ce

---

[1]. Attilas... sanguinis fluxu ex naribus per noctem prorumpente... mortuus est — A pellice, ut vulgo credebatur, e medio sublatus; nam alij tradiderunt Attilæ spathariorum ab Aëtio patricio corruptum d minum suum confodisse. Joan. Malal. *Chronogr.*, II. P. — Attila, Aëtii hortatu, noctu... mulieris manu cultroque confoditur. Marcellin. Comit. *Chron.*, ann 453. — Attila sanguine ex naribus prorumpente extinctus est, noctuque cum pellice Hunna, quæ puella de nece suspecta fuit, dormiens... *Chron.*, *Pasch.* — Voir ci-dessous le chapitre des traditions germaniques qui admettent l'hypothèse du meurtre d'Attila par les mains de sa femme.

[2]. Resupinus jacebat, redundansque sanguis, qui ei solite de naribus effluebat, dum consuetis meatibus impeditur, itinere ferali faucibus illapsus, eum extinxit... Jorn., *R. Get.*, 49. — Attila in sedibus suis moritur,

que les enfants d'Attila, les chefs et les grands de la cour répandirent en tout lieu par prudence, par politique, par orgueil, et ce qui devint le récit avoué et officiel de sa fin.

Les funérailles de ce potentat du monde barbare furent célébrées avec une pompe sauvage digne de sa vie. Une tente de soie dressée dans une grande plaine, aux portes de la bourgade royale, reçut son cadavre, qui fut déposé sur un lit magnifique [1], et des cavaliers d'élite, choisis avec soin dans toute la nation, formèrent alentour des courses et des jeux comparables aux combats simulés des cirques romains. En même temps les poëtes et les guerriers entonnèrent dans la langue des Huns un chant funèbre que la tradition gothique conservait encore au temps de Jornandès, et que nous reproduirons tel que cet historien nous l'a laissé. « Le plus grand roi des Huns, y était-il dit, Attila, fils de Moundzoukh, souverain des plus vaillants peuples, posséda seul, par l'effet d'une puissance inouïe avant lui, les royaumes de Scythie et de Germanie. Il épouvanta par la prise de nombreuses cités l'un et l'autre empire de la ville de Rome : comme on redoutait qu'il n'ajoutât le reste à sa proie, il se laissa apaiser par les prières et reçut un tribut annuel. Et après avoir fait toutes ces choses, par une singulière faveur de la fortune, il est mort, non sous les coups de

---

fluxu sanguinis e naribus subito erumpente. Cassiod., *Fast.*, ad ann. 453... Cf. Paul. Diac., *Hist. Long.*

1. In mediis siquidem campis, et intra tentoria serica cadavere collocato, spectaculum admirandum, et solemniter exhibetur... Jorn., *R. Get.*, 49.

l'ennemi ni par la trahison des siens ; mais dans la joie des fêtes, au sein de sa nation intacte, sans éprouver la moindre douleur. Qui donc racontera cette mort, pour laquelle nul n'a de vengeance à demander[1]? » L'armée, rangée en cercle autour de la tente, répétait ce chœur avec des hurlements lamentables. Aux marques de douleur succéda ce que les Huns appelaient une *strava* [2], c'est-à-dire un repas funèbre où l'on but et mangea avec excès, car c'était la coutume de ce peuple de mêler la débauche à la tristesse des funérailles. On s'occupa ensuite d'ensevelir le roi. Son cadavre fut enfermé successivement dans trois cercueils : le premier d'or, le second d'argent, et le troisième de fer, pour signifier que ce puissant monarque avait tout possédé : le fer, par lequel il domptait les autres nations ; l'or et l'argent, par lesquels il avait enrichi la sienne. On choisit l'obscurité de la nuit pour le confier à la terre, et l'on plaça à ses côtés des armes prises sur un ennemi mort, des carquois couverts de pierreries et des meubles précieux dignes d'un pareil roi ; puis, afin de dérober tant de trésors à l'avidité ou à la curiosité humaine, les Huns égorgèrent les ouvriers qu'ils avaient

---

1. Præcipuus Hunnorum rex Attila, patre genitus Mundzucco, fortissimarum gentium dominus, qui inaudita ante se potentia solus Scythica et Germanica regna possedit, nec non utraque Romanæ urbis imperia captis civitatibus terruit, et ne præda reliqua subderet, placatus precibus, annuum vectigal accepit... Quumque hæc omnia proventu felicitatis egerit, non vulnere hostium, non fraude suorum, sed gente incolumi inter gaudia lætus, sine sensu doloris occubuit. Quis ergo hunc dicat exitum, quem nullus existimat vindicandum? Jorn., *R. Get.*, 49.

2. *Stravam* super tumulum ejus, quam appellant ipsi, ingenti commessatione concelebrant... Jorn., *R. Get.*, *ibid*.

employés à creuser la fosse ou à la combler [1]. Les signes prophétiques et les prodiges ne firent pas défaut à un si grand événement. On raconta que, la nuit même de la mort d'Attila, l'empereur Marcien avait vu en rêve un arc brisé : cet arc, c'était la puissance des Huns [2]. En effet, la puissance hunnique fut brisée avec la vie du conquérant qui, après avoir fondé un empire au moins égal en étendue à celui d'Alexandre, laissa une succession aussi contestée que celle du Macédonien.

J'ai dit, en répétant le mot de Jornandès, que les fils d'Attila, nés, en divers lieux, de mères différentes, et à peu près étrangers les uns aux autres, formaient presque un peuple; la tradition en compte plus de soixante, et l'histoire en nomme six arrivés à l'âge d'homme : Ellak, Denghizikh, Emnedzar, Uzindour, Gheism et Hernakh, le plus jeune de tous et l'enfant de prédilection. Ellak, l'aîné de ceux qu'il avait eus de son épouse favorite Kerka, était seul capable de maintenir dans son intégrité le vaste empire des Huns. Attila le pensait, et sa volonté bien connue désignait Ellak comme son successeur et le chef futur de sa famille; mais les autres fils n'y consentirent point [3]. Leur père était à peine au cercueil, que leur discorde éclata avec violence : Ellak dut se résigner à faire entre eux tous

---

1. Et ut tot et tantis divitiis humana curiositas arceretur, operi deputatos detestabili mercede trucidarunt... Jorn., *R. Get.*, 49.

2. Nocte illa, qua Attila extinctus fuerat, Marcianus imperator vidisse dicitur in somnis arcum Attilæ fractum esse. *Chron. Pasch.*, ann. 453.

3. Quem tantum pater super cæteros amasse perhibebatur ut eum cunctis diversisque filiis suis in regno præferret : sed non fuit voto patris fortuna consentiens. Jorn., *R. Get.*, 50.

un partage égal de l'empire [1]. Chez les peuples sédentaires, les partages de conquêtes, si orageux qu'ils soient toujours, offrent pourtant de bien moindres difficultés que chez les peuples nomades. Chez les premiers, la terre fournit des limites certaines : un fleuve, une montagne tracent la frontière naturelle de deux provinces ; chez les seconds, la terre est l'élément incertain ; la province, c'est la horde avec ses guerriers, ses femmes, ses troupeaux et ses habitations mobiles : le gouvernement des hommes s'y règle par tête comme un lot de bétail. Ce procédé, conforme aux mœurs de l'Asie septentrionale, n'avait rien de blessant pour les vassaux asiatiques ou demi-asiatiques des Huns ; mais il révolta l'orgueil des Germains, qui consentaient à être sous les rois huns des sujets et non pas des choses. Alors arriva la seconde phase de dissolution qui menaçait l'empire d'Attila.

Ce fut le roi des Gépides, Ardaric, ce sage et fidèle conseiller du conquérant, qui donna le signal de l'insurrection contre ses fils. « Indigné de voir traiter tant de braves nations comme des bandes d'esclaves [2], dit Jornandès, il fit appel aux enfants de la Germanie pour reconquérir la liberté [3] » : les Ostrogoths y répondirent et probablement aussi les Hérules et les Suèves ; le reste, avec les tribus sarmates et les Alains, se rangea du

---

[1]. Inter successores Attilæ de regno orta contentio est... Gentes sibi dividi æqua sorte poscebant. Jorn., R. Get., 50.

[2]. Ardaricus, de tot gentibus indignatus, velut vilissimorum mancipiorum conditione tractari... Jorn., R. Get., ibid.

[3]. Contra filios Attilæ primus insurgit, illatumque serviendi pudorem secuta felicitate detersit. Jorn., *ubi sup*.

côté des Huns. Comme si la rive gauche du Danube n'eût pu leur offrir un champ de bataille suffisant, ils passèrent en Pannonie. Ce fut pour les Romains un spectacle terrible et consolant que de voir tous ces peuples animés à leur perte : Huns blancs et Huns noirs, Goths, Alains, Gépides, Hérules, Ruges, Scyres, Turcilinges, Sarmates, Suèves, Quades, Marcomans, se heurter, s'étreindre, se détruire les uns les autres avec une rage féroce. Une bataille décisive donna la victoire aux Gépides : trente mille Huns et vassaux fidèles aux Huns jonchèrent la terre; Ellak perdit la vie après avoir fait des prodiges de courage [1]. Tous ces peuples alors se dispersèrent.

La Germanie fit alors un pas en avant. Ardaric amenant ses Gépides sur les bords de la Theiss et du Danube, s'établit au centre des États d'Attila et dans le lieu même où il résidait. Les Ostrogoths occupèrent la Pannonie, les Ruges, les Scyres, les Turcilinges, pénétrèrent jusqu'au versant méridional des Alpes, et furent admis par troupes nombreuses en Italie. Ils y reçurent des armes et des drapeaux, et on les qualifia d'armée romaine; ce fut même bientôt la seule force organisée de l'empire d'Occident. Ainsi la Romanie disparaissait pied à pied sous des conquêtes partielles et successives qui l'envahissaient par une marche sûre et irrésistible, comme la marée montante envahit la plage.

La mort d'Attila, en même temps qu'elle jetait dans

---

1. In quo prælio filius Attilæ major natu, nomine Ellac, occiditur... Jorn., R. Get., 50.

l'empire d'Occident une foule de peuples déplacés et sans patrie, devint pour lui comme le signal d'une dissolution intérieure. J'ai dit plus haut que l'Occident, ébranlé, disloqué, ne se maintenait plus que par le génie d'Aëtius; Aëtius lui-même tirait sa force et sa nécessité d'Attila, suspendu vingt ans comme un épouvantail sur le monde romain. Quand cette menace cessa, l'empire et l'empereur respirèrent, et Valentinien n'eut plus qu'un désir, celui d'être délivré aussi d'Aëtius. D'ailleurs la dernière campagne avait bien diminué l'importance du patrice : Rome savait maintenant par expérience qu'elle n'avait pas besoin de l'épée pour se sauver; et que la bassesse suffisait.

Les ennemis d'Aëtius se remirent donc à l'œuvre avec plus d'ensemble que jamais : on tourna contre lui les cruelles nécessités de la guerre qui venait de finir, la ruine d'Aquilée et l'abandon de la Transpadane; on lui imputa à crime l'inaction forcée dans laquelle il s'était trouvé; on nia ses talents, on répéta de toutes parts ce que nous lisons dans Prosper d'Aquitaine, savoir, que le patrice n'avait plus montré en Italie l'habileté militaire dont il avait fait preuve en Gaule [1]. Ainsi le refroidissement public conspirait contre ce grand homme, *le dernier des Romains*, avec les sourdes machinations des eunuques du palais [2] et la haine mal cachée de Valentinien; lui, toujours aveugle et confiant, ne voyait rien

---

1. Nihil duce nostro Aëtio secundum prioris belli opera; ita ut ne clusuris quidem Alpium, quibus hostes prohiberi poterant, uteretur. Prosp. Aquit., *Chron.*, ann. 453.

2. Exarsit fomes odiorum, incentore, ut creditum est, Heraclio spadone. Prosper. Aquit., *Chron.*, ann. 454.

ou ne voulait rien voir. Valentinien lui avait promis autrefois de lier leurs deux familles par le mariage d'Eudoxie et de Gaudentius : quand le patrice vint réclamer l'exécution de cet engagement, l'empereur se moqua de lui, et le promena de délai en délai. Aëtius se plaignit avec hauteur. Un jour qu'on avait écarté à dessein ses plus fidèles amis, on le fit tomber dans un guet-apens infâme, et Valentinien se donna le plaisir de le frapper lui-même de son épée[1]. Ce crime eut lieu en 454 ; en 455, Valentinien périt à son tour, victime de sa perfidie et de ses débauches ; trois mois après, Genséric mettait Rome au pillage.

On peut dire que, depuis la mort d'Aëtius, il n'y eut plus d'empereurs d'Occident ; les Césars éphémères qui endossèrent encore la pourpre ne furent que des lieutenants de patrices barbares, qui les élevaient, les déposaient, les tuaient suivant leur caprice. Les Barbares étaient partout en Occident, individuellement ou en masse ; ils avaient le gouvernement, il leur fallut bientôt la terre.

La cour d'Attila avait été une pépinière d'aventuriers mêlés à ses entreprises de politique ou de guerre : gens actifs, énergiques, avides d'argent et de jouissances, ils prirent presque tous parti dans les troubles de la seconde moitié du ve siècle, apportant en Italie, soit comme ennemis, soit comme amis des Romains,

---

1. Unde Aëtius dum promissa instantius repetit, et causam filii commotius agit, imperatoris manu et circumstantium gladiis crudeliter interfectus est... Prosp. Aquit., *Chron.*, ann. 454. — Aëtius dux et Patricius fraudulenter singularis accitus intra Palatium manu ipsius Imperatoris Valentiniani occiditur... Idat., *Chron.*, eod. ann.

les facultés et les appétits qu'ils avaient puisés près de l'empereur de la Barbarie. Ainsi nous voyons ce même Oreste qui a figuré dans nos récits, devenir maître des milices de l'empereur Népos, puis le déposer et proclamer auguste son propre fils encore dans l'enfance, Romulus, qu'on appela le petit Auguste, *Augustule*. Les Ruges, les Scyres, les Turcilinges, somment alors ce secrétaire d'Attila de leur partager l'Italie, et, sur son refus, Odoacre s'en charge. Le tiers du territoire italien est distribué aux anciens soldats d'Attila ; la dignité d'empereur est supprimée comme une fiction inutile, et Odoacre prend le titre de roi d'Italie. L'histoire nous montre ensuite derrière lui, son meurtrier et son successeur, le grand Théodoric, fils du roi ostrogoth Théodémir, un des capitaines du roi des Huns : le nom d'Attila plane sur toute cette transformation de l'Italie.

Dans l'Europe orientale, son esprit anime encore les tronçons de l'empire des Huns ; plusieurs de ses fils se montrent vaillants hommes, et sa gloire ouvre aux derniers bans des nations hunniques un chemin facile vers le Danube. Elles s'y succèdent pendant trois siècles presque d'année en année, sous les noms d'Outigours, Koutrigours, Avars, Bulgares, Khazars, jusqu'à ce qu'enfin les Hunnugars Ongres ou Ougres, les Hongrois de nos jours, fondent, vers la fin du ixe siècle, dans l'ancienne Hunnie, un noble et puissant état qui, à travers beaucoup de vicissitudes, a pris place dans la société européenne.

Tel est l'Attila de l'histoire. J'ose me flatter d'avoir épuisé ici, pour en esquisser le portrait, tous les documents réellement historiques qui concernent ce Barbare, le plus grand de ceux qui apparurent au déclin de l'empire romain ; mais, par cela même qu'il fut grand et qu'il laissa une trace profonde dans les événements de son siècle, ce Barbare a occupé longtemps après lui l'imagination des peuples. Barbares et Romains se sont complus à le poétiser sous des aspects différents, et le roi des Huns s'est trouvé dans le moyen âge l'objet d'autant de traditions et de contes qu'Alexandre et César, le héros d'autant de poëmes que Charlemagne. Il est curieux de comparer ces traditions entre elles, soit qu'elles viennent des pays romains, soit qu'elles appartiennent aux nations germaniques, soit qu'elles découlent des souvenirs domestiques de la race magyare ; c'est un travail que j'ai essayé de faire et que je joindrai à cette histoire dont il est le complément obligé.

DEUXIÈME PARTIE

HISTOIRE
DES FILS ET DES SUCCESSEURS
D'ATTILA

HISTOIRE
DES FILS ET DES SUCCESSEURS
D'ATTILA

CHAPITRE PREMIER

Fils d'Attila : Leur discorde ruine l'empire des Huns. — Les vassaux germains se révoltent. — Bataille du Nétad. — Les Gépides occupent la Hunnie. — Description du cours du Danube. — Anciennes populations de la Pannonie et de la Mésie. — Valakes ou Roumans. — État florissant de la Pannonie et de la Mésie sous l'empire romain. — Empereurs et généraux nés dans ces provinces. — État militaire de la zone du Danube. — Dispersion des Germains après la victoire du Nétad. — Les Huns se fortifient dans l'Hunnivar. — Ils essaient de remettre les Ostrogoths sous le joug et sont vaincus. — Caractère des fils d'Attila : Denghizikh, Hernakh, Emnedzar, Uzindour, Gheism. — Nouvelle attaque des Huns contre les Ostrogoths. — Scission des fils d'Attila ; Dengbizikh reste dans l'Hunnivar. — Établissement d'Ernakh et du roi alain Candax dans la petite Scythie ; d'Emnedzar et d'Uzindour dans la Dacie riveraine. — Sarmates, Cémandres et Satagares en Mésie et en Pannonie. — Politique de l'empire d'Orient à l'égard des fils d'Attila.

453—462

La terrible volonté qui, du vivant d'Attila, n'avait jamais connu d'obstacle, et qui pendant un quart de siècle avait fait la loi du monde, ne fut pas obéie un seul jour dès que le conquérant eut fermé les yeux. La révolte commença par sa famille. Dans un esprit de sage prévoyance, et afin de préserver l'unité d'un empire qu'il avait fondé au prix de tant de fatigues et de crimes, Attila avait ordonné que son fils Ellak lui succéderait seul avec la plénitude de sa puissance ; mais il avait compté sans ce *peuple*[1] de fils qu'il laissait après lui : peuple médiocre, ambitieux et jaloux. Refusant de reconnaître la suprématie de leur frère aîné, ils exigèrent le partage de l'empire entre eux tous, à parts égales. Il fallut tout diviser, tout morceler, territoire, populations, troupeaux. On fit des lots de nations, et « d'illustres rois, dit l'historien goth Jornandès avec l'accent de l'indignation, des rois pleins de bravoure et de gloire furent tirés au sort avec leurs sujets[2]. » Les Asiatiques, pour qui de pareils procédés n'étaient pas nouveaux, les subirent sans se plaindre ; mais la colère monta au cœur des fiers Germains. Ils ne purent supporter l'idée d'être traités comme un vil bétail, et le roi des Gépides, Ardaric, courut le premier aux armes[3]. Ardaric avait été pendant longtemps le conseiller le plus intime et le vassal le plus honoré d'Attila. Valémir, qui avait tenu la seconde place dans la confiance du maître, et qui partageait avec ses deux frères, Théodémir et Vidémir, le gouvernement des Ostrogoths, suivit l'exemple d'Ardaric. La plupart des vassaux germains se ran-

---

[1]. Filii Attilæ quorum per licentiam libidinis pæne populus fuit. Jorn., *R. Get.*, 50.

[2]. Ut ad instar familiæ bellicosi reges, cum populis, mitterentur in sortem. Jorn., *R. Get.*, ibid.

[3]. Quod dum Gepidarum rex comperit Ardaricus, de tot gentibus indignatus, velut vilissimorum mancipiorum conditione, tractari, contra filios Attilæ primus insurgit. Jorn., *R. Get., ub. sup.*

gèrent autour des deux plus grands de leurs rois, et l'armée d'Attila se trouva scindée en un double camp : les Germains d'un côté, de l'autre les Huns, les Alains, les Sarmates et quelques peuplades germaines restées fidèles à la mémoire du conquérant.

Les deux partis, après s'être observés quelque temps et recrutés chez les nations voisines, se préparèrent à une lutte suprême dont le résultat devait être la servitude éternelle ou l'affranchissement de la Germanie. Ils choisirent pour se mesurer la grande plaine de Pannonie, située au midi du Danube et à l'ouest de la Drave, et dans cette plaine le terrain que traversait une petite rivière appelée alors Nétad, et dont le nom actuel est inconnu[1]. Il fallait un interprète barbare tel que le Goth Jornandès pour sentir lui-même et faire passer dans les pages d'un livre les passions de ces ravageurs du monde devenus ennemis, et rendre la grandeur de cette lutte à mort qui venait s'étaler aux yeux des Romains, et, sur le territoire romain, comme un combat de gladiateurs. « Qu'on se figure, dit-il, un corps dont la tête a été tranchée, et dont les membres, n'obéissant plus à une direction commune, se livrent ensemble une folle guerre : ainsi vit-on s'entre-déchirer de valeureuses nations qui ne rencontrèrent jamais leurs égales que lorsqu'elles se tournèrent les unes contre les autres[2]. » Puis, animé d'un enthousiasme

---

1. Bellum committitur in Pannonia, juxta flumen cui nomen est Netad. Jorn., R. Get., 50.

2. Dividuntur regna cum populis, fiuntque ex uno corpore membra diversa, nec quæ unius passioni compaterentur, sed quæ exciso capite invicem insanirent.... Quæ nunquam contra se pares invenerant, nisi ipsæ mu-

presque aussi sauvage que le tableau qu'il va nous peindre, il s'écrie : « Certes ce fut un admirable spectacle de voir le Goth furieux combattant l'épée au poing, le Gépide brisant dans ses blessures les traits qui l'ont percé, le Suève luttant à pied, le Hun décochant ses flèches, l'Alain rangeant en bataille ses masses pesamment armées, l'Hérule lançant sa légère infanterie.... [1] » Il y eut plusieurs combats, tous plus acharnés les uns que les autres, et la fortune semblait favoriser les Huns, quand, changeant de front tout à coup, elle se déclara pour les Gépides. Les Asiatiques laissèrent sur la place quarante mille morts, au nombre desquels fut Ellak, qui ne tomba qu'après avoir jonché la terre de cadavres ennemis. « Ellak périt si virilement, dit encore Jornandès dans son style âpre, mais énergique, qu'Attila vivant aurait envié une fin si glorieuse [2]. » Ses frères alors, prenant la fuite, repassèrent le Danube, et, serrés de près par les Gépides, gagnèrent les bouches du fleuve et les plaines pontiques, où ils se retranchèrent. Ainsi fut brisé l'empire des Huns, auquel on put croire un instant que l'univers obéirait. Ardaric, s'emparant des plaines de la Theïsse, alla planter sa tente au cœur de la Hunnie, dans la rési-

tuis se vulneribus sauciantes, seipsas discerperent fortissimæ nationes... Jorn., R. Get., 50.

1. Nam ibi admirandum reor fuisse spectaculum, ubi cernere erat cunctis, pugnantem Gothum ense furentem, Gepidam in vulnere suorum cuncta tela frangentem, Suevum pede, Hunnum sagitta præsumere, Alanum gravi, Herulum levi armatura aciem instruere. Jorn., R. Get., ibid.

2. Nam post multas hostium cædes, sic viriliter eum constat peremptum, ut tam gloriosum superstes pater optasset interitum. Jorn., R. Get., ub sup.

dence d'Attila [1]. Le roi des Gépides avait en effet plus de titres que les autres aux dépouilles opimes de ses anciens maîtres : il avait commencé la guerre et décidé la victoire.

Le Danube, dans son cours de près de cinq cents lieues, se partage en plusieurs bassins formés par les étranglements de son lit, à travers lequel les Alpes Noriques et Juliennes, les monts Sudètes, les Carpathes et l'Hémus projettent successivement leurs rameaux. Ces bassins, différents de niveau, sont comme autant de gradins par lesquels les eaux de la vallée descendent pour se verser dans la Mer Noire. Chacun d'eux, empreint d'une physionomie propre, a sa ceinture de montagnes, ses limites tracées par des rivières rapides ou profondes, souvent même sa population particulière, en un mot ce qui constitue une contrée distincte. C'est dans la région des deux derniers bassins que vont se dérouler les événements principaux de cette histoire.

Au sortir des gorges de Gran, produites par le rapprochement des Carpathes occidentales et des Alpes Styriennes, le fleuve, parvenu à la moitié de son cours, semble s'arrêter, revenir sur lui-même, et laisser reposer ses eaux, avant de les précipiter en cataracte dans le dernier de ses défilés. Il coule alors entre deux plaines que l'on signale parmi les plus étendues de l'Europe : à droite, celle de Pannonie, allongée de l'est à l'ouest et bornée par les Alpes Noriques et Juliennes et par un rameau des Alpes Dinariques ; à gauche, celle

---

1. Gepidæ Hunnorum sibi sedes viribus vindicantes, totius Daciæ fines, velut victores, potiti... Jorn., *R. Get.*, 50.

de Dacie, que la chaîne demi-circulaire des Carpathes enveloppe jusqu'à ses bords. La Pannonie, maîtresse de la Drave et de la Save, menace l'Italie et la Grèce septentrionale, tandis que la Dacie, flanquée de deux grands massifs de montagnes, qui se dressent comme deux citadelles à ses extrémités, domine au nord et à l'est les vastes espaces qu'occupait alors et qu'occupe encore aujourd'hui la race slave, dont ils semblent être le patrimoine. Quand le fleuve a franchi ses cataractes, où il quittait chez les Grecs le nom de *Danube* pour prendre celui d'*Ister*, il se répand à gauche dans des plaines basses et marécageuses. A quelques milles seulement du Pont-Euxin, il se détourne brusquement dans la direction du sud au nord, puis il reprend vers son embouchure son cours primitif d'occident en orient, laissant une étroite presqu'île entre son lit et la mer. La chaîne de l'Hémus, qui ferme la vallée au midi, est coupée par sept passages dont la plupart communiquent au Danube par de petites vallées perpendiculaires, et le plus occidental par le cours large et développé de l'Isker. A partir des sommets de l'Hémus, le pays descend graduellement jusqu'au grand fleuve qui en baigne les dernières terrasses. Par-delà ce fleuve et le long de la Mer Noire s'étendent tantôt des plaines fertiles et tantôt des steppes qui se succèdent par intervalles pour ne s'arrêter qu'au pied des chaînes de l'Oural et du Caucase.

Ce pays fut peuplé primitivement par des nations de race illyrienne ou thrace auxquelles vinrent se superposer des essaims nombreux émigrés de la Gaule. Les nations gauloises habitèrent à l'ouest les deux rives du

Danube et les versants des Alpes Noriques et Pannoniennes[1]. Les dénominations de Bohême et de Bavière[2] conservent encore aujourd'hui la trace d'une ancienne occupation de ces deux contrées par des Celtes-Boïens; et les Carnes, qui donnèrent leur nom au groupe des Alpes Carniques, les Taurisques et les Scordisques, établis plus à l'est autour du mont Scordus, se rendirent fameux dans l'histoire grecque et romaine par cet esprit d'aventures qui distingua toujours la race celtique. Ce furent ces Gaulois danubiens qui, réunis aux Tectosages de Toulouse, pillèrent le temple de Delphes, conquirent l'Asie-Mineure, et fondèrent en Phrygie le royaume fameux des Gallo-Grecs[3]; ce furent eux aussi qui répondirent un jour à Alexandre qu'ils ne craignaient rien que la chute du ciel[4]. Les Pannoniens, les Dardaniens et les Mésiens, nations plus sauvages encore que les Gaulois, peuplaient seuls la partie orientale entre le Danube et l'Hémus. Le progrès des Germains à l'ouest et les conquêtes de Rome au midi resserrèrent peu à peu les domaines de ces races, qui finirent par disparaître dans l'unité romaine.

Vers la fin du premier siècle de notre ère, un empire barbare fondé dans la grande plaine des Carpathes, l'empire des Daces, voulut disputer à celui des Romains la possession du Danube; il tomba sous les armes de

---

1. On peut consulter là-dessus mon *Histoire des Gaulois*, t. 1, c. 1 et 4.

2. Bohême, *Boïohæmum*, demeure des Boïes, — Bavarois, *Boïoarii, Boïobarii, Boïo-warii*.

3. *Histoire des Gaulois*, t. 1, c. 4 et 5.

4. Ἐρέσθαι (τὸν βασιλέα) τί μάλιστα εἴη ὃ φοβοῖντο; αὐτοὺς δὲ ἀποκρίνασθαι οὐδένα, εἰ μὴ ἄρα ὁ οὐρανὸς αὐτοῖς ἐπιπέσοι. Strabon, VII, p. 301.

Trajan, et la Dacie fut réduite en province[1]. On vit alors accourir de tous les coins du monde romain, de l'Italie surtout, un peuple de colons industrieux et entreprenants qui, l'épée d'une main et la pioche de l'autre, défrichèrent et soumirent, outre la Dacie, les immenses plaines situées entre les Carpathes et la Mer Noire, et servirent d'avant-poste contre les incursions des nations asiatiques et plus tard contre celles des Goths. Quand les nécessités de la défense obligèrent l'empereur Aurélien de ramener la frontière romaine au Danube, il ouvrit aux colons daco-romains un asile sur la rive droite du fleuve dans une subdivision provinciale séparée de la Mésie, et à laquelle, par un sentiment de regret, il attacha le nom de Dacie[2]; mais un grand nombre de ces colons transdanubiens refusèrent d'abandonner leur pays. Ils résistèrent comme ils purent aux nations gothiques qui, des rives du Dniester, s'avançaient vers le Danube. Quand les Goths furent maîtres des Carpathes, les colons romains se résignèrent à vivre sous une domination qui ménageait en eux les arts qu'elle ignorait et le travail des champs qu'elle dédaignait. Plus tard ils passèrent avec la Dacie des mains des Goths dans celles des Huns, vainqueurs des Goths, et furent sujets d'Attila. Après Attila, d'autres dominations barbares les possédèrent, et épargnèrent toujours en eux une population industrieuse dont le tra-

1. Daces autem sub imperio suo Trajanus, eorum rege devicto, et terras ultra Danubium... in provinciam redegit. Jorn., *Temp., Succ.* 11.
2. Daciam a Trajano constitutam, sublato exercitu et provincialibus reliquit, desperans eam posse retineri; abductosque ex ea populos, in Mœsiam collocavit, appellavitque suam Daciam. Vopisc., *Aurelian.*, Script. Hist. Aug. edit. Salm., f° p. 222.

vail leur profitait. C'est ainsi qu'ils ont traversé dix-sept cents ans, laissant le temps emporter leurs maîtres, et perpétuant au milieu de barbares de toutes races les restes d'une vieille civilisation, une langue fille de la langue latine et une physionomie souvent noble et belle qui rappelle le type des races italiques. Les Slaves leurs voisins les ont désignés sous le nom de *Vlakhes* ou *Vlokhes*, Valakes, mot dans lequel on croit reconnaître celui de *Velche* appliqué par les Germains [1] à l'ensemble des populations romaines; mais eux ne reconnaissent et n'ont jamais reconnu d'autre appellation nationale que celle de *Roumuns* ou *Roumans*, c'est-à-dire Romains.

La Pannonie et la Mésie romaines, provinces toutes militaires, furent à l'orient de l'Europe ce que la Gaule était à l'occident, le boulevard de l'empire. Elles couvraient une des entrées de l'Italie et la Grèce tout entière sur ses deux lignes de défense, le Danube et la chaîne de l'Hémus, et leur importance ne fit que s'accroître lorsque Rome se fut donné une sœur sur le Bosphore, et qu'elles eurent deux empereurs à protéger. Malgré les relations fréquentes avec la Grèce et le voisinage de Constantinople, leur civilisation, éclose au foyer des camps, garda toujours quelque chose de la rudesse, mais aussi de l'honnêteté des mœurs militaires. Elles furent au IIIe et IVe siècles la pépinière des légions, et par les légions celle des Césars. Il est

---

1. *Welsch, Welsh, Wallici, Gallici;* ce nom n'est pas autre que celui des Gaulois, nos pères, dont les innombrables essaims ont peuplé une si grande partie de l'Occident. Les Gallo-Romains étaient d'ailleurs aux IVe et Ve siècles les derniers représentants de l'ancienne puissance romaine.

peu de grands empereurs de cette époque qui n'aient été Illyriens. Claude le Gothique naquit au pied de l'Hémus, Probus à Sirmium, Aurélien dans les campagnes qui avoisinaient cette ville; Dioclétien était Dalmate, et son collègue Maximien Hercule, Pannonien. Galérius avait porté le bâton des pâtres dans les montagnes de la Mésie avant de tenir l'épée de Jules-César. Naïsse, aujourd'hui Nissa, se glorifiait d'avoir vu naître Constantin, et Valentinien Ier, ce fier Romain qui étouffa de colère en entendant les ambassadeurs des Quades parler insolemment de l'empire [1], avait eu pour berceau la ville de Sabaria, sur la Save. Au temps où se passent les événements de cette histoire, la Pannonie n'était pas tellement épuisée, qu'elle ne fournît encore des hommes d'élite, soit empereurs, soit généraux; elle venait de donner au trône impérial Marcien et son successeur Léon, et devait lui donner bientôt Justinien. Aëtius, le vainqueur d'Attila, était originaire de Durostorum [2], la ville actuelle de Silistrie, tandis qu'Alaric, le vainqueur de Rome, avait vu le jour à l'embouchure du Danube, parmi les Goths de l'île de Peucé; les fils d'Attila et peut-être Attila lui-même prirent naissance sur la rive gauche du fleuve. Les grands ennemis et les grands défenseurs de Rome sortaient donc alors de ce pays, où le Romain et le barbare se coudoyaient et labouraient souvent le même sillon. C'était toujours la terre des batailles, celle où la mytho-

---

1. Amm. Marcell., xxx, 6. — Aurel. Vict., *Epist.*, 45. — Cf., *Histoire de la Gaule sous l'administration romaine*, t. III, chap. 8.

2. Voir le morceau intitulé *Aëtius et Bonifacius* (*Revue des Deux Mondes*, 1851).

logie antique avait placé le berceau du dieu Mars.

De grandes cités, dignes de l'importance de ces provinces, bordaient le Danube et s'échelonnaient entre le fleuve et les chaînes de montagnes qui ferment la vallée au midi. Presque toutes étaient fortifiées, et des camps retranchés, des châteaux, de simples tours, des remparts ou fossés garnis de palissades, distribués selon le besoin des lieux, se reliaient à chacune d'elles comme à un centre d'opérations. Parmi ces ouvrages, beaucoup portaient le nom de Trajan, non moins populaire dans la vallée du Danube que celui de Jules-César dans les Gaules. Ingénieurs aussi habiles que grands généraux, les Romains savaient si bien choisir l'assiette de leurs places, que, malgré la révolution introduite dans l'art de la guerre par les découvertes modernes, ici le système général de défense a dû rester le même. Sirmium, la principale forteresse et la capitale de la Pannonie, a disparu, il est vrai, du lit de la Save qui en baignait le pourtour; mais Belgrade s'élève sur le même terrain que Singidon, station des flottes romaines du moyen Danube, et Semlin remplace Taurunum à l'opposite de Singidon. Sémendrie, au confluent de la Morava, succède à la ville de Margus, le grand marché de ces contrées au temps des Romains, et l'ancienne Bononia, de création gauloise comme son nom l'indique, est représentée aujourd'hui par Widdin.

C'était principalement sur le Bas Danube, exposé aux attaques des Asiatiques, que les Romains avaient accumulé leurs moyens de protection. L'Hémus, qui court parallèlement au Danube, étant coupé, comme je l'ai dit, par sept défilés qui servaient de passages entre la

Mésie et le nord de la Grèce, les Romains construisirent sur la rive gauche du fleuve, depuis Bononia jusqu'à Durostorum, sept grandes places correspondantes aux sept défilés, de telle sorte que chaque passage de l'Hémus fût pour ainsi dire fermé au nord par une forteresse sur le Danube. Transmarica [1], Sexaginta-Prista [2], Noves [3], Nicopolis, Ratiaria, qui renfermait une division de la flotte danubienne et une fabrique d'armes, et d'autres villes encore durent leur origine aux combinaisons de ce système de défense. La presqu'île comprise entre le Danube et la Mer Noire, appelée province de Petite-Scythie [4], était garnie à son pourtour de forteresses nombreuses, et coupée au midi par un rempart qui subsiste encore et porte le nom de Trajan. Telles avaient été les provinces danubiennes avant l'irruption des Goths en 375, et celle des Huns, qui se prolongea presque sans interruption pendant tout le règne d'Attila. Attila fut le grand destructeur de ces contrées, où son nom, tristement populaire, fut longtemps attaché à toutes les ruines, comme celui de Trajan à toutes les fondations. Justinien mit sa gloire à réparer les désastres d'un pays qui était le sien, mais au moment où commencent nos récits, les villes de l'intérieur n'étaient pour la plupart que des monceaux de décombres, et les places du Danube, presque toutes démantelées, n'opposaient qu'une barrière impuissante au passage des barbares.

1. Aujourd'hui *Tourtoukaï*.
2. *Roustchouk*.
3. *Sistova*.
4. C'est actuellement la *Dobrutcha*.

Après la sanglante bataille du Nétad, les vainqueurs se trouvèrent presque aussi embarrassés que les vaincus : ils ne surent plus que devenir. Les femmes, les enfants, les vieillards, les troupeaux avaient suivi les guerriers germains en Pannonie; c'étaient des nations entières qui attendaient dans leurs enceintes de chariots le dernier mot de la fortune. Elles n'avaient plus de patrie : iraient-elles à grand surcroît de fatigues et de dangers, reprendre les terres qu'elles avaient quittées et que d'autres peut-être occupaient maintenant ? Il leur parut plus sage de rester où elles étaient. Les Gépides avaient jeté leur dévolu sur la grande plaine des Carpathes, l'ancienne Dacie de Trajan et la Hunnie d'Attila, et personne ne s'avisa de leur disputer un droit de préférence qu'ils méritaient si bien. Les Ostrogoths, trouvant la Pannonie à leur convenance, s'en emparèrent depuis Sirmium jusqu'à Vienne, et donnèrent pour limites à leurs possessions la Mésie supérieure, la Dalmatie et le Norique. Comme ils formaient trois groupes de tribus sous trois rois, ils divisèrent le pays en trois parts : Théodémir s'établit le plus à l'ouest, au-dessous de Vienne et dans les environs du lac Pelsod,[1] aujourd'hui Neusiedel; Valémir reçut la partie orientale délimitée par la Save, que les Goths, à cause de sa profondeur et de la teinte foncée de son lit, avaient surnommée la Rivière

---

[1]. Theodemir juxta lacum Pelsodis... Jorn., *R. Get.*, 52. — Les géographes ne s'accordent pas sur la position du lac Pelsod; les uns le confondent avec le lac Balaton, les autres le retrouvent dans le lac actuel de Neusiedel. J'ai suivi cette dernière opinion, qui concorde mieux avec le texte de Jornandès.

Noire [1], et Vidémir plaça son cantonnement entre les deux autres. Dans ce partage, Valémir, le plus puissant des trois rois et le représentant de la nation, fut chargé de garder la frontière orientale, qui touchait à l'empire romain.

L'histoire nous dit que les Ostrogoths demandèrent la concession de ces territoires à l'empereur Marcien, qui l'accorda bénévolement [2]; il est beaucoup plus croyable que le consentement de l'empereur ne fit que suivre la prise de possession. Quoi qu'il en soit, ils reçurent du gouvernement impérial le titre d'hôtes et de fédérés, se soumettant de leur côté à toutes les obligations que ce titre imposait : par exemple, celles de fournir des contingents militaires à l'empire, de ne faire ni la paix ni la guerre sans son agrément, de n'avoir d'amis que ses amis, d'ennemis que ses ennemis, de respecter son territoire et ses villes situées dans l'intérieur des cantonnements, car les conventions de cette nature réservaient toujours les villes, surtout les places fortes qui restaient au pouvoir des garnisons romaines. Le peuple barbare, ainsi admis sur les domaines de l'empire, y demeurait à titre précaire et par droit d'hospitalité, comme s'exprimait la formule [3], c'était un prêt que lui faisait le gouvernement romain et nullement un abandon. Tandis que les Ostrogoths

---

1. Valamir contra Scarniungam et Aquam Nigram fluvios manebat. Jorn., *R. Get.*, 52.

2. Venientesque multi per legatos suos ad solum Romanorum, et a principe tunc Marciano gratissime suscepti, distributas sedes, quas incolerent, accepere. Jorn., *R. Get.*, *ibid.*

3. *Jure hospitii.*

s'établissaient en Pannonie, les autres nations germaniques qui, ayant aussi pris part à la guerre, se trouvaient pareillement déplacées, les Hérules, les Ruges, les Suèves, remontèrent le Danube et se répandirent à droite du fleuve, dans les Alpes Noriques et Juliennes, jusqu'aux frontières de l'Italie [1]. A l'aspect de ces mouvements, les Lombards quittèrent le pays qu'ils occupaient au nord de l'Elbe, et entrèrent dans la Bohême, menaçant de là la vallée du Danube, comme les autres menaçaient celle de l'Adige. Ainsi les futurs conquérants de l'Italie venaient s'échelonner en face des Alpes, les Ruges formant l'avant-garde et les Lombards l'arrière-garde.

Pendant que la Germanie faisait un pas vers le midi de l'Europe, les hordes dispersées des Huns se ralliaient dans les plaines qui bordent le Danube au nord et la Mer Noire à l'ouest. Ces plaines, ainsi que les steppes du Dniéper et du Don, étaient considérées par les autres nations comme le domicile naturel, le patrimoine des Huns, depuis près d'un siècle que leurs ancêtres en avaient chassé les Goths [2]. Eux-mêmes le prétendaient bien ainsi, et donnaient au cours inférieur du Danube le nom d'*Hunnivar* [3], c'est-à-dire *rempart*

---

1. Jorn., *R. Get.*, 50. — Procop., *B. Goth.* — *Vit. S. Sever.*
2. Ad proprias sedes remearunt... Jorn., *R. Get.*, 50.
3. *Var* signifie encore en hongrois *citadelle, propugnaculum* : *Temesvar,* citadelle sur le Témèse; *Hungvar,* fort qui défend la rivière de Hung, etc. Ce mot, que nous trouvons dans Jornandès, est le seul qui nous soit resté de la langue des Huns. « Quos tamen ille, quamvis cum paucis, excepit; diuque fatigatos ita prostravit, ut vix pars aliqua hostium remaneret, quæ in fugam versa, eas partes Scythiæ peteret, quas Danubii amnis fluenta prætermeant, quæ lingua sua Hunnivar appellant. » Jorn., *De Reb. Get.*, 50.

ou *défense des Huns* [1]. Loin de se montrer découragés de leur défaite, les fils d'Attila semblaient pleins de confiance. Écoutant les leçons de la mauvaise fortune, ils mettaient de côté leurs dissentiments, et travaillaient en commun aux préparatifs d'une nouvelle campagne qui devait ramener leurs vassaux sous le joug et relever l'empire de leur père : telle était du moins leur espérance. A l'ambition se joignait chez eux un désir ardent de vengeance contre tous les Germains, mais surtout contre les Ostrogoths [2], quoique ceux-ci n'eussent eu que le second rang parmi les provocateurs de la révolte. C'était donc par les Ostrogoths qu'ils se proposaient de commencer : leurs forces étaient d'ailleurs considérables, attendu que les tribus hunniques de la Mer Caspienne et du Volga leur avaient gardé fidélité malgré leurs revers.

L'histoire est très-sobre de renseignements personnels touchant les fils d'Attila, qu'elle ne mentionne le plus souvent qu'en termes collectifs et généraux. On peut néanmoins, à l'aide de détails disséminés et en quelque sorte perdus dans les écrivains contemporains, rassembler les traits de certaines figures, et saisir quelques physionomies qui se dessinent au premier plan. Nous y voyons d'abord Denghizikh [3], le plus semblable à son père après Ellak, ou, pour mieux dire, le

---

1. Les Romains, dans une acception analogue, disaient du même fleuve qu'il était leur *borne* et leur *limite*, — *limes romanus, limes imperii*.
2. Jorn., *R. Get.*, 50
3. Dengizich Attilæ filius. Prisc., *Exc. leg.*, 45, 46. — Son nom se trouve encore sous les formes suivantes : Dinzigikh. *Chron. Pasch.* — Dinzio, Jorn., *R. Get.*, 51. — Dinzic, Marcell. Comit. *Chron.* Ces deux dernières formes étaient probablement des diminutifs familiers.

moins dissemblable. Ce n'est pas que Denghizikh ne possédât beaucoup des qualités d'un conquérant barbare : l'esprit d'entreprise, l'audace et l'activité poussée jusqu'à l'impuissance du repos ; mais on eût cherché vainement en lui cette lumière du génie qui faisait d'Attila, suivant l'occasion, un homme hardi ou patient, un soldat impitoyable ou un politique rusé, ourdissant avec une prévoyance qui ne se trompait jamais, la trame que son épée devait couper, enfin le maître de lui-même plus encore que des autres. Près de Denghizikh et comme pour contraster avec lui, nous apercevons le jeune Hernakh, son rival en influence dans les conseils de la famille, esprit doux et pacifique, en tout l'opposé de son frère. Ceux qui ont lu l'histoire d'Attila connaissent déjà ce jeune homme, le dernier des fils du conquérant et l'objet de ses préférences. L'historien Priscus, dans le curieux tableau qu'il nous a laissé d'un banquet donné par le roi des Huns à l'ambassade romaine dont il faisait partie, nous montre Hernakh encore enfant assis près de son père, qui ne se déride qu'en le regardant, et s'amuse à lui tirer doucement les joues [1]. Un des convives découvrit à Priscus une des causes de cette prédilection : les devins avaient prophétisé au roi que ce jeune homme perpétuerait sa postérité, tandis qu'elle s'éteindrait dans ses autres enfants, et Attila aimait en lui plus qu'un fils : il aimait le seul espoir de sa race [2]. Devenu homme, Hernakh

---

1. Juniorem ex filiis introeuntem et adventantem, nomine Hernach, placidis et lætis oculis est intuitus, et cum gena traxit. Prisc., *Exc. leg.*, p. 68. Voir ci-dessus *Hist. d'Attila*, c. 4.

2. Ego vero cum admirarer, Attilam reliquos suos liberos parvifacere, ad hunc solum animam adjicere, unus ex barbaris qui prope me

se distingua effectivement par des penchants qui pouvaient promettre une vie tranquille et une longue lignée, mais qu'Attila peut-être n'aurait pas vus sans déplaisir. Il était prévoyant, réservé, ennemi de toute résolution violente. Deux de ses frères, fils de la même mère que lui, semblent l'avoir tendrement aimé, et s'être attachés à sa fortune : ils se nommaient Emnedzar et Uzindour[1].

Nous voyons paraître encore parmi les Huns de sang royal un demi-Germain, nommé Gheism[2], qu'Attila avait eu de la sœur d'Ardaric, roi des Gépides, à l'époque où les plus puissants monarques de la Germanie tenaient à honneur de peupler son lit d'épouses légitimes ou de concubines. Des circonstances que nous exposerons plus bas ayant ramené Gheism en Gépidie près de son oncle, dont il se fit vassal, il en est résulté quelque confusion sur son origine, et il passe près des écrivains byzantins tantôt pour Hun et tantôt pour Gépide[3]. Voilà ceux des fils d'Attila que l'histoire nous fait connaître personnellement. La tradition magyare en ajoute deux autres : Aladarius, né de la germaine Crimhild, fille d'un duc de Bavière, et Chaba, issu du mariage du roi des Huns avec la

---

sedebat et latinæ linguæ usum habebat, fide prius accepta, me nihil eorum, quæ dicerentur, evulgaturum, dixit, vates Attilæ vaticinatos esse, ejus genus quod alioquin interiturum erat, ab hoc puero restauratum iri. Prisc., *Exc. leg.*, p. 68.

1. Emnedzar et Uzindur consanguinei ejus... Jorn., *R. Get.*, 51.
2. Giesmus, Γίεσμος. Theophan., *Chronogr.*, p. 185.
3. Ex Attilanis. Jorn., *R. Get.*, 50. — E Gepædibus suum genus trahens. Theophan., p. 185. — Ex genere Gepædum derivatus, Anast., p. 63.

princesse Honoria, petite-fille du grand Théodose [1]. Ni l'un ni l'autre ne saurait être avoué par l'histoire. Ainsi qu'on le devine au premier coup d'œil, Aladarius, fils de Crimhild [2], est un emprunt fait par les Hongrois du moyen âge aux épopées germaines sur Attila, et peut-être même ce nom d'Aladarius n'est-il qu'une altération de celui d'Ardaric, qu'on aurait confondu avec son neveu. Quant à Chaba, qui joue un rôle très-important dans les traditions magyares, il appartient, selon toute apparence, à une épopée nationale [3], dont ces traditions semblent renfermer des fragments. L'imagination des Orientaux n'a point voulu que l'amour d'une fille d'empereur romain pour un roi des Huns restât sans dénoûment ; elle les a mariés et leur a donné une postérité en dépit des verrous sous lesquels Honoria avait été confinée par sa mère, en dépit de l'indifférence d'Attila, qui ne la réclama jamais pour sa femme que lorsqu'il était sûr de ne pas l'obtenir, et de l'histoire enfin, qui nous atteste que les deux amants ne se virent jamais.

Les préparatifs de la nouvelle campagne remplirent probablement l'année 455 tout entière. Au printemps suivant, les Huns arrivèrent sur le Danube avec l'impétuosité et le fracas d'une tempête. Ils dirent au commandant des postes romains de ne pas s'inquiéter, attendu qu'ils n'en voulaient point à l'empire, « que leur seul but était de rattraper des esclaves fugi-

---

1. Simon Kéza. *Chron. Hungar.* — Et tous les auteurs hongrois qui ont écrit d'après la tradition.
2. Voir ci-dessous aux *Légendes d'Attila* les traditions germaniques.
3. Voir les traditions hongroises.

tifs et des déserteurs de leur nation [1]. » Ils désignaient ainsi les Ostrogoths. Les postes romains, qui voulaient rester étrangers à ces querelles de barbares, ne firent point obstacle à leur passage. Les hordes ayant pris terre sur la rive droite, probablement vers le pont de Trajan, tournèrent à l'ouest, gagnèrent la Save, et fondirent sur les cantonnements de Valémir. L'attaque fut si brusque, que le roi ostrogoth n'eut pas le temps d'avertir ses frères, et dut soutenir le choc avec les seules forces de sa tribu : toutefois il s'en tira bien [2]. Après avoir traîné à sa suite la cavalerie des Huns et l'avoir fatiguée par des marches à travers les marais de la Save, il l'attaqua à son tour et lui fit essuyer une défaite complète. On put reconnaître alors combien l'infanterie des Goths, exercée à combattre de pied ferme et comparable aux vieilles légions romaines, dont elle semblait suivre instinctivement les pratiques, l'emportait sur cette cavalerie orientale sans organisation et sans discipline. Culbutées les unes sur les autres, les hordes se débandèrent et ne s'arrêtèrent dans leur fuite que lorsqu'elles eurent mis l'*Hunnivar* entre elles et leurs ennemis [3]. Valémir put envoyer alors à ses frères la double nouvelle de son péril et de sa délivrance. Les historiens racontent qu'au moment où le messager goth atteignit la demeure de Théodémir sur

---

1. Contigit ut Attilæ filii contra Gothos, quasi desertores dominationis suæ, velut fugacia mancipia requirentes, venirent. Jorn., *R. Get.*, 50.

2. Ignaris aliis fratribus, super Walemir solum irruerunt : quos tamen ille, quamvis cum paucis, excepit. Jorn., *R. Get.*, 50.

3. Diu fatigatos ita prostravit, ut vix pars aliqua hostium remaneret, quæ in fugam versa, eas partes Scythiæ peteret quas Danubii amnis fluenta prætermeant, quæ lingua sua *Hunnivar* appellant. *Id.*, **ub. sup.**

les bords du lac Pelsod, le pays était en joie, et que le palais, orné comme pour une fête, retentissait du bruit des instruments de musique. Un fils était né la nuit même à Théodémir de sa concubine chérie Erelièva [1], et comme les deux frères s'aimaient tendrement, ils confondirent leur bonheur. L'enfant qui venait d'entrer dans la vie n'était autre que le grand Théodoric.

La confiance des fils d'Attila ne résista pas à ce second échec. Forcés de reconnaître que la puissance de leur père, dont ils avaient été si mauvais gardiens, leur était échappée pour toujours et que c'en était fait de l'empire d'Attila, ils renoncèrent à toute entreprise qui aurait pour objet de le relever. Ils convinrent même de se séparer ou du moins de donner à chacun la liberté de se choisir un parti. Le plus grand nombre opina pour le maintien des vieilles habitudes et la continuation de la vie nomade dans les plaines situées au nord du Danube et le long de la Mer Noire ; ceux-là se rattachèrent à Denghizikh, le plus énergique d'entre eux. Il y en eut, en moindre nombre, à qui il plut d'essayer de la vie sédentaire et de quitter le campement des nomades ; ils eurent de plus l'idée, assez étrange pour des fils d'Attila, de faire soumission au gouvernement romain, afin d'obtenir de lui un territoire à cultiver. Hernakh nous apparaît ici comme l'auteur de cette résolution ou du moins comme le plus important de ceux qui l'exécutèrent. Le gouvernement romain reçut ces ouvertures mieux peut-être que les Huns ne s'y

---

1. Nuntius veniens felicius in domo Theodemiri repperit gaudium; ipso siquidem die Theodericus ejus filius, quamvis de Erelieva concubina bonæ tamen spei puerulus, natus erat. Jorn., *R. Get.*, 50.

étaient attendus. Hernakh fut autorisé à se fixer dans la province de Petite-Scythie[1]; on lui traça son cantonnement à l'extrémité septentrionale, autour des bouches du Danube, dans ces bas-fonds marécageux que la guerre avait dépeuplés. Après avoir juré de remplir toutes les obligations attachées au titre d'hôte et de fédéré de l'empire, il établit sa tribu sous le jet des balistes romaines, autour des places démantelées autrefois par son père, et qu'il s'engageait maintenant à défendre, fût-ce même contre sa race.

L'établissement d'Hernakh entraîna celui du roi alain Candax et de son petit peuple, qui paraissent avoir été dans la clientèle du jeune fils d'Attila[2]; ils furent admis aux mêmes conditions que lui et cantonnés, en partie sur le plateau méridional de la Petite-Scythie, près du rempart de Trajan, en partie dans la Mésie inférieure[3], près du Danube, autour des forteresses de *Carsus*[4] et de *Durostorum*[5]. Des bandes de Germains de la nation des Scyres et des Huns Satagares se joignirent à Candax et furent probablement colonisés dans l'intérieur, sur la frontière septentrionale des Mésogoths. Bientôt on vit arriver une émigration plus considérable, conduite par les frères consanguins d'Hernakh, Emnedzar et Uzindour, qui dans cette dis-

---

1. Quidam ex Hunnis in parte Illyrici sedes sibi datas coluere;... se in Romaniam dederunt. Jorn., *R. Get.*, 50.
2. Hernach, junior Attilæ filius, cum suis, in extremo minoris Scythiæ sedes delegit. Jorn., *R. Get.*, *ibid.*
3. Cæteri Alanorum, cum duce suo nomine Candax, Scythiam minorem inferioremque Mœsiam accepere. *Id., ibid.*
4. Actuellement, Hirsova.
5. Silistrie.

persion de la famille, ne voulurent pas se séparer de leur jeune frère. Entrés dans la Dacie riveraine, ils occupèrent les bords de l'Uto et de l'OEscus vers leurs confluents avec le Danube, et devinrent voisins de Noves [1], et de Nicopolis. Si le gouvernement romain n'autorisa pas d'avance cette prise de possession, il la légitima par son consentement ultérieur.

La brèche une fois ouverte, d'autres chefs, d'autres tribus s'y précipitèrent à l'envi; ce fut une invasion, dit Jornandès, invasion pacifique que l'empire ne désavoua point[2]. C'est ainsi que des Sarmates, des Cémandres et des Huns allèrent se fixer dans de vastes campagnes autour d'un château alors fameux, appelé château ou champ de Mars, et construit dans une forte position sur la rive de Mésie [3]. D'autres émigrants, probablement les plus déterminés, furent distribués par groupes dans la Mésie supérieure et la Pannonie, le long des frontières des Ostrogoths et jusqu'au pied des Alpes Noriques. Le but évident de cette dernière colonisation était de surveiller les Goths, ces prétendus amis de l'empire qui n'avaient pas tardé à l'inquiéter; la haine que se portaient les deux races mises ainsi en présence parut aux Romains une garantie de la bonne conduite et de la fidélité des Huns.

En provoquant ou facilitant ces établissements sur son territoire, l'empire suivait sa politique séculaire.

1. Aujourd'hui Sistova.
2. Quod et libens tunc annuit imperator, et usque nunc... donum est. Jorn., *R. Get.*, 50.
3. Sauromatæ vero, quos Sarmatas diximus, et Cemandri, et quidam ex Hunnis... ad castrum Martenam sedes sibi datas coluere. *Id.*, *loc. laud.* — Castrum Martena. — Campus Martius ou Martis.

Constantinople avait hérité des principes de Rome : opposer les barbares aux barbares, soutenir le faible contre le fort pour les détruire l'un par l'autre, et se servir de l'ennemi qu'on ne redoutait plus, en guise de barrière, pour arrêter celui qui commençait à se faire craindre.

CHAPITRE DEUXIÈME

Les fils d'Attila attaquent de nouveau les Ostrogoths et sont battus. — Ils attaquent l'empire romain. — Campagne d'Hormidac en Mésie. — Siége de Sardique. — Trahison du général de la cavalerie romaine. — Retraite d'Hormidac. — Portrait des Huns par Sidoine Apollinaire. — Les fils d'Attila demandent à l'empereur Léon le droit de commercer en Mésie. — Refus de l'empereur. — Colère des fils d'Attila; ils délibèrent en commun; Denghizikh veut la guerre, Hernakh soutient la paix. — Denghizikh entre sur le territoire romain. — Des volontaires goths se joignent à lui. — Campagne de l'Hémus. — L'armée des Huns, enfermée dans un défilé, demande des vivres aux Romains. — Discours du Hun Khelkhal aux Goths auxiliaires des Huns. — Les Huns et les Goths se battent ensemble. — Nouvelle campagne de Denghizikh en Mésie; il est pris et tué; sa tête est exposée dans le cirque de Constantinople. — Les Huns fédérés se plient aux habitudes romaines. — Tribus des *Fossaticii* et des *Sacro-Monticii*. — Généraux romains fournis par les Huns. — Ce que deviennent les descendants d'Attila. — Aventures de Mundo fils de Gheism. — Il déserte le territoire des Gépides et se fait brigand. — Les voleurs Scamares le prennent pour roi. — Il est assiégé dans Herta; les Ostrogoths le délivrent. — Il se fait vassal de Théodoric. — Il se soumet à Justinien. — Mundo à Constantinople : service qu'il rend à Justinien dans la révolte du Cirque. — Il est nommé commandant de l'Illyrie. — Ses exploits à Salone; il perd son fils Maurice. — Sa fin désespérée. — Jeu de mots des Romains sur sa mort.

462 — 535

La scission des enfants d'Attila et de leurs tribus en deux parts ne brisa d'abord ni le lien de fraternité entre les princes, ni celui de race entre les tribus. Les hordes de l'Hunnivar et du Dniéper, qui continuèrent la vie nomade, furent réputées le corps de la nation, et Denghizikh, qui les gouvernait, se trouva investi d'un droit, sinon de souveraineté, du moins de tutelle et de suprématie à l'égard des bandes séparées. L'histoire mentionne deux circonstances dans lesquelles ce protectorat des tribus sédentaires par les tribus nomades fut exercé avec éclat. Dans l'année 462, les Ostrogoths, mécontents des surveillants que l'empire leur avait donnés en Pannonie, se jetèrent à l'improviste sur le territoire des Huns satagares, pillèrent tout, enlevèrent les récoltes, les troupeaux, et menacèrent d'égorger les hôtes du peuple romain jusqu'au dernier [1]. Informé de ces désastres, Denghizikh accourut en toute hâte porter secours à ses compatriotes; quatre tribus nomades l'accompagnaient : les Angiscyres, les Bitugores, les Bardores et les Ulzingours. Ils franchirent le Danube sans opposition, et, pénétrant sur le territoire ostrogoth, ils assiégèrent la ville de Bassiana, aujourd'hui Sabacz, place romaine dont les Ostrogoths s'étaient emparés contre les traités, et qui formait un des boulevards de leur frontière [2]. La ville résista aisément à un ennemi qui ne connaissait pas l'art des siéges, et sa résistance donna aux Goths le temps d'arriver. Valémir en effet, à la première nouvelle de l'irruption de Denghizikh, avait laissé là les Satagares

---

1. Videntes Gothi non sibi sufficere ea, quæ ab imperatore acciperent solatia... cœperunt vicinas gentes circumcirca prædari, primo contra Satagas, qui interiorem Pannoniam possidebant, arma moventes... Jorn., *R. Get.*, 53. — Satagæ, Satagarii.

2. Quod ubi rex Hunnorum Dinzio, filius Attilæ, cognovisset, collectis secum, qui adhuc videbantur, quamvis pauci, ejus tamen sub imperio remansisse, Ulzingures, Angisciros, Bittugores, Bardores, veniens ad Bassianam Pannoniæ civitatem, eamque circumvallans, fines ejus cœpit prædari. Jorn., *R. Get.*, 53.

pour marcher contre lui. Une grande bataille eut lieu sous les murs de Bassiana ; la place fut dégagée, et les Huns, qu'un mauvais sort semblait poursuivre chaque fois qu'ils s'adressaient aux Ostrogoths, furent pour la troisième fois vaincus et rejetés en désordre sur la rive gauche du Danube [1].

Quatre ans après, en 466, c'est aux Romains que les Huns ont affaire pour une raison à peu près pareille. Il était arrivé qu'une des peuplades sarmates admises en Mésie comme fédérées, à la suite des fils d'Attila, se dégoûtant de sa nouvelle condition et regrettant la liberté des déserts, avait quitté ses cantonnements et repris le chemin du Danube ; mais les officiers romains, qualifiant ce fait de désertion, l'avaient retenue par la force. Les Huns nomades crurent leur honneur engagé à soutenir la liberté d'un peuple qui n'avait pas, disaient-ils, cessé d'être leur vassal, et ils sommèrent le commandant romain de laisser partir les Sarmates. Cette sommation étant restée sans résultat, on vit bientôt une armée hunnique déboucher sur l'Hunnivar : elle n'était pas dirigée par Denghizikh, mais par Hormidac [2], chef important des Huns et peut-être même fils d'Attila. On était alors en plein hiver, et la rigueur du froid avait été si grande, que le Danube, gelé jusqu'au fond de son lit, offrait un passage solide aux plus lourdes

---

1. Gothi... expeditionem solventes quam contra Satagas collegerant, in Hunnos convertunt et sic eos suis a finibus inglorios propulerunt... Jorn., *R. Get.*, 53.

2.   Sed Scythicæ vaga turba plagæ, feritatis abundans,
  Dira, rapax, vehemens, ipsis quoque gentibus illic
  Barbara barbaricis, cujus dux Hormidac atque
  Civis erat, cui tale solum, murique, genusque...
     Sidon. Apoll., *Carm.*, 2, v. 273 et seqq.

voitures. Hormidac y lança sa cavalerie et tout le train de bagages qui accompagnait une armée nomade en campagne[1]. Comme une nuée de sauterelles dévorantes, les barbares vont s'abattre sur la Dacie riveraine, pillant tout et entassant le butin dans leurs chariots. L'empereur Léon, qui au milieu de ce chaos de peuples divers, amis ou ennemis, et barbares à tous les degrés, savait faire intervenir habilement et tour à tour la politique et les armes, Léon envoya pour balayer ces brigands un homme prudent comme lui, le consul Anthémius, qui devint plus tard empereur d'Occident. Anthémius, par une manœuvre savante, attire Hormidac, des plaines qu'il occupait, dans la contrée montagneuse de Sardique, où sa cavalerie devenait en grande partie inutile. Il prend alors l'offensive et pousse l'épée dans les reins l'armée ennemie, qui n'a plus d'autre ressource que de se jeter dans Sardique même, qu'elle enlève par un coup de main, et où les Romains ont bientôt mis le siége[2].

La ville, autrefois démantelée par Attila et récemment réparée, était assez forte pour tenir longtemps avec une telle garnison, si les vivres n'avaient pas

---

[1]. Instanti hiemali frigore, amneque Danubii solite congelato, nam istius modi fluvius ita rigescit, ut in silicis modum vehat exercitum pedestrem, plaustraque... Jorn., *R. Get.*, 53.

. . . . Gens ista repente
Erumpens, solidamque rotis transvecta per Istrum
Venerat, et sectas inciderat orbita lymphas.
        Sidon. Apoll., *Carm.*, 2. v. 269 et seqq.

[2]. Hanc tu directus per Dacica rura vagantem
Contra is, aggrederis, superas, includis : et ut te
Metato spatio castrorum Serdica vidit,
Obsidione premis.
        Sidon. Apoll., *loc. cit.*

manqué; mais cette garnison de Huns amenait la famine avec elle, et bientôt Hormidac se vit réduit au plus extrême besoin. Ses chariots, au lieu de vivres et de fourrages qui lui eussent été si précieux, contenaient de grandes, mais inutiles richesses, des vases ciselés, des étoffes rares et beaucoup d'or, dépouilles des malheureux provinciaux. Hormidac eut l'idée de faire servir du moins ces superfluités à son salut, et il ne craignit pas de s'adresser au général qui commandait la cavalerie d'Anthémius. Cet homme était-il un barbare au service de l'empire comme tant d'autres généraux romains, pour qu'un ennemi eût conçu si aisément l'espoir de l'acheter? S'offrit-il de lui-même à la séduction, et ces richesses accumulées dans les chariots des Huns avaient-elles tenté sa cupidité avant qu'Hormidac ne l'eût tentée lui-même? On l'ignore; mais on sait qu'un honteux marché se conclut entre le chef des Huns et le général romain. Il fut convenu qu'à un jour donné les Huns sortiraient de la ville et présenteraient la bataille au consul, que le maître de la cavalerie laisserait l'affaire s'engager, puis déserterait son poste, et passerait avec ses soldats du côté de l'ennemi. La cavalerie des Huns envelopperait alors les légions, dont le flanc serait sans défense, et qu'une charge aurait bientôt enfoncées.

Si la trahison, comme on le voit, était habilement combinée par le général, l'honnêteté des soldats la fit échouer. Au moment où les deux armées, rangées en ligne, commençaient à se mêler, la cavalerie, qui formait une des ailes romaines, s'ébranla effectivement au signal de son chef, croyant exécuter une manœuvre;

mais quand elle vit celui-ci se diriger vers la ville et qu'elle soupçonna une désertion, elle tourna bride aussitôt et vint reprendre son poste sur le flanc des légions [1]. Il était temps, car la cavalerie hunnique opérait déjà son mouvement, et les légions commençaient à se débander. Le combat recommençant alors avec une nouvelle vigueur, Hormidac fut rejeté rudement dans la ville. Le lendemain il demandait à capituler : « Le prix de la paix, répondit le consul, c'est la tête du traître. » Cette tête lui fut livrée sans hésitation. « Ce fut, dit le narrateur contemporain, comme l'arrêt d'un juge romain exécuté par des barbares [2]. » En capitulant avec les Huns, Anthémius sauvait Sardique d'une destruction complète. Hormidac et ses compagnons, en bien petit nombre, regagnèrent le Danube sans bagage, sans chevaux et presque sans vie.

Le récit de cette courte mais curieuse guerre ne nous vient pas d'un historien ; nous la tenons d'un poëte et d'un poëte gaulois, le célèbre Sidoine Apollinaire, auteur d'un *panégyrique* d'Anthémius devenu empereur d'Occident. Suivant l'usage des poëtes, Sidoine

---

[1]. Sic denique factum est
Ut socius tum forte tuus, mox proditor, illis
Frustra terga daret, commissæ tempore pugnæ ;
Qui jam cum fugeret, flexo pede cornua nudans,
Tu stabas acie solus ; se sparsa fugaci
Expetiit ductore manus ; te marte pedestri
Sudantem repetebat eques ; tua signa secutus
Non te desertum sensit certamine miles.
　　　　　Sidon. Apollin., *Panegyr. Anth.*, v. 280 et seqq.

[2]. Nam qui te fugit mandata morte peremptus,
Non tam victoris periit quam judicis ore.
. . . . . Jussum subiit jam transfuga lethum
Atque peregrino cecidit tua victima ferro.
　　　　　Sidon. Apoll., *Paneg. Anth.*, v. 297 et seqq.

ayant à mettre en scène la nation des Huns n'a point manqué l'occasion d'en tracer le portrait, et il l'a fait avec toutes les recherches, toute l'exagération de ce faux bel esprit qui flattait le goût de ses contemporains, et qui fut, il faut bien le dire, pour une grande part dans sa renommée. Toutefois Apollinaire, homme de lettres mêlé aux affaires publiques, gendre de l'empereur Avitus et plus tard évêque de Clermont, vivait au milieu de gens qui avaient combattu ces barbares dans les armées romaines, lui-même les avait vus sans aucun doute pendant l'invasion d'Attila en Gaule ; nous pouvons donc considérer la peinture qu'il nous en donne comme présentant un fond de réalité sous les couleurs forcées qui la déparent. Cela admis, il est curieux de comparer le tableau de Sidoine Apollinaire, tracé en 468, avec celui qu'esquissait Ammien Marcellin vers l'année 375, sous la première impression de l'arrivée des Huns en Occident. Si la férocité du caractère a pu s'adoucir chez ce peuple par un séjour de près de cent années au cœur de l'Europe et par son contact avec des races plus civilisées, on reconnaît du moins, en rapprochant ces deux portraits faits à un siècle de distance, que son type physique et ses mœurs n'avaient pas notablement changé.

« Cette nation funeste est cruelle, avide, sauvage au delà de toute idée, et barbare pour les barbares eux-mêmes. Son âme et son corps respirent la menace. Le visage des enfants, ordinairement si doux, est empreint chez elle d'un cachet d'horreur. Une masse ronde qui se termine en pointe, deux cavernes creusées sous le front et où l'on chercherait vainement des yeux, puis entre les joues une excroissance informe et plate, voilà la tête du Hun. La lumière n'arrive qu'avec peine dans les chambres étroites où l'œil semble la fuir, et cependant il s'en échappe des regards perçants qui embrassent les plus lointains espaces. On dirait que ces points ardents placés au fond de deux puits compensent leur éloignement par une possession plus énergique de la lumière [1]. L'aplatissement des narines est dû aux bandelettes dont on serre la face des nouveau-nés, afin que le casque, n'ayant plus l'obstacle du nez, s'adapte plus exactement au visage. Ainsi l'amour maternel déforme l'enfant et le façonne pour la guerre [2].... Le reste du corps est beau : une poitrine large, des épaules carrées, peu de ventre, une

[1].
Gens animis membrisque minax : ita vultibus ipsis
Infantum suus horror inest. Consurgit in arctum
Massa rotunda caput : geminis sub fronte cavernis
Visus adest oculis absentibus : arcta cerebri
In cameram vix ad refugos lux pervenit orbes,
Non tamen et clausos : nam fornice non spatioso,
Magna vident spatia, et majoris luminis usum
Perspicua in puteis compensant puncta profundis.
Sidon. Apoll., *Carm.*, 2, v. 245-251.

[2].
Tum ne per malas excrescat fistula duplex,
Obtundit teneras circumdata fascia nares,
Ut galeis cedant. Sic propter prælia natos
Maternus deformat amor, quia tensa genarum
Non interjecto fit latior area naso.
Sid. Apoll., *Paneg. Anth.* — *Carm.* 2, v. 253-257.

On voit par ce qui précède que les Huns exerçaient sur la tête de leurs enfants nouveau-nés deux espèces particulières de déformations. La première regardait la face. Au moyen de linges fortement serrés, ils obtenaient l'aplatissement du nez et la dilatation des pommettes des joues. La seconde s'appliquait au crâne, que l'on pétrissait en quelque sorte de manière à l'allonger en pain de sucre : *Consurgit in arctum massa rotunda caput.* Un savant naturaliste étranger, qui a pris pour objet de ses recher-

taille au-dessous de la moyenne quand le Hun est à pied, et grande quand il est à cheval... Sitôt que l'enfant peut se passer de sa mère, on le place sur un cheval, afin que ses membres délicats se plient de bonne heure à des exercices qui rempliront sa vie. Il est des nations qui voyagent et se transportent sur le dos des coursiers, celle-ci y demeure[1]... Armé d'un arc énorme et de longues flèches, le Hun ne manque jamais son but : malheur à celui qu'il a visé, car ses flèches portent la mort ! »

Les barbares, prompts et mobiles comme des enfants, oublient aisément le mal qu'ils ont fait, et se flattent non moins aisément que l'offensé en a perdu le souvenir, sitôt qu'un intérêt nouveau ou quelques nouvelles préoccupations leur rendent cet oubli désirable : c'est ce que nous voyons arriver chez les fils d'Attila. L'année 467 nous les montre réunis en une sorte de congrès de famille et délibérant sur une faveur qu'ils veulent obtenir du gouvernement romain, comme si l'année précédente ils n'avaient pas ravagé impitoyablement ses provinces : ce qu'ils sollicitent maintenant, c'est le droit de commercer librement avec l'empire, la détermination de certains marchés dans les villes

---

ches anthropologiques les races du nord-est de l'Europe, avait été frappé du grand nombre de crânes déformés que présentent les anciennes sépultures dans les localités occupées autrefois par les nations finno-hunniques. Il me fit l'honneur de me consulter à ce sujet. Je suis heureux de pouvoir fournir un texte précis qui réponde au besoin des sciences naturelles, et non moins heureux que celles-ci viennent appuyer d'une démonstration sans réplique les probabilités de l'histoire.

[1]. ..... Cornipedum tergo gens altera fertur,
  Hæc habitat.
          Sidon. Apollin., *Paneg. Anthem.*, v. 265.

romaines de la frontière, où les Huns puissent apporter et vendre leurs marchandises et se procurer en retour des marchandises romaines. Ils décident qu'une ambassade solennelle sera en leur nom collectif envoyée à Constantinople, afin de porter leur demande à la connaissance de l'empereur [1]. La législation romaine faisait du droit de trafic entre l'étranger et le Romain, *jus commercii,* un privilége qui ne s'octroyait qu'à bon escient en faveur de voisins dont l'amitié semblait éprouvée, car il n'était pas rare que les barbares cherchassent à abuser de ce droit. Tantôt, à la veille d'une guerre qu'ils méditaient contre l'empire, ils venaient s'approvisionner de vivres et d'armes dans les marchés romains; tantôt, se donnant rendez-vous en grand nombre dans les places de commerce, qui étaient ordinairement aussi des places de guerre, ils faisaient main-basse sur les habitants, saccageaient la ville ou s'en emparaient par trahison. Attila avait accompli ou tenté plusieurs coups de ce genre qui avaient rendu avec juste raison le gouvernement romain défiant et difficile, et l'humeur batailleuse de quelques-uns de ses fils, ainsi que l'agitation qu'ils entretenaient dans leurs tribus, n'était guère propre à faire lever l'interdiction; aussi l'ambassade ne rapporta-t-elle de Constantinople qu'un refus exprimé en termes très-nets [2].

Ce refus mit les princes huns hors d'eux-mêmes. Ils se réunirent de nouveau pour exhaler leur colère, et

1. Ut omnibus omnino præteritorum dissidiorum causis resecatis, pacem inirent : itaque Romani, ut olim erat in more positum, ad Istrum usque procedentes mercatum celebrarent, ex quo invicem ea, quæ sibi opus essent, desumerent. Prisc., *Exc. leg.,* 44.

2. Ea quidem legatio, re infecta rediit. Prisc., *ibid.*

dans ce conseil, qui paraît avoir été fort tumultueux, les résolutions les plus violentes furent agitées. Il y eut un parti de la guerre qui prétendait qu'une pareille injure ne pouvait être lavée que par des flots de sang dans les murs mêmes de Constantinople, et Denghizikh se trouva naturellement l'organe obstiné de ce parti ; mais il rencontra en face de lui Hernakh, qui se fit avec non moins d'obstination l'avocat des résolutions pacifiques[1]. Entre autres arguments en faveur de la paix, il fit valoir celui-ci : « que les Acatzires, les Saragours et les autres tribus hunniques voisines du Caucase et de la Mer-Caspienne étaient en ce moment même engagés dans une expédition au cœur de la Perse[2]. « N'y aurait-il pas folie à nous d'entreprendre, disait-il, une autre guerre encore avec l'empire, et de nous jeter de gaieté de cœur deux pareils ennemis sur les bras ? » Le raisonnement d'Hernakh nous prouve clairement que les nations hunniques continuaient à se regarder comme les membres d'un même corps dans toute l'étendue de leur ancienne confédération, depuis la Mer-Caspienne et le Caucase jusqu'au Danube, et maintenant même jusqu'au pied de l'Hémus. L'influence du jeune fils d'Attila et ses arguments de bon sens entraînèrent la minorité de ses frères, tous ceux probablement qui, habitant comme lui au midi du Danube, se trouvaient directement sous la main de

1. Etenim Dengizich... bellum Romanis indici volebat... Cui quidem apparatui Hernach repugnabat. Prisc., *Exc. leg.*, 45.
2. Nec enim bellum longius geri a patria expedire existimabat, quod Saraguri, Acatziris aliisque gentibus aggregati, in Persas exercitum duxerant. Prisc., *Exc. leg.*, 46.

l'empereur; mais Denghizikh tint bon[1] : il déclara que, si on l'abandonnait, il ferait la guerre à lui seul et saurait la mener à bonne fin. Il mêlait au ressentiment de son injure on ne sait quelle idée de conquête dans les provinces de Mésie ou de Thrace, et même l'espérance de se rendre l'empire romain tributaire. Sa résolution une fois arrêtée, il fit appel aux hordes du Borysthène et du Dniéper; tout fut bientôt en mouvement dans les plaines de la Mer Noire, et l'avant-garde d'une puissante armée ne tarda pas à se montrer sur l'Hunnivar.

Le préfet de la rive romaine, commandant général des forces préposées à la défense du Bas-Danube, était un Goth romanisé nommé Anagaste, dont le père avait été tué au service de l'empire, dans une des guerres contre Attila. Il nourrissait, par suite de cette circonstance, contre la mémoire du roi des Huns et contre toute sa race, une haine qu'il ne dissimulait pas. Inquiet des mouvements qu'il voyait s'opérer dans l'Hunnivar, il avait fait demander à Denghizikh ce que cela signifiait, s'il avait à se plaindre du gouvernement romain, et en quoi. Denghizikh ayant dédaigné de répondre, il le somma de déclarer catégoriquement s'il voulait la guerre ou non[2]. Le fils d'Attila, sans se soucier des sommations d'Anagaste, fit partir des ambassadeurs pour Constantinople, afin, disait-il, de s'expliquer directement avec l'empereur[3]. Introduite

---

1. Dengizich bellum Romanis inferre et Istro potiri instituit. Prisc., *Exc. leg.*, 46.

2. Per suos ex eo quæsivit an ea mente esset, ut acie decertare vellet. Prisc., *Exc. leg.*, *loc. cit.*

3. Sed Dengizich Anagastum contemnens... per legatos imperatori denuntiavit. *Id., ibid.*

devant le prince, l'ambassade exposa les griefs du roi des Huns : il ne se contentait plus du droit de commerce avec les Romains ; il lui fallait des terres à sa convenance pour lui et son peuple, sans compter un tribut annuel pour payer son armée [1]. Celui à qui s'adressaient ces réclamations insolentes était l'empereur Léon, dont l'histoire vante le caractère à la fois ferme et équitable. Il répondit froidement aux barbares « qu'il n'accordait de pareilles demandes qu'à ses amis ; que si les Huns se soumettaient à son autorité, il verrait ce qu'il aurait à faire ; qu'il serait charmé, en tout cas, s'ils passaient du rôle d'ennemis à celui d'amis et d'alliés [2]. » Denghizikh n'attendait guère une autre réponse de Léon, et son ambassade n'était qu'une feinte pour endormir les commandants romains de la frontière. Tandis qu'il opposait à leurs soupçons cette preuve de ses intentions pacifiques, il trouvait le moyen de passer le Danube sur divers points, et bientôt son innombrable cavalerie fut réunie tout entière sur la rive droite.

La Basse-Mésie et les deux Dacies devinrent le théâtre de ses ravages. La région voisine de l'Hémus servait alors de repaire à des bandes de brigands qui, des vallées où ils étaient retranchés, fondaient sur le plat pays pour le mettre à contribution. C'étaient des Goths qui avaient secoué l'obéissance de leurs rois pour vivre en pleine indépendance au détriment de tout le

---

1. Se bellum illaturum, nisi sibi, suisque terram quam incolerent, et pecunias alendo exercitui... subministraret... Prisc., *Exc. leg.*, 46.

2. Sibi enim pergratum et jucundum esse, si quando inimici in fœdus societatemque transirent. *Id., ibid.*

monde ; bien aguerris d'ailleurs et bien armés, ils avaient plus d'une fois tenu tête aux troupes envoyées pour les réduire. Denghizikh les appela à lui, et sitôt qu'ils eurent réuni leur solide infanterie à la cavalerie des Huns, la guerre prit des proportions inquiétantes pour les Romains. Trois armées furent mises en campagne sous la conduite de plusieurs généraux de renom, parmi lesquels on comptait Anagaste et le célèbre Goth Aspar, à qui Léon devait le trône impérial. Leurs instructions étaient d'éviter tout engagement en rase campagne, de harasser l'ennemi par des marches et contre-marches, surtout de l'attirer dans des cantons montueux où sa nombreuse cavalerie lui deviendrait plus nuisible qu'utile. C'était le système employé par Anthémius contre les bandes d'Hormidac l'année précédente, et le meilleur pour anéantir ces multitudes braves, mais imprévoyantes, qui ne savaient ni assurer leurs subsistances, ni se retirer avec ordre après une défaite. Amené de proche en proche au débouché d'un vallon abrupt et sans issue, Denghizikh, qui ne connaissait point le pays, alla s'y enfermer comme dans un piége, ne laissant plus aux Romains que la peine de l'y retenir prisonnier[1]. Les légions, campées sans péril à l'entrée du défilé, regardaient les Huns s'agiter inutilement et se consumer sous leurs yeux, car tout leur manquait, vivres et fourrages, et l'escarpement des roches qui les entouraient leur enlevait toute chance de sortir jamais de ce tombeau. Denghizikh se sentit perdu, et son obstination superbe l'abandonna.

1. Duces romani in locum abruptum et concavum Gothos (Scythasque) inclusos obsederunt. Prisc., *Exc. leg.*, 44.

Il envoya au camp romain des députés porteurs de ces humbles paroles : « Que les Huns se soumettaient à tout ce qu'on exigeait d'eux pourvu qu'on leur accordât des terres[1]. » Les généraux romains ayant répondu qu'ils en référeraient à l'empereur, les députés se récrièrent : « Nous ne pouvons pas attendre, dirent-ils avec l'accent du désespoir ; il faut que nous mangions, ou que nous vous vendions cher nos vies tandis qu'il nous reste un peu de sang[2]. » Les généraux tinrent conseil, et à l'issue de la délibération on promit aux Huns de leur fournir des vivres jusqu'à ce que l'empereur eût fait savoir sa volonté ; mais attendu que le camp romain n'était pas lui-même approvisionné très-abondamment, les généraux se réservèrent le droit de régler chaque jour les distributions qui pourraient être faites aux barbares, et de surveiller ces distributions au moyen des officiers romains chargés du service des vivres dans les légions. On recommanda en conséquence aux Huns de se fractionner par petits corps à l'instar des troupes romaines, afin que les officiers romains pussent procéder chez eux à la prestation des vivres sans changer l'ordre du service[3]. Il y aurait à ce mode, assurait-on, avantage de régularité et d'éco-

---

1. Ibi Scythæ victuum inopia laborantes, Romanos, missis legatis, certiores fecerunt, se omnibus quæ statuerint, parituros... Prisc., *Exc. leg.*, 45.

2. Romani responderunt se ad imperatorem eorum postulata delaturos. At Scythæ, propter famem qui eos premebat, transigere velle dixerunt, neque longiores moras ferre posse. Prisc., *Exc. leg.*, *ub. sup.*

3. Alimenta præbituros polliciti sunt si Scythæ, Romanorum multitudini proxime ad eorum morem ordinati, accederent : facile enim for singulis ordinum ductoribus... Prisc., *Exc. leg.*, *l. cit.*

nomie. Ces raisons en déguisaient d'autres plus sérieuses que la suite dévoila.

Parmi les officiers supérieurs de l'armée romaine se trouvait un barbare, Hun de naissance, mais sincèrement attaché au drapeau sous lequel il avait gagné ses grades et sa fortune : il se nommait Khelkhal [1]. On le désigna comme un des agents chargés d'aller dans le camp de Denghizikh présider à la distribution des vivres. Quoique Hun, Khelkhal entendait et parlait couramment la langue gothique. A son arrivée dans le camp, il trouva moyen de se faire attacher à une division de l'armée barbare qui renfermait un grand nombre de Goths et très-peu de Huns. Son premier soin fut de réunir en cercle autour de lui les divers chefs de ce corps [2], et il leur adressa ce discours qu'il avait médité d'avance : « Je puis en toute sûreté vous garantir que l'empereur vous accordera des terres suivant votre désir; mais je me demande quel profit vous en retirerez : aucun, sans contredit, car tout l'avantage en reviendra aux Huns. Les Huns, vous le savez, méprisent le travail, surtout celui des champs; c'est donc vous qui labourerez, qui récolterez pour eux, qui les ferez vivre; vous serez leurs serfs, et en retour ils vous pilleront. Vous aurez réalisé l'association du loup et de l'agneau [3]. Il y eut un temps où vos ancêtres,

---

1. Χελχάλ. — Kelchal vir genere Hunnus qui secundum ab Aspare imperii gradum in eos, qui sub eo ordines ducebant, tenebat. Prisc., *Exc. leg.*, 45.

2. Cohortem obiens in qua erant plures numero Gothi quam reliqui, accitis primoribus... Prisc., *ibid*.

3. Terram quidem imperatorem ad inhabitandum daturum, quæ non illis fructui et commodo futura esset, sed cujus utilitas ad solos Hunnos

repoussant tout contact, toute alliance avec ce peuple, lièrent par un serment redoutable leur postérité à cette résolution et ordonnèrent à leurs enfants de fuir à jamais la société des Huns, et voici que vous, non-seulement vous vous exposez de gaieté de cœur à vous faire opprimer et piller par eux, mais, ce qui est bien pis, vous abjurez les engagements sacrés de vos pères [1]. Je suis né parmi les Huns et je m'en fais gloire, mais la justice est plus respectable à mes yeux que les liens du sang ; c'est elle qui m'oblige à vous tenir ce langage. Réfléchissez [2]. »

A mesure que Khelkhal parlait, le regret, la colère, la haine, s'allumaient dans le cœur des Goths, dont l'agitation se contenait à peine. A son départ, elle éclate avec fureur, les épées sortent du fourreau, on fait main-basse sur les Huns ; tous ceux qui se trouvaient dans les rangs des Goths sont massacrés. Des scènes pareilles ou en sens contraire se passaient sur d'autres points [3], et bientôt le camp de Denghizikh, inondé de sang, présenta l'aspect d'une vaste boucherie. C'est ce moment que les généraux romains atten-

---

redundaret. Hos enim terræ cultum negligere, et luporum more bona Gothorum invadentes diripere, qui ipsi servorum conditione habiti, ad victum illis comparandum laborare coacti forent. Prisc., *Exc. leg.*, 45.

1. Quamvis nullum nusquam fœdus inter utramque gentem sancitum sit, et majores jurejurando eos obstrinxerint ut Hunnorum societatem fugerent... Quare non tantum suis eos privari, sed etiam patria sacramenta negligere. Prisc. *Exc. leg., ub. sup.*

2. Se quidem genere Hunnum, quo maxime glorietur, sed æquitate motum hæc illis dicere ut quæ facienda essent viderent. Prisc., *Exc. leg.*, *loc. cit.*

3. Deinde quasi ex compacto cæteri conveniunt, et ingens pugna inter utramque gentem est commissa. Prisc., *ibid.*

daient. Ils donnent le signal à leurs troupes, qui marchent en bon ordre sur le défilé, et criblent les barbares de coups de flèches et de javelots. Ceux-ci, reconnaissant leur faute, essaient en vain de se rallier; l'épée des légionnaires les achève. Un petit nombre seulement, se faisant jour à travers l'armée des Romains, parvint à s'échapper et atteignit la rive du Danube : Denghizikh était avec eux.

Au printemps suivant, l'infatigable batailleur rentrait en campagne avec une nouvelle armée, mais cette fois, les généraux romains étaient sur leurs gardes. Anagaste, que la haine rendait ingénieux, tendit un second piége où Denghizikh vint se jeter. On le prit, on le tua[1], et sa tête détachée du tronc fut envoyée à Constantinople, tandis que les hordes hunniques, battues, dispersées, regagnaient, comme elles pouvaient, l'Hunnivar. Le soldat porteur du message d'Anagaste arriva dans la ville impériale pendant qu'on célébrait de grandes courses de chars au cirque de bois. Le chef du roi des Huns, défiguré par la mort et par les outrages, fut promené au bout d'une pique à travers les rues et les places, pour aller ensuite figurer dans l'arène au haut d'un poteau, comme une des curiosités du spectacle[2]. La Rome d'Orient ne dissimulait pas la joie que cette mort lui causa : Denghizikh assurément n'était pas Attila, mais c'était son fils et

---

1. Dinzigichus, Attilæ filius, ab Anagasto magistro militum Thraciæ cæsus est. *Chron. Pasch.*, p. 323.

2. Cujus caput allatum est Constantinopolim dum circenses agerentur, et per mediam urbis plateam traductum, et ad xylocircum delatum, paloque infixum est. *Chron. Pasch., ub. sup.*

l'ombre de ce nom, qui inspirait encore l'épouvante. On inscrivit donc avec orgueil dans les chroniques cette mention que nous y pouvons lire encore : « La onzième année de Léon empereur, Zénon et Martianus étant consuls, fut apportée à Constantinople la tête de Denghizikh, fils d'Attila [1]. »

La mort du représentant le plus élevé de la famille d'Attila rompit peut-être le dernier lien qui rattachait entre eux les membres de cette famille, et jeta les tribus de l'Hunnivar dans des discordes où elles faillirent s'abîmer ; mais elle consolida l'alliance des Huns fédérés avec le gouvernement romain. Elle eut aussi pour conséquence d'élargir la barrière que le changement de vie ou de condition politique avait mise entre les tribus sédentaires et les tribus nomades, et de rendre ces deux fractions de la même race de plus en plus étrangères l'une à l'autre. C'est en effet de ce moment que les colonies hunniques de Pannonie et de Mésie, libres de tout empêchement extérieur, marchent d'une allure plus franche vers la civilisation ou du moins vers cette imitation des habitudes romaines qui constituait le premier degré de la *romanité* [2]. Le progrès peut se suivre de loin en loin, dans l'histoire, à des indices assurés. Cependant elles ne perdent que lentement leur individualité de race, et au bout d'un siècle on les reconnaissait parfaitement pour des populations hun-

---

[1] ..... His Coss. caput Denzicis Hunnorum regis, Attilæ filii, Constantinopolim allatum est. Marcel. Comit., *Chron.*, ad ann. 469.

[2] Dans les formules de ce temps, *Romania*, comme on l'a vu précédemment, désignait les possessions romaines, *romanitas* la condition du sujet romain, et par opposition à *barbaries*, la civilisation.

niques, au costume, au langage, à certaines institutions maintenues soigneusement. Elles étaient gouvernées par des chefs nationaux qui prenaient le nom de rois chez les tribus les plus importantes, et ces rois, subordonnés aux magistrats romains dans les choses générales de la politique et de la guerre, étaient ordinairement agréés, quelquefois imposés par l'empereur. Quoique les tribus eussent généralement conservé leurs noms indigènes, quelques groupes portaient des dénominations latines qui leur venaient soit de leur destination spéciale, soit des circonstances topographiques de leurs cantonnements. De ce nombre étaient les *Fossaticii*[1], préposés, comme l'indiquait leur nom, à la garde d'une partie du *fossatum*, fossé ou rempart de défense, et les *Sacromonticii*, campés suivant toute apparence sur une hauteur appelée Mont-Sacré; telle était encore la colonie du Château de Mars, qui cultivait les environs de cette forteresse. C'est à Jornandès que nous devons la plupart de ces détails; ce qui veut dire que sous un certain point de vue leur autorité n'est pas contestable. Jornandès était né en Mésie, chez le petit peuple des Mésogoths. Son aïeul, Péria, avait été notaire ou secrétaire du roi alain Candax, le vassal et le compagnon d'Hernakh, et son père, Alanowamuthis, exerçait probablement la même profession, qui consistait à rédiger dans les divers idiomes parlés sur le Danube la correspondance des rois barbares; lui-même aussi, *bien qu'illettré* (c'est lui qui nous le dit),

---

1. E quibus nunc usque Sacromonticii et Fossaticii dicuntur. Jorn., R. Get., 49.

suivit la carrière de son aïeul avant d'entrer dans les ordres sacrés[1]. De telles fonctions donnaient une connaissance parfaite de toutes les affaires intérieures et extérieures de ces petits royaumes. Quand donc Jornandès nous entretient des Huns pannoniens et mésiens, c'est plus qu'un historien contemporain, plus qu'un témoin oculaire, c'est presque un acteur des événements qui nous en parle par sa bouche.

On compterait difficilement tous les Huns sortis des colonies danubiennes qu'éleva le hasard ou le mérite à de hauts grades dans la milice romaine; il nous suffira de citer Acum, maître des milices d'Illyrie, Mundo, petit-fils d'Attila et lieutenant de Bélisaire, le patrice Bessa, dont les services furent obscurcis par la cupidité, et deux frères, Froïlas et Blivilas, celui-là maître des milices, celui-ci duc de la Pentapole : tous deux ainsi que Bessa venaient de la colonie du Château de Mars [2]. La faveur qui environnait les Huns fédérés à la cour de Constantinople pendant la première moitié du vi⁰ siècle ne peut se comparer qu'à celle dont jouirent les Goths un siècle auparavant, sous les règnes d'Arcadius et de Théodose II. On leur prodiguait les dignités et les commandements, on singeait leurs manières, on s'engoua même de leur costume. Les jeunes Byzantins à la mode, les élégants factieux du parti des

---

1. Cujus Candacis Alanowamuthis patris mei genitor Peria, id est meus avus, notarius quousque Candax ipse viveret, fuit... Ego item, quamvis agrammatus, Jornandes, ante conversionem meam notarius fui. Jorn., R. Get., 49.

2. Castrum Martena.... ex quo genere fuit Blivilas, dux Pentapolitanus ejusque germanus Froïlas et nostri temporis Bessa patricius. Jorn., R. Get., ibid.

bleus, se faisaient couper les cheveux très-ras sur le front, à la façon des Huns, et portaient la tunique et le large pantalon en usage chez ce peuple [1]. Justinien lui-même affectionnait ce vêtement, qui figura avec honneur sous les tentes de Bélisaire et de Narsès [2]. S'il arrivait qu'un de ces petits rois huns, cédant aux amorces de la cour de Byzance, consentît à recevoir le baptême, c'était une bonne fortune pour la politique romaine autant au moins que pour le christianisme. La ville, tout l'empire même, se mettait en fête; l'empereur était ordinairement parrain, l'impératrice marraine [3], et le monde chrétien assistait au spectacle assurément fort curieux d'un successeur de Constantin tenant sur les fonts de baptême quelque petit-fils d'Attila.

On aimerait à suivre dans l'histoire, très-confuse et très-incomplète de ce temps, les vestiges du pacifique Hernakh, sur qui Attila fondait l'espoir d'une longue postérité. La prédiction s'est-elle accomplie, et sommes-nous tenus de croire comme les Huns à l'infaillibilité de leurs *chamans?* Que devinrent Uzindour et Emnedzar,

---

[1]. Factiosi statim comere cæsariem, ac novo quodam et Romanis alieno cultu recidere; nam..... sinciput capillitio ad tempora usque nudarunt, coma ad occipitium permissa, ut Massagetæ solent, nulla lege diffluere; quare et hunc habitum hunnicum appellavere. Omnes sibi curarunt vestes arte laboratas... Vestis manicæ ad volam strictissime coïbant, inde vero ad humeros, in miram amplitudinem diffundebantur. Procop., *Hist. Arcan.*, c. 7.

[2]. Ad barbarorum morem habitu se comparavit. Procop., *Hist. Arc.*, c. 14.

[3]. Giesmi filius qui post patris obitum, ad avunculum ex matre, Sirmii regem, accessit. Theophan., *Chronogr.*, p. 185. — Giesmi filius, regulus Sirmii. Cedren., t. I, p. 172.

doublement frères[1] d'Hernakh et fidèles compagnons de sa fortune? lui restèrent-ils toujours unis? Le temps a jeté sur toutes ces destinées un voile qui ne se lèvera plus. Nous sommes un peu moins ignorants sur le compte de Gheism, qu'Attila avait eu de la sœur d'Ardaric, roi des Gépides. L'histoire nous le montre d'abord retiré en Gépidie près de son oncle, où il vit tranquillement avec son petit peuple dans la condition de vassal. Son fils Mundo ou Mundio, dont le nom rappelle Mundiuk[2], père d'Attila, lui succède dans le gouvernement de sa tribu et dans la faveur des rois gépides. Cette faveur ne se démentit point jusqu'au moment où Thraséric monta sur le trône; mais alors elle fit place à une haine déclarée. Mundo, fier et passionné, ne supporta pas longtemps les persécutions dont il était l'objet. Un jour il brisa son lien de vasselage, passa le Danube avec quelques braves compagnons, et alla chercher asile sur les terres romaines[3]. Pour vivre il se fit voleur, enlevant les troupeaux qui pâturaient dans les vallées de l'Hémus, pillant les villages et détroussant les voyageurs sur les chemins. Ce métier-là, il faut le dire, n'avait rien d'extraordinaire ni presque de honteux dans ce pays et ce temps misérables, où l'incertitude de la vie avait atteint sa dernière limite, et où le dépouillé du jour devenait malgré lui,

---

1. Emnedzar et Uzindur consanguinei ejus. Jorn., *R. Get.*, 49.
2. Le nom du père d'Attila est écrit *Mundiukh* par Priscus, et *Mundzuc* par Jornandès. — C'est Jornandès qui nous donne pour le fils de Gheism les deux formes *Mundo* et *Mundio*.
3. Turrim quæ Herta dicitur, supra Danubii ripam positam occupans, ibique agresti ritu prædans vicinos, regem se suis grassatoribus nuncupat. Jorn., *R. Get.*, 50.

par une conséquence fatale de sa ruine, le spoliateur du lendemain. Mundo ne se trouva donc pas seul à le pratiquer. Outre ces Goths dont j'ai parlé plus haut et qui infestaient surtout la Mésie supérieure, il y avait tout le long des Alpes Pannoniennes et Noriques des bandes organisées pour le pillage et composées de gens de toute race, provinciaux et barbares, Goths, Gépides, et Romains; c'étaient la misère, l'oisiveté et le désordre qui les recrutaient. Assez nombreuses pour former comme un petit peuple, elles portaient vulgairement la dénomination de *Scamari*, d'un mot illyrien qui paraît avoir signifié brigands [1]. Les Scamares, émerveillés de la hardiesse des expéditions de Mundo, lui proposèrent de se mettre à leur tête, et le brigandage prit dès lors les proportions d'une véritable guerre.

Un coup de main heureux les ayant rendus maîtres de la tour d'Herta, forteresse qui dominait le haut Danube, leur ambition n'eut plus de bornes; ils élevèrent Mundo sur le pavois et le proclamèrent roi des Scamares [2]. Toute la contrée s'émut à cet excès d'impudence. L'empire romain et le royaume des Gépides, également intéressés à la répression des désordres, envoyèrent des troupes chacun de leur côté : les Gépides, plus voisins, arrivèrent les premiers, et mirent le siége devant Herta. Serré de près par les armes et bientôt

---

1. Nam hic Mundo... Gæpidarum gentem fugiens ultra Danubium in incultis locis sine ullis terræ cultoribus debacchatur : plerisque abactoribus, Scamarisque et latronibus undecumque collectis... Jorn., *R. Get.*, 50.

2. Ce même mot de *Scamar* se trouve dans la *Vie de saint Séverin* (Cap. 7.) pour désigner les mêmes bandes de brigands qui infestaient le Norique : « Latrones quos vulgus Scamaros appellabat. »

par la famine, Mundo désespérait presque de lui-même et songeait à se rendre [1], quand un incident le sauva. Les Ostrogoths étaient alors en querelle avec les Gépides pour la possession de leurs anciens cantonnements du Danube, qu'ils avaient laissés vacants lors de leur départ pour l'Italie, et dont ceux-ci s'étaient emparés. Après avoir réclamé vainement ce qu'il appelait le patrimoine des Goths, Théodoric venait d'envoyer sur la Save une armée chargée de rejeter les usurpateurs au delà du Danube. Informé de cette circonstance, Mundo en tire un parti merveilleux; il se déclare le vassal de Théodoric et se place sous la protection des Goths, qui, trouvant un grand intérêt à la coopération des Scamares, dégagent Herta, et mettent Mundo en liberté [2]. Le fils d'Attila prend aussitôt le chemin des Alpes, et va prêter son serment de vasselage entre les mains de Théodoric.

Le roi d'Italie l'attacha à sa personne, et Mundo servit brillamment sous ce grand capitaine; mais Théodoric étant mort et le royaume des Ostrogoths devant passer aux mains de sa fille Amalasunthe, Mundo dédaigna de porter les armes sous une femme. C'était le temps où Justinien, à peine monté sur le trône impérial, attirait déjà les regards du monde entier, qui semblait entrevoir son génie. Curieux de le connaître et de tenter fortune près de lui, Mundo se rendit à Constantinople avec une troupe d'Hérules qui deman-

---

1. Hunc ergo pœne desperatum, etiam de traditione sua deliberantem... Jorn., *R. Get.*, 50.
2. Petza subveniens e manibus Sabiniani eripuit, suoque regi Theodorico cum gratiarum actione fecit subjectum. Jorn., *R. Get.*, *ibid.*

dèrent à le suivre¹. Un fils d'Attila vassal et déserteur des Goths, un roi des Scamares dont les aventures couraient toutes les bouches ne pouvait manquer de réussir à la cour de Justinien, rendez-vous de tant d'aventuriers. Il plut à cet empereur, qui lui donna du service, et entra en relation avec Bélisaire, déjà plein de gloire et pourtant disgracié. Mundo se trouvait à Constantinople en 532, lorsque éclata cette fameuse insurrection du cirque qui faillit emporter Justinien et bouleverser l'empire². Les séditieux, munis d'armes pillées dans les arsenaux, étaient maîtres de la ville; les troupes chancelaient, et déjà la populace, retranchée derrière les murs du cirque comme dans une forteresse, proclamait un autre empereur. Tout semblait perdu, et Justinien, s'abandonnant lui-même, parlait de quitter la ville, quand Bélisaire, sorti de sa retraite, se chargea d'étouffer la rébellion. Il lui fallait des hommes déterminés, il prit Mundo, qu'en sa qualité de Hun il mit probablement à la tête des escadrons de cavalerie restés fidèles. Sa confiance ne fut point trompée. Tandis que lui-même forçait avec ses cohortes d'infanterie la porte du cirque la plus voisine du palais, le petit-fils d'Attila, suivi de sa troupe, s'élançait par

---

1. Theoderico fatis functo... ab imperatore Justiniano imperii subditum se haberi postulavit. Quin etiam Constantinopolim accessit, quem imperator maximis muneribus donatum... Theophan., *Chronogr.*, p. 135. — Quem imperator humanissime tractatum Illyricum præfectum dimisit. Cedren., t. I, p. 372. — Anast., p. 63.

2. C'est l'insurrection appelée par les contemporains *Nicâ* : *sois vainqueur*, parce que les insurgés avaient pris ce mot pour signal de leur révolte. Voir Procop. *Bell. Pers.*, I, 24, 25. — *Chron. Pasch.*, p. 336-340. — Theophan., *Chronogr.*, p. 154-158. — Cedren., t. I, p. 369. — Jorn., *Temp. Succ.*, etc.

la porte opposée, l'épée en avant, au grand galop de son cheval : on sait le reste. Justinien paya ce service du poste de commandant général de l'Illyrie. Rien ne se passait dans la vie de Mundo comme dans celle du vulgaire des hommes. En se rendant à son poste, il rencontre une armée bulgare qui venait de franchir le Danube et marchait vers la Thrace ; cette armée ne le fait pas reculer. Avec une poignée d'hommes qui composaient son escorte, il la traverse d'un bout à l'autre en se battant, et arrive sain et sauf dans sa résidence [1].

Parvenu à une si haute fortune, le descendant d'Attila voulut être complétement Romain. Il enrichit son nom asiatique d'une terminaison latine sonore, qui en fit *Mundus*, c'est-à-dire le monde, nom passablement ambitieux, et son fils, baptisé selon toute apparence, reçut celui de Maurice [2]. Le nouveau Romain commanda ces provinces, toutes pleines des ruines que son aïeul avait faites, et les commanda bravement. Quand la guerre eut éclaté en Italie entre Justinien et les Goths, Bélisaire le réclama pour un de ses lieutenants. En face des Ostrogoths dont il avait été le vassal, Mundus se fit reconnaître par son audace : il battit une de leurs armées, dégagea la Dalmatie, et enleva la place de Salone, tout cela en quelques semaines ; mais là fut le terme de ses aventures. Pour couronner dignement sa vie, il ne lui manquait plus qu'une mort romanesque, et le sort ne la lui refusa pas. Après la perte de Salone,

---

1. Theophan., p. 185. — Anast., p. 68. — Cedren., t. 1, p. 372.
2. Mundus, Μοῦνδος ; Μαυρίκιος ὁ Μούνδου υἱός. Procop., *Bell. Goth.*, 1, 7.

les Goths n'avaient pas tardé à revenir en force pour reconquérir une position si importante, et le bruit courait qu'ils approchaient, quand Mundo envoya son fils Maurice avec quelques troupes pour les observer. Ce jeune homme, qui sentait dans ses veines les ardeurs de sa race, ne s'en tint pas aux ordres du général : il osa attaquer l'ennemi, et fit une percée dans ses rangs; mais enveloppé bientôt par des forces supérieures, il périt avec tous les siens [1]. Mundo, à cette nouvelle, devint comme fou : rassembler tout ce qu'il avait de soldats sous la main et courir où son fils avait péri, fut pour lui l'affaire d'un moment. Il arrive, se précipite sur les plus épais bataillons, y jette le trouble, leur fait rebrousser chemin ; et déjà la victoire des Romains n'était plus douteuse quand un Goth, qui traversait le champ de bataille en fuyant, reconnaît le Hun, s'arrête et lui plonge son épée dans le cœur [2].

Ainsi finit le dernier des *Attiliens*, comme s'exprime Jornandès [3], dont on puisse reconstruire la biographie à l'aide des indications de l'histoire. Les Romains, qui aimaient à jouer sur les mots, trouvèrent dans la mort de Mundus une occasion de plaisanterie. On avait découvert dans les oracles sibyllins un vers obscur qui disait que lorsque l'Afrique serait prise, le monde périrait avec sa postérité : *Africa capta, Mundus cum prole*

---

[1]. Romani fere omnes cum duce Mauricio ceciderunt. Procop., *De Bell. Goth.*, I, 7.

[2]. Mundus cæde furens, ac temere insequens, nec valens commotum filii casu animum cohibere, a quodam fugientium vulneratus, occubuit. Procop., *Bell. Goth.*, *ibid.*

[3]. Attilani origine descendens. Jorn., *R. Get.*, 17.

peribit[1]. L'Afrique avait été recouvrée par Bélisaire ; Mundus et Maurice venaient de périr ; l'oracle n'était-il pas accompli ? Quelques superstitieux voulurent bien le croire, la foule n'y vit qu'un jeu de mots qui l'amusa, et ce fut l'oraison funèbre du petit-fils d'Attila devenu Romain.

---

1. Tunc Romani in memoriam revocarunt sibyllinum oraculum, quod antea decantatum prodigii loco habebant. Sic enim illud accipiebant, ut dicerent, post captam Africam, orbem cum sua progenie ad interitum redactum iri. Non erat hæc sententia vaticinii : sed prænuntiatio Africæ redditæ in ditionem romanam ; id sequebatur, tunc Mundum cum filio periturum. Etenim his verbis constabat : *Africa capta, Mundus cum prole peribit.* Et quoniam Mundus latine orbem universum significat, ad orbem oraculum referebant. Procop., *Bell. Goth.*, lib. I, cap. 7.

CHAPITRE TROISIÈME

Suites de la mort de Denghizikh ; dissolution de son royaume ; constitution de nouvelles hordes sur le Volga et sur le Don. — Huns outigours et Huns coutrigours. — Première apparition des Slaves : Antes, Vendes, Slovènes. — Type physique et mœurs des Slaves. — Commencement des Bulgares ; portrait de ce peuple ; sa religion, ses mœurs. — Alliance hunno-vendo-bulgare. — Les confédérés attaquent l'empire romain. — Combat de la Zurta ; les Romains attribuent leur défaite aux sortiléges des Bulgares. — Les Gépides vendent aux Slaves le passage du Danube. — Nouvelles expéditions des Huns, des Bulgares et des Slaves ; caractère de chacune de ces *barbaries*. — État de l'empire romain dans les premières années du vi[e] siècle : le nestorianisme et l'eutychéisme divisent l'église d'Orient. — Les Césars de Byzance se font théologiens : *Hénotique* de Zénon. — Anastase le *Silentiaire*, empereur ; son goût pour la théologie ; il n'est couronné qu'après avoir souscrit la formule du concile de Chalcédoine. — Bonnes qualités et défauts d'Anastase. — Il remet en vigueur l'hénotique de Zénon ; ses erreurs gnostiques ; il opprime les orthodoxes. — Révolte à Constantinople ; guerre religieuse dans le nord de l'empire. — Vitalianus. — Le Sénat traite au nom d'Anastase ; conditions de la paix. — Anastase construit le long mur pour garantir Constantinople. — Nouveaux ravages des Huns. — Mort d'Anastase. — Justin met le Danube en état de défense. — Tranquillité de l'empire sous son règne ; il s'associe son neveu Justinien.

463 — 527

Tandis qu'Hernakh et les autres fils d'Attila, qui étaient devenus hôtes de l'empire, se façonnaient à la vie sédentaire, les Huns nomades, que l'ascendant de Denghizikh avait cessé de maîtriser, retombèrent dans leurs anciennes discordes. De l'Hunnivar au Volga, du Tanaïs au Caucase, les campements des Huns n'offrirent plus qu'un vaste champ de bataille où leurs tribus s'entre-déchirèrent. « On eût pu croire, dit un historien contemporain, que ce redoutable nom allait être effacé du monde »[1]. A la guerre civile se joignit la guerre étrangère.

Au bout de vingt ans environ, et dans les dernières années du v⁰ siècle, quand les éléments de ce chaos commencèrent à se débrouiller, voici l'aspect que présenta l'ancien royaume de Denghizikh : des tribus hunniques avaient disparu sans laisser de trace, d'autres avaient changé de demeure; des peuplades lointaines s'étaient rapprochées, des groupes nouveaux s'organisaient, et sous des noms jusqu'alors inconnus on voyait s'élever des dominations déjà redoutables.

Près du Bas-Danube, entre ce fleuve et le Dniéper, habitaient toujours des Huns sans dénomination particulière, postérité directe et non mélangée des bandes d'Attila. Les contrées au delà du Dniéper, en tournant les Palus-Méotides ainsi que le steppe du Caucase, appartenaient aux deux grandes hordes des Huns coutrigours et des Huns outigours, dont le cours sinueux du Don séparait les campements : les Coutrigours campaient à l'occident des Palus-Méotides, les Outigours à l'orient[2]. Le nom de ces hordes indi-

---

[1]. Adeo ut patriam etiam appellationem amitterent. Agath., *Hist.* v, p. 171.

[2]. *Cutriguri* et *Cuturguri*, Κουτρίγουροι. Agath. Κουτούργουροι. Procop. — On trouve aussi *Cotrageri* et *Contragori*. — *Utiguri* et *Uturguri*, Οὐτίγουροι. Agath. Οὐτούργουροι. Procop. On trouve encore Οὐτρίγουροι et Οὐττήγουροι. — Cuturguri cis, Uturguri trans paludem Mæotidem habitant. Procop., *B. Goth.*, iv, 18.

quait, par sa composition même, où entrait le mot d'*ouigour* ou *ougour*, qu'elles s'étaient formées par la fusion des anciens Huns avec ces peuplades ougouriennes qui parcouraient pures ou mélangées, le grand trapèze limité par le Volga, la mer Caspienne et la chaîne de l'Oural[1]. Les Ougours étaient eux-mêmes des Huns du rameau oriental ou blanc. Lorsqu'en 375 les Huns noirs, ou Finno-Huns, envahirent les plaines du Dniéper à la suite de Balamir, leur mouvement entraîna plusieurs tribus ougouriennes : Attila en comptait dans son armée; Denghizikh en eut davantage[2], et les dernières discordes leur firent faire un pas de plus en Occident. Arrière-garde des Huns noirs dans ce trop-plein que l'Asie septentrionale versait sur l'Europe, elles étaient l'avant-garde des Turks, avant-garde eux-mêmes des Mongols. Au nord des Coutrigours et des Outigours, sur le moyen Volga, paraissait un peuple hunno-finnois, encore inconnu à l'Europe, où il devait acquérir bientôt une triste célébrité, le peuple des Bulgares, descendu récemment des hauts plateaux de la Sibérie. Échelonnés ainsi entre l'Europe et l'Asie, ces groupes divers représentaient avec quelques mélanges les éléments hunniques de l'empire d'Attila.

Tout groupement nouveau, toute transformation des

---

1. *Uguri*, *Urogi*, *Ugri*, Οὐγοῦραι et Ὀγοῦραι, Οὔρωγοι, et leurs composés Ὀνόγουροι, Σαράγουροι, etc. — La race des *Ouigours* et *Igours* que Priscus au v⁰ siècle rencontra autour du bas Volga et de la mer Caspienne était encore célèbre en Asie aux xi⁰ et xii⁰ siècles. Elle était alors affiliée à la domination turke.

2. Jornandès nomme parmi les tribus qui faisaient partie d'une des expéditions de ce fils d'Attila, les *Ulzingours*, les *Bittugores*, les *Bardores*, peut-être *Bargores*, les *Salagares* ou *Salagores*, etc.

peuples nomades est suivie d'une expansion au dehors : c'est la loi de ces sociétés des steppes et le secret de bien des conquêtes. Les Huns du Danube, comme pour échapper à leurs agitations intérieures, se mirent à déborder sur leurs voisins, et, trouvant au midi la rive romaine bien gardée, il se reversèrent à l'ouest, dans les vastes plaines d'où descendent le Bug, le Dniester et le Dniéper. Ils y rencontrèrent des barbares tout aussi féroces et plus pauvres qu'eux, les Antes, dont les nombreux essaims, répandus sur le cours moyen de ces fleuves, se prolongeaient vers le nord jusqu'aux limites des populations finnoises. Les Antes formaient le rameau oriental des nations slaves, et on s'accorde à les considérer comme les ancêtres des Russes. Quand les Huns s'aperçurent qu'ils avaient plus à perdre qu'à gagner avec de tels ennemis, ils leur tendirent fraternellement la main, leur proposant d'aller piller de compagnie les riches provinces du Danube. Ce fut la première association conclue dans le berceau de l'empire de Russie entre les deux éléments principaux dont il devait se composer un jour, le Slave oriental et le Hun finnois. Cette première alliance en amena une troisième, celle des Bulgares, que les Huns appelèrent à leur aide des bords du Volga. Ainsi s'organisa une des plus formidables coalitions qui eussent encore menacé Constantinople et la civilisation de l'ancien monde.

Alors et pour la première fois retentit dans l'histoire ce mot de *Slave* aujourd'hui si fameux. Cette grande race et les vastes espaces qu'elle couvrait au nord des Carpathes, entre la mer Baltique et la Mer-Noire, n'avaient guère été connus jusqu'alors que par des noms étrangers, résultats de la conquête. Soumis à un double courant d'invasion, de la part des Asiatiques du côté du soleil levant, de la part des Germains et des Scandinaves du côté du soleil couchant, les *Slaves* et la *Slavie* n'avaient jamais été libres. Vers le commencement de notre ère, ils appartinrent aux Sarmates, peuple nomade venu probablement du Caucase, et le pays s'appela *Sarmatie*. Au IVe siècle, les Goths scandinaves, devenus puissants sur la Mer-Noire, subjuguèrent les Sarmates, et avec eux les Slaves, leurs vassaux ou serfs [1]. Balamir, en 375, ayant détruit l'empire d'Ermanaric, Goths, Sarmates et Slaves se rangèrent tous à la fois sous la domination des Huns. À la mort d'Attila, il se passa un phénomène curieux. Les Goths, séparés des Huns, partirent pour leur vie d'aventures dans le midi de l'Europe; les débris de la nation sarmate, suivant la fortune de Denghizikh ou d'Hernakh, se confondirent parmi les hordes hunniques [2], tandis que les autres peuples germains, qui auraient pu prendre leur place comme dominateurs de la Slavie, étaient emportés par cette force irrésistible qui poussait la Germanie sur les Alpes : les Slaves n'avaient donc plus de maîtres, et ils se trouvèrent libres sans avoir rien fait pour le devenir. Ils n'eurent plus qu'à reprendre possession de la terre qui leur appartenait et du nom qu'ils se donnaient eux-mêmes.

Que signifie ce nom de *Slave*, — *Slove* dans l'ancien idiome russe, *Sclave* et *Sthlave* dans les écrivains latins

---

1. Voir ci-dessus *Histoire d'Attila*, c. 1. — Cf. *Histoire de la Gaule sous l'administration romaine*, t. II, c. 3.
2. Voir ci-dessus, *Histoire des Fils d'Attila*, c. 1.

ou grecs [1]? La vanité nationale le tire du mot *slava*, qui veut dire gloire; mais ce mot lui-même dérive de *slova*, parole, comme en latin *fama*, la renommée, dérive de *fari*, parler [2]. La gloire, c'est la parole du genre humain sur un héros ou sur un peuple. L'interprétation la plus sensée du nom de *Slave* ou *Slove* est donc *celui qui a la parole*, qui parle l'idiome particulier de la race, et, par une corrélation de termes qui justifie cette interprétation, l'étranger est *celui qui ne parle pas*, *niemetz*, littéralement *le muet*. La langue est le moyen de reconnaissance du Slave; c'est par elle que le sentiment de la fraternité se maintient entre toutes les fractions de la race, quelles que soient les diversités de vie sociale ou de condition politique. Telle cette race se montre à nous aujourd'hui depuis la Dalmatie jusqu'aux régions polaires, telle aussi nous l'entrevoyons dès l'aurore de sa résurrection à la liberté [3]. Elle se divisait alors en trois grandes branches, partagées à leur tour en confédérations et tribus. À l'est

---

1. Σκλάβοι, Σθλάβοι, Ἀσθλάβοι, Σκλαβηνοί, Σκλαυηνοί, Σκλαβινοί, Σθλαβηνοί. Le premier annaliste des Russes, Nestor, appelle *Slovènes* les peuples que les Grecs et les Romains appelèrent *Sclavènes* et *Sclavines*. — L'*a* et l'*o* se confondent d'ailleurs dans plusieurs dialectes slaves.

2. Dans *slova*, parole, l'*l* est aspirée et se prononce avec un son fortement guttural. En polonais il y a deux *l*, l'une simple, l'autre aspirée qu'on appelle *barrée*, à cause du caractère alphabétique employé pour l'exprimer. En russe, il n'y a qu'une seule *l*, elle se prononce toujours légèrement barrée. Cette prononciation, très-difficile à saisir avec les caractères grecs ou latins, a été rendue aussi bien que possible par *tl* et *thl* dans les mots *Sclavi*, *Sthlavi*, *Sclavini*, *Sthloveni* : Slaves et Slovènes. Ptolémée paraît avoir connu les Slaves sous les noms de Σουοβηνοί et Σουοηνοί.

3. Nomen etiam quondam Sclavenis Antisque unum erat... una est lingua.... Procop., *Bell. Goth.*, III, 14.

et sur les fleuves qui descendent dans la Mer-Noire était le rameau des Antes [1] dont j'ai parlé tout à l'heure, et qui avait pour voisins les peuples finnois et asiatiques. A l'ouest se trouvait la branche des Venètes ou Vendes [2], qui, appuyés sur la Baltique, confinaient au nord avec les Finnois d'Europe, au midi avec les Germains : ce rameau slave avait été connu de bonne heure par les navigateurs grecs et les voyageurs romains. Entre les deux se trouvait une troisième branche portant un nom dérivé de celui de la race elle-même, les Slovènes ou Sclavènes [3], qui paraissent n'avoir été qu'un ramas de tribus slaves sans organisation particulière. Chacune de ces divisions principales avait son mode d'action sur le midi de l'Europe et sa future destinée. Tandis que les Antes, cherchant à dépasser les Carpathes du côté de l'orient, s'unissaient aux populations hunniques pour attaquer l'empire romain par le Bas-Danube, les Vendes, à l'occident des Carpathes, pesaient sur les peuples germains de la Thuringe et de la Bohême. Les Slovènes intermédiaires, se trouvant acculés au pied de cette chaîne, que les Gépides gardaient bien, se jetèrent à droite ou à gauche, se joi-

1. Antes qui sunt eorum fortissimi, qui ad Ponticum mare curvantur, a Danastro extenduntur usque ad Danubium. Jorn., *R. Get.*, 51. — Ulteriora ad septentrionem habent Antarum populi infiniti. Procop., *Bell. Goth.*, IV, 14.

2. Introrsus Dacia est, ad coronæ speciem arduis alpibus emunita, juxta quarum sinistrum latus, quod in Aquilonem vergit et ab ortu Vistulæ fluminis per immensa spatia venit, Winidarum natio populosa consedit. Jorn., *R. Get.* — *Winidae, Veneti, Vendi, Venedi, Winithi.* — Tenent Sarmatiam maxime gentes Venedæ per totum Venedicum sinum. Venedicus sinus : la mer Baltique. Ptolem., *Geogr.*, III, p. 73.

3. Les Slaves russes se nommaient *Slovènes*. — *Slovènes* de Bohême; *Slovakes* de Hongrie et de Pologne, etc.

gnant tantôt aux Vendes, tantôt aux Antes, et c'est ainsi que nous les trouverons mêlés à toutes les grandes entreprises de leur race sur le Haut comme sur le Bas-Danube.

L'apparition des Slaves n'eut rien de rassurant pour le monde civilisé : cette nouvelle *barbarie* présentait un spectacle on ne peut plus sombre et repoussant. Si longtemps asservie sous des conquérants qui consommaient sans produire et pour lesquels elle travaillait, la race slave avait pris les habitudes de la vie sédentaire ; elle connaissait les premiers rudiments des arts, mais sa grossière industrie avait des bornes bien étroites. Ce qu'on appelait ses villes n'était qu'un amas de cabanes malsaines, disséminées sur de grands espaces et cachées comme des tanières de bêtes fauves dans la profondeur des bois, au milieu des marais, sur des roches abruptes, partout en un mot où l'homme pouvait aisément se garer de l'homme [1]. La misère et une malpropreté hideuse y faisaient leur séjour [2]. Là pullulaient des familles ou des groupes de familles dans une complète promiscuité, vivant nus à l'intérieur des cabanes, et au dehors se couvrant à peine de la dépouille des bêtes ou de lambeaux d'une étoffe noirâtre que les femmes savaient tisser [3]. Quelques tribus se barbouillaient de suie de la tête aux pieds en guise

---

[1]. Hi paludes sylvasque pro civitatibus habent. Jorn., *R. Get.*, 5. — In tuguriis habitant vilibus et rare sparsis, atque habitationis locum subinde mutant. Procop., *Bell. Goth.*, III, 14.

[2]. Vitam victu arido incultoque tolerant, sordibus et illuvie semper obsiti. Procop., *ibid.*

[3]. C'est pour cette raison que plusieurs de leurs tribus furent appelées par les Grecs *Mélanchlènes*.

de vêtement[1]. Le Slave mangeait la chair de toute espèce d'animaux même les plus immondes; mais le millet et le lait composaient surtout sa nourriture. Naturellement paresseux et ami du plaisir, il avait des vertus hospitalières : il recherchait les étrangers et les traitait bien [2], on vantait aussi la fidélité de sa parole[3]; mais ces bonnes qualités avaient de terribles retours. A son état habituel d'apathie succédaient des accès de violence féroce; alors il devenait sans pitié, et son imagination exaltée par l'enivrement du carnage lui fit inventer des supplices, qu'on n'oublia plus, qui sont demeurés jusqu'à nous comme une triste conquête de la cruauté humaine [4]. Le guerrier slave, marchant tête et poitrine nues, un long coutelas au côté, et dans la main un paquet de javelots dont le fer était empoisonné[5], ressemblait à un chasseur d'hommes. Pour lui en effet, la guerre n'était qu'une chasse. Se battre en ligne, se former en rangs serrés, coordonner ses mouvements sur des combinaisons d'ensemble, était un art que son intelligence n'atteignait pas encore : sa tac-

1. Tincta corpora. Tacit., *Germ.*, 43. Les Lygies à qui il attribue cette coutume de se teindre en noir sont les ancêtres des *Lèches*, ancêtres eux-mêmes des Polonais.

2. Moribus et hospitalitate, ut nulla gens, honestior aut benignior potuit inveniri. Adam. Brem., II, 12.

3. Ingenium nec malignum nec fraudulentum. Procop., *Bell. Goth.*, III, 14.

4. Procop., *Bell. Goth.*, III, 38.

5. Loricam non induunt : cum pugnam invadunt, multi pedibus tendunt in hostem, scutula spiculaque gestantes manibus. Procop., *Bell. Goth.*, III, 14. — Maurice, *Strateg.*, II, 5, écrit que les flèches des Slaves renfermaient un poison très-subtil qui s'insinuait bientôt dans tout le corps, si le blessé ne pouvait prendre de la thériaque, ou si l'on ne coupait la chair autour de la plaie.

tique à lui, c'était celle des embuscades. Il excellait à se tapir derrière une pierre, à ramper sur le ventre parmi les herbes, à passer des journées entières dans une rivière ou un marais, plongé dans l'eau jusqu'aux yeux, et ne respirant qu'à l'aide d'un roseau [1]; là il guettait patiemment son ennemi pour s'élancer ensuite sur lui avec la souplesse et la vigueur des animaux qu'il semblait avoir pris pour modèles.

La vie morale était chez lui, comme tout le reste, à ses premiers essais. A peine avait-il l'idée du mariage. Dans la plupart de ses tribus existait la communauté des femmes [2], et cet état se prolongea bien longtemps après que le christianisme, ce grand réformateur des sociétés sauvages, eut entamé celle-ci. De vagues instincts religieux, obscurcis d'un côté par le fétichisme, de l'autre par les pratiques de la sorcellerie, se faisaient jour çà et là dans ses institutions. Quelques tribus avaient l'idée d'une intelligence suprême, régulatrice des choses et des hommes; elles ne croyaient pas nous dit Procope, que le monde fût gouverné par le hasard [3]. Chez d'autres régnait un dualisme qui rappelle l'Orient. Celles-ci reconnaissaient deux divinités, l'une *blanche*, source de tout bien, l'autre *noire*, source de tout mal; mais le dieu noir avait seul des temples [4],

---

1. Sub angusto saxo aut virgulto quolibet obvio delitescere et hostem quemlibet rapere... Contracto corpore ad herbam latet. Procop., *Bell. Goth.*, II, 26.
2. *Chron. Slav.* Ed. Lindemb., p. 202. — Fredeg., *Chron.*. 48.
3. Unum enim Deum, fulguris effectorem, dominum hujus universitatis solum agnoscunt... Fatum minime norunt, nedum illi in mortales aliquam vim tribuant. Procop., *ibid*, III, 14.
4. Malum deum sua lingua, *Zcerneboch*, id est nigrum deum

Pourquoi se serait-on occupé du dieu blanc qui ne faisait de mal à personne?

Tel était le Slave, premier allié convié par les Huns à la curée du monde romain; nous allons dire maintenant quel était le second.

Le Bulgare, ou plus correctement *Voulgar* [1], appartenait au groupe des Huns finnois et à l'arrière-ban de ce groupe : amené par les dernières guerres civiles, il était venu du fond de la Sibérie planter ses tentes au bord du grand fleuve qui s'appelait alors et s'appelle encore aujourd'hui dans les langues tartares *Athel* ou *Athil* [2], et qui prit le nom de *Volga* (fleuve des Voulgars) quand la domination bulgare fut devenue célèbre en Europe [3]. Il faudrait remonter au IV° siècle, époque de l'apparition des premiers Huns, pour retrouver dans l'histoire une impression de terreur et de dégoût comparable à celle qu'excitèrent ces nouveau-venus des solitudes septentrionales, aussi brutes que les bêtes des forêts au milieu desquelles ils avaient vécu jusqu'alors. A côté d'eux, le Hun d'Europe, en contact depuis plus d'un siècle avec les Romains et les Ger-

---

appellant. Helmold., *Chron.*, 1, 53. — Voir aussi Gebhardhi, *Gesch. der Slaven.*, p. 21 et 24. Les Slaves appelaient *Blanches* toutes les influences favorables.

1. Bulgari, Bulgares; Βούλγαροι, Βουλγαρεῖς, Οὐούλγαροι.
2. Théophane donne à ce fleuve le nom d'*Atal*, Ἀτάλις, ou Ἀτάλ. Il est appelé *Etel*, *Ethil* ou *Athil*, dans tous les idiomes tartares et dans les langues des peuples tartares qui ont habité ou qui habitent encore ses bords.
3. Cette domination, qui eut pour siége la ville de *Bulgaris*, située près du lieu où s'élève actuellement Kasan, embrassa tout le cours du Volga, ainsi que le nord de la mer Caspienne. Bulgaris était au X° siècle le centre d'un trafic considérable; elle tomba au XIII°, ainsi que la domination bulgare, sous les armes de Batou, fils aîné de Tchinghiz-Khan.

mains, pouvait presque se dire civilisé. Leur laideur, leur saleté, leurs instincts féroces [1], semblaient dépasser tout ce qu'on avait jamais connu. Le Bulgare détruisait pour détruire, tuait pour tuer, s'attachait à effacer tout travail de l'homme, comme pour ne laisser après lui que la représentation de ses déserts. On ne lui savait ni religion ni culte, si ce n'est le *chamanisme* qu'il pratiquait avec un grand luxe de superstitions. Quelque chose de diabolique s'attachait à ce peuple hideux, dont les sorciers, plus hideux que lui, évoquaient les esprits de ténèbres avec d'effroyables convulsions. C'étaient ses devins, ses conseillers politiques et ses prêtres, et l'on racontait d'eux des choses étranges auxquelles la crédulité ne manquait pas d'ajouter foi. On disait que placés dans un coin de l'armée pendant la bataille, ils avaient l'art de fasciner l'ennemi, de le troubler, de l'abuser par des visions fantastiques [2]. Le Bulgare, sans frein dans ses appétits, avait la lubricité des bêtes [3] : tous les vices étaient son partage, et il en est un auquel il a la gloire infâme d'avoir donné son nom dans presque toutes les langues de l'Europe. Ses institutions semblaient combinées pour le meurtre plus encore que pour la guerre ; nul chez lui n'arrivait au commandement qu'après avoir tué un ennemi de sa propre main. Il n'y avait pas jusqu'à sa manière de combattre, jusqu'à son arc énorme et ses longues flèches sûres de toucher le but, jusqu'à son coutelas de cuivre rouge [4], et à ce filet dont il emmaillottait ses

---

1. Gentem sordidam et immundam. Theophan., *Chronogr.*, p. 298.
2. Quibusdam præstigiis et incantationibus usi... Zonar., t. II, p. 55.
3. Μιαρὸν ἔθνος, impura gens. Theophan., *l. c.*
4. Karamsin, *Hist. de Russie*, t. I.

ennemis tout en courant [1], qui n'inspirassent une appréhension involontaire, soit par leur nouveauté, soit par sa dextérité prodigieuse à s'en servir. Aussi, de tous les barbares qui ravagèrent l'empire romain, celui-ci est resté le plus abominé des contemporains et le plus flétri par l'histoire. *Maudit-de-Dieu* devint l'épithète ordinaire, ou pour mieux dire le synonyme du mot Bulgare, et cette qualification, arrachée par la souffrance aux générations romaines du vi° siècle, est entrée dans l'histoire, qui lui a donné sa consécration [2].

Onze ans à peu près avant cet appel que leur faisaient les Huns, les *maudits-de-Dieu* avaient essayé d'arriver jusqu'au Danube. Une de leurs hordes partant du Volga où ils étaient à peine établis menaçait déjà les provinces méso-pannoniennes, quand le grand Théodoric, prenant avec lui en toute hâte ce qu'il put réunir de soldats goths et romains, alla l'attendre dans les plaines du Dniester, la battit, la mit en déroute, et lui blessa son roi de guerre nommé Libertem [3]. Les Bulgares avaient oublié leur échec et ne se souvenaient plus que de la richesse proverbiale de la Romanie et du grand nombre de ses villes, lorsque leur vint la proposition des Huns, qu'ils acceptèrent sans balancer. Ce peuple, qui figurera au premier plan de nos récits, est encore un des éléments dont s'est composée la nation russe, moitié asiatique et moitié slave dès l'origine de son histoire. On le voit, le premier noyau de

---

[1]. Theophan., *Chronogr.*, p. 185.
[2]. Elle est souvent donnée au Kha-Kan des Avares et des Bulgares, ὁ κατάρατος, πανάθεος, θεομισητὸς Χάγανος. *Chron. Pasch.*, pass.
[3]. Ennod., *Paneg. Theodor.*, p. 296.

ce grand empire, destiné à tant de péripéties, essaya de se former au vi⁰ siècle, sur la lisière de l'Asie et de l'Europe, par l'alliance de deux barbaries conjurées contre l'empire romain. Son premier objet fut le pillage de la vallée du Danube ; son premier cri de guerre : *à la ville des Césars*[1] ! A-t-il beaucoup changé depuis?

Ce fut pendant l'hiver de 498 à 499 que l'armée des barbares coalisés, à laquelle un historien byzantin donne le nom de hunno-vendo-bulgare[2] (le mot de Vende étant employé quelquefois dans une acception générique pour désigner tous les Slaves), déboucha sur la rive gauche du Danube. L'hiver était la saison que les barbares de ces contrées choisissaient le plus ordinairement pour leurs irruptions en Mésie, « attendu, dit Jornandès, que le Danube gèle chaque année, et que ses eaux, prenant la dureté de la pierre, peuvent donner passage non-seulement à de l'infanterie, mais à de la cavalerie, à de gros chars attelés de trois chevaux, en un mot à toute espèce de convoi : d'où il suit que l'hiver une armée envahissante n'a besoin ni de radeaux, ni de barques.[3] » Un autre avantage encore faisait choisir aux barbares le temps des gelées pour commencer leurs campagnes. Les flottilles romaines en station sur le fleuve étant prises dans les

---

1. *Czargrad*, c'est le nom de Constantinople chez les Slaves.
2. Ούννεβουνδοβούλγαροι. Theophan., *Chronogr.*, p. 296. Consulter là-dessus une note de M. Saint-Martin, dans le vii⁰ volume de son édition de l'*Histoire du Bas-Empire*, de Lebeau, p. 143.
3. Instanti hiemali frigore, amneque Danubii solite congelato... nam istius modi fluvius ita rigescit, ut in silicis modum vehat exercitum pedestrem, plaustraque et triaculas, vel quidquid vehiculi fuerit, nec cymbarum indigeat lintre. Jorn., *R. Get.*, 53.

glaces, ils pouvaient à leur gré tourner les forteresses, et rien ne les arrêtait plus jusque dans le cœur du pays : étaient-ils battus plus tard ou retournaient-ils vainqueurs avec leur butin lorsque le fleuve était dégelé? ils le franchissaient suivant la coutume des Asiatiques sur des outres attachées à la queue de leurs chevaux. L'armée hunno-vendo-bulgare surprit les Romains, qu'une longue paix avait endormis. Le commandant de l'Illyrie, qui se nommait Aristus, eut peine à réunir quinze mille hommes, avec lesquels il marcha au-devant des barbares, traînant à sa suite sept cents chariots chargés d'approvisionnements et d'armes [1]. Les deux armées se rencontrèrent près d'un cours d'eau que les historiens appellent Zurta, et dont la position précise nous est inconnue. C'était une petite rivière encaissée dont l'eau était profonde et les berges très-escarpées d'un côté. Soit nécessité fatale de la position, soit incapacité du général, les Romains, au lieu de se retrancher derrière ce fossé, se le placèrent à dos et commencèrent l'attaque. Ils croyaient peut-être avoir bon marché de masses tumultueuses qu'aucun ordre apparent ne dirigeait; mais il n'en fut pas ainsi. Ces visages hideux, ces cris sauvages, la nouveauté des armes et de l'ennemi, effrayèrent les légions, qui, se voyant débordées par les escadrons huns et bulgares, ne songèrent plus qu'à échapper. La Zurta était derrière; il fallait la traverser et gravir ses escarpements sous des nuées de flèches, et il y eut là un affreux massacre. Quatre mille Romains furent égorgés,

---

1. Zon., l. xiv, tome II, p. 56. — Marcellin. Comit., *Chron.*, ann. 499.

noyés, écrasés sous les pieds des chevaux, et trois officiers impériaux restèrent parmi les morts après avoir bravement, mais vainement combattu [1]. Les vaincus, au lieu de s'en prendre à eux-mêmes, à leur imprudence, à leur lâcheté, à l'inhabileté de leur commandant, expliquèrent leur défaite par les illusions magiques que savaient jeter les chamans bulgares, et qui avaient, disaient-ils, paralysé leurs bras [2]. On remarqua aussi, non sans frayeur, qu'une nuée de corbeaux devançait les escadrons bulgares dans leur marche, ou les couvrait pendant la bataille, comme si les *maudits-de-Dieu* avaient fait un pacte avec la mort [3]. Tel fut le début de la coalition hunno-slave sur les terres de l'empire. Quand les barbares eurent amassé beaucoup de butin, ils allèrent le mettre à couvert dans quelque vallon retiré des Carpathes, et se préparèrent à une nouvelle campagne.

Les expéditions des années suivantes, sans être aussi désastreuses pour les Romains, n'en profitèrent guère moins aux barbares, qu'une terreur inexprimable favorisait dans toutes leurs courses. Les coalisés n'agissaient pas toujours en commun, ils se divisaient parfois sur le terrain, soit pour piller plus à l'aise une grande étendue de pays, soit pour trouver plus de facilité à vivre. Les Huns et les Bulgares, qui étaient cavaliers, s'arrangeaient de manière à traverser

---

1. Zon., l. xiv, tome ii, p. 56. — Cedren., t. i, p. 358.

2. Barbari autem cum incantationibus et artibus magicis usi fuissent, Romani turpiter in fugam acti sunt. Zon., *l. c.*

3. Illis autem iter facientibus, corvi supervolitabant et præibant. Zon., *ub. sup.*

le Danube sans danger, soit à l'aller, soit au retour ;
mais les Slaves, qui étaient fantassins, ne le pouvaient
pas toujours, les garnisons romaines les pourchassant,
et les flottes de navires à deux poupes interceptant le
fleuve quand ses eaux étaient libres. Ils s'adressèrent
alors aux Gépides pour obtenir passage sur la partie
du fleuve qui bordait leurs terres et dont ils avaient la
disposition. Les Gépides portaient le nom d'alliés de
l'empire et se prétendaient ses fidèles amis ; ils ne
manquaient pas de toucher chaque année une gratification de la cour de Constantinople[1] promettant toujours, contre les entreprises des Goths, une assistance
qu'ils ne donnaient jamais. Ce titre d'alliés ne les
empêcha pas d'accueillir la proposition des Slaves. Ils
s'engagèrent par traité à laisser passer ces brigands, à
leur fournir des barques moyennant une pièce d'or
par tête[2]. C'était piller l'empire par leurs mains[3],
mais les Gépides n'avaient pas de si minces scrupules.
Quand le gouvernement byzantin, soupçonnant leurs
manœuvres, leur demandait des explications, ils
niaient audacieusement les faits, ou bien ils accumulaient prétexte sur prétexte pour les colorer. L'empereur hésitait à leur parler le langage des armes ; avec
trois ennemis terribles sur les bras, il craignait d'en
provoquer un quatrième.

1. Gepidæ nihil aliud a Romano imperio nisi pacem et annua solemnia amica pactione postulavere... Jorn., *R. Get.*, 52. — Procop., *Bell. Goth.*, III, 4, et pass.

2. A Gepædibus excepti transvehebantur pacto transmissionis pretio non exiguo, quippe aureum staterem unum pendebant in capita. Procop., *Bell. Goth.*, IV, 25.

3. Quod in Romanorum perniciem post fœdus ictum, Sclavenorum agmen Istrum fluvium transportassent... *Id., ibid.*

Durant les tristes années qui fermèrent le ve siècle et ouvrirent le vie; les provinces voisines du Danube purent étudier à leurs dépens toutes les variétés de la férocité humaine; car les races barbares qui les dévastaient avaient chacune leur façon particulière de torturer et de détruire. On connaissait les procédés du Hun d'Europe, issu des bandes d'Attila; et, comme je l'ai dit, celui-là était presque civilisé à côté de ses compagnons; mais le Slave et le Bulgare joignaient à des cruautés inconnues le supplice de l'épouvante. Le Slave, ennemi invisible et toujours présent, tapi derrière toutes les broussailles, caché jusque dans les rivières, attendait la nuit pour faire ses surprises; il fondait alors sur une ville [1], sur un village, sur une troupe en marche; et là où il avait passé; il ne restait plus âme vivante. Pendant longtemps il ne sut pas faire de prisonniers. Il dut apprendre par l'expérience qu'il y avait souvent profit à épargner un être humain qui pouvait être racheté, et qu'une mère, un enfant de famille riche ou le magistrat d'une ville avaient leur valeur en argent. Alors, au lieu de tuer tout, il emmenait tout en captivité, et les malheureux provinciaux mouraient de fatigue et de misère sur les routes [2]. Les Antes commettaient ces horreurs dans lesquelles ils furent encore dépassés par les Slovènes quand ceux-ci se joignirent à leurs expéditions. C'est aux Slo-

---

1. Obvios quosque sine ullo ætatis discrimine de medio sustulerunt, ita ut in Illyrico Thraciaque, insepultis cadaveribus solum longe ac late constratum esset. Procop., *Bell. Goth.*, III, 38.

2. Pueros ac fæminas servituti addicunt, cum ad eam diem nulli ætati pepercissent. *Id.*, *ibid.*

vènes que les contemporains attribuent le supplice du pal, invention tristement célèbre, qui s'est perpétuée jusqu'à nos jours dans les contrées du Danube. La civilisation romaine frémit à la vue de ces longues files de pieux garnis de corps agonisants qui restaient étalés sur les chemins comme des trophées de la barbarie[1]. Quelquefois ils attachaient leurs prisonniers par les membres à quatre poteaux, la tête pendante en arrière, et ils leur brisaient le crâne à coups de bâton, comme on fait aux chiens et aux serpents, dit l'écrivain grec[2]. Ceux des habitants que les Slaves ne pouvaient pas emmener étaient enfermés avec des bœufs et des chevaux dans des étables garnies de paille où on mettait le feu, puis les barbares partaient au bruit des clameurs humaines où se mêlaient le mugissement du bétail et les éclats de l'incendie[3]. C'était là un de leurs passe-temps. Avec les Bulgares, autres souffrances, autres terreurs. Rien n'échappait à ces rapides escadrons, plus légers et plus destructeurs que les sauterelles de leurs steppes. Sur leur passage, les moissons étaient brûlées, les vergers détruits, les maisons rasées, et dans les ruines mêmes il ne restait pas pierre sur

---

[1]. Non ense, non hasta, non alio quoquam usitato necis genere conficiebant, sed depactis valide in terram sudibus præacutis, miserorum sedes multa vi impingebant, et infixas inter nates palorum cuspides adigentes ad usque viscera, illis vitam extorquebant. Procop., *Bell. Goth.*, III, 38.

[2]. Præterea defossis humi lignis quatuor crassioribus alligabant hi Barbari eorum quos ceperant, manus ac pedes : deinde capita fustibus assidue tundendo, veluti canes, aut serpentes, aliudve feræ genus mactabant. Procop., *Bell. Goth.*, III, 38.

[3]. Alios cum bobus et ovibus, quos in patriam abducere non poterant, in tuguria compactos, immisericorditer cremabant. Ita Sclaveni illos, in quos incidebant, necare erant soliti... *Id., ibid.*

pierre. Longtemps après, quand l'herbe et les broussailles avaient recouvert de grands espaces, jadis cultivés et habités, le Mésien disait en soupirant : « Voilà la forêt des Bulgares [1] » ! Ce sauvage, muni du filet de guerre qu'il balançait dans sa main gauche, le jetait en passant avec une prestesse et une sûreté merveilleuses, et quand il avait emmaillotté sa victime, lançant son cheval au galop, il traînait le filet contre terre au moyen d'une courroie attachée à l'arçon de sa selle, jusqu'à ce que le malheureux prisonnier s'en allât par morceaux [2].

En parcourant dans les historiens du temps ces lugubres tableaux, on se demande d'abord pourquoi l'empire romain ne se leva pas comme un seul homme pour mettre un terme à tant de misères ; mais les mêmes historiens nous fournissent la réponse : l'empire avait toute autre chose à faire. D'autres intérêts, d'autres luttes, passionnées jusqu'à la fureur, absorbaient les générations contemporaines, et ne permettaient pas d'entendre les cris de détresse partis des provinces du Danube. L'église d'Orient traversait alors une des crises les plus formidables et les plus longues qui aient ébranlé le christianisme. La question de savoir si les deux natures divine et humaine étaient séparées ou réunies dans la personne de Jésus-Christ, et quelle part revenait à chacune d'elles dans l'œuvre de la rédemption, question aussi délicate qu'importante à

---

[1]. Constantin Porphyrogénète, *De Administrat. Imper.*, 32, nous peint la Servie, après une expédition des Bulgares, comme étant devenue un pays de chasse : « Non invenit in ea regione præter viros quinquaginta sine liberis et uxoribus venatione victitantes ».

[2]. Theophan., *Chronogr.*, p. 185, et pass.

résoudre, avait été, en 428, jetée par le patriarche de Constantinople, Nestorius, dans la discussion publique; et depuis lors elle n'en était plus sortie ; ou plutôt, grandissant par la controverse, où la subtilité grecque se donnait amplement carrière, elle était devenue l'unique occupation des esprits. Nestorius avait nié l'union personnelle des deux natures, prétendant que le Verbe divin, après son incarnation, avait habité simplement dans l'humanité comme dans un temple [1], et refusant à Marie le titre de mère de Dieu : le moine Eutichès releva le défi, mais se plaçant précisément au point opposé, il confondit les deux natures jusqu'à faire mourir la Divinité sur la croix [2]. Ces deux solutions extrêmes faussaient également le christianisme : la première faisait évanouir le mérite de la rédemption en transformant le sacrifice sanglant du Calvaire en une pure apparence et en un spectacle sans réalité; la seconde aboutissait à l'absurde conséquence du suicide de Dieu même. En vain le concile de Chalcédoine, avec l'autorité de la tradition et la saine interprétation des Écritures, formula la doctrine orthodoxe des deux natures en une seule personne; en vain l'église romaine adopta les décisions du concile comme la voix du christianisme lui-même : l'esprit grec n'abandonnait pas aisément la dispute. Les hérésies de Nestorius et d'Eutychès donnèrent naissance à d'autres hérésies moins absolues, que chacun put pondérer à sa guise et qui n'eurent de limites que l'infini. Il naquit aussi, dans une inten-

---

1. Fleury, *Hist. ecclés.*, xxx, 28 seqq.
2. Theodor., Lect. i, 21, 22. — Niceph. Calist. xv, 28. — Evagr. ii, 3.

tion plus honnête que celle d'être chef de secte, des hérésies de conciliation, si l'on peut ainsi parler, lesquelles cherchèrent à mettre des contre-poids dans les dogmes, et combinèrent les erreurs pour en tirer une vérité qui ne blessât personne. Ces dernières tentatives ne firent qu'obscurcir la question, altérer le sens religieux, et jeter en Orient la foi chrétienne dans un dédale inextricable [1].

Ce fut un des malheurs de l'église orientale d'avoir toujours à compter avec les empereurs non-seulement en matière de discipline, mais aussi pour le règlement des dogmes : legs fatal de la succession du grand Constantin. Les Césars de Byzance, patriciens, soldats ou bouviers, se crurent tous tenus d'être théologiens. Il en arriva mal plus d'une fois à eux-mêmes, et surtout à l'empire. On sait comment les *formulaires* de l'empereur Constance, ses décisions canoniques appuyées par les légions, troublèrent profondément l'Église, rendirent confiance et autorité au polythéisme et préparèrent la réaction païenne de Julien [2]; on sait aussi que la funeste séparation qui se manifesta au sein du christianisme entre les Barbares devenus presque tous ariens et les Romains catholiques, fut due au prosélytisme insensé de Valens [3] : les triomphes de Valens et de Constance empêchèrent, à ce qu'il paraît, l'empereur Zénon de dormir, car il eut la prétention de terminer par un décret impérial la controverse des

---

1. Evagr. iii, 7, 8, 9. — Théodor., Lect. i, 34. — Niceph. Calist. xvi, 6, 7, et seqq. — Cf. Fleur., *Hist. ecclés.*, xxx, 28, 31.
2. Voir *Histoire de la Gaule sous l'administration romaine*, t. iii, ch. 5
3. Voir ci-dessus *Histoire d'Attila*, ch. 1.

deux natures. Ce décret, qu'il publia en 482, sous le titre d'*hénotique*, c'est-à-dire d'*acte d'union*, laissa l'Église plus divisée que jamais. L'hénotique présentait une formule de foi que les évêques devaient souscrire, et l'empereur, pour montrer son impartialité comme juge et sa supériorité comme théologien, y condamnait tout le monde, lançant l'anathème à droite et à gauche sur les décisions présentées avant lui, et mettant le concile de Chalcédoine à peu près au niveau d'Eutychès et de Nestorius. Tout le monde étant condamné, naturellement personne ne fut content; les évêques résistèrent, et l'épée des soldats fut employée à les convaincre. Zénon mourut sur ces entrefaites, heureusement pour la paix du monde [1]. Sa fin fut entourée de mystère. On raconta que pendant un des accès d'épilepsie auxquels il était sujet et que provoquait son intempérance, des officiers de sa cour, ses compagnons de débauche, l'avaient porté vivant dans un sépulcre, où il avait été trouvé plus tard, les poings rongés [2]. Sa femme, Ariadne, se hâta de le pleurer, et dans le premier trouble où le changement de règne jetait Constantinople, elle recommanda au choix du sénat, de l'armée et du peuple [3], Anastase le *Silentiaire*.

Sous plus d'un rapport, le choix n'était pas mauvais, et on l'accueillit avec faveur. Attaché en qualité de

---

1. Evagr. III, 8, 9, 10. — Théodor., Lect. II. — Theophan., *Chronogr.*, — Vict., Tun. *Chron.* — Niceph., Calist. xv, 28; xvi, 11. — Cf. Fleury. *Hist. ecclés.*, xxx.

2. Ferunt inventum... Zenonem, qui prae fame suos ipse lacertos mandiderat. Cedren., p. 355.

3. Evagr. III, 32. — Theodor., Lect., p. 558. — Theophan., *Chronogr.*, p. 116, 117.

chambellan aux petits appartements du prince, qui s'appelaient dans le langage ampoulé de l'étiquette byzantine, *l'asile du silence*[1], Anastase avait la réputation d'un homme d'esprit sans ambition, honnête, bienfaisant et pieux à sa manière. Il avait plu jadis à l'impératrice Ariadne, qui profita de son veuvage pour en faire un empereur et l'épouser. Malgré son âge de soixante ans et ses cheveux d'une blancheur éclatante, Anastase paraissait encore beau; ses traits réguliers et fins étaient empreints d'une grande douceur, et ses yeux *dispairs*, dont l'un était noir et l'autre bleu, attiraient l'attention par leur expression singulière[2]. De toutes les passions qui avaient pu agiter sa vie, Anastase n'en avait pas eu de plus constante et de plus vive que la théologie. Dans sa jeunesse, il s'était livré avec ardeur aux spéculations religieuses; il avait eu son système à lui, son hérésie, son symbole de foi. Devenu silentiaire, il s'oubliait encore jusqu'à venir catéchiser dans l'église de Constantinople, où il soutint des thèses qui n'étaient pas toujours orthodoxes. Le patriarche s'en étant plaint à l'empereur, Zénon lui conseilla de faire prendre son chambellan par des clercs, de le faire tondre comme un moine, et de l'offrir dans cet état à la risée publique[3]. Cette menace calma l'ardeur théologique du silentiaire, qui sembla avoir mis de côté

1. Anastasium Silentiarium... Theophan. *Chronogr.*, p. 116. — Qui in palatio Imperatoris militantes, ea quæ sunt quietis curarent, Silentiarii sunt appellati. Procop., *Bell. Pers.*, 11.

2. Cette différente couleur de ses yeux lui avait fait donner le surnom de *Dicore*, ὁ δίκορος. Theophan., p. 117.

3. Eversa ejus in ecclesiæ cœtu sella, minatus est, ni quantocius desisteret, ejus caput se rasurum et in plebem traducturum. Theophan., *Chronogr.*, p. 116.

toutes ses erreurs ; mais le patriarche lui avait gardé rancune : quand le sénat, le peuple et l'armée proclamèrent Anastase empereur, le patriarche déclara qu'il ne le couronnerait pas. Or c'était un usage passé presque en force de loi que l'évêque de la métropole impériale posât la couronne sur le front du césar nouvellement élu, ce qui donnait à l'autorité spirituelle, sinon le droit d'approuver l'élection, au moins celui d'y créer des embarras, et il pouvait être dangereux de passer outre. Ariadne alarmée fit intervenir les chefs du sénat ; elle intervint elle-même, et un accommodement fut négocié entre Anastase et le patriarche. Le nouvel auguste s'engagea à souscrire la formule du concile de Chalcédoine, et à en faire observer les canons [1] ; l'engagement fut pris par écrit, signé de sa main impériale, déposé dans le trésor de l'église métropolitaine et précieusement gardé comme une pièce de conviction qu'on opposerait à l'empereur parjure, s'il lui arrivait de manquer à la condition essentielle de son couronnement. On se doute bien que le certificat d'Anastase eut le sort de beaucoup de chartes, programmes, serments, concessions de tout genre, faits, octroyés, subis, à toutes les époques, sous la dictée de la nécessité.

Tout marcha bien d'abord : Anastase administrait sagement ; il était économe des deniers publics, ennemi de la corruption et de la vénalité des charges,

---

[1]. Arcadna imperatrice, senatuque ad exhibenda postulata impellentibus, chartam propria manu subscriptam, qua velut fidei normam Chalcedonensis synodi decreta se acceptare profiteretur, ab eo traditam accepit Euthymius, exin ab eo coronatus. Theoph., *Chronogr.*, p. 117.

bienveillant pour les personnes ; il abolit des impôts odieux, apporta des réformes dans les mœurs et défendit entre autres choses les combats sanglants des hommes contre les bêtes 1. Dans sa vie privée, il était dévot sans être chrétien, allait à l'église avant le jour, jeûnait, faisait de grandes aumônes ; le peuple le regardait comme un saint, et criait sur son passage : « César, règne comme tu as vécu ! » Mais bientôt les sectaires, ses anciens compagnons d'hérésie, commencèrent à l'assiéger, et le pouvoir de tout faire réveilla en lui le démon du prosélytisme religieux. Né d'une mère manichéenne 2, Anastase avait sucé avec le lait le goût des rêveries persanes qu'il mêlait secrètement à son christianisme : c'était la tendance parti culière de son esprit. Les vrais chrétiens, à ses yeux, se trouvaient dans cette bizarre école dirigée par un esclave persan devenu évêque, et où l'on prétendait marier la religion de Zoroastre à celle du Christ. Anastase en répandit les missionnaires dans tout l'Orient. Lui-même se fit construire au palais impérial un oratoire dont les murs étaient couverts de figures d'animaux et de symboles de toute sorte en usage chez les manichéens et les gnostiques. Enfin le bruit courut qu'il travaillait à une nouvelle traduction des Évangiles, attendu, disait-il, que la version vulgaire était incorrecte et rustique. Ces essais d'immixtion aux choses religieuses eurent lieu d'abord avec quelque

1. Evagr., III, 30, 38. — Theodor. Lect., p. 566. — Cedren., p. 358, 377. — Théophan., p. 123. — Zonar., t. II, p. 45. — Conc., 1. IV, p. 1185.
2. Theophan., *Chron.*, p. 117. — Theodor. Lect., l. II.

prudence; ce qui retenait l'empereur, c'était son engagement écrit d'observer les canons du concile de Chalcédoine, engagement gardé au trésor de l'église de Constantinople en même temps que les actes eux-mêmes du concile. Rien ne lui eût coûté pour le tenir en sa possession : il essaya de corrompre le trésorier Macédonius, devenu patriarche de Constantinople, il essaya de l'effrayer, le tout sans succès. Il fut plus heureux avec les actes originaux du concile [1], qu'un prêtre lui livra pour de l'argent, et qu'il déchira et brûla de sa main. L'insensé crut voir son serment s'exhaler dans la flamme avec ces pages qu'il avait juré de maintenir.

La conscience ainsi allégée, Anastase ouvrit une campagne contre le catholicisme : son plan d'attaque ne manqua ni d'habileté ni de puissance. Il remit en vigueur l'hénotique de Zénon, qui avait le caractère d'une loi de l'empire, et tout en affectant un grand zèle pour ce formulaire qui anathématisait tous les autres, il lâcha la bride aux nestoriens, aux eutychéens, aux ariens, en un mot à tout ce qui n'était pas catholique. Toute hérésie lui semblait bonne, pourvu qu'elle reniât le concile de Chalcédoine, son épouvantail. Il en résulta une anarchie de doctrines sans exemple et sans nom. Anastase attaqua alors la liturgie, dans laquelle il introduisit des innovations qui recélaient le venin de ses doctrines; les prêtres

---

[1]. Imperator illico Chalcedonensium Actorum libellum, quem Macedonius in arca sanctiore deposuerat per Calepodium quemdam furtim sublatum conscidit atque igni tradidit. Nicephor., xvi. 26. — Cf. Baron.; *Ann. eccles.*, t. ix, p. 99.

résistèrent ; le peuple se souleva, mais des soldats, l'épée au poing, firent chanter une *doxologie* de la façon de l'empereur [1]. Une troupe de moines syriens étant descendue d'Asie à Constantinople pour assommer le patriarche, d'autres moines accoururent le défendre; on se battit dans les cloîtres, on se battit dans les églises. A Constantinople, où la population était en grande majorité catholique, des processions de prêtres, de bourgeois, de soldats, tous armés, se mirent à parcourir les rues sous les bannières militaires jointes à celle de la croix, mêlant au chant des litanies des cris de guerre et des malédictions contre l'empereur. Ces processions se rendaient au cirque, où l'on tenait concile en plein vent. Une de ces assemblées osa déposer Anastase [2], qui la fit dissoudre à grands coups de lance par les gardes du palais. Le peuple de son côté ne montrait guère plus de modération. Tout prêtre suspect de complicité ou simplement de faiblesse vis-à-vis d'Anastase était égorgé sans miséricorde, et on promenait sa tête au bout d'une pique. Un moine et une religieuse que l'empereur affectionnait périrent ainsi massacrés, et leurs cadavres liés ensemble allèrent balayer le pavé des rues.

Ces horreurs présageaient une guerre civile, qui ne

---

[1]. Cum... omnibus ecclesiis, per libellum scriptum edixit ut ter sanctum hymnum, non omisso addimento, in publicis processionibus decantarent... tumultus vehemens exortus est, multarum domorum visa incendia, et innumeræ cædes patratæ... Theophan., p. 136. — Imperator cum in hymno trisagio has voces adjicere voluit : Qui crucifixus est pro nobis, gravissima seditio exorta est, perinde quasi christiana religio funditus everteretur. Evagr., III, 44.

[2]. Populi confusa plebe contumeliosis vocibus Anastasium impetente,

tarda pas à éclater, et elle éclata précisément dans ces provinces du Danube ravagées si violemment par la guerre étrangère, mais où la foi catholique était enracinée. Un général illyrien, nommé Vitalianus, d'ancienne souche barbare, leva le drapeau de l'orthodoxie catholique, sous lequel accoururent par milliers les habitants des campagnes, les citadins, les soldats. En trois jours, il réunit une grande armée. On laissait là sa maison, sa famille à l'aventure, exposées au fer des Bulgares; les garnisons romaines désertaient leur poste, pour courir à la croix; il se présenta même des Huns comme auxiliaires de l'orthodoxie, et on les accepta [1]. Vitalien marcha sur Constantinople et mit le siége devant la Porte dorée; mais le sénat et les plus notables habitants s'interposèrent pour empêcher une prise d'assaut. On négocia au nom d'Anastase, dont on se rendit garant, et la guerre traîna en longueur. Vitalien, que ses partisans voulaient nommer empereur [2], mais qui avait plus de foi que d'ambition, consentit enfin à traiter sous les sécurités qu'on lui offrait. Ses conditions furent : le rappel des évêques exilés, la convocation d'un concile œcuménique sous la présidence de l'évêque de Rome, dont la foi dans ces difficiles matières n'avait jamais varié, l'arbitrage du même évêque entre les prélats orientaux et l'empereur

---

et alium ad imperium advocante, Manichæum et imperio prorsus indignum clamitans... Theophan., *Chronogr.*, p. 136.

1. Vitalianus... ducens secum ingentem Hunnorum et Bulgarorum numerum... Theophan., p. 137. — Anast., p. 54. — Cedren., t. 1, p. 360.

2. Plebe... uno consensu, ceu jam declaratum imperatorem, acclamante Vitalianum. Theophan., *loc. cit.*

en cas de dissentiment possible ; et comme on savait ce que valaient les serments d'Anastase, Vitalien exigea que le sénat, le corps des magistrats et les premiers citoyens de la ville souscrivissent aussi ces conditions [1]. Il se fit remettre en outre le commandement suprême des forces stationnées dans le voisinage de Constantinople. Ainsi Anastase fut placé sous la triple tutelle des habitants de sa ville impériale, d'un de ses généraux et d'un évêque étranger. On croyait avoir bien rivé sa chaîne; et il échappa. Le concile œcuménique, toujours convoqué, une fois réuni, ne délibéra jamais [2] ; le pape ne gagna rien non plus sur l'empereur malgré sa fermeté ; Vitalien se vit enlever son commandement, et les catholiques découragés remirent l'épée dans le fourreau. Ne penserait-on pas, à la lecture de ces faits déjà vieux de treize siècles et demi, parcourir sous des noms, des costumes, des formules différentes, le récit de quelque événement d'hier? Ce roi en tutelle sous son peuple, ces engagements écrits, ces serments arrachés, niés, éludés, tout cela ne nous reporte-t-il pas à des scènes dont nous ou nos pères avons été témoins? C'est que les passions des hommes et leurs allures sont les mêmes, quel que soit le mobile qui les pousse et le court moment où ils s'agitent : seu-

---

[1]. Anastasius rebus in desperatis senatorii ordinis nonnullos qui de pace agenda eum rogarent, misit : juravitque una cum universo senatu episcopos exules se revocaturum. His additum voluit Vitalianus, ut uniuscujusque scholæ principes idem jurejurando asseverent : et ita demum convocaretur synodus ad quam pontifex romanus et cuncti accederent episcopi... Theophan., *Chronogr.*, p. 137. — Cedren., t. I, p. 360.

[2]. Accesserunt etiamnum ex diversis locis episcopi circiter ducenti : qui a scelesto Imperatore delusi, re infecta recessere. Theophan., *ibid.*

lement sommes-nous bien sûrs d'avoir toujours eu dans nos discordes politiques un mobile aussi respectable et aussi sérieux que devait l'être pour des générations chrétiennes une atteinte portée au dogme fondamental de leur foi?

On comprend maintenant comment, sans lâcheté et sans mériter toutes les injures dont nous nous plaisons à poursuivre rétrospectivement à travers l'histoire ce que nous appelons le Bas-Empire, le gouvernement romain, dans les dernières années du v° siècle et le commencement du vi°, pouvait n'attacher qu'une médiocre attention aux courses des Barbares, Huns, Bulgares et Slaves, dans la vallée du Danube. Il fallut que Constantinople elle-même et le siége de l'empire se trouvassent en péril pour réveiller un peuple et un empereur absorbés dans les intérêts d'en haut. Les places échelonnées pour couvrir les approches de la grande cité n'arrêtaient pas toujours des détachements qui savaient se glisser dans leurs intervalles d'autant plus aisément qu'ils se composaient de cavalerie, d'une cavalerie agile, infatigable. A plusieurs reprises, on put donc voir les enfants perdus des armées barbares pénétrer dans la campagne de Constantinople, jusqu'au cœur de cette riche banlieue que les contemporains nous dépeignent comme la plus délicieuse contrée du monde. Il faut lire les écrivains du vi° siècle, et surtout Procope, pour se faire une idée de ce qu'avaient produit, sous le beau ciel de la métropole de l'Orient et autour de ses mers transparentes, les merveilles des arts et du luxe jointes à celles de la nature. Lorsqu'ils nous parlent de ces sites magnifiques qui dominent la

Propontide, la mer Noire ou le Bosphore, de ces eaux vives et abondantes, de ces villas de marbre se dessinant sur des rideaux de forêts, de ces églises, de ces palais, de ces jardins en amphithéâtre, rangés sur le contour des golfes, « comme des perles dans un collier, » ils rencontrent le sentiment et quelquefois l'expression d'une vraie poésie[1]. La terre même, malgré toutes ses beautés, n'avait pas suffi au luxe de la Rome orientale, et des môles jetés à grands frais faisaient étinceler au-dessus de la mer des habitations de porphyre et d'or que la soie et le cèdre garnissaient au dedans. Un peuple de statues de bronze ou de marbre de Paros, reliques du génie des Hellènes, animait ces solitudes enchantées. C'est là que les patriciens de Byzance venaient jouir d'un repos voluptueux gagné trop souvent aux dépens des provinces, là que les Rufin, les Eutrope, les Chrysaphius étalaient ces prodigalités insolentes qui, après avoir soulevé contre eux la colère de leurs contemporains, font encore leur condamnation dans l'histoire[2]. Qu'on se figure l'effroi causé par l'apparition des bandes bulgares dans ce paradis des Romains d'Orient! On oublia pour un moment la querelle des deux natures, et pour un moment on pensa aux souffrances des malheureux Mésiens.

Ce fut alors qu'Anastase entreprit le grand ouvrage auquel son nom est attaché, et dont les vestiges s'aper-

---

1. Procop., *Ædific.*, l. 1, v, vi, viii et pass.
2. Hunc suburbanum agrum Byzantii cives, occupantque decorantque, non solum ad vitæ usus sed ad luxum etiam insolentem, deliciasque immodicas et ad omnem licentiam quam affert mortalibus opulentia. Procop., *Ædific.*, iv, 9.

çoivent encore aujourd'hui à treize lieues environ de Constantinople, du côté du couchant. Les Romains, dans la défense de leur territoire, employaient fréquemment les remparts ou murs fortifiés adossés à des obstacles naturels, et couvrant des cantons, quelquefois même des provinces entières. Des portes y étaient laissées de distance en distance pour les communications avec le dehors. Gardés en temps ordinaire par quelques postes seulement, ces remparts recevaient en temps de guerre l'armée défensive, qui s'y tenait à couvert comme derrière une place forte. L'empire d'Orient comptait nombre d'ouvrages de ce genre, qui se multiplièrent à mesure qu'il fallut substituer les moyens matériels à l'esprit militaire ; les Thermopyles elles-mêmes en reçurent, et furent mieux défendues par une ligne crénelée que par les poitrines des derniers Spartiates [1]. Constantinople, comme on sait, était située sur un isthme que baignent au midi la Propontide, au nord la mer Noire, et que le Bosphore sépare de l'Asie. Anastase entreprit d'isoler du continent l'espèce de presqu'île qui renfermait la ville et sa banlieue, et d'en faire une île [2], suivant l'expression des auteurs du temps. Pour cela, il traça le plan d'une fortification qui la coupait d'une mer à l'autre dans une longueur de dix-huit lieues [3]. Commencé en l'année 507, cet immense travail fut exécuté rapidement : c'était un mur en pierre, garni d'un fossé sur le front, haut de

---

1. Procop., *Hist. arcan.*, c. 27. — *Ædific.*, IV, 2.
2. Urbem fere insulam pro peninsula efficit. Evagr., III, 38.
3. Imperator Anastasius, quadragesimo ab urbe lapide, longos muros ædificavit, quibus gemina junxit maris littora, ubi inter se bidui fere distant. Procop., *Ædif.*, IV, 9.

vingt pieds, large d'autant, et flanqué de tours communiquant ensemble par des galeries. La muraille, à chacune de ses extrémités, était protégée par le voisinage d'une ou de plusieurs places de guerre : ainsi l'extrémité méridionale, qui plongeait dans la Propontide, se trouvait encastrée, pour ainsi dire, entre Héraclée et Sélymbrie, toutes deux puissamment fortifiées[1]. Par ce moyen, Constantinople et les campagnes voisines furent mises à l'abri, sinon d'une invasion, au moins d'une surprise et d'un coup de main. On applaudit, sous ce rapport, à la sollicitude de l'empereur, sans toutefois s'abuser sur l'étendue de la protection. Les gens sensés comprirent que dans le cas d'une grande guerre, l'armée de défense ne serait jamais assez nombreuse pour opposer une résistance égale sur un front de dix-huit lieues, et qu'un ennemi avisé pourrait toujours s'emparer d'une portion du mur, profiter des fortifications pour s'y retrancher, et tenir de là son adversaire en échec[2]. Voilà ce que purent annoncer et écrire les hommes prévoyants; mais le peuple de Constantinople se crut en parfaite sûreté; l'empereur avait fait une chose populaire, et ce fut assez pour le moment.

Huns, Bulgares et Slaves laissèrent la Mésie tranquille jusqu'en l'année 517, où leur retour est mentionné dans les chroniques byzantines. Une d'elles le

1. Agath., *Hist.* v. — Procop. *Ædific.*
2. Neque enim fieri poterat, ut opus adeo spatiosum vel satis haberet firmitatis, vel diligenter custodiretur. Certe hostes, quacumque muros longos invaderent, omnes partis illius custodes opprimebant nullo negotio, cæterosque ex improviso adorti, calamitatem inferebant, quantam nemo verbis facile exponat. Procop., *Ædific.*, iv, 9.

signale par ces lignes étranges, tout empreintes d'une terreur mystique : « En la dixième indiction, sous le consulat d'Anastase et d'Agapit, cette chaudière qui, suivant la prédiction du prophète Jérémie, est allumée du côté de l'aquilon contre nous et nos péchés, fabriqua des traits de feu, et avec ces traits fit de profondes blessures à la plus grande partie de l'Illyrie [1]... » La Grèce fut ravagée jusqu'aux Thermopyles, et l'Illyrie jusqu'à l'Adriatique; mais l'ennemi n'approcha point de Constantinople. Les Barbares traînaient à leur suite une multitude de prisonniers dont ils demandaient la rançon. Mille livres d'or qu'Anastase envoya à Jean, préfet d'Illyrie, n'ayant pas suffi à les racheter tous, beaucoup furent emmenés au delà du Danube, beaucoup aussi furent égorgés par vengeance ou intimidation sous les murs des villes qui refusaient d'ouvrir leurs portes.

Anastase mourut d'un coup de foudre l'année suivante, quatre-vingt-huitième de son âge et vingt-septième de son règne, et au rêveur manichéen qui avait tant troublé l'empire succéda un vieux soldat sans prétentions théologiques, mais dont le cœur était romain [2]. Justin (il se nommait ainsi) était né à Bédériana [3], dans la Dardanie mésienne, et cette circon-

---

1. Olla illa quæ, in Hieremia vate, ab Aquilone, adversum nos nostraque delicta, sæpe succenditur, tela ignea fabricavit; maximamque partem Illyrici iisdem jaculis vulneravit... Marcellin. Comit., *Chron.*, ad ann. 517.
2. Justinus pius imperator, vir ætatis provectæ, et expertus rerum a militiæ cingulo exorsus, et ad senatus usque ordinem promotus... Theophan., *Chronogr.*, p. 141.
3. Justinus cujus Bederiana patria fuit. Procop., *Hist. arcan.*, c. 6.

stance fut heureuse pour les provinces du Danube, qui avaient tant besoin de secours. Tout autre soin cessant, Justin s'occupa de les remettre en état de défense, et il commença un travail de restauration de toutes les places fortes, lequel fut continué et achevé plus tard par son neveu Justinien [1]. Les neuf années que régna ce vieux soldat comptèrent parmi les plus paisibles de l'empire d'Orient : on n'entendit parler ni de Slaves, ni de Huns, tant les Barbares étaient convaincus qu'on ne les ménagerait point, s'ils osaient se remontrer. Justin mourut en 527 d'une mort digne de sa vie. Une ancienne blessure qu'il avait reçue à la jambe s'étant rouverte, la gangrène l'emporta[2]. Son successeur, désigné d'avance, fut ce même neveu qu'il avait associé à ses travaux sur le Danube ainsi qu'à l'exercice de la puissance impériale, Justinien, dont le nom devait avoir un si grand retentissement dans les siècles.

---

1. Procop., *Ædif.*, l. ii. passim. et l. iii. c. 2. — Malal., part. II, p. 159.
2. Procop., *Hist. arcan.*, c. 9. — Accidit, ut imperator Justinus ex ulcere pedis, quod ex ictu sagittæ in bello contraxit, extingueretur... *Chron. Pasch.*, p. 334.

CHAPITRE QUATRIÈME

Justinien, empereur. — Jugements contradictoires sur ce prince. — Son origine, son nom, sa famille. — Éducation de Justinien; son génie universel, ses passions. — Il épouse la danseuse Théodora. — Commencements de son règne. — Il entreprend de chasser les Vandales d'Afrique. — Réapparition des Slaves et des Huns sur le Danube; ils sont battus par Germain. — Défaite des Slovènes, mort de Khilbudius. — Les Romains battus par les Bulgares; Constantius, Acum et Godilas pris au filet. — Affreux ravages de l'armée hunno-vendo-bulgare dans toute l'Illyrie. — Justinien reprend les travaux de défense commencés par Justin; ses prodigieuses constructions en Mésie et en Thrace. — Sourdes hostilités des Gépides contre l'empire; ils surprennent Sirmium. — Justinien appelle les Lombards en Pannonie et les oppose aux Gépides. — Inimitié des deux peuples. — Ils s'envoient un défi à jour marqué. — Tous les deux réclament l'assistance de l'empereur. — Justinien donne audience à leurs délégués. — Discours des Lombards. — Discours des Gépides. — Justinien se décide en faveur des Lombards. — Incident des Goths Tétraxites. — Leurs ambassadeurs viennent demander un évêque à l'empereur. — Origine et mœurs de ce peuple. — Révélations de ses ambassadeurs au sujet des Huns coutrigours et outigours; Justinien suit leurs conseils. — Ambassade envoyée à Sandilkh roi des Outigours. — Sandilkh promet d'attaquer les Coutrigours toutes les fois qu'ils attaqueront les Romains. — Gépides et Lombards se présentent pour vider leur querelle; une terreur panique s'empare d'eux; leurs armées s'enfuient au lieu de combattre.

527—548.

L'histoire et le roman ont altéré à qui mieux mieux les traits de cette grande figure de législateur conquérant, qui domine le vi^e siècle et tend la main en arrière aux Théodose, aux Constantin, aux Septime-Sévère, aux Adrien. Le roman commença pour Justinien, au sein de la Grèce du moyen âge, par la légende de Bélisaire aveugle et mendiant, déjà répandue au XII⁰ siècle [1]. Quant à l'histoire, elle fut double pour lui dès son vivant : la même plume haineuse et vénale qui le louait en public se chargea de le dénigrer en secret, le glorifiant et le noircissant pour les mêmes actes, faisant de lui, ici un héros et un ange, là un monstre plus détestable que Néron ou Domitien [2], et mieux encore, un esprit de ténèbres, un démon incarné sous les traits d'un homme [3]. Entre ces deux excès de la flatterie et de la méchanceté, le jugement de la postérité est resté indécis, et par une tendance assez ordinaire à notre nature, qui préfère la satire au panégyrique, ceux-là même à qui les actions publiques de Justinien arrachent une admiration involontaire, s'empressent de la tempérer par la lecture des *Mémoires secrets* [4]. Nous tâcherons d'écarter ces nuages, et de montrer ce césar des jours de déclin, tel que l'ont pu voir les contemporains impartiaux. Sa personnalité remplit tellement tout son siècle, même quand il n'est plus, qu'on ne saurait l'abstraire des faits sans les laisser incomplets. D'ailleurs la vie privée des empereurs romains est un élé-

---

1. Tzetzès, *Chiliad.* III, v. 339, seqq.
2. Domitiani et vultum et fortunam refert. Procop., *Hist. arcan.*, 8.
3. Ferunt Justiniani matrem narrasse, hunc non Sabbatii conjugis aut hominum cujuspiam esse sobolem ; sed eo gravida antequam esset, quamdam dæmonis speciem ad se ventitasse... Perniciosus dæmon... Procop., *Hist. arcan.*, 12.
4. Ces *Mémoires secrets* ou *Anecdotes* de Procope sont un libelle que le secrétaire de Bélisaire s'est amusé à composer contre Bélisaire lui-même, Justinien, Théodora, en un mot contre tous les personnages au milieu desquels il vivait et auxquels il n'épargnait pas les flatteries publiques.

ment nécessaire à l'intelligence du monde romain. L'éducation de palais, sous les gouvernements héréditaires, jette trop souvent les princes dans un moule uniforme; en tout cas, elle tend à les séparer de leurs sujets et de leur temps. Sous un gouvernement électif, où les caractères arrivent tout trempés à la souveraine puissance, le prince est presque toujours un des types saillants de son époque, et on peut étudier en lui comme une image résumée des sujets. Quelques détails sur Justinien et sa famille justifieront cette vérité.

Vers l'an 474, et pendant le règne de l'empereur Léon, étaient arrivés de Bédériana à Constantinople trois jeunes paysans qui, un bâton à la main et un sayon de poil de chèvre sur l'épaule, avec quelques pains noirs [1], venaient chercher fortune dans la ville impériale. Comme ils étaient grands et bien tournés, un recruteur les enrôla dans la milice du palais [2], où ils firent tous trois leur chemin, moitié par leur bravoure, moitié par la souplesse et l'habileté de conduite qui distinguait les montagnards de leur pays. L'un d'eux fut l'empereur Justin, qui de grade en grade était devenu commandant supérieur de ces mêmes milices palatines où il avait été simple soldat. A la mort d'Anastase, l'eunuque grand-chambellan, voulant faire pencher le choix de l'armée vers une de ses créatures, remit à Justin une grande somme d'argent pour la

1. Tres in Illyria nati exercendisque agris assueti adolescentes... Zimarchus, Ditybistus et Justinus, pedibus Byzantium veniunt, rejectis post terga sagis in quibus præter secundarios panes, nihil eis quod reconderent, ex re domestica fuit. Procop., *Hist. arcan.*, 6.

2. Numeris militaribus inscripti ab Imperatore, utpote egregia corporis forma conspicui, ad regiæ custodiam seliguntur. *Id., ibid.*

distribuer aux soldats : Justin la prit, la distribua, fut lui-même proclamé auguste [1], et l'on rit beaucoup du tour que le capitaine des gardes avait joué au grand-chambellan. Quand Justin eut sa fortune faite, il appela près de lui sa sœur Béglénitza, femme d'un paysan de Taurésium, nommé Istok, et leur fils Uprauda, qu'il voulut élever comme sien, car il n'avait point d'enfants [2]. Les trois campagnards déposèrent en même temps que leur costume illyrien, leurs noms, qui auraient par trop égayé la haute société de Constantinople ; on leur donna des noms latins sonores, on leur fabriqua même une généalogie qui les faisait descendre d'une branche de la noble famille des Anicius, implantée autrefois en Dardanie. En vertu de ce baptême latin, Béglénitza devint Vigilantia ; Istok, Sabbatius ; et Uprauda prit ce nom de Justinianus qu'il a su rendre immortel.

Le pâtre de l'Hémus n'avait pas reçu dans son enfance une éducation bien soignée, s'il est vrai, comme le raconte Procope, qu'il ne pouvait signer son nom qu'à l'aide d'une lame d'or évidée dont il suivait les traits avec sa plume [3]; en tout cas, il voulut qu'il en fût tout autrement de son neveu. Le jeune Uprauda reçut les meilleurs maîtres en toute chose, et les étonna par l'activité insatiable et l'universalité de son intelli-

---

1. Evagr., IV, 1. — Procop., I, 9. — *Chron. Pasch.*, p. 331. — Zon, XIV, t. II, p. 58. — Cedren., t. I, p. 363.
2. Biglenitza... Istokus... Uprauda... Theophil. *Vit. Justinian.*
3. Calamus colore imbutus... huic principi tradebatur in manum, quam alii prehensantes ducebant, circumagebantque calamum per quatuor litterarum formas, nempe singulas tabellæ incisuras... Procop., *Hist. arcan.*, 6.

gence : éloquence, poésie, droit, théologie, art militaire, architecture, musique, il voulut tout savoir et sut tout. Devenu empereur, il travailla lui-même à ces monuments éternels du droit qui font sa première gloire [1]. Ses rapports au sénat étaient toujours son ouvrage, et il les improvisait souvent, quoique avec un accent un peu rude, et qui décelait son origine illyrienne [2]. L'église grecque chante encore aujourd'hui une des hymnes qu'il composa, et dont il faisait aussi la musique [3]. Enfin plusieurs monuments de Constantinople et des provinces furent construits sur ses plans ou d'après ses avis [4]. Quant à la guerre et à ses accessoires, il en acquit la théorie et la pratique comme tous les jeunes Romains, soit dans les camps, soit sur les champs de bataille. Cette éducation ne prit tout son développement que lorsque Justin fut devenu empereur : Justinien avait alors trente-cinq ans. Mais au plus fort de cet enfantement de son génie, une passion plus profonde, plus indomptable encore que celle du savoir, vint maîtriser son cœur : il s'éprit de la danseuse Théodora, qui était alors la fable de Constantinople par le désordre de ses mœurs non moins que par son étonnante beauté. Quelles que fussent les repré-

---

[1]. Legibus præ nimia obscuris multitudine, et manifesta inter se pugna confusis, admota manu, optima conciliatione sublato ipsarum dissidio, jus conservavit. Procop., *Ædif.*, *in procem.*

[2]. Quæ sibi scripto respondenda forent, hæc non, uti mos est, quæstori committebat, sed ut plurimum sumebat sibi pronuncianda, licet ei barbare sonaret oratio. Procop., *Hist. arcan.*, 14.

[3]. Nicol. Alem. in *Hist. arcan.* Procop., *Not. Edit. Venet.*, 1729, t. II, p. 361.

[4]. Procop., *Ædif.*, pass.

sentations de sa mère, les refus de son oncle, les prohibitions mêmes de la loi, qui défendait de tels mariages, les comédiennes ainsi que les prostituées étant réputées personnes infâmes, avec qui le mariage était nul, Justinien voulut l'épouser, et son ardente opiniâtreté fit tout fléchir. Il fallut que le vieux soldat fît lui-même réformer la loi qui protégeait l'honneur de son nom [1]. Au reste, malgré les vices de cette femme et les maux que son orgueil, ses rancunes et son immoralité purent causer à l'empire, on hésite à condamner sans rémission celui qui l'épousa, quand on voit quel amour sincère, quel culte fidèle et presque pieux il porta toute sa vie « à la très-respectable épouse que Dieu lui avait donnée [2]; » c'est ainsi qu'il s'exprime dans une de ses lois. Théodora balançait d'ailleurs ses grands vices par de grandes qualités : un esprit pénétrant, toujours en éveil, un jugement sûr, une décision à laquelle Justinien dut au moins une fois son trône et sa vie [3].

Ce prince était d'une taille au-dessus de la moyenne; il avait les traits réguliers, le visage coloré, la poitrine large, l'air serein et gracieux; ses oreilles étaient mobiles, conformation déjà remarquée dans Domitien, et qui fournit contre le nouvel empereur plus d'une allu-

---

1. Tum is cum Theodora moliri nuptias aggreditur; nam cum viris senatoriis (quod prisca lege cautum est) uxorem ducere meretricem non liceat, ille principem adigit, ad legem nova constitutione evertendam; et exinde Theodorae matrimonio jungitur. Procop., *Hist. arcan.*, c. 9.
2. Apud nos... participem consilii sumentes eam, quae a Deo data est nobis piissimam conjugem. Justinian. *Novell.*, 8.
3. Lors de la révolte dite *Nica*, où Justinien découragé et prêt à quitter Constantinople, fut soutenu par Théodora et sauvé par Bélisaire.

sion méchante [1]. On raconte qu'il prenait plaisir à se vêtir à la manière des Barbares, surtout à celle des Huns. Il menait dans son palais la vie austère des anachorètes; pendant un carême (c'est lui-même qui nous le dit, non sans un peu d'ostentation), il ne mangea point de pain, ne but que de l'eau, et prit pour toute nourriture, de deux jours l'un, un peu d'herbes sauvages assaisonnées de sel et de vinaigre [2]. Il dormait à peine quelques heures, et se réveillait au milieu de la nuit pour travailler aux affaires de l'État et à celles de l'Église, ou parcourir, en proie à une agitation fébrile, les longues galeries du palais [3]. C'était pendant ces heures d'insomnie et de méditation solitaire qu'il se familiarisait avec les grands desseins qui germaient dans sa tête, et qui finirent par lui sembler à lui-même des inspirations de Dieu. Ces habitudes passablement étranges accréditèrent les fables dans lesquelles on le peignit comme un démon, un esprit malfaisant qui ne dormait point, ne mangeait point, et

---

[1]. Erat Justinianus imperator tereti facie; pectorosus, candidus, recalvaster, rotundis oculis, formosus, florido aspectu, subridens; subcano capite, mento rasus ritu Romanorum, naso justo... *Chron. Pasch.*, p. 375. — Corpore neque procero fuit, neque pusillo nimis, sed quo staturam justam non excederet... cui et aures subinde agitarentur. Procop., *Hist. arcan.*, 8.

[2]. Sæpe unum atque alterum diem noctemque cibo abstinuit, præsertim ejus festi pervigiliis, quod Pascha dicimus, quandoque biduum brevi aqua, et agresti olere victitans... Procop., *Hist. arcan.*, 13. — Justinian., *Novell.*, 8, 30.

[3]. Horam somno indulgens, reliquum tempus continuis terebat deambulationibus. Procop. *ibid.* — Et non in vano vigilias ducimus, sed in hujus modi eas expendimus consilia, pernoctantes, et noctibus sub æqualitate dierum utentes. Justinian., *Novell.*, 8.)

n'avait d'humain que l'apparence[1]. Cette faculté de doubler ainsi les heures de la vie permit à Justinien, arrivé tard à l'empire, puisqu'il avait déjà quarante-cinq ans, de faire plus à lui seul que beaucoup de grands empereurs pris ensemble.

A peine sur le trône, il commença ce grand ouvrage de législation qui subsiste depuis tant de siècles, et sert de fanal aux législateurs des peuples modernes à mesure que ceux-ci se dégagent des ténèbres du moyen âge. La conception d'un Code unitaire se liait dans son esprit à la reconstruction du monde romain, dont il colligeait, éclaircissait, simplifiait les lois en les adaptant au changement des mœurs; puis il confia aux armes le soin de créer cet empire à qui il avait préparé un Code.

Si l'on veut bien comprendre Justinien, il faut le saisir à ce moment solennel où il jette son pays dans la plus héroïque et la plus imprévue des entreprises, la guerre d'Afrique contre les Vandales, que devait suivre celle d'Italie contre les Goths, puis une troisième qu'il méditait en Espagne, et peut-être une quatrième en Gaule, partout enfin où des dominations barbares s'étaient assises sur les dépouilles de Rome. Il n'avait point d'armée : il s'en fait une en portant d'abord la guerre en Perse, où il dicte la paix, et de cette campagne sortent des généraux capables de tout oser et de tout accomplir, Bélisaire, Narsès et Germain. Quand il entretient son conseil privé de ses projets sur l'Afrique,

---

[1]. Dirum et furiale caput is videbatur qui nunquam potus, cibi, vel somni expletus satietate... intempesta nocte regiam obambulabat... Procop., *Hist. arcan.*, 14.

il ne rencontre qu'étonnement, incrédulité et terreur. Ses ministres les plus complaisants croient lui rendre service en le combattant. On s'était habitué à considérer l'Afrique comme perdue et les Vandales comme invincibles; on ne savait plus trop bien ce qu'était cette ancienne province de l'empire, avec laquelle les rapports même commerciaux étaient à peu près rompus, puisque le préfet du prétoire soutint dans le conseil qu'il faudrait plus d'un an pour pouvoir envoyer un ordre aux armées et en recevoir la réponse. Les soldats, qui se rappellent peut-être Charybde et Scylla, s'effraient d'une campagne de mer, et le peuple murmure à l'idée d'une augmentation d'impôts [1]. Resté seul de son avis, Justinien commençait à douter de lui-même, quand la religion le raffermit. Un évêque arrivé du fond de l'Orient à Constantinople, lui demande audience et lui parle en ces termes : « Prince, Dieu qui révèle quelquefois par des songes sa volonté à ses serviteurs, m'envoie ici pour te réprimander [2] : « Justinien, m'a-t-il « dit, hésite à délivrer mon Église du joug des Van- « dales, ces impies ariens. Que craint-il ? Ne sait-il pas « que je combattrai pour lui ? Qu'il prenne les armes, « et je le ferai maître de toute l'Afrique ! [3] » Justinien crut avec bonheur à ce songe, qui répondait à sa pensée : l'instinct religieux lui rend la foi politique, et, sous

---

[1]. Procop., *Bell. Vand.*, I, 10, XI, 24; *Ædif.*, VI, 4. — Theophan., *Chronogr.*, p. 160.

[2]. Quidam Orientis episcopus alas et animos addidit imperatori, somnium sibi a Deo immissum asserens... Theophan., *Chronogr.*, p. 161.

[3]. Cum ipso enim militabo, et Libyæ dominum constituam. Theophan., *ibid.*

cette double illumination, il ouvre la série des rapides et brillantes campagnes où l'on vit Constantinople délivrer Rome et reconquérir Carthage. Le reste des projets qu'avait pu concevoir Justinien demandait plus que la vie d'un homme, et malheureusement il n'eut pas de successeur. On a dit, pour rabaisser sa gloire, qu'il devait ses victoires à ses généraux; mais l'idée et la direction de la guerre, à qui les dut-il sinon à lui-même? Son règne donna à l'empire quatre généraux comparables à ceux des beaux temps de Rome, Bélisaire, Narsès et les deux Germain : pareille bonne fortune n'arrive jamais qu'aux grands rois.

Les barbares de la Slavie et de la Hunnie, qui n'avaient point remué pendant tout le règne de Justin, reparurent dès qu'il fut mort, comme pour sonder le nouvel empereur. Choisissant toujours l'hiver pour franchir le Danube, ils s'élancèrent dans la petite Scythie, et déjà ils menaçaient la Thrace quand Germain les défit dans une grande bataille [1]. Trois ans après, ce fut le tour des Slovènes, que le maître des milices de Thrace, Khilbudius, rejeta sur la rive gauche du Danube, puis au delà des Carpathes, et il leur fit une rude guerre au milieu de leurs villages; mais il périt pendant une marche imprudente, où il se laissa envelopper. Khilbudius était Slave d'origine et excellent pour les guerres qui se faisaient sur le Danube; sa mort parut aux Barbares un vrai triomphe

---

1. Antæ Sclavenorum accolæ, transito Istro, in Romanorum fines cum magno exercitu irruperunt. Germanus recens ab Imperatore creatus magister militum totius Thraciæ, inito cum hostium copiis prælio, vi illas profligavit, et fere ad internecionem cecidit... Procop., *Bell. Goth.*, III, 40

et leur rendit toute leur audace [1]. Les Bulgares ne tardèrent pas à se remettre de la partie ; ce fut encore la même émulation de pillage et de cruautés. Un jour que les Bulgares battus par les Romains regagnaient à toute bride le Danube, les légions, revenant joyeuses à leur camp sans beaucoup d'ordre et de prudence, tombèrent dans une division bulgare que l'on supposait fort loin. Les Romains surpris commencèrent à se débander, et furent bientôt en pleine déroute. Au milieu de ce désordre, les cavaliers ennemis, pénétrant dans les rangs des fuyards, faisaient la chasse aux officiers, les enlevant avec leurs filets pour en avoir plus tard rançon. Ils jetèrent ainsi leurs lacs sur les trois commandants de l'armée romaine qu'ils réussirent à emmaillotter : c'étaient Constantius, Godilas et Acum [2]. Godilas, encore libre d'une main, trancha les mailles du filet avec son poignard et s'échappa ; les deux autres furent pris. Constantius se racheta au prix de mille pièces d'or ; mais Acum fut emmené en esclavage. Il était Hun, originaire des colonies mésiennes et converti au christianisme [3] : l'empereur lui-même l'avait tenu sur les fonts de baptême. Peut-être ces circonstances bien connues des Bulgares à cause du

---

1. Chilbudium imperator... militari Thraciæ magisterio ornatum, Istri fluminis custodiæ præfecit, atque operam dare jussit, ut amnis transitu Barbari in posterum prohiberentur. Post annos tres... duro certamine inito, Romani multi cecidere, atque in his militum magister Chilbudius. Procop., *Bell. Goth.*, III, 14.

2. Constantium, Acum et Godilam fugientes, soco velut reste interceperunt Godilas soco sicæ opera rescisso effugit, Constantius autem una cum Acum vivus comprehensus est. Theophan., *Chronogr.*, p. 184.

3. Acum patria Hunnus, quem e sacro fonte suscepit Imperator. Theophan., *ibid*.

grade élevé d'Acum attirèrent-elles sur lui un traitement plus rigoureux. Sept ans de tranquillité succédèrent à ces brigandages ; puis la guerre recommença en 538, mais plus sérieusement cette fois.

Les Barbares avaient bien choisi le moment pour tenter une attaque sur le nord de l'empire, dont toutes les troupes étaient engagées en Italie. Le sort même de Bélisaire, bloqué dans les murs de Rome, put sembler quelque temps compromis ; c'est ce qu'avaient pensé les Franks, qui de l'alliance des Romains venaient de passer à celle des Goths moyennant la cession de la province narbonnaise [1]. Présentant à tous les peuples germains la cause des Goths comme celle de la Germanie elle-même, ils les excitaient à prendre les armes, espérant créer une forte diversion du côté du Danube. Les Germains, à leur tour, ne manquèrent pas de stimuler les populations de race différente qui étaient voisines du fleuve. Ce fut probablement par suite de ces provocations que les Antes, les Bulgares et les Huns repassèrent leurs limites en 538. Ne trouvant point d'obstacles à leur marche, ils s'éparpillèrent dans toutes les directions. Trente-deux châteaux forcés en Illyrie, la Chersonèse de Thrace envahie, la côte de l'Asie Mineure dévastée par une bande qui franchit l'Hellespont entre Sestos et Abydos, furent les événements désastreux de cette guerre [2]. Une autre

---

[1] Procop., *Bell. Goth.*, I, 13.

[2] Ab Ionio sinu ad ipsa Bysantii suburbia, continenti cursu, omnia populati, Barbari castella in Illyrico xxxii ceperunt... Procop., *Bell. Pers.*, II, 4 ; *Ædific.*, IV, 11. — Marcellin. Com., *Chron.*, ad ann., 538. — Jorn., *Temp., Succ.* — Theophan., *Chronogr.*, p. 185.

bande qui s'avança jusqu'aux Thermopyles, trouvant le passage fermé d'une muraille, tourna le défilé par les sentiers de l'OEta, et, se jetant sur l'Achaïe, la ravagea jusqu'au golfe de Corinthe [1]. Comme une inondation se retire des ruines qu'elle a faites, les Barbares regagnèrent ensuite leur pays, repus de carnage, chargés de dépouilles, et maîtres de cent vingt mille prisonniers romains qui étaient pour eux un butin vivant [2].

Justinien désespéré reprit alors le grand travail de défense auquel il avait coopéré sous le règne de son oncle, et que d'autres besoins lui avaient fait suspendre. Il le reprit avec une activité que rien ne ralentit plus. Ce fut une œuvre prodigieuse qui embrassa non-seulement la rive droite du Danube et l'intérieur des provinces de Scythie, de Mésie, de Dardanie et de Thrace, mais, au delà du fleuve, tous les points importants de la rive gauche qui avaient été abandonnés depuis deux siècles. Singidon, Viminacium, Bononia, Ratiaria, Noves, en un mot toutes les grandes places de la Haute et de la Basse-Mésie sortirent de leurs ruines; toutes furent réparées, beaucoup furent agrandies : de simples châteaux devinrent des villes, des tours se transformèrent en citadelles, suivant les besoins de la situation. Sur la rive gauche, les forts de Constantin et de Maxence furent réoccupés, et la tour qui servait

---

1. Cum ad Thermopylas manum oppugnandis mœnibus admovissent, a custodibus fortissime repulsi, dum viarum anfractus explorant, præter opinionem invenere tramitem quo in montem illic eminentem evaditur. Procop., *Bell. Pers.*, II, 4.

2. Cum opulenta præda captivorumque centum ac viginti millibus domum, obsistente nemine, remigrarunt. Procop., *loc. cit.*

INFIDÉLITÉ DES GÉPIDES.

jadis de tête au pont de Trajan du côté des Barbares, relevée sous le nom de *tour Théodora*, domina de nouveau les gorges du fleuve [1]. La petite Scythie, route ordinaire des incursions nomades, reçut de nombreux ouvrages de défense, tant sur le fleuve que sur la mer. Il s'y trouvait de vieux châteaux démantelés dont les Slaves avaient fait leurs repaires [2] ; on en délogea ces brigands pour y replacer des garnisons romaines. Enfin dans l'intérieur du pays, entre le Danube et l'Hémus, Justinien fortifia tout ce qui était susceptible de l'être. Il fit construire aussi çà et là de grandes enceintes crénelées propres à recevoir, en cas d'invasion, les paysans avec leurs familles et leurs meubles.

Ces précautions salutaires n'étaient pas prises seulement contre les Huns et les Slaves; la crainte des Gépides y avait bien sa part. Ce peuple, longtemps à la solde de l'empire en qualité d'ami, resta fidèle à l'alliance romaine tant que les Goths, auxquels il servait de contre-poids, occupèrent la Pannonie. Quand ceux-ci eurent transporté leurs demeures en Italie, les Gépides voulurent s'emparer des plaines de la Save, mais ils rencontrèrent l'opposition des Romains, qui revendiquaient pour eux-mêmes la possession du pays. Ils s'en vengèrent alors par des hostilités tantôt sourdes,

---

1. Tum quoque Trajanus bina castella imposuit utrique fluminis ripæ; atque horum quidem alterum, quod in adverso est continente, *Theodoram*; alterum vero situm in Dacia, vocabulo.... utique latino, *Pontem* appellarunt... Procop., *Ædific.* IV, 6.

2. Arx vetus erat Ulmiton dicta, quæ quoniam Sclavenis barbaris grassatoribus diu sedem præbuerat, vacabat penitus, nec jam nisi nomen servabat : tota a fundamentis reædificata, orani illam ab incursibus et insidiis Sclavenorum liberam reddidit. Procop., *Ædific.*, IV, 7.

tantôt déclarées. Ce n'était pas, comme chez beaucoup de peuples germains, la violence franche et brutale qui caractérisait les relations des Gépides avec leurs voisins ; leur politique avait quelque chose de cauteleux et de sournois, qui semblait vouloir singer la politique byzantine. Tout en protestant de leur bonne foi, ils empiétaient chaque jour sur quelque portion des plaines de la Save ; ils se glissèrent même dans les murs de Sirmium, qu'ils refusèrent ensuite d'évacuer[1]. On connut bientôt aussi leur participation aux pillages des Slaves et leurs intrigues avec les Franks. Cette conduite inquiétait à bon droit le gouvernement impérial, qui, absorbé par la guerre d'Italie, sentait sa faiblesse sur le Danube. Pour se garantir de ce côté, Justinien fit descendre les Lombards du plateau de la Bohême, où ils étaient comme en observation, et leur abandonna, sur la rive droite du Danube, non-seulement l'ancien domaine des Ostrogoths en Pannonie, mais aussi la partie du Norique qu'avaient habité les Ruges avant leur passage au delà des Alpes. Il concéda ces territoires aux Lombards sous les conditions de sujétion politique et de service militaire attachées au titre de fédéré[2]. C'était une barrière vivante qu'il voulait placer entre les Gépides et lui. Anastase avait

---

1. Gapædes qui olim urbem Sirmium Daciamque omnem obtinuerant, ut primum Justinianus Augustus ditioni Gothicæ regionem illam eripuit, agentes ibi Romanos abduxerunt in servitutem, et continuenter progressi, vim vastitatemque imperio romano attulerunt. Procop., *Bell. Goth.*, III. 33.

2 Cum urbem Noricum et Pannoniæ munitiones aliaque loca Justinianus Langobardis donasset, eam illi ob causam, patriis sedibus relictis, in adversa Istri ripa consederant, haud procul a Gepædibus... Tanquam Romanis conjuncti fœdere... Procop., *Bell. Goth.*, *l. c.*.

fait la même chose en petit quelques années auparavant, en colonisant des Hérules dans les campagnes de Singidon [1]. Cet expédient, fort usité par le gouvernement romain, ne réussit qu'à demi cette fois, à cause du caractère des Lombards, réputés féroces et turbulents entre tous les Germains. Leur nouvelle position ne leur fit point démentir leur renommée : ce furent assurément de rudes voisins pour les Gépides, qu'ils étaient chargés de tourmenter, mais ils ne se montrèrent guère plus doux pour les provinces romaines qu'ils avaient promis de défendre. La vue de ces riches contrées exerça sur eux une dangereuse attraction, et Justinien fut bientôt obligé de s'interposer entre ses sujets et ses hôtes.

Toutefois son principal but se trouvait atteint. A force d'attaques, d'affronts, de provocations de toute sorte, Gépides et Lombards en vinrent à se haïr d'une de ces haines profondes, implacables, comme il n'en existe qu'entre voisins et parents. Leurs deux rois, Aldoïn, qui gouvernait les Lombards, et Thorisin, qui commandait aux Gépides [2], envenimaient encore la haine nationale par leur inimitié personnelle. Les choses allèrent à ce point, qu'en l'année 548 les deux peuples, résolus d'en finir par une guerre à outrance, s'envoyèrent réciproquement un défi dans la même forme que ceux des combats singuliers pratiqués entre guerriers germains [3]. Le lieu et le jour furent convenus pour une

---

1. Procop., *Bell. Goth.*, II, 14; III, 33.
2. Tunc temporis Thorisinus imperabat Gepædibus; Audoïnus Langobardis. Θορισίν, Αὐδουΐν. Procop., *Bell. Goth.*, III, 34.
3. Belli mutui vehementissima incensi cupidine, proruebant in pugnam, cui et certa dies præstituta est. *Id., ibid.*

bataille dans laquelle une des nations devait rester sur la place, et le jour fut choisi assez éloigné pour que chaque parti eût le loisir de mettre sur pied toutes ses forces et de se procurer des secours au dehors. Le plus puissant des alliés possibles, celui qui devait jeter le poids le plus lourd dans la balance des combats, c'était assurément l'empereur des Romains, et ce fut le premier auquel pensèrent les deux nations, chacune, il est vrai, à sa manière [1]. Les Lombards, malgré les reproches qu'ils avaient fréquemment encourus, se croyaient le droit de réclamer l'assistance directe de l'empire, tandis que les Gépides bornaient leurs prétentions à obtenir sa neutralité. Chaque peuple se hâta d'envoyer une ambassade à Constantinople, dans l'intention de prévenir son ennemi et de présenter d'abord sa cause sous le jour le plus favorable. L'empressement fut tel, en effet, que les deux ambassades, arrivées en même temps dans la ville impériale, se trouvèrent avoir demandé audience pour le même jour. Justinien décida qu'il les entendrait séparément et à des jours différents [2], mais la première audience fut pour les Lombards. Admis près du trône où l'empereur siégeait au milieu de sa cour, le chef des envoyés d'Aldoïn récita ce discours préparé que l'histoire contemporaine a recueilli :

« Nous ne saurions assez admirer, ô Romains, la stupide insolence des Gépides, qui, après tant de mal

---

[1]. Utrique ab illo (Imperatore) auxilium magnopere exspectabant. Procop., *Bell. Goth.*, iii, 34.

[2]. Utrosque audire statuit Justinianus, non in unum coactos cœtum, at separate admissos. *Id., loc. laud.*

fait à votre empire, viennent vous proposer de lui en faire encore davantage. C'est avoir une étrange idée de la facilité de ses voisins que de leur demander assistance lorsqu'on les a indignement offensés [1]. Réfléchissez seulement à ce qu'est l'amitié des Gépides ; ce sera le meilleur moyen de vous guider vous-mêmes. Si ce peuple ne s'était montré perfide qu'envers quelque nation lointaine et peu connue, nous aurions besoin de beaucoup de paroles et de temps pour vous peindre ses habitudes et sa nature, et il nous faudrait recourir à des témoignages étrangers ; mais, ô Romains, nous n'invoquerons ici de témoignage que le vôtre : c'est vous qui nous fournirez un exemple, et un exemple récent [2].

« A l'époque où les Goths tenaient encore la Pannonie, les Gépides se renfermaient prudemment dans leurs limites ; on ne les voyait point mettre le pied sur la rive droite du Danube, tant l'épée des Goths leur faisait peur. Oh ! dans ce temps-là ils étaient les fédérés, les bons amis du peuple romain ; tes devanciers, ô empereur, leur envoyèrent beaucoup d'argent, et toi-même tu as été magnifique à leur égard [3]. Sans doute

---

1. Vehementer miramur, Imperator, absurdam Gepædum insolentiam qui, post tot tantasque injurias vestro illatas a se imperio, nunc etiam dedecus gravissimum vobis imposituri accedunt. Nam licentiam in vicinos extrema plenam indignitate ii solum exercent, qui illos arbitrati captu admodum faciles esse, eorumque bonitate, quos inique violaverunt, abusi, ipsos adeunt. Procop., *Bell. Goth.*, III, 34.

2. Ac si Gepædes perfidiam uni alii cuipiam genti exhibuissent : nobis... longa oratione, multo tempore, externisque testimoniis opus esset ; jam vero vos ipsi exemplum præbetis recens. *Id., ibid.*

3. Tunc fœderati et amicissimi Romanorum, amicitiæ nomine, cum ab Imperatoribus fato functis congiaria annis singulis plurima, tum a te æque munifico acceperunt. Procop., *l. c.*

qu'ils payaient vos bienfaits par de grands services? Par aucun, ni grand ni petit. Il est vrai qu'ils ne vous faisaient point de mal; mais comment vous en auraient-ils fait? Vous aviez renoncé à vos anciens droits sur le territoire qu'ils habitent à la gauche du Danube, et les Goths les contenaient sur la rive droite! C'est un beau service en vérité que celui qui provient de l'impuissance de nuire, et on peut fonder dessus une amitié bien solide [1]!

« Maintenant voilà les Goths chassés de toute la Pannonie, et vous, Romains, embarqués dans des guerres lointaines, vous envoyez vos armées aux extrémités de l'univers. Que font les Gépides? Ils vous attaquent, ils vous pillent, ils envahissent votre province. Les paroles nous manquent pour qualifier une pareille scélératesse, qui n'attente pas seulement à la majesté de votre empire, mais qui viole les lois les plus saintes de l'amitié et les stipulations de votre alliance [2]. O empereur, les Gépides t'enlèvent Sirmium, ils traînent les habitants romains en servitude, ils se vantent de dominer bientôt la Pannonie tout entière! Comment donc ont-ils gagné les terres dont ils sont maîtres? Est-ce par des victoires remportées pour vous, ou avec vous, ou contre vous? Au prix de

---

[1]. Quis gratum unquam appellet animum, nocendi impotentiam? Et quæ stabilitas amicitiæ in mero defectu virium ad peccandum? Procop., *Bell. Goth.*, III, 34.

[2]. Ecce enim, ut primum Gepædes, pulsos ex omni Dacia Gothos, ac vos bello impeditos viderunt, ausi sunt scelesti undique ditionem vestram invadere : cujus rei indignitatem quis possit verbis consequi? An non romanum imperium spreverunt? An non fœderis ac societatis leges violarunt?... Nonne in majestatem rebellarunt? *Id., ibid.*

quelle bataille ce pays leur est-il tombé dans les mains? C'est peut-être comme un supplément aux subsides que vous leur avez si longtemps payés pour être vos amis[1].

« Non, depuis qu'il existe des hommes, on n'a rien vu de plus impudent que l'ambassade qu'ils t'adressent, ô empereur[2] ! Sachant que nous leur préparons une rude guerre, ils accourent près de toi; ils se présenteront devant ton trône, et ils pousseront peut-être l'insolence jusqu'à te demander des secours contre nous qui sommes tes fidèles. Peut-être au contraire t'offriront-ils la restitution de ce qu'ils t'ont volé; dans ce cas, fais honneur de leur bon sens tardif et de leur repentir aux épées des Lombards prêtes à sortir du fourreau, et daigne nous en remercier[3]. De deux choses l'une : ou bien ils viennent te confesser leur repentir, et alors songe que ce repentir est forcé, ou bien, gardant ce qu'ils t'ont pris, ils viennent te demander encore davantage, et comprends qu'ils te font la dernière insulte que l'on puisse adresser à un homme.

« Nous te parlons là dans notre simplicité de barbares, rudement et sans l'éloquence que mériteraient de si grandes choses. Tu ajouteras à nos paroles ce qui leur manque, pesant dans ta sagesse les intérêts des Romains et ceux des Lombards. Tu songeras surtout

1. In cujus pugnæ præmium illis ea regio cessit? Idque postquam a vobis crebra stipendia, ut jam ante, a tempore nescimus quo, pecuniam... acceperunt. Procop., *Bell. Goth.*, III, 34.
2. Hac porro ipsorum legatione nihil iniquius post homines natos susceptum est. *Id., ut sup.*
3. Quod si eo consilio venerunt, ut injuste occupata restituant; est profecto cur Romani præcipuam ejusmodi pœnitentiæ et sanioris consilii causam adscribant Langobardis, quorùm metu illi compulsi, sero tandem, invite licet, resipiscunt. *Id., ibid.*

à ceci : c'est qu'il est naturel que nous, Lombards et Romains, qui professons également le culte catholique, nous restions unis contre les Gépides, qui sont ariens, et par-là encore nos ennemis [1]. »

Après ce discours, qui peut donner une idée de l'éloquence germanique au vi[e] siècle, les ambassadeurs des Lombards furent congédiés, et ceux des Gépides ayant été introduits le lendemain, Justinien entendit la contre-partie de ce qu'il avait entendu la veille. Si le message des Lombards, rude, acerbe, mais adroit dans sa rusticité, avait eu pour but de piquer d'honneur les Romains et d'aiguillonner leurs rancunes, celui des Gépides, non moins adroit dans sa feinte modération, fut calculé pour mettre en contraste leur esprit de soumission et de paix avec l'orgueil sauvage de leurs rivaux. « Les Gépides, en adressant cette ambassade à l'empereur des Romains, venaient demander un juge plutôt qu'un allié, et il fallait bien qu'ils eussent été attaqués injustement, puisqu'ils cherchaient un arbitre : le provocateur d'une querelle se conduirait-il ainsi? Personne au reste ne s'aviserait d'attribuer une pareille démarche à la peur : on savait trop bien qu'en nombre comme en vaillance le Gépide était autre chose que le Lombard [2]. Si donc le premier invoquait dans la circonstance présente l'amitié de l'empereur, c'était par déférence et respect, et aussi

---

1. Adjuncta hac aliis omnibus cogitatione, Romanos jure cœituros nobiscum, qui de Deo sentimus cum ipsis eadem, et Arianis vel eo nomine adversaturos. Procop., *Bell. Goth.*, III, 34.

2. Gepædes et numero et fortitudine Langobardis longe præstare.. Procop., *ub. sup.*

pour lui offrir sa part d'un triomphe assuré. » — « O César, dirent encore les envoyés de Thorisin, les Lombards sont pour toi des amis d'hier : les Gépides sont de vieux alliés éprouvés par le temps. Les Lombards n'ont pour eux qu'une audace insensée qui les porte à se ruer sur tout ce qui les approche ; les Gépides sont sages et puissants [1]. Vingt fois nous avons voulu te soumettre nos griefs, les Lombards s'y sont opposés, et maintenant qu'ils ont amené la guerre au point où ils voulaient, inquiets de leur faiblesse, ils espèrent t'armer contre tes amis. Ces voleurs prétendent qu'ils nous attaquent parce que nous occupons Sirmium, comme si les terres et les villes manquaient à ton empire, comme si tu n'avais pas tant de provinces dans le monde que tu cherches des peuples pour les habiter [2]. Nous-mêmes, nous aimons à le proclamer : le pays que nous possédons, nous le devons à la générosité des Romains. Or, le bienfaiteur doit appui et protection à celui qu'il a gratifié. Octroie-nous donc ton assistance contre les Lombards, ô empereur ! ou du moins reste neutre entre eux et nous : ce faisant, tu aviseras convenablement aux intérêts de ton peuple, et tu obéiras à la justice [3]. »

1. Id etiam attendere convenit, recentem esse Langobardorum amicitiam cum Romanis ; Gepædibus societatem familiaritatemque vobiscum veterem intercedere... Langobardi... inconsideratæ pleni audaciæ. Procop., Bell. Goth., III, 34.
2. Vos adeunt, idque agunt, ut pro ipsis Romani contra quam fas est, bellum suscipiant; cujus causam ex Sirmio aliisque nonnullis Daciæ locis in nos conflatam fures hi proferunt... Atqui tot urbes adhuc totque provinciæ supersunt imperio tuo, ut nationes quæras... Id., loc. laud.
3. Rogamus ut pro sociali jure Langobardos nobiscum viribus omnibus invadatis : vel certe a neutra stetis parte : quo suscepto consilio, rem æquam ac romano imperio convenientissimam facietis. Id., ibid.

Justinien délibéra longtemps en lui-même et avec son conseil sur ce qu'il convenait de faire dans la circonstance. Se mêlerait-on de la querelle ou laisserait-on les deux champions s'entre-détruire tout à leur aise, sans favoriser ni l'un ni l'autre? Si l'on se décidait à intervenir, il fallait évidemment assister les Lombards. D'excellentes raisons plaidaient pour chacun des deux partis, car, si d'un côté les Romains devaient désirer le prompt anéantissement des Gépides, d'un autre côté il y avait péril pour eux à fortifier outre mesure ces Lombards, d'une amitié déjà si incommode. Tout bien considéré, on éconduisit les premiers, et on promit aux seconds un secours de dix mille cavaliers romains et de quinze cents Hérules auxiliaires, sauf à examiner quand et comment la promesse serait remplie [1]. Un incident qui suivit de près la double ambassade fit reconnaître à Justinien qu'il avait pris le plus sage parti, et que l'apparente humilité des Gépides n'était qu'un leurre pour endormir sa prévoyance.

Dans cette grande presqu'île qui termine la Mer-Noire au nord et la sépare des Palus-Méotides, presqu'île appelée autrefois Cimmérienne et maintenant Crimée, habitait le peuple des Goths Tétraxites, humble débris du vaste empire d'Ermanaric [2]. Quand cet empire tomba, en 375, sous les coups des Huns de Balamir, des Goths fugitifs vinrent chercher la liberté dans

---

1. Quos (Gepædes) Justinianus Augustus post longam deliberationem remisit irritos, ac jurato cum Langobardis fœdere... Procop., *Bell. Goth.*, III, 34.

2. Gothi Tetraxitæ. — Γότθοι οἱ Τετραξῖται καλούμενοι. Procop., *Bell. Goth.*, IV, 4.

le groupe de montagnes qui couronne la péninsule au midi, et qui portait encore au vɪᵉ siècle de notre ère l'antique dénomination gauloise de *Dor* ou *Tor*, c'est-à-dire de *haut pays* [1]. Ils y occupaient des vallées fertiles et bien arrosées, propres au labourage ainsi qu'à l'éducation des troupeaux, et avec le temps ils formèrent un petit peuple aussi connu par ses mœurs hospitalières et pacifiques que par sa bravoure quand il était provoqué. On ne trouvait chez lui ni villes ni fortifications d'aucune sorte, ces fils des vieux Germains ayant conservé religieusement l'aversion de leurs ancêtres pour les murailles et les clôtures, qu'ils regardaient comme des prisons. Leur petite république, aussi sage que guerrière, se maintenait presque toujours en paix, malgré le voisinage des Huns outigours, établis dans le nord de la presqu'île et dans les steppes à l'est du Bosphore cimmérien, et celui des Huns coutrigours, qui possédaient le pays à l'ouest des Palus-Méotides, tant ces tribus indomptables avaient appris à respecter le bouclier quadrangulaire et la longue épée des Goths Tétraxites [2]. Les villes romaines qui bordaient la côte

---

1. *Dory* maritima regio, ubi ab antiquo Gothi habitant. Procop., *Ædif.*, ɪɪɪ, 7. — C'est de là que la partie méridionale de la péninsule cimmérienne avait reçu dans les fables grecques le nom de Tauride. Les noms où entre le radical *dor* sont très-fréquents dans les pays habités autrefois par les races gauloises, témoin les *Tauriskes*, les *Taurini* et les nombreux monts *Dor*, *d'Or* et *Tor* qui existent en Gaule et dans les Alpes, soit orientales, soit occidentales. On sait d'ailleurs que les Cimmériens (Kimri) furent une des souches d'où sortirent les nations gauloises. Voir mon *Hist. des Gaulois*, t. I. Introd.

2. Ac primo quidem Gothi muniti clypæis stetere contra, ut impetum prohiberent, cum suis viribus tum loci firmitate freti : nam et Barbarorum qui in illis partibus degunt ipsi fortissimi sunt. Procop., *Bell. Goth.*, ɪᴠ. 5.

méridionale, où se faisait un grand commerce, Cherson, Sébastopol, Théodosie et Bosphore, gardiennes du détroit, trouvaient dans la petite république gothique une honnête et utile alliée, et un échange mutuel de bons offices faisait que cette alliance n'éprouvait jamais de mécomptes. Les Goths Tétraxites étaient chrétiens. De quelle église? Appartenaient-ils à celle qui admettait le symbole de Nicée et la consubstantialité des deux premières personnes divines dans le mystère de la sainte Trinité, ou bien partageaient-ils les erreurs d'Arius avec les autres nations de leur sang disséminées en Europe? On l'ignorait à Constantinople, et ils ne le savaient pas eux-mêmes, si nous en devons croire un contemporain : rudes et ignorants en doctrine, mais bons chrétiens dans la naïveté de leur foi[1]. Or leur évêque venait de mourir, et ils se demandaient avec inquiétude comment ils pourraient s'en procurer un autre, quand le bruit se répandit que les Abasges, peuple du Caucase nouvellement converti au christianisme, en avaient reçu un de Constantinople[2]. Ce fut pour eux un trait de lumière, et une députation partit sans perdre de temps pour aller solliciter du grand empereur des Romains l'octroi d'un évêque à ses fidèles amis les Goths Tétraxites[3].

Ces gens simples, admis à l'audience de Justinien,

---

[1]. An vero Arii sectam Gothi isti, quemadmodum cæteræ gentes Gothicæ, aliamve secuti unquam fuerint, affirmare nequeo; quando nec ipsi id sciunt, sed jam pietate admodum credula simplicique religionem colunt. Procop., *Bell. Goth.*, IV, 4.

[2]. Audierant destinatum ab Imperatore fuisse præsulem ad Abasgos. *Id., ibid.*

[3]. Rogantes ut Antistite suo recens mortuo aliquem sibi episcopum daret. *Id., loc. cit.*

exposèrent en peu de mots l'objet de leur voyage, et l'évêque qu'ils demandaient leur fut gracieusement promis. Ils semblèrent ensuite vouloir reprendre la parole comme s'ils avaient quelque chose d'important à ajouter; mais, en promenant leurs regards sur le cortége nombreux et brillant dont le prince aimait à s'entourer, ils s'arrêtèrent tout interdits. L'empereur, qui vit leur trouble, les invita à une autre conférence, secrète et intime cette fois. Les honnêtes ambassadeurs avaient voulu payer leur bien-venue à l'empereur et à l'empire en révélant certaines choses qui intéressaient grandement la politique romaine, et comme il s'agissait des Huns leurs voisins, ces Goths avaient craint d'amener, en parlant devant tant de monde, des indiscrétions dont ils auraient plus tard à se repentir[1]. Ouvrant alors leur cœur librement, ils peignirent à Justinien l'état des Coutrigours et des Outigours, leurs agitations intérieures, leur soif de l'or et les rivalités de leurs chefs, et firent sentir combien il serait facile et utile à l'empire romain de jeter la division parmi ces barbares, afin de les empêcher de se réunir contre lui[2]. Justinien se croyait sûr des Coutrigours, qui touchaient de sa munificence une gratification annuelle, et il n'apprit pas sans dépit que ces faux alliés avaient promis d'assister les Gépides dans leur campagne contre les Lombards, et que le marché se concluait à l'époque même

---

1. Cum Hunnos Uturguros hi legati metuerent, palam quidem ac multis audientibus, legationis causam exponentes, de præsule tantum mentionem fecerunt Imperatori. Procop., *Bell. Goth.*, IV, 4.

2. At in arcano intimoque colloquio, utilitates omnes declaraverunt quas imperium romanum capturum esset, si discordia inter vicinos sibi barbaros aleretur. Procop., *ibid.*

où les ambassadeurs de Thorisin sollicitaient si modestement sa neutralité. Les Goths Tétraxites ne se bornèrent point à des révélations : ils offrirent les bons offices de leur république contre les Coutrigours dans la guerre, qui pouvait éclater au gré des Romains; après quoi ils se retirèrent.

Le conseil fut trouvé bon, et tandis que les ambassadeurs goths regagnaient leurs montagnes de Tauride, des émissaires intelligents partirent de Constantinople pour les steppes où campaient les Outigours, au delà du Caucase. Cette horde avait alors pour roi un certain Sandilkh[1], personnage envieux et cupide, chez qui la bassesse le disputait à la vanité. La seule idée que les Romains le dédaignaient, tandis que leurs caresses ainsi que leur argent allaient chercher le roi des Coutrigours, qui ne le valait pas, faisait sécher Sandilkh de colère, et dans ses retours amers sur lui-même il ne savait ce qu'il devait le plus haïr du rival heureux qui l'effaçait, ou de l'empereur Justinien, si mauvais juge du mérite. A la vue des émissaires romains arrivés dans son camp, son front s'épanouit, et il songea à prendre sa revanche. Les propositions qu'apportaient ceux-ci étaient nettes et sans ambages : ils offraient au chef des Outigours la subvention qu'avait touchée jusqu'alors celui des Coutrigours, à la condition que le premier se constituerait le gardien du second, et que chaque fois que les Coutrigours enverraient quelque expédition du côté du Danube, Sandilkh en ferait une dans leurs campements, qu'il traiterait de façon à

---

1. On trouve ce nom sous les formes Σανδίλχος, Σανδίχλος et Σανδίλ.

ramener les troupes coutrigoures sur leurs pas ; autrement il ne ménagerait rien pour les châtier [1]. Ces propositions fort claires, comme on voit, parurent d'abord révolter Sandilkh. Du ton d'un homme longtemps méconnu et qui sent qu'on a besoin de lui, il s'écria avec emphase : « Vous êtes vraiment injustes, ô Romains, quand vous exigez que j'extermine des compatriotes et des frères, car sachez que non-seulement les Coutrigours parlent la même langue que nous, s'habillent comme nous, ont les mêmes mœurs et les mêmes lois, mais qu'ils sont du même sang que les Outigours, quoique les deux peuples soient gouvernés par des chefs différents [2]. Voici cependant ce que je puis faire pour rendre service à votre empereur. J'irai surprendre les campements des Coutrigours, et je ferai main-basse sur leurs chevaux que j'emmènerai avec moi. Il en résultera que vos ennemis, n'ayant plus de montures, ne pourront de longtemps vous faire la guerre, et alors vous dormirez en paix [3]. » Les envoyés romains auraient pu rire de l'offre de Sandilkh, si elle n'eût eu par trop l'air d'une moquerie insolente ; mais ils sentirent l'intention, et l'un deux, retournant dans le cœur du barbare l'aiguillon de la jalousie, lui

1. Proponebat Imperator per legatos, si Cotraguros debellasset, ad ipsum annuas pecuniarum præstationes quæ quotannis illis pendebantur, redituras esse. Menand., *Exc. leg.*, p. 133.
2. Minime sibi pium aut decens fore, omnes suos contribules ad internecionem usque delere... Quippe qui, inquiebat, non solum eadem lingua, atque nos utuntur, eadem habitatione, eodem vestitu, atque eadem vivendi ratione, sed etiam sunt nostri consanguinei, quamvis aliis ducibus pareant. *Id., ibid.*
3. Equos Cotraguris adimam et hos mihi vindicabo proprios ne habeant quibus vecti et insidentes Romanis noceant. *Id., ub. sup.*

demanda ironiquement si ses compatriotes et frères les Coutrigours, dont il montrait tant de souci, partageaient avec lui l'argent que les Romains leur donnaient, et si lui-même comptait sur une part de leur butin quand ils viendraient piller les terres de l'empire[1]. Le coup portait juste : Sandilkh, hors de lui, jeta le masque, reçut les présents, et jura de faire aveuglément tout ce qu'on lui commandait.

Tandis que les deux politiques gépide et romaine travaillaient ainsi par des mines et des contre-mines les barbares de la Mer-Noire et les tiraillaient en sens contraire, le jour fixé pour le grand duel des Gépides et des Lombards arriva. Les champions se trouvèrent pris au dépourvu, les secours qu'ils attendaient de part et d'autre leur ayant fait défaut; toutefois le point d'honneur germanique n'en exigeait pas moins qu'ils répondissent à un engagement si solennel. Leurs armées se rendirent donc sur le terrain; mais, à peine en présence, elles tournèrent le dos et s'enfuirent à toutes jambes chacune de son côté, comme frappées d'une terreur panique[2]. Les deux rois assistaient à cette étrange déroute sans pouvoir l'arrêter. En vain Thorisin, qui crut avoir l'avantage, se jetait au-devant de ses Gépides, les menaçant et les suppliant tour à tour; en vain Aldoïn, confiant dans sa force, criait à ses Lombards de demeurer : le champ de bataille fut vide en un moment; il n'y restait que les deux rois seuls

---

1. Uturguros autem nihil inde lucri capere, et cum in prædæ partem non vocentur a Cuturguris...Procop., Bell. Goth., IV, 18.

2. Jam erant in propinquo acies, non tamen in conspectu, cum terror panicus, de repente ipsis injectus, omnes temere retro fugere compulit. Procop., Bell. Goth., l. c.

ou presque seuls[1]. Force leur fut de reconnaître dans cet événement un arrêt du ciel qui mettait leur honneur à couvert, et sous l'impression involontaire de la frayeur qu'ils ressentaient eux-mêmes, ils conclurent une trêve de deux ans, pendant lesquels ils comptaient arranger leurs différends à l'amiable, ou prendre mieux leurs mesures pour les trancher armes en main [2].

1. Solis principibus cum paucis admodum remanentibus. Procop., *Bell. Goth.*, IV, 18.
2. Et nos, dixerunt, in Dei sententiam concedamus, bellum dirimentes. *Id., ub. sup.*

CHAPITRE CINQUIÈME

Rupture de la trêve entre les Gépides et les Lombards. — Kinialkh amène aux Gépides une armée de Huns coutrigours ; ceux-ci s'en débarrassent en les jetant sur la Mésie. — Lettre de Justinien à Sandilkh. — Les Huns outigours grossis des Goths Tétraxites attaquent les Coutrigours. — Horrible massacre ; des prisonniers romains rompent leurs fers et se sauvent en Mésie. — Kinialkh marche au secours de son pays. — Deux mille Coutrigours obtiennent des terres en Thrace. — Lettre de Sandilkh à Justinien. — Fin du duel des Gépides et des Lombards : les Lombards vainqueurs accusent Justinien de leur avoir manqué de foi. — Vieillesse de Justinien ; son gouvernement décline. — Désorganisation de l'armée romaine ; corruption des magistrats. — La peste et les tremblements de terre désolent l'empire. — Nouvelle guerre des Huns coutrigours, des Slaves et des Bulgares sous la conduite de Zabergan. — Trois armées envahissent la Thessalie, la Chersonèse de Thrace et le territoire de Constantinople. — Terreur des Romains ; faiblesse de la milice palatine. — Le vieux Bélisaire défend Constantinople avec une poignée d'hommes. — Sa tactique prudente devant l'ennemi. — Embuscade qu'il dresse à Zabergan ; les Huns sont mis en déroute. — Bélisaire vainqueur est privé de son commandement par Justinien. — Mauvais succès des deux autres armées hunniques. — Belle défense de la Chersonèse de Thrace par Germain ; combat naval ; mort de ce général. — Zabergan repasse le Danube. — La guerre recommence entre les Coutrigours et les Outigours ; arrivée des Avars qui les pacifient en les asservissant.

548 — 560.

La réconciliation fut de courte durée, et bientôt Gépides et Lombards ne songèrent plus qu'à leurs préparatifs de guerre. Les Gépides devaient recevoir des Coutrigours, à un jour fixé, un secours de douze mille cavaliers d'élite, mais il y avait encore une année à passer avant l'expiration de la trêve quand le secours arriva, conduit par un chef de grand renom appelé Kinialkh [1]. Cet incident troubla fort le roi Thorisin [2]; que ferait-il de ses hôtes en attendant la guerre? Les renvoyer chez eux, ce serait les mécontenter et s'en priver peut-être pour une autre fois : en tout cas, fallait-il les payer d'avance. Les recevoir en Gépidie, les héberger, les nourrir toute une année et encourir les inconvénients inséparables d'une pareille hospitalité, c'était un autre parti presque aussi dangereux que le premier. Thorisin était en proie à ces incertitudes, quand une idée lumineuse traversa son esprit. Montrant à Kinialkh les grasses campagnes de la Mésie qui s'étendaient en amphithéâtre sur la rive droite du Danube, il lui proposa de l'y transporter avec tout son monde, qui trouverait là du butin et des vivres en abondance, ce qu'ils n'auraient pas chez les Gépides [3]. Kinialkh ébahi agréa la proposition, et les douze mille cavaliers coutrigours, après avoir franchi sans encombre le Danube et ensuite la Save, pénétrèrent au cœur de la Mésie, hors de l'atteinte des postes romains qu'ils avaient tournés [4]. Justinien, averti de ces faits, fit expédier sur-le-champ au roi Sandilkh une dépêche ainsi conçue :

1. Confestim illi armatorum miserunt duodecim millia, quibus præter alios imperabat Chinialchus, vir bellica laude clarissimus. Procop., *Bell. Got.*, IV, 18. — Χινίαλχος, Χινίαλος.

2. Gepædes præcipitem adventum horum barbarorum graviter ferentes, quod certaminis tempus nondum appeteret, sed annus adhuc superesset pactis induciis... Procop., *ibid.*

3. Persuaserunt ut, hoc interim spatio, oras incursarent ditionis imperatoriæ. *Id.*, *ub. sup.*

4. Quoniam acribus Romanorum custodiis in Illyrico et Thracia claudebatur Istri fluminis transitus. *Id.*, *loc. cit.*

« Si, connaissant ce qui se passe et pouvant agir, tu restes tranquille chez toi, nous admirons ta perfidie non moins que l'erreur où nous sommes tombé le jour où nous te donnâmes la préférence sur ton rival le roi des Coutrigours [1]. Si au contraire tu ignores ce qui se passe, tu es excusable, mais nous attendons pour le croire que tu te sois mis en devoir d'agir. Les Coutrigours viennent chez nous, moins pour ravager nos États (ce qu'ils ne feront pas longtemps) que pour nous prouver qu'ils valent mieux que les Outigours [2]. Nous leur avons remis l'argent que nous te destinions; avise maintenant au moyen de le leur reprendre [3]. Écoute, Sandilkh : si après un tel affront tu n'es pas bientôt vengé, c'est que tu ne le peux ou ne l'oses pas, et nous alors, changeant de conduite, nous reviendrons à ceux que tu crains, et auxquels, en ami, nous te conseillerons de te soumettre. Nous serions fou de vouloir partager l'humiliation du faible quand il ne tient qu'à nous d'avoir l'alliance du fort [4]. »

La dépêche de la chancellerie impériale fit bondir de colère l'orgueilleux Sandilkh, qui, pour bien prouver qu'il savait gagner son argent quand il le voulait, se

---

[1]. Siquidem non ignarus eorum quæ Cutriguri in nos tentarunt, tu interim sponte quiescis, merito certe miror tuam perfidiam., Agath., Hist., v, p. 170.

[2]. Advenerunt enim huc, non eo animo et studio ut meas ditiones vastent... sed rebus ipsis declaraturi quod, ipsis ut præstantioribus fortioribusque contemptis, decepti simus, cum tibi confidere maluerimus. Id., ibid.

[3]. Aurum omne quantum tibi quotannis mercedis causa largiri consuevimus, ipsi abstulerunt. Id., ibid.

[4]. Dementiæ enim fuerit, una cum victis in societatem ignominiæ venire, cum liceat victoribus adjungi. Agath., v, p. 171.

mit en route avec toute son armée pour le campement des Coutrigours. Les Goths Tétraxites, qui avaient le mot, l'attendaient avec un contingent de deux mille fantassins bien armés au passage du Tanaïs, et se joignirent à lui [1]. Les Coutrigours, quoique pris à l'improviste et privés d'ailleurs de leur meilleure cavalerie, envoyée sur le Danube, firent bonne contenance et marchèrent au-devant de Sandilkh; mais la fortune leur fut contraire. Un grand massacre suivit leur défaite; leur camp fut pillé, leurs femmes enlevées, leurs enfants traînés en servitude [2], l'épée des Goths Tétraxites et la flèche des Huns outigours rivalisèrent à qui mieux mieux pour le service des Romains. Il y avait dans le camp saccagé plusieurs milliers de captifs mésiens ou thraces [3] que les Coutrigours détenaient pour en tirer rançon. Ils étaient étroitement gardés et chargés de fers. Le tumulte de la bataille ayant dispersé leurs gardes, ces captifs brisèrent leurs fers et se cachèrent, puis des chevaux qui leur tombèrent sous la main leur permirent de fuir. Arrivés avec toute la précipitation de la crainte et de l'espérance au bord du Danube [4], ils y racontèrent les événements dont ils venaient d'être témoins.

Kinialkh cependant manœuvrait dans les plaines de la Mésie contre Aratius, qui cherchait à le cerner, mais

---

1. Gothorum Tetraxitarum adjunctis sibi duodecim millibus (Uturguri) fluvium Tanaïm cum omnibus copiis trajecere. Procop., *Bell. Goth*, IV, 18.
2. Uturguri, versis in fugam hostibus, ingentem fecere stragem... captis uxoribus, liberisque... Procop., *l. cit.*
3. Quorum numerus ad multas myriadas. Procop., *Bell. Goth.*, IV, 19.
4. Ejus pugnæ beneficio latentes, inde fuga celeri in patriam redierunt. *Id., ibid.*

le cherchait assez mollement, se souciant peu de compromettre sa petite armée, et comptant sur un dénoûment pacifique au moyen des nouvelles qu'on attendait des campagnes du Don. Sitôt que ces nouvelles arrivèrent, l'empereur les lui fit tenir avec ordre de les communiquer à Kinialkh. On devine aisément quel en fut l'effet : Kinialkh et ses cavaliers n'eurent plus qu'un désir, aller défendre ou venger leurs familles ; ils n'eurent plus qu'un cri de colère contre les infâmes Outigours, leurs frères dénaturés. Aratius profita de ces bonnes dispositions pour négocier avec eux leur retraite, et ils s'engagèrent à ne toucher à la tête ni à la propriété d'aucun Romain, si on ne les inquiétait point, jurant en outre de ne plus porter les armes contre l'empereur [1]. Kinialkh dit alors adieu aux Gépides, qui virent s'envoler avec lui tout espoir de secours contre les Lombards. A quelque temps de là, une bande de deux mille Coutrigours, femmes, enfants, guerriers, échappés aux flèches de Sandilkh, vint ranger ses chariots en face du Danube [2]. Elle demandait avec instance la permission de passer le fleuve et quelque coin de terre à cultiver dans les provinces romaines. Le chef qui la conduisait, nommé Sinio, avait servi sous Bélisaire en Afrique [3], et réclamait cette faveur comme prix de son sang versé pour l'empire : Justinien

---

[1]. Nullam se posthac facturos cædem, neminem abducturos captivum, neque aliud detrimenti importaturos; sed abcessuros ita ut se regionis illius incolis amicos præstarent... ac post suum reditum datam Romanis fidem usque servarent... Procop., *Bell. Goth.*, IV, 19.

[2]. Duo millia cum liberis atque uxoribus. Procop., *loc. cit.*

[3]. Sinio qui jampridem in Africa Belisario adversus Gelimerem et Vandalos militaverat. *Id., ibid.*

accorda tout, et Sinio fut interné ainsi que sa bande dans un canton de la Thrace qui manquait d'habitants [1].

Tout allait bien jusque-là : l'orage qu'on avait pu craindre du côté du nord se trouvait dissipé, et les Gépides, dans leur isolement, n'étaient plus en face des Lombards un ennemi assez redoutable pour que l'empire eût besoin de se mêler de leurs querelles ; mais la politique à double visage a ses déboires et ses retours quelquefois amers. Peu de mois après le départ de Kinialkh et l'admission de Sinio en Thrace, l'empereur reçut un message de Sandilkh. Ce message n'était point écrit, car les Huns n'avaient aucune connaissance de l'alphabet, suivant la remarque d'un historien du temps, et leur oreille ne saisissait pas même la valeur des lettres : leurs envoyés apprenaient par cœur les missives dont ils étaient chargés, et les récitaient ensuite mot pour mot à celui ou ceux qu'elles concernaient [2]. C'est ainsi que la chose se passa vis-à-vis de Justinien. Admis à l'audience impériale, l'ambassadeur outigour, représentant et truchement du roi Sandilkh, s'exprima en ces termes :

« J'ai appris dans mon enfance un proverbe dont on vantait la sagesse et qui m'est resté dans la mémoire. Le voici, s'il m'en souvient bien : « Le loup, animal féroce, changera peut-être son poil ; mais ses instincts,

---

[1]. Ipsos Justinianus benignissime accepit et in Thracia considere jussit. Procop., *Bell. Goth.*, IV, 19.

[2]. Quippe Hunni etiam nunc rudes plane sunt litterarum quas ne auribus quidem admittunt : quare omnia regis sui mandata more barbarico memoriter relaturi erant legati, *Id., ibid.*

il ne les changera jamais, parce que la nature ne lui a pas donné le pouvoir de s'amender[1]. » Tel est le proverbe que moi, Sandilkh, j'ai appris de la bouche des vieillards, qui m'enseignaient par là indirectement comment il faut juger les hommes. Je tiens également cette autre chose de l'expérience, laquelle est bien naturelle à un barbare comme moi, vivant au milieu des champs[2]. Les bergers prennent des chiens qui tettent encore, ils les élèvent, les nourrissent soigneusement dans leurs maisons, et l'on voit en retour les chiens, devenus grands, s'attacher par reconnaissance à la main qui les a nourris. Si les bergers agissent ainsi à l'égard des chiens, c'est afin que ceux-ci gardent et protégent leur troupeau, et qu'ils repoussent le loup quand le loup arrive. Cela se pratique ainsi partout, à ce que je crois, et nulle part on n'a vu les chiens dresser des embûches aux moutons et les loups les garder[3]. C'est une espèce de loi que la nature a dictée aux chiens, aux moutons et aux loups. Je ne suppose pas qu'il en soit autrement chez toi, quoique ton empire abonde en toute sorte de choses même très-éloignées du sens

---

1. Olim puer proverbium didici, quod jactari audiebam, idque ejusmodi est si bene memini. Pilum quidem, aiunt, lupus, ferum animal, mutare fortasse poterit; ingenium vero nunquam mutabit, abnuente natura emendationem. Procop., *Bell. Goth.*, IV, 19.

2. Id ego Sandil accepi a senioribus, oblique innuentibus, quæ hominibus convenirent. Ea quoque teneo edoctus usu, quæ me barbarum ruri degentem discere oportuit. *Id., ibid.*

3. Lactentes catulos assumunt pastores ac domi diligenter nutriunt. Hæc eo consilio pastores agunt, ut, si quando lupi ingruerint, eorum impetum canes repellant : id quod ubique terrarum fieri arbitror: nam gregi nec insidiari canes, nec lupos unquam opitulari quisque vidit. Procop., *loc. cit.*

commun [1]. Dans le cas où je me tromperais, fais-le savoir à mes ambassadeurs, afin qu'à la veille de devenir vieux, j'apprenne encore quelque chose de nouveau [2].

« Or, si telle est la loi de nature, tu as eu tort, suivant moi, en recevant dans ta compagnie les Coutrigours, dont le voisinage ne te valait déjà rien, et en donnant place en deçà de tes frontières à ceux que tu ne pouvais contenir au delà. Sois sûr qu'ils te montreront bientôt quel est leur naturel. Si le Coutrigour est vraiment ton ennemi, il travaillera sans relâche à ta ruine dans l'espoir d'améliorer sa condition, nonobstant ses défaites. Il ne s'opposera jamais à ce qu'on vienne ravager tes terres, de peur qu'en battant tes ennemis il ne te les rende plus chers, et que tu n'y voies une raison de les traiter plus favorablement que lui-même [3]. Effectivement qu'est-il arrivé entre nous? Nous autres Outigours nous habitons des déserts stériles, tandis que les Coutrigours ont reçu de vous, ô Romains, des terres fécondes, produisant des vivres en abondance. Ils n'ont que le choix parmi les mets qui leur plaisent et s'enivrent dans vos celliers; vous leur accordez même l'entrée de vos bains [4]. Ces fugitifs que nous

---

1. Neque in tuo imperio, quamvis rebus cujusque fere generis, et forte a communi intelligentia remotissimis abundet, aliter hæc se habere existimo. Procop., *Bell. Goth.*, IV, 19.
2. Si fallor, meis legatis ostendite, ut in ipso senectutis limine discamus aliquid inusitatum. *Id., ibid.*
3. Neque ita Romanos amabit, ut provincias vestras incursantibus sese unquam opponat, veritus, ne ubi rem felicissime gesserit, splendidius a vobis tractari illos videat, quos domuerit. *Id., ub. sup.*
4. Si quidem nos in sterili solitudine degimus; dum Cuturguris annonam curare licet, et in cellis vino expleri, et patinas deligere, quascumque lubet: nec balneis excluduntur. *Id., loc. cit.*

avons chassés pour vous servir se promènent chez vous tout brillants d'or, vêtus d'étoffes fines et magnifiques, après qu'ils ont traîné dans leurs campements une foule innombrable de captifs romains [1], exigeant d'eux les plus rudes travaux de l'esclavage et les faisant mourir sous le bâton lorsqu'ils étaient en faute. Nous au contraire, par des fatigues et des dangers infinis, nous avons arraché les captifs romains à ces maîtres féroces, et grâce à nous ils ont pu revoir leurs familles. Voilà ce qu'ont fait les Outigours et les Coutrigours ; puis chaque peuple a reçu sa récompense, comme tu le sais, ô empereur : les premiers habitent encore des steppes où la terre ne suffit pas à les nourrir ; les seconds partagent le patrimoine de ceux qu'ils avaient faits esclaves, et qui nous doivent la liberté [2]. »

Telle fut la verte réprimande que, dans son style oriental, Sandilkh adressait à Justinien ; celui-ci n'y répondit que par des caresses et des présents dont il combla les ambassadeurs et leur roi. L'or aplanissait tout chez ces barbares avides, et le mécontentement de Sandilkh fut apaisé. Bientôt il eut à se garder lui-même contre les attaques désespérées des Coutrigours, et le sang coula par torrents dans les steppes du Tanaïs et du Caucase, avec des alternatives de fortune. Quant aux Gépides, réduits à leurs seules forces, ils auraient peut-être voulu éviter la guerre avec les Lombards ;

---

[1]. Quin etiam auro radiant errones illi, nec vestibus carent tenuibus atque auro illusis : postquam in patriam traduxerunt innumerabiles romanorum captivorum catervas. Procop., *Bell. Goth.*, IV, 19.

[2]. Talibus utrorumque meritis vices reddidistis plane contrarias ; si quidem... Procop., *ibid.*

mais ceux-ci tinrent ferme, et il fallut au jour marqué reparaître sur le champ de bataille. Aldoïn avait compté sur les secours promis par Justinien, lesquels n'arrivèrent pas à temps, de façon qu'il ne dut se fier qu'à son épée. Elle prévalut : les Gépides, après une lutte meurtrière, furent mis en déroute [1], et les Lombards vainqueurs eurent le droit de dire que l'empereur des Romains leur avait manqué de parole [2]. C'étaient au reste des alliés bien peu honorables pour un état civilisé que ces féroces Lombards, étrangers à toute loi divine et humaine. Vers ce temps-là même, ceux qui servaient comme auxiliaires de l'empire en Italie se rendirent coupables d'excès tellement abominables, que Narsès aima mieux les licencier, malgré leur bravoure, que de laisser ainsi déshonorer son drapeau [3].

Une tranquillité profonde suivit ces troubles passagers. Les Huns ne reparurent plus, et la querelle des Lombards et des Gépides continua de marcher sans que l'empire s'en mêlât autrement que pour la rendre plus implacable. Tandis que les provinces du nord respiraient, la conquête de l'Italie s'achevait par les mains de Narsès, dont le bonheur égalait le génie, et le mauvais vouloir des Franks austrasiens ainsi que leurs essais de coalitions barbares s'évanouissaient devant ses victoires. Dans l'extrême Orient, le roi de Perse consentant à une nouvelle paix, Justinien put se dire avec vérité le pacificateur en même temps que le

---

1. Gepædes factos sibi obvios acerrimo fundunt prælio. Procop., *Bell. Goth.*, IV, 25.

2. Imperatorem incusantes quod non ex pacto fœderis affuissent ipsius copiæ. Procop., *ibid.*

3. Procop., *Bell. Goth.*, IV, 33.

reconstructeur du monde romain, *restitutor orbis*. Il atteignit ainsi l'année 558, trente-deuxième de son règne et soixante-dix-septième de son âge. A ce comble de gloire, il sembla s'affaisser sur lui-même. Les hésitations et la torpeur succédèrent à l'activité dévorante et à la foi en soi-même, ce double et invincible instrument de sa grandeur [1]. Il se mit à craindre la guerre, parce que la guerre entraîne après elle des chances de fortune et le mouvement; il la craignit aussi parce qu'elle crée des généraux, et que dans un état électif un général glorieux et populaire est une menace vivante pour un prince vieilli : ce trône où il était assis ne le lui enseignait que trop. C'est là la vraie raison qui le rendit ingrat pour Bélisaire et le laissa juste pour Narsès, en qui il lui était défendu de voir un rival. L'histoire nous dit aussi que les nobles conquêtes par lesquelles Justinien honorait et agrandissait l'empire en avaient épuisé les ressources. Les réserves accumulées par Anastase, dont la mauvaise administration coûtait à l'empire plus de pleurs que d'argent, n'avaient pas tardé à s'écouler, et Justinien avait dû augmenter les impôts pour faire face aux dépenses de la guerre. Maintenant qu'il croyait avoir assez fait pour son règne, il trouvait l'armée lourde, et il la licencia en partie comme inutile désormais. La paie des soldats fut diminuée ; ils se dégoûtèrent, et on ne les remplaça pas; les auxiliaires barbares, dont on

---

[1]. Sub extremum vitæ curriculum, jam enim consenuerat, cessisse et renuntiasse laboribus visus est... Agath., *Hist.*, v, p. 156. — Jam senex, exacta ætate, cum animi robur et belli appetentem virtutem desidia et otio commaculasset... Menand., *Exc. leg.*, p. 400.

réduisit les capitulations, se retirèrent aussi en grand nombre du service romain [1]. Si l'on ajoute à cette désorganisation des diverses milices leur mauvaise administration et l'improbité trop générale de leurs chefs, on se figurera le pitoyable état où dut tomber l'armée sous un prince qui lui devait tout. La corruption administrative est résumée en ce peu de mots d'un auteur contemporain : « Le trésor militaire était devenu la caisse privée des généraux [2]. » Le même historien nous apprend que, par un résultat de ces désordres, l'effectif des troupes, qui était en temps normal de six cent quarante-cinq mille hommes, tomba vers cette époque à cent cinquante mille seulement, et encore étaient-ils dispersés en Italie, en Afrique, en Espagne, en Arménie et sur les frontières de l'Euphrate, du Caucase et du Danube [3]. Quant aux Huns et aux Slaves, Justinien s'en préoccupait à peine : on eût dit que le vainqueur des Vandales et des Goths eût rougi d'employer ses soldats contre des sauvages qui s'entre-détruisaient au moindre signal pour un peu d'or [4].

Encore si l'économie irréfléchie provenant de l'affai-

---

1. Militarium ordinum exitium et corruptelam perinde Justinianus negligebat, ac si nunquam in posterum illi futuri sibi essent necessarii... Agath., *Hist.*, v, p. 158. — Respublica eo devenerat, ut exercitus numero exiguus esset... Procop., *Hist. arc.*, 24.

2. Agath., *Hist.*, v, p. 159. — Procop., *Hist. arcan.*, l. cit.

3. Cum enim universæ Romanorum vires sexcentis quadraginta quinque bellatorum millibus constare deberent, ægre tum temporis centum quinquaginta millibus constabant, atque harum quidem copiarum aliæ in Italia erant collocatæ, aliæ in Africa, aliæ in Hispania, aliæ... Agath., *Hist.*, v, p. 157.

4. Magis ei quodam modo placuit hostes inter se committere et donis

blissement de l'armée avait profité au public, elle n'eû. été qu'un demi-mal ; mais elle vint alimenter le goût toujours croissant de Justinien pour les constructions. C'était la seule activité qui survivait dans son intelligence amortie. On prétend qu'il bâtit ou répara à lui seul autant d'édifices et de villes que tous ses prédécesseurs à la fois. Cette exagération montre du moins combien sa part fut grande. Beaucoup de ces entreprises furent magnifiques, la plupart furent utiles[1]; mais la gêne créée par des dépenses hors de proportion avec les ressources fit maudire jusqu'à l'utilité même. On se vengea des impôts par des injures. Ce fut un déchaînement misérable de calomnies et d'absurdités telles que celles dont Procope s'est fait l'écho, et que la haine prenait peut-être pour vraies, se souciant peu de la vraisemblance, pourvu que la malignité fût satisfaite. On exhumait les souvenirs de Théodora, alors au cercueil, pour en accabler Justinien. Ses inspirations les plus patriotiques, ces conquêtes et ces travaux législatifs qui lui ont valu l'immortalité, étaient ravalés, flétris par des interprétations sans bonne foi et présentés même comme des crimes. Il ne manquait pas de gens qui prenaient parti pour les Vandales et les Goths contre l'empereur : Procope serait là au besoin pour nous le prouver. Une injure facile, et qu'on ne s'épargnait guère dans les conciliabules des mécontents

cos sicubi opus erat, demulcere, potiusquam perpetuo belligerari. Agath., *Hist.*, v, p. 157-158.

1. On peut consulter là-dessus, mais avec réserve Procope, flatteur impudent de ce prince, quand il n'en est pas le détracteur plus impudent encore. Mais sans s'arrêter aux éloges de cet écrivain, il suffit de connaitre la nature des travaux faits par Justinien pour en comprendre l'utilité.

consistait à refuser à Justinien son nom romain et ses titres. Il n'était plus là, comme au préambule de ses lois ou de ses inscriptions, Justinien l'Invincible, le Vandalique, le Gothique, le Persique, le Francique, l'Alanique, etc., mais tout simplement Uprauda, fils du bouvier Istok et de la paysanne Béglénitza. Seulement on oubliait d'ajouter que le fils du bouvier illyrien avait donné un code à l'empire d'Auguste et replacé la statue de Jules-César au Capitole. Tels étaient les tristes retours que la vieillesse amenait à la gloire de Justinien : elle en réservait de pareils à sa fortune.

Les années 557 et 558 effrayèrent le monde romain par une accumulation de calamités qui put faire croire à la fin du monde. Le bouleversement des saisons, la peste, les tremblements de terre semblèrent s'être donné rendez-vous pour frapper à coups redoublés la malheureuse population de l'empire. La peste, après avoir désolé les côtes de l'Asie et de la Grèce, s'abattit sur Constantinople avec une telle violence, que les cadavres restèrent longtemps entassés dans les rues, faute de bras, de litières ou de barques pour les enlever [1]. Les tremblements de terre ne firent pas moins de victimes ; on entendait la nuit, sous le sol des rues, un grondement sourd, et chaque secousse laissait échapper des exhalaisons de vapeurs noires qui empoisonnaient l'air [2]. Le bruit des maisons croulant se mêlait de moments en moments à ce tonnerre souter-

---

1. Mortifera ex bubone lues in homines, maxime juvenes grassata est : adeo ut sepeliendis mortuis non sufficerent vivi. Theophan., *Chronogr.*, p. 197.

2. Agath., *Hist.* v, p. 153-154.

rain. Le dôme de l'église de Sainte-Sophie, merveille de ce siècle, se fendit en deux; et l'on raconta que des colonnes arrachées à leurs bases, lancées en l'air comme par l'impulsion d'une baliste, allèrent à de grandes distances écraser les habitations [1]. Un quartier voisin de la mer s'abîma presque sous les flots. Enfin, ce qui eut des suites plus funestes encore, la longue muraille bâtie par Anastase en travers de l'isthme de Constantinople fut ruinée sur plusieurs points [2]. Il ne manquait que la guerre pour combler la mesure des maux, et la guerre, une guerre sauvage, éclata pendant l'hiver de 558 à 559.

Elle venait des Coutrigours, qui, vainqueurs des Outigours après six ans de lutte acharnée, demandaient compte au gouvernement romain de sa complicité avec leurs ennemis. Il faut dire que c'était moins l'immoralité des actes en eux-mêmes qui excitait les Coutrigours et leur mettait les armes à la main que le regret de leur ancienne subvention passée aux Outigours; dans leur roi Zabergan [3], il y avait le fiel de l'orgueil blessé et le désir de montrer sa force à ceux qui lui préféraient Sandilkh. Il proclamait hautement que c'était là surtout la cause de la guerre [4]. Ce barbare

---

[1]. Porphyretica columna e palatii Jucundianarum regione erecta... defossa est in terram pedes octo. Theophan., *Chronogr.*, p. 196.

[2]. Partes quidem muri Anastasiani, terræ motibus dirutæ. Theophan., *Chronogr.*, p. 197. — Cf. Agath., *Hist.*, v, p. 157.

[3]. Ζαβεργάν. Alias Ζαμεργάν...

[4]. Causa hujus expeditionis potissima verissimaque erat barbarica violentia, et plus habendi cupiditas, cui tamen prætextum hostilitatis adversus Utiguros obtendebat... despecti et manifesto contemptu provocati, hanc sibi expeditionem suscipiendam censuerunt, ut et ipsi terribiles dignique, quorum ratio haberetur, viderentur. Agath., *Hist.*, v, p. 156.

intelligent, hardi, comparable à Denghizikh, dont il était le successeur, n'ignorait point qu'il trouverait les Romains décimés par les plus épouvantables fléaux et la rive droite du Danube à peu près sans défense. Avec l'autorité qui accompagne toujours la victoire chez les nomades de l'Asie, il fit un appel aux Bulgares et aux Slaves, qui s'empressèrent d'accourir sous ses drapeaux, et Zabergan se mit en route, à la tête d'une armée formidable. Le Danube, gelé jusqu'au fond de son lit dès le début de l'hiver, semblait de moitié dans l'entreprise des Huns [1] : aussi leur marche fut-elle facile à travers la petite Scythie et la Mésie inférieure, qu'ils ne s'amusèrent point à piller; et après avoir franchi non moins rapidement les gorges de l'Hémus, ils firent halte dans les environs d'Andrinople. C'est là, à vrai dire, que commença la campagne [2]. Au sud de cette métropole de la Thrace se croisaient trois grandes voies dirigées vers des points importants de la Grèce et de l'Asie : à droite, la route de la Grèce proprement dite, qui, contournant la mer Égée, gagnait les défilés de l'Olympe et celui des Thermopyles; à gauche, la chaussée de Constantinople, et entre les deux, dans la direction du sud-est, le chemin de la Chersonèse de Thrace conduisant en Asie par l'Hellespont. Zabergan partagea son armée en trois corps qu'il envoya par chacune de ces routes ravager le cœur de la Grèce, les riches cités de la Chersonèse, la côte d'Asie et enfin

1. Tum, vigente hieme, fluvius ex more congelatus ad imum usque vadum ita obduruerat, ut et pedestribus et equestribus copiis transiri posset. Agath., *Hist.*, v, p. 155.

2. Agath., *Hist.*, v, p. 155, 156. — Theophan., *Chronogr.*, p. 197, 198. — Malal., part. II, p. 235.

Constantinople elle-même, si on pouvait l'enlever par un coup de main. Il se chargea de cette dernière expédition, qui ne paraissait pas la plus aisée, et, prenant avec lui sept mille hommes [1], l'élite de son innombrable cavalerie, il partit à toute vitesse par la chaussée de Constantinople. Assurément son entreprise eût été folle, s'il avait projeté avec ses sept mille cavaliers l'attaque en règle d'une ville si bien fortifiée ; mais il voulait tenter une surprise, piller la banlieue, et en tout cas opérer une diversion favorable aux expéditions de la Chersonèse et de l'Achaïe.

Il fallait que des rapports certains eussent fait connaître à Zabergan le mauvais état du mur d'Anastase et l'abandon des postes de défense, car il poussa droit aux brèches faites par les derniers tremblements de terre et entra hardiment dans la campagne de Constantinople [2]. Quand on pense qu'il existait en Thrace une colonie de Coutrigours, celle de Sinio, à qui Justinien avait donné des terres six ou sept ans auparavant, on se rappelle involontairement le message du roi des Outigours et le bon sens de son apologue prophétique. Les treize lieues qui séparaient la longue muraille des abords de la ville impériale furent bientôt franchies par la légère cavalerie de Zabergan, qui vint dresser son camp près du fleuve Athyras, dans le bourg de Mélanthiade, à cinq lieues seulement des remparts [3].

---

1. Ibi diviso exercitu, alteram ejus partem in Græciam misit... alteram in Chersonesum Thracicam... ipse vero cum equitum millibus septem, recta Constantinopolim pergens... Agath., *Hist.*, v, p. 155, 156.

2. Quum partes muri Anastasiani terræ motibus collapsas reperissent (Hunni), per eas ingressi... Theophan. *Chronogr.*, p. 197.

3. Circa Melanthiadem vicum, non longius cl. stadiis ab urbe distantem : circumfluit autem illum Athyras fluvius. Agath., *Hist.*, v, p. 151.

Cette apparition inattendue jeta Constantinople dans un trouble extrême. On savait l'ennemi en deçà de la longue muraille, mais on ne le savait pas si près, aux portes mêmes de la métropole, et la terreur fut aussi grande que si la ville eût été prise. Les habitants désertèrent leurs maisons pour aller s'entasser sur les places et dans les églises les plus éloignées de Mélanthiade, comme s'ils eussent senti déjà l'atteinte des flèches ennemies; encore la foule ne s'y croyait-elle pas en sûreté : au moindre incident, à quelque clameur lointaine, au bruit d'une porte violemment poussée, l'épouvante la prenait, et elle se dispersait à droite ou à gauche comme un essaim d'oiseaux effarouchés. La peur n'épargnait pas plus les grands que les petits; nul ne commandait, et l'on ne disposait rien pour la défense. La première pensée de l'empereur avait été une pensée pieuse; pour garantir de la profanation et du pillage les églises des faubourgs, dont les approches étaient encore libres, entre Blakhernes et la Mer-Noire, il avait ordonné d'en retirer l'argenterie, les reliquaires, les étoffes précieuses, et de les mettre à couvert soit dans les murs, soit de l'autre côté du Bosphore[1]. La campagne et le port se couvrirent donc de chariots ou de barques qui se croisaient en tout sens : c'était le seul mouvement qu'on aperçût au nord et à l'est de la ville. Enfin une troupe de braves citadins vint s'offrir d'elle-même pour aller reconnaître l'ennemi

---

[1]. Jubente imperatore, ciboria argentea et sanctæ mensæ pariter ex argento, quæ extra civitatem in ecclesiis erant, suis locis exportata sunt. Theophan., *Chronogr.*, p. 197. — Nudabantur suis ornamentis templa quotquot extra urbem sita erant. Agath., *Hist.*, v, p. 159.

conjointement avec les gardes du palais ; ils partirent ensemble, mais on les vit bientôt revenir dans le plus grand désordre, laissant derrière eux une partie de leurs gens. Quelques charges de la cavalerie ennemie les avaient dispersés. La milice palatine n'était plus alors ce qu'on l'avait vue autrefois, quand les empereurs la choisissaient dans l'armée entière, dont elle était l'élite et l'orgueil [1]. Zénon avait commencé à l'abâtardir en y introduisant, pour sa sûreté personnelle, des Isauriens, qui n'avaient point ou qui avaient mal fait la guerre [2]. Anastase la désorganisa encore davantage en laissant vendre les places de gardes, auxquelles de nombreux priviléges, des exemptions et une forte solde étaient attachés. De riches bourgeois s'en emparèrent à prix d'argent, et il n'y eut bientôt plus de soldats dans la garde palatine [3]. Ainsi le siége de l'empire et la vie de l'empereur se trouvèrent confiés à une milice couverte d'or, mais qui ne savait pas manier le fer : troupe de parade, faite pour orner un triomphe, et non pour le procurer [4].

Encouragés par ce premier succès, les barbares sortirent de leur camp et vinrent cavalcader devant la Porte dorée, à la grande honte de la ville qui ne pouvait plus recevoir de secours que par mer [5]. C'était

---

1. Duces quidem et tribuni militares multique armati constiterunt ut fortiter hostem, si forte impetum fecerat, propulsarent. Agath., *Hist*, v, p. 159. — Multi ex civium numero... ibi commissa pugna, multi Romanorum et Scholarium ceciderunt. Theophan., *Chronogr.*, p. 198.

2. Agath., *Hist.*, v, p. 159.

3. Agath., *ub. sup.* — Theophan., *Chronogr.*, p. 198.

4. Erant vero neque bellicosi revera, sed ne mediocriter quidem in rebus bellicis exercitati. Agath., *Hist.*, v, p. 159.

5. In muro a ficubus dicto (la partie de la muraille située vers le faubourg de Sykes), et porta nuncupata aurea. Agath., *Hist., l. c.*

pour l'œil des Romains un triste et décourageant spectacle que ces bandes de cavaliers hideux courant la campagne, fouillant les villas pour en tirer des femmes ou du butin, et transformant en écuries les portiques de marbre et de cèdre. Le riche patricien pouvait observer du haut de la muraille, à la direction de la poussière ou de la flamme, le sort de la maison de plaisance où il avait englouti sa fortune. Cependant arriva dans Constantinople un corps de vieux soldats, vétérans de Bélisaire en Afrique et en Italie : ils n'étaient que trois cents, mais ils demandaient à se battre [1]. Leur arrivée réveilla le souvenir du chef dont ils invoquaient le nom avec orgueil et confiance. Bélisaire était alors sous le poids d'une de ces disgrâces dont Justinien payait périodiquement ses services, et que le grand général, il faut bien le dire, supportait sans fermeté d'âme, allant au-devant des affronts, et quêtant, confondu dans la foule des courtisans, un regard que le prince s'obstinait à lui refuser. Cette faiblesse de caractère et ce besoin ardent de faveur avaient été pendant toute la vie de Bélisaire un encouragement pour ses envieux et un triomphe pour la médiocrité, dont les prétentions se grandissent de toutes les petitesses des héros. Ce fut la seule misère de cet homme illustre, qu'une tradition poétique a fait aveugle et mendiant, mais qui malheureusement fut trop riche pour la pureté de sa gloire. Son nom cache deux personnages bien différents dont il faut soigneusement tenir compte dans l'histoire : l'homme de la vie civile et le soldat. Le premier, pusillanime, altéré d'honneurs et d'argent,

---

1. Non multo plures trecentis... Agath., *Hist.*, v, p. 160.

inutile à ses amis, jouet volontaire d'une femme qui avait tous les vices de Théodora sans rien avoir de ses qualités; le second, généreux, fidèle, inaccessible à la peur, inébranlable dans le devoir, et d'un héroïsme que ne surpassèrent point les hommes tant vantés de Rome républicaine. Semblable à l'Antée de la fable, Bélisaire avait besoin de toucher du pied la terre des batailles pour se retrouver tout entier.

Quand l'empereur le mandant au palais lui confia sa défense et celle de l'empire, le vieux Bélisaire sembla renaître. Ses cheveux blancs et ses membres cassés reverdirent sous le casque et la cuirasse, qu'il ne portait plus depuis si longtemps [1]. Sa présence suffit à créer une armée. Les citadins qui avaient des armes et les campagnards qui n'en avaient point vinrent également solliciter une place dans sa troupe, qui ne comptait de soldats que les trois cents vétérans, la milice palatine étant réservée pour la défense des murailles. La cavalerie manquait à Bélisaire : il fit main-basse sur tous les chevaux qui se trouvaient dans Constantinople; chevaux des particuliers, chevaux du cirque ou des écuries de l'empereur, il prit tout [2], et quand il eut organisé sa petite armée, il alla placer son camp à quelques lieues de la ville, près du bourg de Chettou,

---

1. Belisarius demum dux, jam fractus senio, mandato tamen imperatoris in hostes mittitur. Hic itaque, loricam multo jam tempore desitam resumens, galeamque capiti adaptans, et omnem cui a puero assueverat habitum capessens, præteritorum memoriam redintegrabat, pristinamque animi alacritatem et virtutem revocabat. Agath., *Hist.*, v, p. 160.

2. Sumptis omnibus equis tam imperatoris quam circi, sed et sacrarum domorum, necnon uninscujusque hominis privati, cui fuit equus in potestate... Theophan., *Chronogr.*, p. 198.

à l'opposite du camp des barbares, dont il était séparé par un épais rideau de bois [1]. Une fois en campagne, il fit régner dans ce ramas d'hommes de toute espèce la discipline d'une armée régulière. Son camp, délimité suivant toutes les règles de la stratégie, garni d'un large fossé et d'un rempart palissadé, devint une citadelle imprenable. Le jour, ses coureurs battaient au loin la plaine; la nuit, des feux étaient allumés à de grandes distances, tout cela pour faire prendre le change à l'ennemi, qui crut effectivement l'armée romaine nombreuse, et resta sur la défensive [2]. C'est ce que demandait Bélisaire, qui voulait former ses bourgeois. Les paysans, chassés des villages, accouraient de toutes parts à lui, et il les acceptait même armés de coutres de charrue ou de simples bâtons. Chacun eut son utilité et son rôle à remplir. La cavalerie s'exerçait, les recrues s'instruisaient à l'exemple des vieux soldats; ceux-ci reprenaient l'habitude de voir l'ennemi, celles-là l'acquéraient tous les jours. Bélisaire présidait à tous les exercices casque en tête et cuirasse au dos [3], le premier sur le rempart et le dernier dans la tente. Il évitait soigneusement toute provocation de sa troupe, toute rencontre de ses coureurs avec l'ennemi; son plan était d'attendre les barbares et de leur inspirer une folle hardiesse, afin de les écraser ensuite à coup sûr.

1. Ἐν Χεττουκώμῃ τῷ χωρίῳ. Agath., *Hist.*, v. — Théophane donne à ce lieu le nom de Chittus. Εἰς Χίττου κώμην.
2. Ignes accendit, ut hostes eos conspicati maximum esse exercitum putarent. Agath., *Hist.*, v, p. 161.
3. Confluxerat etiam ad eum agrestium e vicinis locis turba... plane inermis et imbellis multitudo. Agath., *Hist.*, v, p. 160.

Cependant ces lenteurs commencèrent à peser aux vieux soldats, qui murmurèrent; les recrues elles-mêmes se prirent d'une confiance sans bornes : il y avait là un grand danger que les conseils et les exhortations du général cherchèrent incessamment à prévenir [1]. Autant les chefs mettent ordinairement de soins à exciter leurs soldats, autant il en employait à refroidir les siens. « Camarades, leur disait-il en montrant ses cheveux blancs, est-ce pour vous pousser à des témérités brillantes que l'empereur vous a donné un commandant de mon âge? Non, c'est pour vous retenir et vous faire entendre la voix de l'expérience... Je croirais offenser les vainqueurs des Vandales et des Goths en leur parlant de courage devant des Huns coutrigours; mais songez que si nous avons la vaillance, ils ont le nombre. Ils font la guerre comme des voleurs, sachons la faire comme des soldats [2]. Qu'ils viennent nous attaquer derrière ce fossé où nous sommes formés en masse compacte, et on verra combien une armée diffère d'une troupe de brigands!... Croyez-le bien, camarades, la victoire arrachée au hasard par l'impétuosité du sang n'est pas la meilleure; la vraie victoire est celle que la maturité des plans a préparée, et que l'on gagne avec le sentiment calme de sa force [3]. » C'était par de tels discours que Bélisaire faisait descendre dans ces hommes grossiers la sagesse qui l'ani-

1. Erat jam admodum senex, magnaque uti par erat virium imbecillitate laborabat, nullis tamen laboribus cedere... Agath., *Hist.*, v, p. 161.
2. Hoc tantum sciamus oportet, decertandum nobis esse cum hominibus barbaris qui prædonum in morem adoriri soliti sunt.., Agath., *Hist.*, v, p. 162.
3. Conatus... prudentia destitutos non esse adscribendos fortitudini, sed audaciæ et temeritati et prævaricationi officii... *Id., ibid.*

mait ; il sentait trop bien qu'il ne lui était permis de rien risquer dans une situation pareille, que de sa victoire enfin dépendait leur salut à tous et peut-être celui de la ville. Au reste il se fit bientôt comprendre des courages même les plus emportés. Des cavaliers ennemis étant venus chevaucher insolemment jusqu'aux fossés de son camp, il défendit de les poursuivre, et les soldats ne murmurèrent point. Les historiens du temps ne parlent qu'avec admiration de ces trois cents vétérans, qu'ils comparent aux trois cents Spartiates de Léonidas. « Les uns et les autres montrèrent, disent-ils, les mêmes sentiments de générosité et de dévouement à la patrie ; mais les trois cents de Léonidas gagnèrent leur gloire dans la défaite : ceux de Bélisaire l'ont gagnée dans la victoire [1]. »

Cependant les Huns ne se méprenaient plus sur le nombre de leurs ennemis, et quoique le nom de Bélisaire leur inspirât une secrète défiance, ils résolurent de tenter l'offensive. Deux mille cavaliers éprouvés furent choisis sur les sept mille, et Zabergan se mit à leur tête [2]. Son projet était de surprendre les Romains par une marche rapide à travers la forêt qui séparait les deux camps ; mais Bélisaire, que ses éclaireurs servaient bien, et qui d'ailleurs comptait autant d'espions qu'il y avait de paysans dans la campagne, averti des mouvements qu'on apercevait chez les barbares, arrêta

1. Quales olim qui circa Leonidam erant Lacædemonii, fuisse commemorant, quum ad Thermopylas Xerxes eis immineret, sed illi quidem omnes ad internecionem cæsi sunt, eo solo celebres quod non turpiter periissent : qui vero Belisario aderant Romani, audacia quidem usi sunt laconica, universos autem hostes fugarunt. Agath., *Hist.*, v, p. 163, 164.

2. Ex barbaris duo equitum millia a reliquo exercitu separata. Agath., *Hist.*, v, p. 164.

aussitôt ses dispositions. La forêt était traversée dans la direction de Chettou à Mélanthiade par une grande route à droite et à gauche de laquelle il n'existait que des sentiers étroits, sinueux, impraticables pour des chevaux. Bélisaire envoya sa cavalerie armée de cuirasses et de lances occuper les fourrés sur les deux lisières du chemin, avec ordre de s'y tenir cachée jusqu'à ce que l'ennemi se fût engagé dans la traverse[1]. Ceux des paysans qui n'avaient que des bâtons reçurent pour instructions de s'éparpiller dans la forêt, de frapper les arbres, de traîner à terre des branchages, dans la pensée de faire croire à une grande multitude et d'effrayer les chevaux [2]. Bélisaire lui-même se posta en travers de la route, suivi de ses vétérans et de son infanterie bourgeoise [3]. Toutes ces mesures furent exécutées avec une précision merveilleuse. Effectivement la masse des barbares parut, et, n'ayant point observé d'ennemis jusqu'alors, entra sans hésitation dans le défilé. Quand elle y fut bien engagée, les cavaliers romains se démasquèrent et chargèrent à la fois sur les deux flancs, en brandissant leurs armes et poussant ensemble de grands cris, auxquels répondirent les paysans, qui se mirent à frapper les arbres, à secouer et traîner des rameaux, comme il leur avait été

---

1. Selectos ducentos equites scutatos et jaculatores in sylva utrimque in insidiis collocavit, qua parte Barbaros impetum facturos putabat. Agath., *Hist.*, v, p. 164.

2. Agrestes vero et qui e civibus erant bello apti, jussit ut, ingenti clamore et fragore armorum edito... Agath., *ibid.* — Quin etiam arbores cædi, et pone exercitum in terram trahi imperavit. Theophan., *Chronogr.*, p. 198.

3. Cum reliquis in medio constiterat tanquam hostium impetum aperte excepturus. Agath., *Hist.*, v, p. 196.

ordonné[1]. Le vent soufflant au visage des barbares, ils recevaient dans les yeux des tourbillons de poussière qui les aveuglaient eux et leurs chevaux[2]. Ce fut le moment que prit Bélisaire pour avancer, et les Huns sentirent tout à coup en face d'eux une barrière de fer.

Ce qui suivit ne saurait se décrire : ce fut un tumulte effroyable, un pêle-mêle de chevaux qui se cabraient, de cavaliers renversés sous leurs montures, de masses se pressant, se culbutant les unes sur les autres. Le combat fut vif aux premiers rangs, cavalerie contre infanterie, et Bélisaire, enveloppé un moment, se dégagea en tuant ou blessant plusieurs ennemis avec la décision et la vigueur de bras d'un jeune homme[3]. L'épée romaine n'eut bientôt plus qu'à éventrer des chevaux ou à percer des hommes à moitié étouffés. Les paysans les assommaient à terre avec leurs bâtons. Quatre cents des soldats de Zabergan jonchèrent la forêt, le reste s'enfuit dans toutes les directions. Un historien remarque qu'à la différence des retraites ordinaires des Huns, toujours très-meurtrières parce que ces barbares décochaient leurs flèches avec une grande justesse tout en fuyant, celle-ci n'eut de danger que pour eux, tant il y régna de précipitation et de désordre[4]. Si Bélisaire avait eu une cavalerie

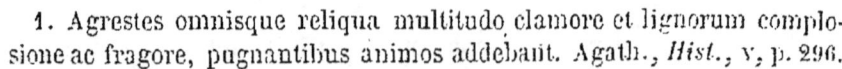

1. Agrestes omnisque reliqua multitudo clamore et lignorum complosione ac fragore, pugnantibus animos addebant. Agath., *Hist.*, v, p. 296.
2. Pulvis in altum elatus obstabat, quominus de numero eorum qui conflictu erant, judicare possint. Agath., v, p. 165. — Pulvis ingens, vento excitatus, et in barbaros delatus, super ipsos incubuit. Theophan., *Chronogr.*, p. 198.
3. Multis ex adversa acie cæsis et profligatis... Agath., *Hist.*, v, p. 165.
4. Defecerat etiam ipsos præ pavore ars ipsa, qua magnopere gloriari

exercée et faite à la fatigue, aucun ennemi n'aurait échappé, Zabergan lui-même eût été pris[1]. Les Romains, maîtres de la forêt, enlevèrent leurs blessés (ils n'avaient pas un seul mort), et rentrèrent dans leur camp pour s'y reposer[2]. Au même moment, le camp des Huns présentait un spectacle à la fois curieux et effrayant. La vue de leur roi fugitif et de ses escadrons arpentant la campagne à bride abattue frappa les Huns d'épouvante; ils se crurent perdus sans ressource, et commencèrent à se taillader le visage avec la pointe de leurs poignards en poussant des hurlements lugubres[3] : c'était la manière dont se manifestait leur deuil dans les grandes calamités publiques. Quant à Zabergan, il fit sans perdre un instant plier les tentes, atteler les chariots, et décampa de Mélanthiade, du côté de la longue muraille.

Bélisaire songeait à le suivre avec son armée rafraîchie. Il aurait eu bon marché sans doute d'un ennemi paralysé par la frayeur; mais, contre toute prévision, il rentra à Constantinople, où un message impérial le rappelait[4]. Son rappel sans motif avouable fit deviner aux moins clairvoyants la récompense qu'on réservait à ce dernier et suprême service. Bélisaire s'était montré trop grand au milieu de la terreur générale, et le

solent : fugientes enim hi barbari magis propulsant eos, qui sese acriter insectantur, retroversim sagittantes. Agath., *Hist.*, v, p. 165.

1. Ægre autem Zabergan et qui cum eo effugerant, læti in castra pervenerunt. *Id., ub. sup.*

2. E Romanis nemo desideratur, pauci tantum vulnerati... *Id., ibid.*

3. Ingens itaque barbarorum ejulatus exaudiebatur : cultris enim genas lacerantes patrio more lugebant. Agath., *Hist.*, v, p. 166.

4. Statim in urbem rediit... imperatoris jussu. Agath., v, p. 166. — Theophan., *Chronogr.*, p. 198.

peuple lui avait donné des signes trop éclatants d'admiration et de confiance pour qu'on lui sût gré longtemps de sa victoire. Le cri de « Bélisaire sauveur de l'empire[1] ! » sortait de toutes les places, de toutes les rues, de toutes les maisons de Constantinople, comme poussé par la ville elle-même : il réveilla l'envie endormie ou muette pendant le danger. On entoura Justinien de soupçons ; on lui fit voir son général, naguère disgracié, triomphant aujourd'hui de l'empereur plus encore que de l'ennemi. Que serait-ce si on ne l'arrêtait dans sa demi-victoire, s'il revenait se présenter aux adorations de la multitude après avoir détruit l'armée des Huns, qui n'était qu'effrayée, et traînant Zabergan chargé de chaînes, comme autrefois Gélimer[2] ! Justinien ne put supporter une pareille idée, et il rappela son général. Pour détruire le mauvais effet de cette mesure, il partit lui-même avec l'armée qui était l'ouvrage de Bélisaire, et suivit à petites journées les Huns jusqu'à la longue muraille qu'il fit réparer sous ses yeux. Zabergan l'avait repassée avec la précipitation de la peur, et se trouvait déjà au cœur de la Thrace. On dit qu'à la nouvelle du traitement fait à son vainqueur, il retourna sur ses pas et se mit à piller tranquillement plusieurs villes qu'il avait d'abord épargnées[3]. Cet éloge indirect n'était

1. Quum enim populus universus eum decantaret, et in conventibus cum summis laudibus efferret, veluti ab illo apertissime conservatus, momordit vero id primores urbis... Agath., *Hist.*, v, p. 166.
2. Multi, ipsum, ut virum arrogantem et popularis auræ blanditiis insolescentem, alias spes animo agitare, dictitabant. *Id., ibid.*
3. Hunni vero... postquam Belisarium revocatum fuisse cognorunt, neque alius quisquam in ipsos moveret, lentius rursum procedebant. *Id., loc. cit.*

pas fait pour consoler le vieux général des injustices de sa patrie.

Tout en pillant et se vengeant de son échec par des cruautés dignes du plus abominable barbare [1], Zabergan attendit le retour des deux autres divisions de son armée, auxquelles il avait envoyé l'ordre de se rallier. Elles n'avaient pas été plus heureuses que la sienne. La division de Grèce s'était laissé arrêter aux Thermopyles; celle de la Chersonèse avait également échoué, mais la première s'était fait battre par les paysans thessaliens, aidés de quelques soldats [2]; la seconde n'avait cédé qu'après des péripéties qui faisaient honneur à son audace. Voici ce qui s'était passé de ce côté.

L'isthme étroit qui sépare la presqu'île de Thrace du continent était anciennement intercepté par un mur bas, aisément franchissable au moyen d'échelles, et qui ressemblait assez, dit Procope, à une clôture de jardin [3]. Justinien avait remplacé cet ouvrage inutile et ridicule par un rempart formidable. Le nouveau mur, muni d'un fossé à berges escarpées, se composait de deux galeries crénelées placées l'une sur l'autre, dont la première était voûtée et à l'épreuve des plus

---

1. Ils occupèrent en se retirant Tzurullus, actuellement *Tchourlou*, Arcadiopolis et Saint-Alexandre de Zoupari; ils restèrent dans ce pays jusqu'à Pâques. Theophan., p. 198.
2. Qui vero in Græciam antea missi erant, nihil plane dignum memoratu gesserunt, nullo in isthmum impetu facto, sed ne Thermopylas quidem initio transgressi, quod illas Romanorum præsidia insedissent. Agath., *Hist.*, v. p. 170.
3. Perinde enim tenuem humilemque fecerant, quasi hortum, alicubi temere positum, maceria cingerent... Procop., *Ædif.*, iv, 10.

lourds projectiles, de sorte qu'il opposait à l'ennemi sur tout son front une double rangée de soldats et de machines de guerre. Deux môles puissamment fortifiés, auxquels la mer servait de ceinture, le protégeaient à ses extrémités [1]. Les Coutrigours trouvèrent derrière ce rempart une petite armée bien disciplinée et un jeune général plein de génie, Germain, fils de Dorothæus, l'élève et l'enfant adoptif de Justinien [2]. Tous les efforts des barbares pour enlever l'obstacle de vive force restèrent sans succès ; plusieurs fois ils battirent en brèche les galeries, plusieurs fois ils en tentèrent l'escalade et furent toujours repoussés avec de grandes pertes. Les surprises ne leur réussirent pas mieux que les assauts, tant l'active sollicitude du général allait de pair avec la constance du soldat. Il y avait de quoi désespérer ; mais le courage revenait aux Huns lorsqu'ils songeaient à ces villes opulentes enrichies par le commerce du monde, Aphrodisias, Cibéris, Callipolis, Sestos [3], dont il leur faudrait abandonner

1. Supra pinnas eductus fornix concameratam porticum efficit, ac muri defensores tegit. Alter pinnarum ordo fornici superpositus, dimicationem duplicat oppugnatoribus. Deinde in utraque muri extremitate, ubi mare illiditur, ac reciprocando subsidit, aggeres sive moles, ut appellant, molitus est, qui in æquor longe procurrunt, et muro continentes, de altitudine cum ipso certant. Exteriorem ejusdem fossam purgavit, plurimaque humo egesta, latiorem multo fecit et altiorem. Præterea militares numeros in his longis muris locavit, Barbaris omnibus arcendis ares, si qua Cherronesi pars tentaretur. Procop., *Ædif.*, IV, 10.

2. Dorothæus était un brave général qui, après s'être signalé par des actions d'éclat, était mort en Sicile à la suite de Bélisaire : l'empereur avait pris soin de son fils et l'avait fait élever près de lui. Germain était né à Bederiana en Illyrie, dans le voisinage de Tauresium, patrie de Justinien.

3. On peut voir sur le commerce et la richesse de ces villes ce qu'en dit Procope dans son *Traité des Édifices*, l. IV, ch. 10.

la dépouille, et ils résolurent de tout essayer plutôt que de renoncer à une pareille bonne fortune.

Un moyen se présenta à leur esprit, c'était de tourner un des môles par mer et d'attaquer la muraille tout à la fois à revers et sur son front. La chose ainsi décidée, ils se mirent à ramasser dans la campagne tout ce qu'ils purent trouver de roseaux et de bois pour construire une flotte. Choisissant les plus fortes tiges de roseaux, ils les réunissaient par des liens afin d'en former des claies, qui étaient ensuite assujetties à trois traverses de bois, placées une à chaque bout, et la troisième au milieu. Trois ou quatre de ces claies amarrées ensemble composaient un radeau capable de soutenir quatre hommes[1]. La partie antérieure du radeau s'amincissait et se recourbait en manière de proue pour mieux fendre l'eau ; deux rames étaient attachées à chacun de ses flancs, et une pelle posée à l'arrière lui servait de gouvernail. Les interstices des roseaux étaient soigneusement bouchés avec de la laine et du menu jonc, pour empêcher l'eau de s'y introduire[2]. Tels furent les navires imaginés par les Huns. Ils en construisirent environ cent cinquante, qu'ils transportèrent sur le golfe de Mélas, qui baigne la côte occidentale de la Chersonèse, puis par une nuit bien noire

1. Arundinibus itaque quam plurimis collectis, quæ et longæ admodum et quam maxime firmæ crassæque essent, iisque inter se coaptatis, et restibus lanaque carpta colligatis, crates complures confecerunt; tum vero perticis in longum porrectis tanquam jugis ac transtris transversim super injectis, non perpetua serie, sed tantum circa extrema ipsaque media cratium, majoribusque vinculis eas circumligatas inter se committebant; valde arcte compressas..... Agath., *Hist.*, v, p. 167.

2. Ut vero navigationi aptiores essent, anteriores earum partes in proræ speciem leniter circumducentes atque recurvantes... *Id.; ibid.*

ils les mirent à flot et y embarquèrent six cents hommes armés de toutes pièces [1]. Ils espéraient tourner le môle sans bruit et surprendre à leur débarquement les défenseurs du rempart endormis ou oisifs, mais ils avaient compté sans la vigilance de Germain. Le général avait tout deviné. Tandis qu'ils fabriquaient leur flotte de roseaux, il faisait venir la sienne, de grands et solides navires, de tous les ports de l'Hellespont, et la cachait dans l'anse formée entre le rivage et le môle [2].

La flotte des Huns s'avança d'abord en mer à grand renfort de rames, par une marche lente et saccadée : les vagues se jouaient de ces corbeilles légères qu'elles élevaient et abaissaient sans cesse, tandis que les rameurs luttaient péniblement contre les courants qui les entraînaient à la dérive. Elle approchait cependant et avait déjà dépassé le môle, quand les galères romaines, se démasquant, fondirent de toutes parts sur elle. Le premier choc fut si violent, qu'une partie des barbares tomba de prime saut à la mer; les autres se cramponnèrent aux roseaux pour ne pas culbuter [3]; nul d'entre eux ne resta assez ferme sur ses pieds pour tenir une arme, porter ou parer un coup. Semblables à des tours mouvantes, les trirèmes passaient et repassaient au milieu des radeaux, les faisant chavirer par

---

[1]. Istius modi itaque naviculas minimum centum quinquaginta construxerant, quas latenter mari immittunt, circa occidentale littus... Ingressi eas viri sexcenti optime armati... Agath., *Hist.*, v, p. 167.

[2]. Quæ cum Germanus rescivisset... naves et bipuppes, sub interiorem mari protensum angulum veluti in insidiis applicans occultavit, ne eminus prospici possent. *Id., ibid.*

[3]. Violentius in arundineas naviculas irruunt .. ita ut vectores subsistere in iis tuto non possent, sed alii in fluctus excussi perirent, alii in iis necessario considerent... Agath., v, p. 168.

leur choc ou les abîmant sous leur carène. Comme les barbares étaient hors de la portée de l'épée, les légionnaires se servaient de longues piques pour les atteindre; on les perçait, on les assommait, on les tirait avec des crocs comme des poissons pris dans une nasse. Pour terminer le combat, les Romains se mirent à couper les liens des roseaux au moyen de harpons tranchants et à détruire les assemblages des claies, de sorte que les Huns furent tous engloutis jusqu'au dernier [1]. Germain voulut compléter sa victoire navale par une sortie dans laquelle il força le camp barbare; mais, emporté par son ardeur, il s'exposa trop et reçut à la cuisse un coup de flèche qui le blessa mortellement [2]. L'armée romaine perdit en lui un de ses chefs les plus aimés, l'empire sa plus chère espérance : ce fut la consolation que les Coutrigours rapportèrent de leur défaite.

Zabergan n'avait plus qu'à partir; il reprit le chemin du Danube, traînant dans ses bagages une armée de captifs plus nombreuse que ses soldats. C'étaient des habitants des villes, des femmes, des enfants, des vieillards de Thrace, de Macédoine, de Thessalie, de la campagne de Constantinople, qu'il avait enlevés pour trafiquer de leur rançon. Il fit annoncer partout que les prisonniers qui n'auraient pas été rachetés par leurs familles seraient mis à mort sous un court délai. L'empereur les racheta des deniers publics, et on l'en blâma [3]. Que n'eût-on pas dit s'il eût fourni à Zabergan

---

1. Falcatos harpagones restibus illis, quibus arundines erant colligatæ immittentes, dissecuerunt ex ordine universas et compagem dissoluerunt. Agath., *Hist.*, v, p. 108.

2. Sagitta femur ictus est. *Id., loc. cit.*

3. Imperator tantum auri eis misit quantum redimendis captivis suf-

un prétexte pour exécuter ses menaces et frapper des têtes qui appartenaient en grande partie aux familles nobles de ces provinces! Le roi hun se montra coulant dans la négociation, parce qu'il apprit qu'une flottille de vaisseaux à deux poupes se dirigeait vers le Danube pour lui en fermer le passage : il demanda et obtint la paix. Il trouva d'ailleurs à son arrivée aux bords du Don de quoi satisfaire son humeur belliqueuse. Pendant son absence, Sandilkh avait pris une revanche terrible, et la guerre recommença entre les Outigours et les Coutrigours, plus sanglante, plus implacable que jamais. L'un des deux peuples devait périr infailliblement par les mains de l'autre [1], si une troisième nation hunnique, arrivant sur ces entrefaites, ne se fût chargée de le sauver en les asservissant tous les deux.

fecturum censebat.... Hoc autem civibus urbis regiæ parum nobile esse videbatur, imo turpe atque illiberale. Agath., *Hist.* v, p. 170.

1. Eo calamitatis hunnicæ istæ nationes sunt redactæ, ut si aliqua adhuc eorum pars reliqua sit, sparsim aliis inserviat, et ab illis appellationem acceperit. *Id.*, v, *in fin*.

CHAPITRE SIXIÈME

Successeurs d'Attila. — Aventures des *Ouar-Khouni*; ils sont sujets des Avars. — Les Turks les emmènent en captivité. — Leur fuite. — Ils prennent le nom d'*Avars*. — Leur ambassade à Justinien qui les reçoit à sa solde. — Ils subjuguent les Outigours et les Coutrigours au nom des Romains. — Leur arrivée sur les bords du Danube; ils demandent des terres en Mésie. — Le grand kha-kan des Turks les réclame comme ses esclaves fugitifs : leur fraude est découverte. — Leurs ambassadeurs sont joués par Justinien. — Les Avars se rejettent sur les Slaves qu'ils soumettent jusqu'aux montagnes de la Thuringe. — Ils rencontrent les Franks et sont battus. — Leur retour sur le Bas-Danube. — Mort de Justinien. — Caractère de Justin II. — Caractère de Baïan kha-kan des Avars. — Audience de Justin aux ambassadeurs des Avars; il les repousse arrogamment. — Nouvelles querelles entre les Lombards et les Gépides. — Alboïn appelé en Italie par Narsès, veut anéantir d'abord la nation des Gépides. — Il s'allie avec Baïan. — La Gépidie conquise par les Avars reprend son nom de Hunnie. — Baïan réclame des Romains la possession de Sirmium; fermeté du duc Bonus. — Entrevue de ce duc et de Baïan. — Revers des Romains en Pannonie. — Justin tombe en démence et meurt. — Menaces de Turxanth à l'ambassadeur Valentinus au sujet des Ouar-Khouni. — Baïan se procure une flotte. — Il construit un pont de bateaux devant Sirmium. — Opposition du gouverneur romain de Singidon. — Baïan jure d'abord au nom de ses dieux, puis au nom du Dieu des chrétiens qu'il ne veut pas prendre la ville. — Ambassade avare à Constantinople. — Discours insolent de Solakh. — Siége de Sirmium. — Cent mille Slovènes appelés par Baïan s'abattent sur la Mésie et la Thrace. — Tibère abandonne Sirmium aux Avars.

557 — 582.

La vie des peuples nomades, mobilisée pour ainsi dire dans le désert et soumise à un perpétuel flux et reflux de fortune, a quelque chose de l'imprévu qui s'attache aux aventures de la vie individuelle. Leur histoire est souvent un roman. Telle fut au plus haut degré celle des Huns-Avars, qui, s'incorporant les débris des premiers Huns, relevèrent le trône d'Attila sur les bords du Danube, amenèrent Constantinople et la Grèce à deux doigts de leur ruine, et après avoir effrayé l'Europe par une résurrection de l'empire hunnique, finirent par tomber sous l'épée de Charlemagne, ajoutant, comme leurs prédécesseurs, tombés sous celle d'Aëtius, une page glorieuse à nos annales.

Avar n'était point leur nom ; ils s'appelaient *Ouar*, mot auquel s'ajoutait communément celui de *Khouni*, qui indiquait leur origine hunnique [1]. Effectivement les Ouar-Khouni étaient Huns du rameau oriental, et compris dans cette masse de tribus qui, sous le nom d'*Ougour* ou *Ouigour*, parcouraient, aux ve et vi^e siècles, les grands espaces au nord de la mer Caspienne et à l'est du Volga. Les Ouar-Khouni avaient été jadis puissants entre toutes ces tribus ; ils avaient eu leur période d'expansion et de gloire, puis, à une époque qu'on ne saurait bien déterminer, ils avaient subi le joug de conquérants d'une autre race, qui étendirent leur domination sur toute l'Asie centrale depuis la frontière chinoise jusqu'aux limites de l'Europe. Ces

---

1. On verra plus bas comment ils se firent passer pour des Avars, et comment leur fraude ayant été reconnue, ils reçurent des Grecs le nom de *Pseudabares, faux Avars* : — Nimirum etiam usque ad nostram ætatem *Pseudabares* (sic enim magis proprie appellari debent) generis origine distincti ; alii *Var*, alii *Chunni* (Οὐὰρ καὶ Χουννί) veteri nomine dicuntur. Theophylact. On trouve le vrai nom de ce peuple sous les formes *Ouar* ou *Var* et *Chouni*, *Var* et *Chunni*, et fréquemment sous celle de *Varchonitæ*. Les Grecs, suivant leur usage constant d'expliquer les étymologies des noms de peuples par des noms d'hommes, nous disent que *Ouar* et *Kheounni* étaient deux chefs d'où ces tribus tirèrent leur dénomination. Il est plus raisonnable d'y voir une indication ethnographique.

conquérants étaient les *Avars* [1]. Tous les peuples de la Haute-Asie obéirent à cette nation redoutable ou se turent devant elle; mais nulle part la fortune n'est plus fragile et plus passagère que dans ces solitudes sans bornes, condamnées par la nature à être le domicile des peuples pasteurs : une des nations vassales des Avars se souleva contre eux, les dispersa, les vainquit, et s'empara de tout le pays qu'ils avaient possédé. C'étaient les Turks, dont le nom apparaît alors dans l'histoire pour la première fois. Leur domination eut pour siège les monts Altaï, et leur souverain, qui prenait le titre de « grand *kha-kan*, roi des sept nations et seigneur des sept climats du monde [2], » dressa sa tente impériale dans les vallées de la Montagne d'Or. Pour s'assurer la soumission des anciens vassaux des Avars, le kha-kan des Turks voulut visiter les bords du Volga et se montrer dans tout l'éclat de sa puissance aux populations ougouriennes. Sa visite fut sanglante, car, s'il en faut croire les historiens, ces peuples ayant voulu lui résister, trois cent mille hommes périrent par les mains des Turks, et leurs cadavres couvrirent la terre sur une longueur de quatre journées de chemin [3]. Frappée et vaincue comme les autres, la nation des Ouar-Khouni fut emmenée en captivité.

Internés dans un coin de ces déserts, les Ouar-Khouni auraient pu se consoler par le spectacle d'une

---

[1]. Avari, Avares — Ἄβαρις, Ἄβαρα.

[2]. Chaganus magnus, despota septem gentium, et dominus septem mundi climatum. Theophylact., Simoc. VII, 7.

[3]. Perierunt ex ea gente in hoc bello trecenta millia hominum, ita ut quatuor dierum itineris spatium a corporibus peremptorum cooperiretur. Id., ibid.

plus grande infortune, celui de leurs anciens maîtres, les Avars, dont les restes, traqués de toutes parts, trouvaient à peine un asile chez les peuples les plus éloignés ; mais ils n'avaient point tant de philosophie, et dans leur désir de la liberté, ils ne se donnèrent ni paix ni trêve, qu'ils n'eussent trouvé les moyens de s'enfuir. Bien des années s'écoulèrent dans l'attente. Un jour enfin, profitant du moment propice, leur principale horde, qui comptait deux cent mille têtes [1], attela ses chariots et partit dans la direction du soleil couchant. Elle laissait derrière elle trois autres tribus, les Tarniakhs, les Cotzaghers et les Zabenders, qui ne voulurent ou ne purent pas la suivre [2]. La peur donna des ailes aux Ouar-Khouni. Devenus terribles dans leur fuite, ils culbutent tout ce qui s'oppose à leur passage : les Sabires sont rejetés sur les Ougours et les Hunnougours, les Saragours sur les Acatzires, et ceux-ci vont se choquer contre les Alains [3]. Chaque peuple en mouvement en déplaçait d'autres, qui se précipitaient sur leurs voisins. La comparaison d'une fourmilière en désordre rendrait à peine l'idée de ces masses d'hommes, de troupeaux, de chars errant pêle-mêle, se poussant, se croisant, se heurtant dans les plaines du Volga, du Khouban et du Don.

---

[1]. Imperante autem Justiniano Augusto, ex istis Ouar et Chouni pars quædam in Europam profugit... Constabat autem ex ducentis virorum millibus. Theophyl., Sim., VII, 8.

[2]. Οἱ Ταρνιάχ, καὶ Κότζαγηροὶ,... καὶ οἱ Ζαβενδὲρ ἐκ τοῦ γένους τῶν Οὐὰρ καὶ Χουννί... Id., ibid.

[3]. Sarcelt, et Unuguri et Sabiri et aliæ insuper gentes hunnicæ, cum advenas illos Avaros esse suspicarentur..... Theophyl. VII, 7. — Cf. Prisc., Exc. leg., p. 42, 43.

Ce qui rendait la frayeur plus grande, c'est que tous ces peuples croyaient avoir affaire aux Avars à cause de la similitude de ce nom avec celui des Ouars; d'ailleurs les nouveaux arrivants portaient un des signes distinctifs des races intérieures de l'Asie et en particulier de la race turke : leurs cheveux pendaient sur leurs épaules en deux longues tresses entrelacées et retenues avec des rubans, ornement étranger aux Huns, dont les cheveux étaient courts et complétement rasés sur le front. Les Ouar-Khouni avaient adopté cette mode pendant leur captivité chez les Turks. Voyant qu'on les prenait pour des Avars, ils se gardèrent bien de détruire une erreur qui leur était si favorable; ils reçurent au contraire, comme leur étant dus, les présents de beaucoup de tribus et toutes les marques de soumission que ce nom jadis redouté inspirait toujours [1]. Tandis qu'ils erraient ainsi de lieu en lieu sans savoir où se fixer, l'idée leur vint de s'adresser aux Romains, dont la richesse excitait la convoitise de tous les barbares, et à qui ils espérèrent bien arracher, comme tant d'autres, des terres et de l'argent. Leur kha-kan (c'est le titre que prit leur chef, à l'imitation des rois de l'Asie intérieure, et pour compléter la transformation des Ouar-Khouni en Avars [2]), leur kha-kan s'adressa dans cette pensée à Saros, roi des Alains, qui se piquait d'être bien vu à

---

[1]. Quocirca securitati consultare cupientes, donis amplissimis eos coluerunt. Ouar itaque et Khunni, ut perfugium sibi feliciter evenisse adverterunt, errorem sese honorantium non aspernati, Avares dici voluerunt. Theophyl., VII, 7.

[2]. Principem suum Chagana, honoris causa, nominarunt. Id., l. c.

la cour de Constantinople, et Saros désireux d'éloigner de lui ce terrible voisinage, promit de mettre les Avars en « connaissance et amitié » avec le grand empereur des Romains [1]. Le gouverneur de la province de Lazique, au midi du Caucase, informé par ses soins, demanda les ordres de Justinien, dont il était le neveu. Justinien répondit qu'on devait laisser passer librement les ambassadeurs qui se présenteraient de la part du kha-kan des Avars, et sur cette assurance, celui-ci dépêcha à Constantinople un de ses officiers, appelé Kandikh, avec un cortège considérable.

Le nom des Avars, leur ancienne puissance et leurs revers étaient parfaitement connus des Romains d'Orient, et la nouvelle que ce vaillant peuple, échappé au joug des Turks, venait d'arriver dans les plaines du Caucase et envoyait une ambassade à Constantinople, excita un intérêt universel. On courut de toutes parts sur les routes pour voir passer les ambassadeurs, et quand ils firent leur entrée dans la ville, les fenêtres et les toits des maisons, les rues et les places étaient encombrés de curieux. On remarqua que leur costume était celui des Huns, leur langage celui des Huns, attendu qu'ils avaient pour truchement l'interprète ordinaire de ce peuple; mais ce qui surprit les yeux comme une nouveauté, ce furent ces deux tresses flottantes qui leur tombaient jusqu'au milieu du dos [2] et

---

1. Avares cum diu multumque incerti errassent, tandem ad Alanos accesserunt, et Sarosium, eorum ducem, suppliciter orarunt, ut per eum in notitiam et amicitiam Romanorum venirent. Menand. *Exc. leg.*, p. 99.

2. Gens insolens atque incognita Constantinopolim advenit... Ad ejus

que les poëtes romains comparèrent à de longues couleuvres. Les Ouar-Khouni ayant accepté nettement leur rôle d'Avars, les ambassadeurs s'étaient préparés à le soutenir jusqu'au bout, et Kandikh, prenant une attitude qu'il crut convenir à son personnage, prononça à l'audience impériale ce discours passablement arrogant : « Empereur, dit-il à Justinien, une nation vaillante et nombreuse, la plus nombreuse et la plus vaillante de l'univers, vient se livrer à toi. Ce sont les Avars, race invaincue et invincible, capable d'exterminer tous les ennemis de l'empire romain et de lui servir de bouclier. Ton intérêt étant de faire société d'armes avec une pareille nation, et de te l'attacher à tout jamais comme auxiliaire, nous t'offrons notre alliance, pour laquelle il ne faudra que deux choses, faire aux Avars des présents dignes d'eux, leur payer annuellement une pension, et leur concéder de bonnes terres où ils puissent s'établir en paix [1]. » Justinien plus jeune et moins accablé par les calamités publiques (on était alors dans la funeste année 557, au milieu de la peste et des tremblements de terre) aurait su relever ce que ces paroles renfermaient d'irrespectueux et

---

spectaculum, quod nusquam visi fuissent hujus formæ homines, cuncta urbs effusa est... Comas siquidem a tergo longas admodum tæniis revinctas et implexas gestabant, reliquus licet habitus hunnico simillimus conspiceretur. Theophan. *Chronogr.*, p. 196.—Colubrimodis Avarum gens nexa capillis. Coripp., *Laud. Justin. Min.*

[1]. Adesse gentem omnium maximam et fortissimam, Avares, genus hominum invictum qui ejus omnes hostes repellere et funditus extinguere possent. Illius rationibus valde conducere cum eis armorum societatem facere et auxiliarios optimos sibi adsciscere qui tamen non alia conditione servirent, quam si donis pretiosis, annuis etiam stipendiis et fertili regione quam habitarent, donarentur. Menand., *Exc. leg.*, p. 101 et 102.

d'outrecuidant, mais il se contenta de répondre qu'il aviserait, et l'audience fut levée. Le sénat, dont il voulut avoir l'avis, le pria de suivre son inspiration personnelle, toujours si salutaire à la chose publique, et l'empereur fit délivrer aux ambassadeurs, comme gage de bon vouloir, des cadeaux du genre de ceux qui plaisaient aux Orientaux, savoir des chaînes d'or émaillé dans la forme de celles dont on liait les captifs, des lits d'or sculptés propres à servir de couche et de trône, de riches vêtements et des étoffes de soie brochées d'or [1]. Il les congédia ensuite en leur annonçant qu'ils seraient suivis de près par un officier nommé Valentinus, porteur de ses instructions pour leur kha-kan.

Valentinus était chargé au nom de l'empereur de négocier avec le kha-kan, le paiement d'une subvention annuelle à la condition que celui-ci ferait une rude guerre à tous les ennemis de l'empire du côté du Caucase; il devait promettre aussi des cadeaux conformes à la dignité de ce chef, mais ne point parler de concession de terres, ou ne s'expliquer sur cet article que d'une façon ambiguë, évitant de rien promettre ni refuser. L'affaire urgente aux yeux de l'empereur était de tourner l'activité dangereuse des Avars contre les ennemis de sa frontière d'Orient. L'historien grec Ménandre loue à ce propos la sagacité de Justinien, et

---

1. Imperator dona ad legatos misit, catenas auro variegatas et lectos et sericas vestes et alia quamplurima quibus leniret et demulceret animos superbiæ et insolentiæ plenos. Menand., *Exc. leg.*, p. 101. — Erant autem catellæ auro variegatæ quasi ad vinciendos fugientes comparatæ... *Id., ibid.*

nous révèle un point caché de sa politique : c'est qu'il se souciait assez peu que les Avars fussent vainqueurs dans la lutte qu'il provoquait, attendu que l'empire aurait presque également à gagner, soit qu'ils fussent battants, soit qu'ils fussent battus. Quant au chef des Ouar-Khouni, se mettant consciencieusement à l'œuvre, il assaillit d'abord les Hunnougours, puis les Huns-Ephthalites, et ensuite les Sabires, qu'il faillit exterminer [1]. Des rivages de la Mer-Caspienne, qu'habitaient ces peuplades, passant à ceux de la Mer-Noire, il se jeta sur les Outigours, en guerre alors avec les Coutrigours, et sans s'inquiéter si les premiers étaient amis et les seconds ennemis des Romains, il les traita exactement de la même façon : déjà affaiblies par leurs guerres acharnées, les deux hordes succombèrent presque sans résistance, et leurs débris incorporés allèrent grossir la horde des Ouar-Khouni. Maître des rives du Dniéper, le kha-kan se trouva en face des Antes, qui essayèrent de l'arrêter, mais qui furent battus. Un incident de cette guerre montra le peu de respect qu'avaient les Ouar-Khouni pour le droit des gens observé pourtant par les nations les plus sauvages. Les Slaves, voulant traiter du rachat de leurs prisonniers et sonder les dispositions de l'ennemi au sujet de la paix, lui avaient député un certain Mésamir, beau parleur, bouffi de vanité, mais qui jouissait d'un grand crédit chez les siens. Mésamir aborda le kha-kan avec un discours

---

1. Cum igitur Valentinus ad eos profectus esset, et munera præbuisset, et mandata imperatoris exposuisset, primum quidem Viguros, deinde Eitasalos Hunnicam gentem debellarunt et Sabiros... Menand., *Excerpt. legat.*, p. 101.

plein d'arrogance et de menaces, et qui ressemblait plus à une déclaration de guerre perpétuelle qu'à une offre de paix. Le kha-kan restait tout interdit, quand un de ses intimes conseillers, que l'histoire appelle Cotragheg ou Coutragher, et qui pouvait bien être un des chefs coutrigours entrés dans le conseil des Avars, le prit en particulier et lui dit : « Cet homme-ci exerce dans son pays par son bavardage une autorité toute-puissante; s'il veut que les Slaves te résistent, ils te résisteront tous jusqu'au dernier. Tue-le et jette-toi ensuite sur eux, c'est ce que tu as de mieux à faire [1]. » Le kha-kan trouva ce conseil bon, et fit tuer Mésamir sans souci du titre d'ambassadeur qui rendait cet homme inviolable.

Les Ouar-Khouni avaient ainsi tourné la Mer-Noire, et, descendant à travers les plaines pontiques, de proche en proche ils arrivèrent au Danube. On était alors en 562, et il y avait cinq ans qu'ils guerroyaient ou prétendaient guerroyer pour le service de Rome. Leur avant-garde, lancée avec ardeur, passa le delta du fleuve, et pénétra dans la petite Scythie [2]; mais le kha-kan fit halte avec le gros de l'armée sur la rive gauche, où il planta ses tentes et dressa son camp de chariots; en même temps il faisait demander à l'officier qui commandait les postes romains de la rive droite qu'on lui montrât les terres que l'empereur Justinien lui avait destinées [3]. Fort embarrassé de répondre, l'offi-

1. Menand., *Exc. leg.*, p. 100 et seqq.
2. Imperatori significatum est, eos jam magna ex parte istam regionem occupasse. Menand., p. 101.
3. Postulabant ut illis liceret circumspicere terram in qua eorum gens sedes et domicilia poneret. Menand., *loc. cit.*

cier l'engagea à s'adresser directement à l'empereur au moyen d'une ambassade qu'il se chargeait de faire parvenir à Constantinople, et le kha-kan y consentit. Au nombre des personnages qui composèrent l'ambassade se trouva un certain Œcounimos, qu'à la physionomie de son nom on peut prendre pour un Grec des villes pontiques, enlevé peut-être par les Avars, auxquels il servait d'interprète. Cet Œcounimos, pour reconnaître le bon accueil de l'officier romain, le prévint secrètement qu'il avait à faire bonne garde, car, suivant ses propres expressions, « les Avars avaient une chose sur les lèvres et une autre chose dans le cœur [1]. » Ne sachant pas bien quelle résistance les Romains pouvaient leur opposer, ils cherchaient à franchir le Danube sans combat; mais une fois de l'autre côté, ils n'en sortiraient plus. L'officier se hâta d'expédier cet avis à l'empereur, et sa lettre trouva la cour de Constantinople déjà bien renseignée sur le compte des prétendus Avars, dont on connaissait l'origine, la fuite et toutes les impostures : or voici à quelle aventure bizarre Justinien devait ces révélations, qui lui venaient des Turks eux-mêmes. Les anciens maîtres des Ouar-Khouni, en apprenant la fuite de leurs vassaux, étaient entrés dans une violente colère, et le grand kha-kan s'était écrié en étendant la main : « Ils ne sont pas oiseaux pour s'être envolés dans l'air; ils ne sont pas poissons pour s'être cachés dans les abîmes

---

[1]. Justinus autem sibi unice conciliaverat ex legatis Œconimum, qui secreto eum monuit, Avaros aliud in ore habere et aliud sentire.... Etenim simul atque Istrum transmiserint, nihil quidquam illis esse deliberatius, quam omnibus copiis in bellum erumpere. Menand., *Excerpt legat.*, p. 101.

de la mer ; ils sont sur terre, et je les rattraperai. »
Suivant les fugitifs à la piste, il avait découvert successivement leur changement de nom, leur passage en Europe et leur alliance avec les Romains, dont ils se vantaient d'obtenir des terres. Ce fut alors contre l'empereur des Romains, coupable d'avoir donné assistance et refuge à ces misérables, que se tourna la colère des Turks, et le grand kha-kan, seigneur des sept climats du monde, fit partir pour Constantinople des ambassadeurs chargés de réclamer, non pas les Avars qui étaient subjugués dans l'intérieur de l'Asie, mais les Ouar-Khouni, vassaux de ces mêmes Avars, vassaux des Turks, et de faire sentir à l'empereur combien il s'était abaissé en prenant pour amis les esclaves de leurs esclaves. Ce fut ainsi que le mystère se dévoila. La chancellerie romaine, honteuse probablement de s'être ainsi laissé prendre, s'épuisa en explications de toute sorte et en protestations d'amitié vis-à-vis des Turks que l'on combla de cadeaux et de promesses. Justinien jeta même à cette occasion les fondements d'une alliance offensive des deux peuples contre la Perse, alliance qui se réalisa plus tard. Cette aventure, comme on le pense bien, diminua considérablement le crédit des Ouar-Khouni auprès du gouvernement impérial, qui dissimula pour le moment, attendu que les barbares étaient là sur le Danube, dans une position à ménager ; toutefois on se réserva le droit de les appeler en temps et lieu *menteurs et faux Avars*[1],

---

1. *Pseudo-Abares.* L'historien Théophylacte ne leur donne même guère d'autre nom.

et les poëtes de la cour limèrent déjà des vers dans lesquels on les menaça de couper « les sales tresses de cheveux » qu'ils se permettaient de porter à la manière des Avars et des Turks, quoiqu'ils ne fussent que des Huns [1].

L'ambassade des Ouar-Khouni, auxquels, malgré leur imposture, nous laisserons le nom d'Avars, qu'ils ont conquis par leur bravoure et sous lequel leur domination fut connue en Europe, arrivant en de telles circonstances à Constantinople, y fut accueillie avec une froideur et une défiance fort naturelles. On lui fit attendre longtemps l'honneur d'être introduite en la présence sacrée de césar, puis on lui fit attendre sa réponse; en un mot, on s'étudia à la promener de délai en délai pour les moindres choses. Quand ces hommes fiers et impatients s'irritaient des lenteurs, Justinien les calmait par des présents, des paroles flatteuses ou des promesses qui n'aboutissaient à rien, mais qui retardaient une déclaration de refus que l'empereur ménageait pour la fin. Le kha-kan se laissa d'abord abuser comme ses députés; puis, soupçonnant la manœuvre des Romains, il rappela son ambassade, que l'on retint pourtant encore de prétextes en prétextes. Lorsque Justinien se trouva poussé dans ses derniers retranchements, il parut céder, et proposa au kha-kan d'échanger la petite Scythie, que celui-ci avait sous la main, contre le canton occupé naguère par les Hérules dans la Haute-Mésie, autour de Singidon, et que ce peuple

---

[1] ..... Crinita Avarum mox agmina, juxta
Istrum, squallentes tonsa comas...
Epigr. in effig. Justinian. Imp., ap. Stritt., *Memor. Populor.*, t. 1, p. 645.

avait laissé vacant à son départ pour l'Italie [1]. Ce canton, resserré entre les possessions des Gépides et des Lombards, barré au midi par l'empire et dominé par la ville de Singidon, où stationnait une garnison nombreuse, présentait un territoire facile à isoler ; le kha-kan le sentit bien et déclina l'offre de l'empereur. « La Scythie lui convenait, disait-il, et il n'en sortirait pas [2] ; » elle lui convenait surtout en ce qu'elle n'interrompait point ses communications avec les pays qu'il avait conquis à l'est et à l'ouest de la Mer-Noire. Cette dernière proposition rejetée, il fallut bien laisser partir les ambassadeurs. Justinien les avait autorisés à se fournir à Constantinople de toutes les marchandises qui pourraient leur plaire, mais il apprit qu'ils avaient accaparé sous main une grande quantité d'armes. Au nom du droit des gens, il les fit arrêter sur la route, leur enleva les armes [3] et s'exhala en plaintes contre leur mauvaise foi. Grâce à tous ces retards, le maître des milices d'Illyrie avait eu le temps de réunir des troupes, d'approvisionner les forteresses, d'équiper la flotte, en un mot de mettre le Danube en un état de défense respectable. Le kha-kan s'aperçut qu'il avait rencontré plus habile et plus rusé que lui, et comme il n'osait pas s'aventurer armes en main dans un pays inconnu, il se contenta de répondre aux plaintes par

---

1. Et imperator quidem ut gentem collocaret in ea terra, ubi prius habitabant Eluri (sic) si illis videretur, annuit. Menand., *Exc. leg.*, p. 102.

2. Sed Avari Scythia sibi exeundum non censuerunt, etenim illius desiderio tenebantur. Menand., *ub. sup.*

3. Ea, quæ sibi opus erant, compararunt : arma etiam emerunt, et ita dimissi sunt. Verum imperator secreto mandavit Justino, ut, quacumque ratione et via posset, in reditu arma illis eriperet. Menand., *loc. cit.*

des menaces. Seulement il assit ses campements d'une manière stable dans les plaines au nord du Danube, surveillant de là ses conquêtes, et ayant par la petite Scythie un pied posé sur l'empire romain.

Les Antes, mal soumis, s'étaient livrés à des hostilités contre lui, il leur fit une nouvelle guerre dans laquelle il les écrasa. Des Antes il passa aux Slovènes, des Slovènes aux Vendes : la terreur précédait ses armes toujours victorieuses. Il traversa ainsi la Slavie de l'est à l'ouest jusqu'aux montagnes de la Thuringe, où il se trouva en face d'un adversaire tout autrement redoutable que ces essaims de sauvages qu'il chassait jusqu'alors devant lui : c'étaient les Franks austrasiens, dont les possessions, englobant l'ancien royaume de Thuringe, s'étendaient jusqu'à l'Elbe, où elles confinaient aux Saxons, et déjà aux populations vendes qui s'avançaient vers le midi par un accroissement régulier. Clotaire, fils de Clovis, était mort l'année précédente, 561, et dans le partage de sa succession, qui renfermait l'empire frank tout entier, le royaume d'Austrasie venait d'échoir à Sigebert, le quatrième de ses enfants. Le jeune Sigebert accourut au-devant des Avars, dont l'approche menaçait sa frontière, et les défit au delà de l'Elbe, dans une grande bataille, à la suite de laquelle le kha-kan proposa une paix que le roi frank ne refusa pas, tant sa victoire avait été rudement achetée [1]. Revenus chez eux par le même che-

---

1. Post mortem Chlotarii regis, Chuni Gallias adpetunt, contra quos Sigebertus exercitum dirigit, et gesto contra eos bello vicit, et fugavit : sed postea rex eorum amicitias cum eodem per legatos meruit. Greg. Tur., *Hist. Fr.*, IV, 23. — Comperta, Hunni qui et Avares, morte Chlo-

min, mais harcelés vraisemblablement dans leur marche par les Gépides, qui ne voyaient pas leur voisinage de trop bon œil, les Avars reprirent leurs cantonnements du Bas-Danube, au moment même où un grand changement allait s'opérer dans la situation de l'empire romain : Justinien était mourant, et son neveu Justin ne tarda à pas le remplacer sur le trône des césars.

L'avénement de Justin II fut plus qu'un changement de personnes, ce fut une révolution complète soit dans la politique vis-à-vis des Barbares, soit dans l'administration intérieure. Élevé avec beaucoup d'apparat, comme un candidat possible au trône, ce fils de la sœur de Justinien n'avait retiré des écoles que le goût de la déclamation, des idées fausses sur le monde, et avec l'estime la moins dissimulée de son propre mérite, une secrète et âpre jalousie contre son oncle, dont la gloire l'offusquait. Ce fut la plaie hideuse qu'il couvait dans son sein, qui le tua, et qui emporta l'empire avec lui. Tout ce qu'avait créé ce grand règne fut dès lors abandonné ou compromis ; avoir coopéré à sa grandeur devint une cause naturelle de discrédit pour les hommes, de ruine pour les choses ; et la flatterie la plus douce au cœur du nouvel Auguste fut de dénigrer son bienfaiteur. L'impératrice Sophie, femme vaniteuse et cruelle, le secondait avec ardeur dans cette œuvre d'ingratitude. On avait trouvé mauvais que Justinien, durant ses dernières années, fît la guerre aux Barbares

---

tarii regis, super Sigebertum ejus filium irruunt, quibus ille in Thuringia occurrens, eos juxta Albim fluvium potentissime superavit eisdemque petentibus pacem dedit. Paul. Diac., l. II, c. 10.

d'Asie avec de l'or, comme s'il n'avait pas montré contre les Vandales et les Goths qu'il la faisait assez bien avec du fer ; c'était là l'accusation banale des malveillants et des envieux, qui proclamaient sans vergogne que le second fondateur de l'empire et le libérateur de Rome n'avait pas eu le cœur romain. Justin II prenant ces sottes clameurs pour point de départ de sa politique, se posa devant les Avars comme Marius devant les Teutons, et parla aux Perses le langage de Trajan : par malheur ce Trajan manquait de génie, et ce Marius de soldats. Il crut payer le monde, comme il se payait lui-même, avec un patriotisme d'école. A force d'outrecuidance et de paroles hautaines que rien ne soutenait, il arma contre l'empire romain toutes les nations barbares, et à force d'ingratitude envers les serviteurs de Justinien, il perdit la plus belle conquête de ce grand empereur, celle de l'Italie ; puis, à la vue des tempêtes que ses imprudences avaient soulevées, aussi dénué de courage que de bon sens, il devint fou comme pour se tirer d'embarras. Tel était le successeur que la mauvaise fortune des Romains donnait à Justinien.

Vers la même époque, et pour contraster en quelque sorte avec ce césar fatal, elle donnait aux Ouar-Khouni en la personne d'un nouveau kha-kan un grand homme à la manière des peuples de la Haute-Asie, un de ces politiques conquérants dont Tchinghiz-Khan, Timour et Attila présentent les types les plus parfaits. Celui-ci se nommait Baïan[1], et était dans toute la vigueur de

---

1: Baïanus, Βαϊανός.

la jeunesse. Habile à démêler les desseins secrets des hommes, à profiter de leurs fautes, à prendre toutes les formes pour les tromper, il mettait plutôt sa gloire à assurer ses conquêtes par la ruse qu'à les risquer par les armes. On le vit faire la guerre par colère, jamais par vanité ou pour la vaine gloriole d'étaler sa bravoure : bien différent de ces fiers Germains que le point d'honneur amenait à leurs duels de peuples, dussent-ils ne s'y point battre, Baïan ne trouvait nulle honte à fuir quand il avait le dessous, et ne tirait l'épée que pour gagner. Sa patience à supporter l'injustice et les humiliations, plutôt que d'entreprendre une guerre inégale, pouvait étonner et encourager un adversaire imprudent; mais le moment venu, Baïan savait se venger. Quand il jugeait à propos de sévir, sa cruauté froide et calculée ne respectait rien ; le droit des nations, les traités, les serments ne valaient à ses yeux que comme des moyens de succès, et il ne voyait dans le parjure qu'un stratagème. Avec tout cela, Baïan, toujours altéré de richesses et sans vergogne dans sa cupidité vis-à-vis de l'étranger, était considéré par son peuple comme un grand chef. Il se montrait généreux envers les siens, magnifique dans son entourage, poussant même la délicatesse et le luxe à des recherches surprenantes pour un barbare. Nous le verrons critiquer les arts de la Grèce et repousser avec dédain comme indigne de lui un lit d'or ciselé auquel avaient travaillé les meilleurs ouvriers de Constantinople. Sa longue vie lui permit de tenir tête successivement à trois empereurs romains, d'établir son peuple sur le Danube et de voir presqu'à l'apogée l'empire qu'il avait fondé en

Europe. Malgré ses revers et de cruels retours de la fortune, il fut pour ce second âge des Huns ce qu'Attila avait été pour le premier.

Les Avars connaissaient un peu Justin, qui leur avait servi d'introducteur près de Justinien en 557, lorsqu'il était gouverneur de la province de Lazique. Ils se hâtèrent donc de lui envoyer une ambassade pour le féliciter, renouveler avec lui les anciennes conventions et recevoir de sa main les présents d'usage. Baïan avait composé cette ambassade de jeunes gens lestes, hardis et de belle apparence, et leur avait donné pour chef un certain Targite, personnage important dont il sera souvent question dans la suite de ces récits. Justin, qui avait préparé pour ses débuts impériaux une scène théâtrale et une harangue, ne fit point attendre les ambassadeurs, dont l'audience eut lieu peu de jours après leur arrivée. Un poëte, témoin oculaire, l'Africain Corippus, nous a laissé de cette réception solennelle et du cérémonial auquel les députés avars furent soumis, un curieux tableau que nous reproduirons ici, en ne faisant guère que traduire littéralement ses vers. Peut-être trouvera-t-on que le poëte favori de la cour de Byzance au vi[e] siècle, intéressant au point de vue de l'histoire du temps, ne manquait point de mérite littéraire, ni même d'un certain éclat de poésie.

« Dès que le prince, vêtu de sa pourpre, a monté les degrés du trône, le maître des cérémonies, ayant pris ses ordres, va ouvrir aux ambassadeurs l'intérieur du palais sacré... Cette fière jeunesse parcourt avec étonnement les vestibules et les longues galeries qui précèdent la demeure des césars. A chaque pas, elle s'arrête, elle admire la haute stature des guerriers rangés en haie, leurs boucliers d'or, leurs lances d'or, surmontées d'une pointe d'acier, et leurs casques d'or, d'où retombe un panache de pourpre. Elle tressaille involontairement en passant sous le tranchant des haches ou sous le fer acéré des piques. Cette pompe éblouit les jeunes barbares, et ils se demandent si le palais des césars n'est pas un autre ciel ; mais à leur tour ils sont fiers qu'on les admire, et les regards fixés sur eux leur chatouillent le cœur[1]. Ainsi, quand la nouvelle Rome donne un spectacle à ses peuples, on voit des tigres d'Hyrcanie, amenés la chaîne au cou par leurs conducteurs, gémir d'abord avec un redoublement de férocité, puis quand ils sont entrés dans l'amphithéâtre, dont les gradins disparaissent sous un épais rideau de spectateurs, ils promènent en haut leurs yeux ébahis, et la peur leur enseigne à s'adoucir. Ils ont déposé toute leur rage, ils ne se révoltent plus contre leurs chaînes, mais d'un pas étonné ils arpentent le terre-plein du cirque, attentifs à la foule qui les applaudit. On dirait qu'ils s'étalent aux regards avec complaisance et qu'ils en marchent plus superbes[2]... Mais voici le voile qui ferme la salle des audiences

---

1. Et credunt aliud Romana palatia cœlum ;
Spectari gaudent, hilaresque intrare videri.
Coripp., *Laud. Justin. min.*, III, 244.

2. Non secus Hyrcanæ quotiens spectacula tigres
Dat populis nova Roma suis, ductore magistro,
Non solita feritate fremunt, sed margine toto
Intrantes plenum populorum millia circum,
Suspiciunt. . . . . .
              Ipsumque superbæ
Quod spectantur amant. . .
Coripp., *Laud. Just. min.*, III, 246 et seqq.

impériales; il s'entr'ouvre, et l'on aperçoit les lambris étincelants de dorure, le trône et le diadème brillant sur la tête de césar. A cette vue, Targite plie le genou trois fois et salue l'empereur le front contre terre; les autres se prosternent à son exemple, et le tapis de la salle est inondé des flots de leurs chevelures[1]. »

Le poëte ajoute que l'orateur de l'ambassade ayant entonné, comme de coutume, les louanges du peuple avar, « ce peuple innombrable et invincible, roi des régions intérieures du monde, conquérant de l'Altaï, terreur de la Perse, et dont l'armée, s'il la réunissait, suffirait pour boire les eaux de l'Hèbre jusqu'à la dernière goutte[2], » Justin l'arrêta par ces paroles: « Tu me racontes là, jeune homme, des choses que nous ne croyons guère, et auxquelles tu n'as ajouté foi que sur de vains bruits, si tant est que tu y croies toi-même. Ce sont des rêves ou des mensonges que tu me débites. Cesse de me vanter des fugitifs, épargne-moi la gloire d'une tourbe exilée qui cherche en vain une patrie. Quel puissant royaume aurait-elle subjugué, elle qui n'a pas su se défendre elle-même[3]? » Il est très-pro-

---

[1].
..... Stratosque tapetas
Fronte terunt, longisque implent spatiosa capillis
Atria...
Coripp., *Laud. Just. Min.*, III, 262.

[2].
Crudus et asper Avar dictis sic cœpit acerbis :
Rex Avarum Cagan debellans intima mundi,
Famosos stravit magna virtute tyrannos,
Innumeros populos, et fortia regna subegit......
Cujus Threicium potis est exercitus Hebrum
Exhausto siccare lacu, fluviumque bibendo
Nudare.....
Ibid., v. 274.

[3].
Quid profugos laudas? Famaque attollis inani
Extorrem populum? quæ fortia regna subegit?

bable, quoique l'histoire ne le dise pas, que ces mots ou d'autres, d'une égale amertume, furent prononcés par Justin, car ils étaient dans son caractère et dans le rôle qu'il s'était donné. Toutefois nous laisserons là le poëte pour nous en tenir strictement à la version des historiens.

Suivant ceux-ci, Targite, dans un discours dont la feinte modération ne déguisait ni l'arrogance, ni les intentions ironiques, rappelait à l'empereur que, tenant la puissance impériale des mains de son père (c'est ainsi qu'il désignait Justinien), son premier devoir était de remplir les obligations de ce père vis-à-vis de fidèles alliés, et de faire mieux encore pour bien prouver sa reconnaissance [1]. Les Avars étaient les bons amis de son père; mais s'ils avaient reçu de lui beaucoup, ils lui avaient beaucoup donné. En premier lieu, ils n'avaient point pillé ses provinces, pouvant le faire impunément; en second lieu, ils avaient empêché les autres de les piller. Il existait des peuples dont l'habitude était autrefois de dévaster la Thrace chaque année et qui ne l'avaient plus fait. Pourquoi? Parce qu'ils savaient que les Avars, amis et alliés des Romains, n'étaient pas d'humeur à le souffrir [2]. « Nous venons

> Effera gens Avarum proprias defendere terras
> Non potuit, sedesque suas fugitiva reliquit.
> Tu velut ignarus falsis rumoribus audes
> Vana loqui, turpique dolo nova somnia fingis.....
>
> Coripp., *Laud., Justin., min.*, v. 268.

1. Oportet, ô Imperator, te hæredem imperii paterni, paternos amicos in tutam fidem, tutelamque suscipere, et æque ac ille eos beneficiis augere... Menand., *Exc. leg.*, p. 101.

2. Metuebant enim Avarorum potentiam qui amicitiam colebant cum Romanis. *Id., ibid.*

ici, ajouta Targite, bien convaincus que tu seras avec nous comme était ton père, et mieux encore, afin que notre amitié pour toi soit aussi plus vive ; mais sache bien ceci : c'est que notre chef ne sera ton ami qu'autant que tu lui feras des présents convenables, et qu'il dépend de toi, par la façon dont tu le traiteras, de dissiper toute pensée qui pourrait lui venir de prendre les armes contre toi [1]. » Ce discours assurément était d'une insolence extrême. Justin aurait pu y répondre sans phrases par les embarras qu'il aurait suscités au kha-kan, et qui eussent plus vivement piqué celui-ci que la déclamation la plus injurieuse : Justin préféra le procédé contraire. « Oui, répondit-il aux ambassadeurs, je ferai pour vous plus que n'a fait mon père, en rabattant votre outrecuidance et vous ramenant à de plus sages conseils; car apprenez de moi que celui qui arrête l'insensé courant à sa perte, et lui rend la raison, est plus son ami que celui qui se prête à ses caprices pour le perdre [2]. Allez-vous-en avec cet avis amical, qui vous fera vivre tranquilles et saufs dans vos campements, si vous le suivez, et au lieu de l'argent que vous espériez remporter d'ici, remportez-en une crainte salutaire. Nous n'avons point besoin de votre assistance, et vous ne recevrez rien de nous que ce que nous daignerons vous accorder comme prix de vos services ou récompense de votre sujétion à l'empire, dont

---

1. Ut illi movere contra Romanos arma in mentem non veniat. Menand., *Exc. leg.*, p. 101.

2. Qui enim hominum, in exitium voluntarium ruentium, turbatos affectus cohibet, et obedientes rationi facit, beneficentior est eo qui... Menand., *Exc. leg.*, p. 103.

vous êtes les esclaves[1]. » C'était la rupture de toutes relations avec les Avars. Justin était-il en mesure d'en garantir les suites? Il n'y avait pas même songé. Les ambassadeurs partirent exhalant leur colère par des menaces; mais leur maître, non moins irrité, ne fit point paraître la sienne : il ne déclara point l'alliance rompue, il ne dit mot; Baïan voulait conserver le droit d'invoquer dans l'occasion les traités conclus avec Justinien, les engagements solennels des Romains, et prolonger la guerre sourde qu'il faisait à l'empire sous le manteau de l'amitié.

D'ailleurs Baïan était préoccupé d'une affaire plus importante encore à ses yeux. D'un côté, il voyait l'inimitié des Lombards et des Gépides, ses voisins sur le Danube, s'exaspérer graduellement et marcher vers une catastrophe prochaine; d'un autre côté, il n'ignorait pas le projet des Lombards de se jeter quelque jour à l'improviste sur l'Italie, projet qu'arrêtait seule la crainte inspirée par Narsès, qui, après avoir achevé la conquête de ce pays, le gardait avec vigilance et fermeté. Des campements avars, où il se tenait en observation, Baïan épiait attentivement l'une ou l'autre occasion, ou plutôt toutes les deux à la fois, et ce fut précisément Justin qui se chargea de les lui offrir. Narsès, coupable entre tous d'avoir illustré le règne de Justinien, était également entre tous l'objet de la haine du nouvel empereur et de sa femme. On avait commencé par le dénigrer, par se moquer de son âge

---

1. Neque quidquam a nobis accipietis, nisi quantum nobis visum fuerit, idque tanquam auctoramentum servitutis non quoddam tributi genus. Menand., *Exc. leg.*, p. 103.

(il était plus que nonagénaire) ; puis on provoqua des plaintes des Italiens, et l'empereur lui adressa de vertes remontrances tant sur les rigueurs de son administration que sur l'argent que coûtait son armée [1]. Ces reproches avaient un caractère personnel que l'empereur s'étudiait à rendre blessant. Le vieux général réfuta avec calme tous les griefs, et démontra la nécessité de conserver en Italie une armée d'occupation qui maintînt dans l'obéissance le reste des Goths et les partisans des Goths, et empêchât d'autres barbares (les Lombards particulièrement) de se ruer en deçà des Alpes. Sa modération ne fit qu'enhardir ses ennemis ; on parla de le destituer, et l'impératrice Sophie, ajoutant une insulte de femme à l'injustice de la souveraine, envoya à Narsès une quenouille et un fuseau, lui faisant dire qu'il vînt prendre l'intendance des travaux de ses femmes et laissât la guerre aux hommes. Narsès, comme on sait, était eunuque, et cette grossière injure lui causa une douleur poignante. « Allez, répondit-il au messager, et dites à votre maîtresse que je lui prépare une fusée qu'elle et les Romains ne démêleront pas facilement [2]. » Quittant à l'instant sa charge, il se retira dans la ville de Naples, en dépit des prières des Italiens et des supplications de son armée. L'histoire ajoute que dans un aveugle emportement il fit remettre au roi des Lombards quelques fruits

---

1. Paul. Diac., *Hist. Lang.*, II, 5, 11. — Fredeg. *Epist.*, 65. — Anast., in Joan., III. — Const. Porph., *Adm. Imp.*, 27. — Marius Av. — Aimon, III, 10.

2. Talem se eidem telam orditurum, qualem ipsa dum viveret deponere non posset. Paul. Diac., *Hist. Lang.*, II, 5.

et du viii d'Italie avec ces mots : « Tu peux venir[1] ! » Ce dernier trait, dont on aimerait à douter, ne serait-il pas vrai, sa retraite en disait autant.

L'heure des Lombards était donc arrivée ; et Alboïn, leur roi, fit ses dispositions pour un prompt départ. Pourtant une chose le retenait en Pannonie, la haine de son peuple contre les Gépides, et son propre ressentiment contre leur roi Cunimond[2], fils de ce Thorisin qui avait été un ennemi si acharné des Lombards. S'en aller comme un fugitif sans avoir assouvi sa vengeance, et laisser derrière soi des terres sur lesquelles les Gépides ne manqueraient pas de se jeter, bravant la rage impuissante des Lombards et profitant de leurs dépouilles, c'était un parti qu'Alboïn, au dernier moment, ne se sentit pas le courage de prendre. On a prétendu avec assez de probabilité que les aiguillons de l'amour se mêlaient dans le cœur du barbare à ceux de la vengeance ; qu'épris de la belle Rosemonde, fille de Cunimond, il l'avait enlevée autrefois pour en faire sa maîtresse ou sa femme ; mais que Rosemonde, échappée à la captivité, s'était réfugiée près de son père[3] ; or Alboïn avait juré de la reprendre et de l'emmener avec lui en Italie. En proie à ces anxiétés, il songea à se servir des Avars, qui se trouvaient là tout à propos pour l'assister, et il envoya en grande pompe une ambassade à leur kha-kan. Les ambassa-

1. Ad Italiam cunctis refertam divitiis, possidendam venirent. Paul. Diac., *Hist. Lang.*, ii, 5.
2. Alboïn, Ἀλβοΐνος. — Cunimundus, Cunicmundus. Κονιμοῦδες.
3. Ille autem in amorem incidit puellæ cujusdam filiæ Cunimundi Gepidorum regis. Theophyl. Sim., vi, 10.

deurs lombards avaient pour mission principale de mettre les Avars en communauté de sentiment avec eux, en les piquant d'honneur et leur rappelant tous les mauvais procédés des Gépides et des Romains à leur égard. « Si les Lombards sont animés d'un vif désir de guerre contre les Gépides, dirent-ils à Baïan, c'est qu'ils veulent affaiblir l'empereur Justin, ennemi mortel des Avars, qui leur a retiré leur pension et les traite avec ignominie [1]. Que les Avars se joignent aux Lombards, et les Gépides seront infailliblement exterminés ; alors les richesses ainsi que les terres de ce peuple leur appartiendront à chacun par moitié. Plus tard, les Avars, maîtres de la Scythie entière, passeront une vie tranquille et heureuse ; rien ne leur sera plus facile que d'occuper la Thrace, de ravager toutes les provinces grecques, et d'aller même jusqu'à Byzance [2]. » Ils ajoutèrent que si les Avars consentaient à une alliance, il leur fallait se hâter pour empêcher les Romains de les prévenir ; qu'ils pouvaient bien compter au reste que l'empire était pour eux un implacable ennemi, qui les poursuivrait dans tous les coins du monde et n'épargnerait rien pour les détruire. Les ambassadeurs s'attendaient à voir Baïan accueillir avec empressement ces ouvertures, et se jeter à corps perdu dans une alliance qui lui annonçait tant d'avantages ; mais il n'en fut point ainsi. Baïan les écouta froide-

---

1. Neque tam ardenti studio in Gepidas bello ferri, nisi ut Justinum labefacerent, regem omnium Avaris inimicissimum. Menand., *Exc. leg.*, p. 110.

2. Inde facile illis fore, Thraciam occupare et Bysantium usque ferri. Menand., *ub. sup.*

ment[1], et parut faire peu de cas de leurs propositions :
« il ne voyait pas clairement, disait-il, ce que son
peuple y gagnerait. » Tantôt il déclarait qu'il ne pouvait pas entrer dans cette guerre, tantôt il confessait
qu'il le pouvait, mais qu'il ne le voulait pas[2]. Il les
ballotta ainsi pendant longtemps, et quand il vit leur
impatience de conclure arrivée à son terme, il feignit
de céder avec répugnance et proposa ceci : 1° que
les Lombards lui abandonnassent immédiatement la
dixième partie de tout le bétail qu'ils possédaient,
2° qu'ils lui assurassent en cas de victoire la moitié des
dépouilles et la totalité du territoire appartenant aux
Gépides[3]. Ces deux conditions furent reportées à
Alboïn, qui ne les examina seulement pas ; il eût tout
donné, son royaume, les enfants de son premier
mariage et lui-même, pour voir la Gépidie détruite,
Cunimond sous ses pieds et Rosemonde en son pouvoir? Cunimond effrayé envoya à Constantinople des
avis et des demandes de secours ; mais Justin ne comprit pas quel intérêt l'empire avait à défendre les
Gépides dans la circonstance présente ; il promit tout
et ne tint rien. La guerre ne fut pas longue. Pris en
face par les Lombards, en flanc par les Avars, les
Gépides furent rompus, dispersés, repris et accablés
partiellement[4]. Les Lombards ne firent point de quar-

---

1. Visus est eos parvi facere. Menand., *Exc. leg.*, p. 111.
2. Et modo se non posse, modo posse jactabat sed nolle. Id., *ibid.*
3. Non alia conditione quam si decimam partem quadrupedum quae tunc temporis apud Longobardos essent confestim acciperet ; si superiores evaderent, dimidium manupiarum et tota Gepidarum regio, ejus juri cederet. Menand., *l. c.*
4. Langobardi victores effecti sunt, tanta in Gepidas ira sævientes, ut eos ad internecionem usque delerent. Paul. Diac., *Hist. Lang.*, I. 27.

tier, et si les vaincus trouvèrent quelque compassion, ce fut auprès des Avars, qui n'étaient pourtant point leurs frères de race, et qui épargnèrent cette population infortunée, en la réunissant dans quelques villages où elle fut tenue en état de servitude ¹. Des Huns avaient donc reconquis l'ancienne Hunnie, et Baïan tout joyeux planta sa tente aux lieux où s'élevait, cent ans auparavant, le palais d'Attila. Alboïn, non moins joyeux, partit pour l'Italie avec la belle Rosemonde, qu'il avait retrouvée parmi les captifs, et le crâne de Cunimond, qu'il fit nettoyer et enchâsser pour lui servir de coupe à boire dans les festins ².

Baïan ne fut pas plus tôt installé dans la Hunnie, qui reprit avec lui son ancien nom, que les Romains le virent arriver chez eux. Les Gépides possédaient, comme on sait, sur la rive droite du Danube et dans cette langue de terre située entre la Drave et la Save, qu'on appelait la presqu'île sirmienne, plusieurs cantons qu'ils avaient conquis à différentes époques sur les Lombards ou sur les Goths, et ils avaient même enlevé Sirmium aux Romains. Baïan se prétendait le maître de ces cantons et de la ville, attendu qu'ils avaient appartenu aux Gépides, et qu'en outre les Lombards les lui avaient cédés ; mais Sirmium n'était déjà plus à sa disposition. Au plus fort de la guerre, les provinciaux pannoniens qui formaient la popula-

---

1. Gepidarum vero genus est ita diminutum, ut ex illo jam tempore ultra non habuerint regem, sed universi, qui superesse bello poterant, usque hodie Hunnis, eorum patriam possidentibus, duro imperio subjecti gemunt. Paul. Diac., *Hist. Lang.*, I, 27. — Cf., Theophyl., l. VI, c. 10.

2. In eo prælio Alboïn Cunimundum occidit, caputque illius sublatum ad bibendum ex eo poculum fecit. Paul. Diac., *Hist. Lang.*, I, 27.

tion de la ville, et les soldats gépides qui la gardaient, s'entendirent pour ouvrir leurs portes aux troupes romaines, et Sirmium rentra sous les lois de l'empire. Or Baïan n'avait rien de plus à cœur que de reprendre sa ville, comme il disait, et d'en chasser les Romains, qui la lui avaient enlevée injustement. Il essaya de s'en emparer par surprise, mais il fut repoussé dans un combat où le duc Bonus, qui commandait la place, reçut une blessure après avoir vigoureusement battu l'armée assiégeante. Suivant son habitude quand il avait le dessous, Baïan décampa, et on le croyait déjà loin, lorsqu'un des habitants, placé en vedette dans une sorte d'observatoire qui dominait les bains publics, aperçut des cavaliers qui s'avançaient à toute bride dans la campagne [1]. L'alerte fut donnée, la garnison prit les armes; mais on reconnut bientôt à leurs signaux que c'étaient des parlementaires qui venaient conférer avec le commandant. Bonus voulait se rendre à la conférence, malgré sa blessure qui le retenait au lit; son médecin, nommé Théodore, s'y opposa nettement [2], et ce furent des officiers et quelques citoyens notables qui se rendirent auprès des parlementaires, en dehors des portes. Le kha-kan, disaient ceux-ci, se tenait à quelque distance de là, et ils devaient servir d'intermédiaires entre le commandant et lui. Ne voyant pas le duc Bonus arriver, ils demandèrent ce qu'il était

---

[1]. Nonnulli ex his qui Sirmii erant, ad summum fastigium balnei, quod populi usui erat relictum, ad speculandos homines, ut moris est, ascenderunt. Hi per speculam caput exerentes et circumspicientes.. Menand., *Exc. leg.*, p. 112.

[2]. Decumbebat enim ex vulnere, neque illi per Theodorum medicum licebat exire, et hostibus coram se sistere. Id., *ibid.*

devenu, et comme on n'osa pas leur dire qu'il était blessé, de peur d'enfler leur confiance, ils soupçonnèrent davantage, ils le crurent mort; appuyant avec d'autant plus de chaleur sur la nécessité de sa présence, ils protestèrent qu'ils n'avaient mission de traiter qu'avec lui[1].

La situation devenait difficile. Théodore, qui était citoyen de Sirmium, où il occupait un rang distingué, après avoir mûrement réfléchi, pensa qu'il pouvait garantir la vie de Bonus sans compromettre la sûreté de sa patrie : il appliqua un baume puissant sur la blessure, la banda fortement, et fit placer le général à cheval[2]. Les Avars en l'apercevant se trouvèrent passablement désappointés. La conférence commença. Les Huns exposèrent leur prétention sur la propriété de Sirmium, et demandèrent en outre l'extradition d'un chef gépide appelé Ousdibade, celui-là même probablement qui venait de livrer la ville aux Romains. Leurs raisons se résumaient ainsi : « Tout Gépide nous appartient comme esclave, de même que toute chose possédée par les Gépides nous appartient en propriété. » Ils s'exhalèrent ensuite en plaintes sur l'injustice de l'empereur envers de si bons amis, qui ne désiraient que deux choses : vivre en paix et le servir. Bonus déclina toute espèce d'examen de leurs propositions; il était chargé, disait-il, de défendre Sirmium

---

1. Sed hostes ubi viderunt, alios, qui, de pace disceptarent, venire, suspicati sunt ducem periisse : itaque colloquium coram eo fieri velle dixerunt. Menand., *Exc. leg*, p. 112.

2. Tunc Theodorus qui, quod publice intererat præcipue spectabat.... vulnere unguento illito, ei auctor fuit ut extra urbem progrederetur... Menand., *ub. sup.*

et nullement de faire un traité ; toutefois il consentirait volontiers à faire passer leurs ambassadeurs sur le territoire romain, s'ils voulaient s'adresser à l'empereur. Baïan, à qui cette réponse fut portée, la trouva juste et raisonnable ; mais il ajouta qu'il était fort embarrassé de ce que penseraient de lui les peuples qu'il avait traînés à la guerre. « J'ai honte, disait-il, de m'en retourner sans avoir rien fait et sans rien remporter que je puisse faire voir comme un gain de cette campagne [1]. Envoyez-moi quelques présents de peu de valeur, afin que je ne paraisse pas avoir essuyé inutilement les fatigues de cette expédition, car à mon départ je n'ai rien pris avec moi, et si vous ne me venez en aide pour mon honneur, je ne partirai pas d'ici [2]. » Cette demande, qui peut nous paraître étrange, l'était beaucoup moins dans l'idée des barbares d'Asie. Ne rien rapporter d'une course était bien pis qu'avoir été battu en sauvant son butin, et Baïan, qui voulait renouer ses négociations avec les Romains, tenait à prouver que les Romains avaient fait vers lui le premier pas. Ce qui est certain, c'est que les Sirmiens présents à la conférence, particulièrement l'évêque de la ville, trouvèrent la demande de Baïan fort sensée et l'appuyèrent près du duc Bonus ; Baïan d'ailleurs, fort modéré dans ses prétentions, ne réclamait qu'une coupe d'argent, une

---

1. Recta quidem enim et justa dixisse Baïanus censuit ; sed hæc subjecit : Sane ego propter gentes quæ me ad bellum secutæ sunt, verecundia ducor, et me pudet, nulla re effecta, recedere... Menand., *Exc. leg.*, p. 113.

2. Parva munuscula ad me mittite : etenim e Scythia huc transmittens nihil quicquam mecum extuli, et mihi impossibile est, si nihil rei quod me juvet percepero, hinc excedere... Menand., *ibid.*

petite somme en or et un habit à la scythique[1]. Bonus et son conseil n'osèrent rien prendre sur eux. « Les Romains, fut-il répondu au kha-kan, avaient un maître prompt à s'irriter et dont il fallait attendre les ordres[2]; de plus, ni Bonus ni les siens n'avaient avec eux autre chose que ce qui était nécessaire dans un camp, leurs armes et leurs habits, et assurément le kha-kan ne leur conseillerait pas de se déshonorer en livrant leurs armes. » — « Si l'empereur veut t'obliger en te faisant des présents, dit encore Bonus, j'en serai heureux pour mon compte ; j'exécuterai ses ordres avec empressement, et je m'efforcerai d'être agréable à un serviteur et ami de mon seigneur. » Baïan accueillit ces excuses avec des invectives et des menaces, et jura qu'il ferait le dégât sur les terres de l'empire. « Eh bien donc! répliqua Bonus, l'empire te châtiera.[3] » A quelque temps de là, dix mille Coutrigours firent irruption dans la Dalmatie[4], qu'ils mirent à feu et à sang, et dont ils occupèrent plusieurs cantons. Le kha-kan protesta que c'était sans son aveu, et qu'il n'était pas responsable de ce que faisaient ces peuples turbulents ; en effet, comme s'il eût été complétement étranger à ce qui venait de se passer, il envoya une ambassade pacifique à Constantinople.

L'expédition des Coutrigours avait inspiré au kha-

---

1. Solum unam pateram ex argento factam, et modicum auri, præter hæc togulam scythicam..... Menand., *Exc. leg.*, p. 113.

2. Eum formidamus... *Id., ibid.*

3. Sed persuasum habere, fore ut istæ excursiones his, qui in eas immitterentur, non bene verterent... Menand., p. 114.

4. Baïanus jussit dena millia Cutrigurorum qui dicebantur Hunni trajicere Savum et vastare Dalmatiam... Menand., *loc. laud.*

kan la prétention la plus extraordinaire qu'il eût encore mise en avant dans ses négociations : il eut l'idée de réclamer l'arriéré des pensions payées autrefois par Justinien aux Coutrigours et aux Outigours, arriéré qui lui appartenait d'après le système qu'il appliquait aux Gépides. Les Coutrigours et les Outigours étant devenus ses esclaves, leurs créances sur l'empire romain étaient tombées dans son domaine, il en était propriétaire, et il les réclamait à ce titre. Suivaient les demandes relatives à Sirmium et à l'extradition du Gépide Ousdibade[1]. Le discours que fit à ce sujet Targite, l'orateur ordinaire des députations avares, était conçu dans une forme si curieuse, que nous croyons devoir le reproduire ici au moins en partie. « Empereur, dit à Justin le noble Hun, je suis ici de la part de ton fils, qui m'a envoyé, car tu es vraiment le père de Baïan, notre maître; aussi n'ai-je point douté que tu ne marques ton affection paternelle à ton fils en lui rendant ce qui lui appartient. Quand tu nous auras restitué ce qui nous revient, tu le posséderas encore par cela seulement que nous le tiendrons[2]. Eh bien ! lui feras-tu abandon de ce qui lui est dû? En

---

1. Avarorum dux misit Targitium, qui una cum Vitaliano interprete imperatori denunciaret, ut Sirmium et pecunias, quas Cutriguri et Utiguri a Justiniano accipere soliti erant, quia utramque gentem subegerat, illi traderet : Usdibadam quoque Gepidam, dicebat enim et Gepidas omnes in suum jus, dominiumque venisse, qui eos devicerat. Menand., *Excerp.*, *leg.*, p. 154.

2. O Imperator, adsum a tuo filio missus : tu enim vere pater es Baïani, ejus, qui apud nos dominatur. Ea res fecit, ut crederem te affectum paternum exhibiturum esse filio, in eo quod reddes ea, quæ filii sunt ; cum enim nostra tenuerimus, mox nostra quoque, quæ tua sunt, tenebis. Menand., *ibid.*, p. 155.

le faisant, tu n'avantageras ni un étranger ni un ennemi ; la chose restituée ne changera pas de mains, puisqu'elle te reviendra par ton fils[1]. Seulement il faut que tu consentes de bonne grâce aux demandes que je suis chargé de te faire. »

Je ne sais si Baïan comptait beaucoup sur l'effet de pareils syllogismes; au moins procura-t-il à Justin II une magnifique occasion pour une de ces harangues où le neveu de Justinien déployait sa fermeté patriotique beaucoup mieux que sur les champs de bataille. Le duc Bonus reçut une verte réprimande pour avoir laissé passer les ambassadeurs sans ordre de l'empereur, et puis Justin crut tout fini. Il n'en était point ainsi : Baïan armait à force, et l'empereur, dont la puissance reculait en Italie devant les Lombards, et qui s'était aliéné par ses manières hautaines les Perses et les Sarrasins, n'avait point de troupes à lui opposer. Obligé de reprendre lui-même les négociations malgré tout l'éclat qu'il venait de faire, il envoya sur les lieux Tibère, un de ses généraux, pour traiter avec le kha-kan l'affaire de Sirmium. Il fut impossible de s'entendre. Tibère, à propos de la cession de quelques cantons de la Pannonie, avait demandé comme otages les enfants de plusieurs nobles avars; le kha-kan exigea la même chose des Romains. C'était trop de honte, et Tibère préféra recourir aux armes. Il osa tenir la campagne avec des recrues, et fut battu; on dit qu'il suffit presque des cris des barbares et du tintamarre de leurs

---

[1]. Num igitur illi sua præmia præbueris? Quod si feceris, ea non in extraneum, neque in hostem contuleris, neque earum mutabitur dominium. Menand., *Exc. leg.*, p. 155.

cymbales pour mettre en fuite ces levées tumultuaires.
Il fallut se résigner à traiter à tout prix, rendre au
kha-kan sa pension avec l'arriéré[1], et signer une
convention dans laquelle pourtant Sirmium resta aux
Romains, Baïan, contre toute attente, n'ayant plus
insisté pour l'avoir. Un convoi partit pour Constantinople à l'effet de toucher les sommes dues au kha-kan
ainsi que les cadeaux que l'empereur y devait ajouter,
mais l'annonce de ce convoi mit les voleurs en éveil.
Une troupe de ces bandits, qui, sous le nom de Scamares, infestaient le voisinage de l'Hémus, où ils
avaient leurs repaires, se posta sur la route qu'il
devait suivre au retour, mit l'escorte en déroute, et
enleva les chevaux, les voitures et tout ce qu'elles contenaient[2]. Justin fit courir après les voleurs, et dut
restituer à Baïan ce qui lui avait été enlevé, sous peine
de passer pour complice du vol aux yeux des Avars.
Tel était le déluge de misères et d'ignominies que cet
insensé faisait pleuvoir sur le monde romain.

En effet, les tristes événements de la Pannonie
n'étaient qu'un épisode de la ruine universelle qui
s'étendait sur l'empire. Le roi de Perse Chosroès
envahissait l'Asie-Mineure et la Syrie ; les Lombards
conquéraient l'Italie ; la vie romaine s'en allait de

---

1. Ut Sirmium et pecunias, quas Cutriguri et Utiguri a Justiniano accipere soliti erant, quia utramque gentem subegerat, illi traderet. Menand., *Exc. leg.*, p. 154.

2. Scamares vulgo in iis locis dicti, ex insidiis illis vim fecerunt, et equos, argentum et reliquam suppellectilem eripuerunt; quapropter legationem ad Tiberium miserunt quae rapta repeteret. Menand., p. 114. — Cf. Theophan., p. 367. — Il a été déjà question des *Scamares* dont Mundus, fils d'Attila, s'était fait proclamer roi.

toutes parts. Sous le poids de ces désastres qui faisaient la condamnation de son orgueil, la faible intelligence de Justin s'égara ; il devint fou. En proie à des accès de démence furieuse, il ne voyait plus que des ennemis ; il voulait tuer tout ce qui l'approchait ; puis, revenu à lui, il demandait pardon à tout le monde en versant des torrents de larmes. Cet homme présomptueux, qui devait éclipser tous les empereurs, se sentit enfin incapable de gouverner et prit pour régent, sous le nom de césar, Tibère, ce général qui venait d'échouer fatalement contre les Avars, mais dont les talents militaires, le caractère généreux et la vie irréprochable promettaient aux Romains la réparation de leurs maux. Tibère-César releva l'empire en Asie par la défaite de Chosroès, et aida Rome à se garantir des Lombards. Proclamé auguste en 578, à la mort de Justin, il continua ce qu'il avait commencé comme césar. S'il ne fit pas davantage, ce fut plus la faute de sa fortune que la sienne ; Tibère serait grand dans l'histoire, s'il eût été toujours heureux [1].

Tandis que les Ouar-Khouni prenaient racine au centre de l'Europe sous le nom emprunté d'Avars, leurs anciens maîtres les Turks, se rapprochant graduellement des contrées occidentales, se mettaient en relation avec les Romains. Devenus possesseurs des contrées qui forment aujourd'hui le Turkestan, et se

1. Menand., Exc. leg., p. 118. — Theophyl. Sim., iii, 11, 12. Evagr., v, 12, 13. — Zonar., xiv, t. ii, p. 70 et seqq. — Theophan., Chronogr., p. 208 et seqq. — Chron. Pasch., p. 376. — Greg. Tur., Hist. Franc., iv, 39, v, 20. — Hist. Misc., xvi, xvii, ap. Murat., i, p. 111, 112. — Anast., p. 70. — Niceph. Call., xvii, 39, 50. — Cedren., t. i, p. 390, 391.

trouvant voisins, c'est-à-dire ennemis de la Perse, ils comprirent qu'ils avaient intérêt de s'allier aux Romains; et cette ambassade de reproches et de menaces adressée à Justinien par le seigneur des sept climats aboutit, sous Justin II et Tibère, à une alliance offensive contre Chosroës. A la faveur des rapports politiques se nouèrent des rapports commerciaux entre les deux nations; des marchands et même des curieux, suivant les ambassades envoyées dans l'empire, visitèrent Constantinople; et les historiens nous disent que vers la fin du VIe siècle, cette ville renfermait un grand nombre de Turks dans ses murs [1]. Toutefois, malgré l'empressement de ce peuple et les marques de son amitié intéressée, il garda longue rancune au gouvernement romain de sa conduite passée à l'égard des Ouar-Khouni. Si les Turks à ce sujet dissimulaient prudemment leur pensée dans la grande métropole dont la richesse aiguillonnait leur convoitise en les émerveillant, ils ne craignirent pas d'ouvrir leur cœur plus d'une fois aux Romains qu'ils tenaient en leur pouvoir chez eux, et que leur sincérité brutale dut inquiéter à plus d'un titre. Tibère en 580 ayant envoyé une ambassade au grand kha-kan pour lui faire part de son avènement au trône impérial et en même temps obtenir de lui quelques secours contre la Perse, il s'engagea entre l'ambassadeur Valentinus et Turxanth, personnage important, chef d'une des huit tribus dont se composait alors la fédération turke, une conversation relative aux Ouar-Khouni, et dans laquelle se déploya librement toute la haine que les hommes de

1. In urbe imperatoria... Menand., *Exc. leg.*, p. 161.

cette race portaient aux Romains. Lorsque Valentinus, après les compliments d'usage, vint à lui parler des secours que l'empereur espérait de sa nation, Turxanth l'interrompit par un geste de colère et s'écria : « Vous êtes donc toujours ces Romains qui ont dix langues pour un seul mensonge ![1] » et mettant ses dix doigts dans sa bouche, puis les retirant avec précipitation, il continua :

« Oui, c'est ainsi que vous donnez et retirez votre parole, trompant tantôt moi, tantôt mes esclaves. Toutes les nations ont éprouvé tour à tour vos séductions et vos tromperies, et quand l'une d'elles, pour vous plaire, s'est jetée dans le péril, vous l'y laissez. Et vous-mêmes, qui vous appelez ambassadeurs, que venez-vous faire chez moi, sinon essayer de m'abuser par des fourberies? Aussi vais-je fondre sur votre pays à l'instant, et ne croyez pas à de vains mots de ma part : un Turk n'a jamais menti... Celui qui règne chez vous recevra la peine de sa perfidie, lui qui se prétend mon ami et qui s'est fait l'allié des Ouar-Khouni, ces fugitifs soustraits à la domination de mes esclaves. Que ces Ouar-Khouni se montrent à moi, qu'ils osent attendre ma cavalerie, et au seul aspect de nos fouets ils rentreront dans les entrailles de la terre[2] ! Ce n'est pas avec nos épées que nous exterminerons cette race d'esclaves, nous l'écraserons comme de viles

---

1. Num vos estis illi Romani, qui decem quidem linguis, sed una fraude utimini? Menand., *Exc. leg.*, p. 162.
2. Si meum equitatum conspexerint, flagellum in eos immissum aufugient, et in interiora terrae se abdent *Id., ibid.*

fourmis sous le sabot de nos chevaux[1]. C'est sur quoi vous pouvez compter par rapport aux Ouar-Khouni.

« Mais vous-mêmes, ô Romains, pourquoi vos ambassadeurs viennent-ils toujours me trouver par le Caucase avec des peines infinies? Ils disent que de Byzance ici, il n'y a point d'autre chemin qu'ils puissent prendre, mais ce n'est que pour me tromper, et afin que la difficulté des lieux me fasse perdre l'envie de les attaquer au centre de leur empire. Je sais pourtant très-exactement où coule le Dniéper; je sais de même quel pays arrosent le Danube et l'Hèbre, ces fleuves que les Ouar-Kouni, nos esclaves, ont passé pour envahir vos terres; je n'ignore pas non plus quelles sont vos forces, car toute la terre m'obéit depuis les contrées où naît le soleil jusqu'aux barrières de l'Occident[2]. »

On le voit, l'empire romain était prédestiné à sa ruine du côté de l'Orient, et il faut savoir gré aux césars de Byzance d'avoir retardé si longtemps cette catastrophe pour le salut de la civilisation. Tous ces barbares qu'envoyait par myriades la Haute-Asie, vraie matrice des nations, en possédaient pour ainsi dire la

---

1. Si consistere ausi fuerint, cædentur, ut par est, non gladiis, sed formicarum instar conterentur unguibus equitatus nostri. Menand., *Exc. leg.*, p. 161.

2. Vos autem Romani, quid est, quod legati, quos ad me mittitis, per Caucasum iter instituunt, et dicitis alio iter non esse? Sed tamen ego eximie scio, qua Danapris fluvius, qua Ister, qua Hebrus fluit et labitur, qua transierunt in Romanorum ditionem Varchonitæ servi nostri, ut ipsam invaderent : neque ego sum nescius vestrarum virium. Omnis enim terra, quæ a primis solis radiis incipit, quæque solis occidentis finibus terminatur, mihi paret, et subest. Menand., *ub. sup.*

carte et la statistique. Les Turks et les Tartares marquaient déjà leurs étapes de Samarcand et de Boukhara au Danube et au Bosphore.

Cependant le kha-kan Baïan semblait avoir oublié ses prétentions sur Sirmium, il n'en parlait plus et vivait en bonne intelligence avec le commandant romain de cette ville et avec celui de Singidon. Il s'occupait, disait-il, de constructions dans lesquelles il se modelait sur les Romains, et il demanda à l'empereur des ouvriers pour se bâtir des bains chauds. Tibère lui en envoya, et dans le nombre d'habiles charpentiers; mais à peine furent-ils arrivés, que Baïan, changeant d'idée ou plutôt révélant son idée véritable, voulut leur faire construire un pont sur le Danube[1]. Un pareil travail était long, difficile, et devait déplaire sans nul doute aux Romains, qui l'empêcheraient aisément au moyen de leurs navires : ces considérations le frappèrent, et il sentit le besoin d'avoir aussi sa flotte. On fit main basse, par son ordre, sur tous les gros bateaux qu'on put trouver dans la Haute-Pannonie, de quelque forme qu'ils fussent, et l'on en prit beaucoup, que les charpentiers romains tranformèrent tant bien que mal en vaisseaux de guerre, en les élargissant, les haussant ou les allongeant. Il sortit de ce travail une flotte grossière et fort mal équipée, mais capable de contenir beaucoup de soldats. Des captifs romains servirent d'instructeurs pour former les rameurs à la manœuvre;

[1]. Chaganus a Tiberio fabros petiit qui sibi balneas ædificarent; iis missis, pontem in Danubio struere coegit artifices, ut flumen citra periculum trajicere, et romanas provincias populari posset. Zonar., *Annal.*, t. II, p. 73.

puis le kha-kan fit descendre cette flotte jusqu'à Singidon, avec ordre de remonter à l'embouchure de la Save, entre Singidon et Sirmium, le tout sous les apparences les plus pacifiques. Lui-même, pendant qu'on équipait ses navires, fit passer une armée de terre dans la presqu'île sirmienne, et il se trouvait déjà campé dans une forte position, sur la Save, en face de Sirmium, quand son armée navale le rejoignit. Cette coïncidence, comme on le pense bien, jeta l'alarme dans toutes les villes de la Pannonie[1], et ce fut bien pis quand on vit le kha-kan installer le long de la rivière les escouades d'ouvriers qui lui avaient construit sa flotte, et y commencer un pont de bateaux. Aux explications que lui demanda le gouverneur de Singidon, qui avait la surveillance militaire de toute cette zone, Baïan répondit qu'il travaillait pour les Romains autant que pour lui, en joignant les deux rives de la Save; que le pont qu'il voulait construire permettrait d'envoyer rapidement des troupes contre les Slovènes, qui, traversant le Bas-Danube, venaient de ravager affreusement la Mésie et la Pannonie : c'était, ajoutait-il, de concert avec l'empereur qu'il allait châtier ces brigands[2]; lui-même avait d'ailleurs des injures personnelles à venger sur eux, car ils avaient tué ses ambassadeurs. Le gouverneur de Singidon, qui n'avait point entendu parler

---

1. Hoc conspecto, qui in urbibus in ea parte sitis habitabant, cum suis rebus a proditione timerent, vehementer sunt conturbati. Menand., *Exc. leg.*, p. 112.

2. Non ut quidquam mali machinaretur pontem struere respondebat, sed ut contra Sclavinos expeditionem susciperet; inde sibi in animo esse, multis ad trajectionem ab imperatore Romanorum impetratis navibus rursus Istrum trajicere. Menand., *l. cit.*

d'un pareil concert pour une guerre pareille, déclara qu'il ne laisserait pas continuer le pont sans un ordre formel de l'empereur. « Qu'à cela ne tienne, dit Baïan, j'irai moi-même à Constantinople[1] »; mais en attendant, et pour ne point interrompre des travaux de si grande urgence, il offrit de jurer par ce qu'il y avait de plus sacré au monde, par ses dieux et par le Dieu des Romains, qu'il n'avait aucune mauvaise intention [2] et n'entreprendrait rien contre ce *chaudron* : c'est ainsi qu'il appelait habituellement la ville de Sirmium[3], soit pour la déprécier et faire croire qu'il en faisait peu de cas, soit que cette place, située sur la Save, et en partie dans un îlot, présentât par sa forme arrondie quelque ressemblance avec une chaudière.

Tout en protestant que son pont était imaginé dans l'intérêt des Romains plus encore que dans le sien, le kha-kan ajoutait froidement qu'un seul trait décoché sur ses travailleurs serait considéré par lui comme une déclaration de guerre, et qu'il rendrait alors attaque pour attaque[4]. La question ainsi posée parut grave au gouverneur de Singidon et à son conseil d'officiers, qui en délibérèrent. Il fut décidé que l'on attendrait les ordres de l'empereur avant de rien faire, et que puisque le kha-kan offrait de jurer qu'il n'entrepren-

---

1. Se, transmisso Sao, Romam iturum... Menand. *Exc. leg.*, p. 128.
2. Adjecit, se per ea, quæ et apud Romanos et Avaros sanctissima habentur, paratum jurare, nullum damnum cogitare aut Romanis, aut oppido Sirmio inferre. Menand., *ibid.*
3. Pro una minime celebri urbe, magis, pro una olla (ea enim dictione dudum usus fuerat...). Menand., p. 130.
4. Quod si quis Romanorum audeat vel unum telum injicere in eos qui ponti ædificando manum admovent... *Id., l. c.*

drait rien contre Sirmium, on ferait bien de recevoir son serment comme une garantie; la seule qu'on pût espérer en ce moment. La chose étant ainsi résolue, le gouverneur fit savoir à Baïan qu'il était prêt à l'entendre jurer, comme il l'avait proposé lui-même. On choisit pour cette étrange solennité un lieu situé hors de la ville, parce que Baïan ne s'aventurait guère dans des murailles romaines, et à l'heure marquée, le gouverneur, accompagné de l'évêque de Singidon, qui faisait porter avec lui le livre des saintes Écritures, se trouva au rendez-vous. Pour que l'acte qui allait se passer reçût plus d'éclat du concours des assistants, le gouverneur et l'évêque se firent suivre, selon toute apparence, par un nombreux cortège d'officiers, de notables habitants et de prêtres. Baïan arriva de son côté, et alors commença une scène vraiment horrible, et qui fait voir à quel degré effrayant ces barbares de l'Asie poussaient l'impiété, outrageant à la face du monde et pour le plus mince intérêt, toutes lois divines et humaines.

En présence de sa suite, composée de nobles avars et probablement aussi de chamans, Baïan s'avança dans l'intervalle qui le séparait des Romains, et, tirant son épée, dont il leva la pointe vers le ciel[1], il prononça à haute voix et de manière à être entendu des deux partis les paroles suivantes : « Si, en bâtissant un pont sur la Save je fais une chose qui puisse nuire aux Romains, et si c'est là mon intention, que Baïan périsse,

---

1. Avarico ritu, jusjurandum in hunc modum præstitit : ense educto et in altum sublato.... Menand., *Exc. leg.*, p. 128.

que tous les Avars périssent jusqu'au dernier ; que le ciel tombe sur eux ; que le feu qui est le dieu du ciel, tombe sur eux ; que les sommets des montagnes et les forêts tombent sur eux ; que la Save sorte de son lit et les submerge ! [1] » Après avoir prêté ce serment, qui était celui de sa religion, il garda un moment le silence, puis il dit : « Maintenant, Romains, je veux jurer à votre manière, » et il demanda ce que les Romains avaient de plus sacré, de plus inviolable, et par quoi ils ne crussent pas pouvoir se parjurer sans attirer sur eux la malédiction du ciel ; ce furent ses propres paroles, au témoignage des historiens [2]. L'évêque de Singidon alla prendre alors à l'endroit où on l'avait déposé le livre des Écritures, dans lequel étaient contenus les saints Évangiles, et le présenta ouvert au kha-kan. Baïan, qui s'était rassis après son serment, se lève de son siége, s'avance comme en tremblant, et, recevant le livre avec les signes du plus profond respect, il s'agenouille et dit : « Je jure, au nom du Dieu qui a proféré les paroles contenues dans ce saint livre, que tout ce que j'ai avancé est vrai, et que telle est ma pensée [3]. » Comme il avait parlé d'aller de sa per-

1. Sibi et Avarorum genti dira est imprecatus, si quid mali comminisceretur Romanis, in eo quod pontem super Sao flumine facere susceperat; ut ipse et universa gens ad internecionem usque periret, cœlum ex alto super ipsis, et ignis Deus, qui in cœlo est, rueret, sylvæ et montes casu et ruina illos obtererent, Saüs fluvius superscaturiens eos submergeret... Menand., *Exc. leg.*, p. 128.

2. Nunc ego, inquit, jusjurandum romanum volo jurare. Tum quæsivit ex ipsis, quid esset, quod sanctum, quod religiosum ducerent, per quod jurantes si fallerent, Dei iram minime evitaturos crederent. *Id.*, *ibid.*

3. Qui in Singidone urbe summam sacrorum potestatem habebat, statim sancta Biblia quæ in medio continebant sacrosancta Evangelia,

sonne à Constantinople pour conférer avec l'empereur, il s'excusa d'avoir changé d'avis, demandant qu'on y fît passer du moins ses ambassadeurs. Le gouverneur de Singidon s'en chargea. Pendant le délai qu'exigèrent les pourparlers et la sombre solennité qui en fut la suite, Baïan avait poussé ses travaux avec une activité incroyable, et le pont avançait rapidement.

L'ambassade n'entretint guère l'empereur que de la nécessité de prévenir les brigandages futurs des Slovènes par une bonne répression, et, pour cela, d'envoyer une flotte romaine qui, réunie à la flotte du khakan, transporterait les troupes avares ; elle glissa légèrement sur tout ce qui concernait le pont de la Save, dont la construction fort innocente ne pouvait, disaient les ambassadeurs, offusquer l'amitié des Romains. L'embarras de l'empereur, qui connaissait déjà toute l'affaire, n'était pas moindre que celui de son gouverneur de Singidon ; car le kha-kan avait là son armée toute prête, tandis que l'armée romaine, qui se battait en Orient, où elle soutenait glorieusement la guerre contre les Perses, ne pouvait rien en Occident. Que faire en de telles conjonctures ? L'esprit de l'empereur flottait indécis. Il prit un détour et répondit que pour son compte il remettait à un autre temps le devoir de châtier les Slovènes et qu'il s'en chargeait ; « mais vous, Avars, ajouta-t-il, pourquoi vous jeter dans une entre-

protulit : et ille quidem occultans ea quæ mente volvebat, multo cum tremore et magna cum reverentia præ se ferens ea suscipere, procedit e cathedra, tum alacri et prompto animo in genua provolutus : Juro, inquit, secundum proferentem, in verba, quæ habentur in sacris chartis, me in nullo corum, quæ prolata sunt, mentiri et fallere. Menand., *Exc. leg.*, p. 128.

prise difficile, quand vos ennemis les Turks se rassemblent en force autour de la Chersonèse taurique[1]? Vous devez savoir qu'ils ne vous oublient pas, et ils choisiront peut-être le moment où vous serez engagés en Slavie pour se jeter sur vous et vous détruire. » Les ambassadeurs ne crurent point à ce que leur disait Tibère ; ils le remercièrent néanmoins de ses avis et partirent[2].

Ils n'étaient encore qu'à peu de journées de Constantinople, quand une seconde ambassade y entrait. Celle-ci, conduite par un certain Solakh, était partie des bords de la Save, immédiatement après l'achèvement du pont : elle n'avait plus rien à ménager et ne ménagea rien. « Empereur, dit Solakh à Tibère, je crois inutile de t'annoncer que les deux rives de la Save sont aujourd'hui jointes par un pont : tu le sais aussi bien que moi, et il est inconvenant de vouloir apprendre aux gens ce qu'ils savent déjà[3]. Sirmium est perdue ; les Avars l'assiégent, et la Save interceptée n'y peut plus porter les vivres dont les habitants ont le plus pressant besoin, à moins pourtant que tu n'aies une armée assez forte pour percer la nôtre, arriver à notre pont et le détruire. Mais fais mieux, crois-moi, renonce à cette mauvaise ville, à ce chaudron qui ne vaut pas le

---

1. Sed tunc temporis non opportunum esse Avaris eam expeditionem suscipere, quia Turci Chersonem cum exercitu obsidebant... Itaque commodius illis esse supersedere et differre expeditionem in aliud tempus. Menand., *Exc. leg.*, p. 129.
2. Haec non latebat Avarorum legatum e re nata ab Imperatore conficta..... Legatus visus est persuaderi. Id., l. c.
3. Ponte junctum fluvium Saüm, supervacuum existimo affirmare : manifesta enim is qui probe scienti narrat, vituperatione dignus est. Menand., *Exc. leg.*, p. 130.

sang què tu verserais pour le conserver [1]. Écoute-moi, empereur : on ne nous ôtera jamais de la tête que les Romains ne tiennent à la paix vis-à-vis de notre kha-kan que parce que leurs troupes sont occupées contre les Perses, et qu'une fois débarrassés de cette dernière guerre ils nous en feront une qui sera rude, car ils disposeront alors de toutes leurs forces. Eh bien! dans ce cas, nous autres Avars, nous aurons dans Sirmium un rempart pour nous couvrir et une porte pour entrer chez vous sans qu'un grand fleuve et les difficultés d'une longue route nous gênent dans nos opérations. Notre kha-kan jouit à la vérité des présents que l'empereur lui octroie tous les ans ; mais on aurait beau nager dans l'abondance de toutes choses, avoir de l'or, de l'argent et des habits de soie : la vie est encore plus précieuse et mérite la préférence de nos soins [2]. Le kha-kan fait toutes ces réflexions, ô empereur, et trouve dans le passé de quoi se justifier. On lui dit que les Romains, dans les mêmes lieux, par les mêmes moyens, avec l'appât des mêmes largesses et de traités semblables, ont attiré successivement un grand nombre de nations, mais qu'ils ont si bien pris leur temps pour les attaquer, qu'il n'en est pas une seule qu'ils n'aient détruite. Le kha-kan te déclare ceci : Ni présents, ni protestations, ni promesses, ni menaces, ne pourront

---

1. Itaque imperator consultius faceret, si pro una minime celebri urbe, magis pro una olla a bello in Avaros et Avarorum Chaganum gerendo abstineret. Menand., *Exc. leg.*, p. 130.

2. Frui quidem Chaganum donis, quæ singulis annis accipit ab imperatore, sed etiam si suppetant opes, et facultates, aurum, argentum et plurima serica vestis, vita et salus quæ longe cæteris rebus est potior, magis his omnibus est paranda. Menand., *ub. sup.*

me faire désister de mon entreprise. Je tiens Sirmium des Gépides; Sirmium sera à moi ainsi que la presqu'île sirmienne, que je peuplerai de mes sujets. » Tibère à ces paroles s'écria comme frappé d'une douleur mortelle : « Et moi, par ce Dieu que votre kha-kan a pris à témoin pour s'en jouer, ce Dieu qui le punira, je déclare qu'il n'aura pas Sirmium, et que j'aimerais mieux lui donner une de mes deux filles que de lui céder jamais cette place. [1] »

Une guerre bien inégale commença. Les officiers romains, à force de battre le pays, réunirent une armée de recrues qui tint pourtant la campagne. Sirmium se ravitailla; et les troupes romaines, retranchées dans deux petites îles de la Save nommées Casia et Carbonaria, gênèrent beaucoup les opérations du siége, qui traîna en longueur. Cependant les malheureux Sirmiens, redoutant le retour prochain de la famine, demandaient à grands cris qu'on livrât une bataille décisive, ou qu'on fît la paix. Baïan profita de ces dispositions pour sonder le général en chef, nommé Théognis, et l'appeler à une entrevue qui se passa sur la rive gauche du fleuve. Théognis y vint en bateau, et Baïan à cheval. Le barbare, après avoir mis pied à terre, s'assit sur un siége d'or qu'on lui avait préparé au-dessous d'un dais enrichi de pierreries, et l'on plaça en guise de rempart, devant sa poitrine et son visage, un large bouclier, dans la crainte probable que les

---

1. Hæc Imperatorem valde perturbarunt, et graviter ejus mentem ira dolori immixta perculerunt... Potius unam ex filiabus, quas duas habeo, illi desponderem, quam Sirmium oppidum volens traderem. Menand., *Exc. leg.*, p. 131.

Romains ne se missent à tirer sur lui par trahison [1], les Romains et les Avars n'étant éloignés les uns des autres que de la portée de la voix. Quand il fut temps, les interprètes des Avars, s'avançant dans l'intervalle, crièrent qu'il y avait trêve [2], et les hérauts romains répondirent par le même cri. Baïan n'avait rien à dire de nouveau, si ce n'est que, d'après des avis sûrs qu'il avait reçus, les provisions de Sirmium étaient encore une fois épuisées ; mais Théognis refusa de l'entendre, opposant un refus péremptoire à toute proposition tant que les Avars ne seraient pas rentrés dans leur pays, et menaceraient la ville. Les deux interlocuteurs disputèrent ainsi longtemps et avec vivacité sur la condition préliminaire posée d'une manière absolue par Théognis, et celui-ci, s'échauffant outre mesure, finit par dire au kha-kan : « Retire-toi de devant mes yeux, et prends tes armes ! » C'était annoncer assez clairement qu'il voulait livrer bataille le lendemain [3]; mais ni le lendemain, ni les deux jours suivants, on ne vit les Romains quitter leurs lignes. Attendaient-ils eux-mêmes l'attaque des Avars ? Théognis se repentait-il d'un défi jeté dans un accès de colère, et qu'il n'osa pas soutenir de sang-froid ? L'inaction des Romains,

---

1. Itaque Baïanus advenit, et de equo descendens, in cathedra aurea quæ illi apposita fuit, sedit sub textili gemmis adornato, quod illi præparatum fuerat tanquam tectum. Ante pectus illius et vultum, propugnaculi vice, erat objectum scutum, ne a Romanis forte confertim in eum tela jaculantibus appeteretur. Menand., *Exc. leg.*, p. 131.

2. Hunni interpretes clara voce fidem datam per inducias pronuntiarunt.... *Id., ibid.*

3. Ut se ab oculis Romanorum subduceret et arma ad pugnam capessendam caperet, tanquam crastina die sine ulla dilatione manus illi serum conserendi potestatem facturus. Menand., p. 132.

quelle qu'en fût la cause, enhardit les barbares, qui achevèrent de bloquer Sirmium du côté de la Dalmatie par l'établissement d'un second pont.

Quelques semaines après l'entrevue dont je viens de parler, on apprit que cent mille Slovènes, traversant le delta du Danube, s'abattaient sur la Mésie et la Thrace, et il ne fut pas difficile de deviner la main qui les avait lancés, en songeant que Baïan était maître de la rive droite du fleuve dans la petite Scythie. Les envahisseurs semblaient avoir pour mot d'ordre de détruire plus encore que de piller, et des cris de détresse partirent de ces provinces, que l'armée de Théognis ne secourait point. Entre ces cris et ceux des Sirmiens, que la famine commençait à tourmenter, l'empereur hésitait à faire un choix douloureux ; il le fit enfin, et sacrifia Sirmium. Baïan, qui n'avait cessé de déclarer qu'il voulait la ville nue, les murailles, et pas davantage, exigea dans la capitulation que les habitants, qui sortiraient, laisseraient leurs meubles, même leurs habits ; il exigea en outre que l'empereur lui fît le rappel des trois dernières années de sa pension, ce qui faisait deux cent quarante mille pièces d'or, à raison de quatre-vingt mille par année[1]. Enfin, comme il fallait toujours une nullité dans toutes les conventions que consentait le kha-kan, il voulut imposer aux Romains l'obligation de trouver dans l'empire et de lui livrer un transfuge avar qui avait eu commerce avec

---

1. Exegit etiam Chaganus trium præteritorum annorum aurum, quod non acceperat, et illi Romani solvere solebant, ut armis abstineret. Erant vero pecuniæ, quæ pro pace nuoquoque anno pendebantur octuagies mille, nummi aurei. Menand., *Exc. leg.*, p. 175.

une de ses femmes : il ne considérerait, disait-il, la paix comme définitive que lorsque cette condition aurait été remplie[1]. On s'épuisa à lui démontrer qu'elle était presque impossible dans un empire aussi vaste que celui des Romains, où un homme trouvait aisément moyen de se dérober aux recherches, que d'ailleurs il pouvait se faire que cet homme fût déjà mort. « Eh bien ! s'écria Baïan, jurez-moi du moins de ne le point cacher, et de me le livrer, mort ou vif, dès qu'il vous tombera sous la main[2]. » Les Romains le jurèrent, et les Avars prirent possession de Sirmium.

---

1. Præterea unus ex his, qui sub eo militabant, in Romanorum regiones fugerat, quia dicebatur adulterium cum Baiani uxore commisisse; hoc significavit Theognidi... Menand., *Exc. leg.*, p. 175.

2. Jurent igitur Romani proceres, se requisituros, et si transfugam repererint, non occultaturos, sed omnino cum in manus Avarorum monarchæ tradituros, nisi fato functus sit, quod illi significabunt. Menand., *loc. cit.*

FIN DU TOME PREMIER.

TABLE DES MATIÈRES

DU TOME PREMIER.

Pages.

PRÉFACE.. V

PREMIÈRE PARTIE. — HISTOIRE D'ATTILA.

CHAPITRE PREMIER. — Origine des Huns. — Leur portrait. — Ils envahissent l'Europe orientale. — Chute de l'empire gothique d'Ermanaric; fuite des Visigoths vers le Danube. — Divisions politiques et querelles religieuses de ce peuple. — Ambassade d'Ulfila à l'empereur Valens. — L'empereur accorde aux Visigoths une demeure en Mésie, à la condition de se faire ariens. — Les Visigoths passent le Danube. — Conduite odieuse des préposés romains. — Misère des Visigoths; ils prennent les armes. — Bataille d'Andrinople; défaite des Romains et mort de Valens — Sage politique de Théodose à l'égard des Visigoths. — Rufin les tire de leurs cantonnements de Mésie pour les jeter sur l'Occident. 1

CHAPITRE DEUXIÈME. — Arrivée des Huns sur le Danube. — Déplacement des peuples barbares, voisins de la vallée du Danube; les uns se précipitent sur l'Italie, les autres envahissent la Gaule et l'Espagne. — Progrès des Huns vers le haut Danube. — Ils entrent en contact avec les Burgondes de la forêt Hercynienne; ceux-ci se font chrétiens pour leur mieux résister. — Roua., chef de la principale tribu des Huns, devient auxiliaire de l'empire; sa liaison avec Aëtius. — Attila et Bléda, nouveaux rois des Huns; traité de Margus. — Portrait d'Attila. — Il soumet tous les chefs des Huns à son autorité. — Sa campagne contre les Acatzires; il donne pour roi à ce peuple Ellak, son fils aîné. — Il tue son frère Bléda. — L'épée de Mars est découverte par une génisse blessée. — Empire d'Attila. — Différend entre les Huns et les

Romains, au sujet de l'évêque de Margus. — Guerres d'Attila, en Pannonie, en Mésie et en Thrace. — L'empereur Théodose II lui achète la paix...................................... 40

CHAPITRE TROISIÈME. — Ambassade d'Attila à Théodose. — Qui étaient Edécon et Oreste. — L'eunuque Chrysaphius engage Edécon à tuer Attila. — Ambassade de Théodose à Attila : Maximin, Priscus, Vigilas. — Les ambassadeurs huns et romains se rendent ensemble en Hunnie. — Etat déplorable de la Thrace et de la Mésie. — Halte à Sardique; dîner donné par Maximin; altercation entre les Romains et les Huns; menaces d'Oreste. — Ruines de Naïsse. — Grande chasse préparée par Attila en Pannonie; passage du Danube. — Les ambassades se séparent. — Camp d'Attila. — Visite des officiers huns à Maximin. — Audience d'Attila; tableau de sa cour; sa colère contre l'interprète Vigilas. — Il renvoie Vigilas à Constantinople. — Défense aux Romains de rien acheter en Hunnie. — Maximin et Priscus suivent l'armée d'Attila. — Attila épouse la fille d'Escam. — Voyage des Romains à travers les marais de la Theisse; ils sont assaillis par un orage. — Une des femmes de Bléda leur donne l'hospitalité. — Ils rencontrent des ambassadeurs envoyés à Attila par l'empereur d'Occident. — Sujet de cette ambassade; vases de Sirmium. — Les deux ambassades arrivent dans la ville d'Attila............ 64

CHAPITRE QUATRIÈME. — Palais d'Attila et de Kerka. — Bain d'Onégèse — Entrée d'Attila dans sa ville capitale. — Onégèse, premier ministre d'Attila. — Conversation de Priscus avec un Grec qui s'était fait Hun : comparaison de la vie barbare et de la vie civilisée. — Onégèse et Maximin. — Audience de la reine Kerka. — Attila rend la justice. — Conversation des Romains sur la puissance et les projets d'Attila. — Attila invite à sa table les deux ambassades romaines. — Description du repas; cérémonial; chants nationaux. — Fils d'Attila. — Apparition du nain Zercon. — Repas chez la reine Kerka. — Attila congédie Maximin. — Mauvaise foi des seigneurs huns; cruauté d'Attila. — Retour de Vigilas avec son fils. — Vigilas est conduit devant Attila et convaincu de complot. — Il avoue pour sauver son fils. — Attila envoie Oreste à Constantinople avec la bourse de Vigilas pendue au cou. — Il demande la tête de Chrysaphius. — Son message menaçant aux deux empereurs d'Orient et d'Occident............ 95

DES MATIÈRES.

Chapitre cinquième. — Attila tourne ses vues sur l'empire d'Occident. — Signes précurseurs de la guerre. — Servatius, évêque de Tongres, va consulter les apôtres saint Pierre et saint Paul sur leurs tombeaux. — Situation de la Gaule tourmentée par la bagaudie. — Un chef de bagaudes appelle les Huns. — Attila réclame sa fiancée Honoria avec une moitié de l'empire d'Occident. — Il s'allie à Genséric, roi des Vandales, contre les Romains et les Visigoths de la Gaule. — Un prince des Franks trans-rhénans implore son assistance. — Attila mande aux Romains qu'il les délivrera des Visigoths; et aux Visigoths qu'il brisera pour eux le joug des Romains. — Lettre de Valentinien III à Théodoric : les Visigoths restent chez eux. — Dénombrement de l'armée d'Attila. — Sa marche vers le Rhin. — Les Franks des bords du Necker et les Thuringiens se rallient à lui. — Il passe le Rhin sur deux points. — Ses protestations d'amitié pour les Gaulois. — Les Burgondes cis-rhénans sont battus. — Les garnisons romaines et les Franks-Ripuaires et Saliens se retirent au midi de la Loire. — Dévastation de la Gaule par les Huns : les deux Germanies et la seconde Belgique sont mises au pillage. — Sac de Trèves, de Metz et de Reims; meurtre de l'évêque Nicasius et de sa sœur Eutropie. — Rôle des évêques dans l'invasion d'Attila. — Les habitants de Paris veulent fuir : Geneviève les arrête. — Famille de Geneviève, son enfance, sa vocation religieuse aidée par saint Germain d'Auxerre. — Ses austérités; ses extases. — Sa réputation de prophétesse répandue dans tout le monde. — Les Parisiens repoussent ses conseils et veulent la tuer; les femmes s'enferment avec elle au baptistère de Saint-Etienne. — Paris est préservé. — Attila concentre ses forces et se replie sur Orléans. — Sangiban, roi des Alains, promet de lui livrer cette ville.. 128

Chapitre sixième. — Orléans au ve siècle. — Les habitants mettent leur ville en état de défense. — L'évêque Agnan va trouver dans Arles le patrice Aëtius. — Aëtius promet de secourir Orléans. — Inutilité de ses efforts pour entraîner les Visigoths. — Les Gaulois et les Barbares fédérés et Lètes accourent sous ses drapeaux. — Force de l'armée d'Aëtius. — Caractère d'Avitus; sa liaison avec les Visigoths; son influence sur Théodoric; il le décide à partir. — Les habitants d'Orléans réduits à l'extrémité se découragent. — Ambassade d'Agnan vers Attila. — Les Huns entrent dans Orléans; arrivée d'Aëtius; combat; retraite des Huns. — Attila traverse la Champagne. — Loup, évêque de Troyes, est emmené par Attila. — Combat sanglant entre les Franks et les Gépides à Méry-sur-Seine. — Camp d'Attila près de Châlons. — Attila consulte ses devins sur le succès de la bataille. — Divination des Huns. — Affaire des Champs catalauniques; ordre de bataille des Huns et des Romains. — Discours d'Attila à ses soldats. — La bataille s'engage; horrible melée; mort de Théodoric, roi des Visigoths. — Attila est défait et se retranche dans son camp. — Funérailles de Théodoric; son fils Thorismond lui succède. — Thorismond amène les Visigoths à Toulouse. — Joie d'Attila. — Sa retraite jusqu'au Rhin. — Les Visigoths s'attribuent la victoire de Châlons. — Injustice de la cour de Ravenne envers le patrice Aëtius. 162

CHAPITRE SEPTIÈME. — Attila réunit une nouvelle armée pour entrer en Italie. — L'envie se déchaîne contre Aëtius; on l'accuse de trahir l'empire.—Aëtius veut emmener l'empereur en Gaule; il y renonce. — Son plan de campagne; l'armée romaine est concentrée en deçà de la ligne du Pô. — Les Huns traversent les Alpes Juliennes. — Siége d'Aquilée. — Force de cette ville; son importance commerciale et maritime.—Vains efforts d'Attila pour s'en emparer. — Des cigognes lui pronostiquent la chute d'une tour. — La ville tombe en son pouvoir. — Héroïsme d'une jeune femme. — Traditions relatives au siége d'Aquilée.—Les Aquiléens se retirent à Grado. — Fondation de Venise. — Lettre de Cassiodore aux tribuns des lagunes. — Ravage de la Vénétie et de la Ligurie par les Huns.— Attila à Milan.— Il veut attaquer Rome; craintes superstitieuses des Huns. — Rome députe vers lui le pape Léon.— Caractère et mérite du pape Léon.— Son entrevue avec le roi des Huns; celui-ci consent à la paix. — Il réclame encore une fois la princesse Honoria.— Retraite de l'armée des Huns par le Norique. — Une druidesse arrête Attila au passage du Lech. — Attila menace l'empire d'Orient. — Erreur de Jornandès au sujet d'une seconde campagne d'Attila dans les Gaules. 198

CHAPITRE HUITIÈME. — Grands préparatifs de fête chez les Huns; Attila épouse Ildico. — Repas nuptial; Attila est trouvé mort dans son lit. — Douleur furieuse des Huns. — Bruits divers au sujet de la mort d'Attila. — Les chefs des Huns déclarent qu'il a été étouffé par le sang pendant son sommeil. — Funérailles d'Attila. — Chant funèbre des Huns. — Célébration d'une *strava*. — Cercueils et tombe d'Attila. — Signes prophétiques de sa fin. — La discorde se met entre ses fils. — Ils refusent de reconnaître pour roi Ellak, leur frère aîné. — Révolte d'Ardaric, roi des Gépides.—Guerre entre les capitaines d'Attila et ses fils.—L'empire d'Attila est brisé. — Les Gépides occupent la Hunnie et les Ostrogoths la Pannonie.—Les Ruges et les Scyres entrent au service de Rome. — Dissolution morale de l'empire d'Occident. — Orgueil d'Aëtius. — Il veut marier son fils Gaudentius à la fille de l'empereur. — Perfidie de Valentinien III; il tue le patrice de sa propre main. — Rôle des capitaines d'Attila dans l'empire d'Occident.. 225

DEUXIÈME PARTIE. — HISTOIRE DES FILS ET DES SUCCESSEURS D'ATTILA.

CHAPITRE PREMIER. — FILS D'ATTILA : Leur discorde ruine l'empire des Huns. — Les vassaux germains se révoltent. — Bataille du Nétad. — Les Gépides occupent la Hunnie. — Description du cours du Danube. — Anciennes populations de la Pannonie et de la Mésie. — Valakes ou Roumans. — État florissant de la Pannonie et de la Mésie sous l'empire romain. — Empereurs et généraux nés dans ces provinces. — État militaire de la zone du Danube. — Dispersion des Germains après la victoire du Nétad. —Les Huns se fortifient dans l'Hunnivar.—Ils essaient de remettre les Ostrogoths sous le joug et sont vaincus. — Caractère des fils d'Attila : Denghizikh, Hernakh, Emnedzar, Uzindour, Gheism. — Nouvelle attaque des Huns contre les Ostrogoths. — Scission des fils d'Attila; Denghizikh reste dans l'Hunnivar. — Établissement d'Ernakh et du roi alain Candax dans la petite Scythie; d'Emnedzar et d'Uzindour dans la Dacie riveraine.— Sarmates, Cémandres et Satagares en Mésie et en Pannonie. — Politique de l'empire d'Orient à l'égard des fils d'Attila................ 241

CHAPITRE DEUXIÈME. — Les fils d'Attila attaquent de nouveau les Ostrogoths et sont battus. — Ils attaquent l'empire romain. — Campagne d'Hormidac en Mésie. — Siége de Sardique. — Trahison du général de la cavalerie romaine. — Retraite d'Hormidac.—

Portrait des Huns par Sidoine Apollinaire. — Les fils d'Attila demandent à l'empereur Léon le droit de commercer en Mésie. — Refus de l'empereur. — Colère des fils d'Attila; ils délibèrent en commun; Denghizikh veut la guerre, Hernakh soutient la paix. — Denghizikh entre sur le territoire romain. — Des volontaires goths se joignent à lui. — Campagne de l'Hémus. — L'armée des Huns, enfermée dans un défilé, demande des vivres aux Romains. — Discours du Hun Khelkhal aux Goths auxiliaires des Huns. — Les Huns et les Goths se battent ensemble. — Nouvelle campagne de Denghizikh en Mésie; il est pris et tué; sa tête est exposée dans le cirque de Constantinople. — Les Huns fédérés se plient aux habitudes romaines. — Tribus des *Fossaticii* et des *Sacro-Monticii*. — Généraux romains fournis par les Huns. — Ce que deviennent les descendants d'Attila. — Aventures de Mundo fils de Gheism. — Il déserte le territoire des Gépides et se fait brigand. — Les voleurs scamares le prennent pour roi. — Il est assiégé dans Herta; les Ostrogoths le délivrent. — Il se fait vassal de Théodoric. — Il se soumet à Justinien. — Mundo à Constantinople : service qu'il rend à Justinien dans la révolte du Cirque. — Il est nommé commandant de l'Illyrie. — Ses exploits à Salone; il perd son fils Maurice. — Sa fin désespérée. — Jeu de mots des Romains sur sa mort........................ 265

CHAPITRE TROISIÈME. — Suites de la mort de Denghizikh; dissolution de son royaume; constitution de nouvelles hordes sur le Volga et sur le Don. — HUNS OUTIGOURS et HUNS COUTRIGOURS. — Première apparition des Slaves : Antes, Vendes, Slovènes. — Type physique et mœurs des Slaves. — Commencement des Bulgares; portrait de ce peuple; sa religion, ses mœurs. — Alliance hunno-vendo-bulgare. — Les confédérés attaquent l'empire romain. — Combat de la Zurta; les Romains attribuent leur défaite aux sortilèges des Bulgares. — Les Gépides vendent aux Slaves le passage du Danube. — Nouvelles expéditions des Huns, des Bulgares et des Slaves; caractère de chacune de ces *barbaries*. — État de l'empire romain dans les premières années du vi^e siècle : le nestorianisme et l'eutychéisme divisent l'Église d'Orient. — Les Césars de Byzance se font théologiens : *Hénotique* de Zénon. — Anastase le *Silentiaire*, empereur; son goût pour la théologie; il n'est couronné qu'après avoir souscrit la formule du concile de Chalcédoine. — Bonnes qualités et défauts d'Anastase. — Il remet en vigueur l'hénotique de Zénon;

ses erreurs gnostiques; il opprime les orthodoxes. — Révolte à Constantinople; guerre religieuse dans le nord de l'empire. — Vitalianus. — Le Sénat traite au nom d'Anastase; conditions de la paix. — Anastase construit le long mur pour garantir Constantinople. — Nouveaux ravages des Huns. — Mort d'Anastase. — Justin met le Danube en état de défense. — Tranquillité de l'empire sous son règne; il s'associe son neveu Justinien....... 294

Chapitre quatrième. — Justinien, empereur. — Jugements contradictoires sur ce prince. — Son origine, son nom, sa famille. — Éducation de Justinien; son génie universel, ses passions. — Il épouse la danseuse Théodora. — Commencements de son règne. — Il entreprend de chasser les Vandales d'Afrique. — Réapparition des Slaves et des Huns sur le Danube; ils sont battus par Germain. — Défaite des Slovènes, mort de Khilbudius. — Les Romains battus par les Bulgares; Constantius, Acum et Godilas pris au filet. — Affreux ravages de l'armée hunno-vendo-bulgare dans toute l'Illyrie. — Justinien reprend les travaux de défense commencés par Justin; ses prodigieuses constructions en Mésie et en Thrace. — Sourdes hostilités des Gépides contre l'empire; ils surprennent Sirmium. — Justinien appelle les Lombards en Pannonie et les oppose aux Gépides. — Inimitié des deux peuples. — Ils s'envoient un défi à jour marqué. — Tous les deux réclament l'assistance de l'empereur. — Justinien donne audience à leurs délégués. — Discours des Lombards. — Discours des Gépides. — Justinien se décide en faveur des Lombards. — Incident des Goths Tétraxites. — Leurs ambassadeurs viennent demander un évêque à l'empereur. — Origine et mœurs de ce peuple. — Révélations de ses ambassadeurs au sujet des Huns coutrigours et outigours; Justinien suit leurs conseils. — Ambassade envoyée à Sandilkh roi des Outigours. — Sandilkh promet d'attaquer les Coutrigours toutes les fois qu'ils attaqueront les Romains. — Gépides et Lombards se présentent pour vider leur querelle; une terreur panique s'empare d'eux; leurs armées s'enfuient au lieu de combattre........................ 330

Chapitre cinquième. — Rupture de la trêve entre les Gépides et les Lombards. — Kinialkh amène aux Gépides une armée de Huns coutrigours; ceux-ci s'en débarrassent en les jetant sur la Mésie. — Lettre de Justinien à Sandilkh. — Les Huns outigours grossis des Goths Tétraxites attaquent les Coutrigours. — Horrible massacre; des prisonniers romains rompent leurs fers et se sauvent en Mésie. — Kinialkh marche au secours de son pays. — Deux mille Coutrigours obtiennent des terres en Thrace. — Lettre de Sandilkh à Justinien. — Fin du duel des Gépides et des Lombards : les Lombards vainqueurs accusent Justinien de leur avoir manqué de foi. — Vieillesse de Justinien; son gouvernement décline. — Désorganisation de l'armée romaine; corruption des magistrats. — La peste et les tremblements de terre désolent l'empire. — Nouvelle guerre des Huns coutrigours, des Slaves et des Bulgares sous la conduite de Zabergan. — Trois armées envahissent la Thessalie, la Chersonèse de Thrace et le territoire de Constantinople. — Terreur des Romains; faiblesse de la milice palatine. — Le vieux Bélisaire défend Constantinople avec une poignée d'hommes. — Sa tactique prudente devant l'ennemi. — Embuscade qu'il dresse à Zabergan; les Huns sont mis en déroute. — Bélisaire vainqueur est privé de son commandement par Justinien. — Mauvais succès des deux autres armées hunniques. — Belle défense de la Chersonèse de Thrace par Germain; combat naval; mort de ce général. — Zabergan repasse le Danube. — La guerre recommence entre les Coutrigours et les Outigours; arrivée des Avars qui les pacifient en les asservissant............ 360

CHAPITRE SIXIÈME. — SUCCESSEURS D'ATTILA : Aventures des *Ouar-Khouni*; ils sont sujets des Avars. — Les Turks les emmènent en captivité. — Leur fuite. — Ils prennent le nom d'*Avars*. — Leur ambassade à Justinien qui les reçoit à sa solde. — Ils subjuguent les Outigours et les Coutrigours au nom des Romains. — Leur arrivée sur les bords du Danube; ils demandent des terres en Mésie. — Le grand kha-kan des Turks les réclame comme ses esclaves fugitifs : leur fraude est découverte. — Leurs ambassadeurs sont joués par Justinien. — Les Avars se rejettent sur les Slaves qu'ils soumettent jusqu'aux montagnes de la Thuringe. — Ils rencontrent les Franks et sont battus. — Leur retour sur le Bas-Danube. — Mort de Justinien. — Caractère de Justin II. — Caractère de Baïan kha-kan des Avars. — Audience de Justin aux ambassadeurs des Avars; il les repousse arrogamment. — Nouvelles querelles entre les Lombards et les Gépides. — Alboïn appelé en Italie par Narsès, veut anéantir d'abord la nation des Gépides. — Il s'allie avec Baïan. — La Gépidie conquise par les Avars reprend son nom de Hunnie. — Baïan réclame des Romains la possession de Sirmium; fermeté du duc Bonus. — Entrevue de ce duc et de Baïan. — Revers des Romains en Pannonie. — Justin tombe en démence et meurt. — Menaces de Turxanth à l'ambassadeur Valentinus au sujet des Ouar-Khouni. — Baïan se procure une flotte. — Il construit un pont de bateaux devant Sirmium. — Opposition du gouverneur romain de Singidon. — Baïan jure d'abord au nom de ses dieux, puis au nom du Dieu des chrétiens qu'il ne veut pas prendre la ville. — Ambassade avare à Constantinople. — Discours insolent de Solakh. — Siége de Sirmium. — Cent mille Slovènes appelés par Baïan s'abattent sur la Mésie et la Thrace. — Tibère abandonne Sirmium aux Avars. 394

FIN DE LA TABLE DU TOME PREMIER.

PARIS. — IMPRIMERIE DE J. CLAYE, RUE SAINT-BENOIT, 7.

www.ingramcontent.com/pod-product-compliance
Lightning Source LLC
Chambersburg PA
CBHW051620230426
43669CB00013B/2127